ATLAS BÍBLICO

ATLAS
BÍBLICO

CIENTOS DE **IMÁGENES A TODO COLOR,
MAPAS, GRÁFICOS** Y **RECONSTRUCCIONES**
DE LOS TERRENOS BÍBLICOS

ESPAÑOL
BRENTWOOD, TENNESSEE

Atlas bíblico
Copyright © 2023 por B&H Español
Todos los derechos reservados.
Derechos internacionales registrados.

B&H Publishing Group
Brentwood, TN 37027

Diseño de portada: Holman Bible Publishers

Mapas ©2000 y 2019 por Holman Bible Publishers
Brentwood, TN 37027
Todos los derechos reservados

Clasificación Decimal Dewey: 220.91
Clasifíquese: BIBLIA--ATLAS \ BIBLIA--GEOGRAFÍA \ ATLASES

El interior del Atlas bíblico fue diseñado por 2K/DENMARK, utilizando Bible Serif creado por
2K/DENMARK, Højbjerg, Dinamarca.

ISBN: 978-1-0877-6426-9

Impreso en China
1 2 3 4 5 * 26 25 24 23

CONTENIDO

Lista de cuadros, mapas y reconstrucciones. VI
Cronología (bíblica, mundial y de historia de la iglesia) IX
Prólogo XVII

LA GEOGRAFÍA DE LAS TIERRAS BÍBLICAS

1. Introducción 3
2. El antiguo Israel 8
3. La tierra de Israel 19
   Las regiones del sur (Judá/Judea) 20
   Las regiones centrales (Israel/Samaria). 43
   Las regiones del norte (Galilea) 54
   Las regiones del este (Transjordania) 68

CUADROS, MAPAS Y RECONSTRUCCIONES DE LAS TIERRAS BÍBLICAS

4. Los días de Noé 83
5. Los patriarcas: de Abraham a José 93
6. El éxodo. 106
7. La conquista de Canaán. 127
8. Los jueces. 141
9. La monarquía unida 152
10. Jerusalén. 160
11. El templo de Salomón 165
12. La monarquía dividida. 170
13. Asiria 187
14. Babilonia. 218
15. Persia 227
16. Historia intertestamentaria 242
17. La vida y el ministerio de Jesús de Nazaret. 287
18. La iglesia primitiva 354
19. El apóstol Pablo 360
20. Apocalipsis. 387

Créditos de fotos y arte. 421

CUADROS, MAPAS Y RECONSTRUCCIONES

CUADROS

Períodos arqueológicos del
Cercano Oriente 6
El calendario judío 12
Surgimiento de las civilizaciones
tempranas 84
Edad de Bronce media 95
La familia de Abraham 98
La vida de Abraham 102
Las diez plagas de Egipto 114
El sistema de sacrificios 115
Los Diez Mandamientos 116
Fiestas y festivales judíos 119
El calendario judío 120
Los nombres de Dios......................... 122
Pactos y códigos de la ley 123
Los sacerdotes en el
Antiguo Testamento 124
Las ciudades de la conquista
de Josué.................................... 133
Los jueces del Antiguo Testamento.......... 143
La familia de David 158
La monarquía dividida 174
Los reyes de la monarquía dividida......... 176
Las reinas del Antiguo Testamento 178
Los reyes de Aram-Damasco 183
El Imperio neoasirio........................ 194
Los profetas en la historia 201
Judá solamente 206
Los reyes del Imperio
neobabilonio 215
Los reyes de Persia.........................236
El regreso del exilio.........................238
Los ptolomeos y los seléucidas 254
La familia de Matatías y la rebelión
macabea...................................260
Los gobernantes asmoneos................. 262
El ascenso de Roma........................ 265
Eventos y personalidades de Roma........ 269
Los emperadores de Roma 270
Los gobernantes herodianos 282
Los gobernadores romanos de la
primera procuradoría................... 283

Profecías mesiánicas del
Antiguo Testamento......................295
Las principales sectas judías en el
Nuevo Testamento........................302
La armonía de los Evangelios................ 310
El ministerio de Jesús como cumplimiento
de la Escritura en Mateo..................324
Historias controversiales en Marcos 325
Temas en Lucas 326
Siete señales en Juan 328
Las declaraciones de «Yo soy» en el
Evangelio de Juan 328
Los discursos de Jesús 329
Las parábolas de Jesús......................332
Los milagros de Jesús........................336
Los apóstoles y su historia.................. 338
Perspectivas mileniales sobre
Apocalipsis...............................396
Profecías sobre la segunda venida
de Jesús...................................402
El canon hebreo del Antiguo Testamento....410
Listas de comparación de libros del
Antiguo Testamento...................... 411
Los libros apócrifos......................... 414
Etapas del desarrollo del canon del
Nuevo Testamento........................416
Versiones antiguas de la Biblia 418
Tabla de pesos y medidas 419

MAPAS

Antiguo Cercano Oriente 4
Divisiones políticas modernas en el
antiguo Israel.............................. 7
Estados modernos y el antiguo
Cercano Oriente 9
Zonas longitudinales 11
Patrones de clima 13
Rutas comerciales imperiales 15
Principales rutas naturales 16
Regiones naturales de Israel 18
Las regiones del Sur: Una visión general 20
La región montañosa de Judá 21
Las campañas central y sur de Josué 22

La llanura costera filistea 27
El Neguev..................................... 30
Desierto de Judea y el mar muerto 33
La tierra de Benjamín........................ 36
La Jerusalén de Ezequías 38
Jerusalén en el período del
    Nuevo Testamento 40
Planicie de Dor, llanura de Sarón,
    Samaria, Valle del Jordán y Galaad 41
La región montañosa de Efraín 42
La región montañosa de Manasés............ 43
La planicie de Sarón 48
El Valle del Jordán 51
Distritos políticos en la época del
    Nuevo Testamento 53
El Valle de Jezreel 55
Baja Galilea.................................. 58
Alta Galilea.................................. 60
El ministerio de Jesús más allá de Galilea 64
La cuenca del Huleh 66
Basán.. 69
Domo de Galaad 71
La meseta de Moab 75
Tierras altas de Edom 78
Tabla de las naciones 86
El antiguo Cercano Oriente en el
    tercer milenio 92
El antiguo Cercano Oriente en la época
    de los patriarcas.......................... 96
Israel en la Edad de Bronce media........... 97
Los viajes de Abraham 100
Abraham en Canaán 103
Los viajes de Jacob......................... 104
Los viajes de José 105
La ruta del Éxodo 112
El viaje de los espías 126
Cades-barnea............................... 129
El viaje desde Cades-barnea hasta las
    llanuras de Moab........................ 130
Las campañas central y sur de Josué 131
Mapa de las campañas de Josué en el norte . 132
El Levante, de 1200 a 1000 a. C. 137
Límites del asentamiento israelita y
    la tierra a conquistar 138
La tierra asignada a las tribus de Israel...... 139
Ciudades levitas y ciudades de refugio 140
Jueces de Israel 144

Aod y la opresión de los moabitas 145
La victoria de Débora sobre los cananeos ... 146
Las batallas de Gedeón con los amalecitas .. 147
Sansón y los filisteos........................ 148
Jefté y los amonitas......................... 149
La batalla en Eben-ezer 150
Ministerio de Samuel y ungimiento de Saúl... 151
El reino de Saúl y sus guerras................ 154
David huye de Saúl.......................... 155
Ascenso de David al poder................... 156
Las guerras de conquista de David 157
Jerusalén en la época de David y Salomón... 159
Reino de David y Salomón 163
Las actividades de edificación de Salomón .. 164
Los emprendimientos económicos
    de Salomón.............................. 169
Los reinos de Israel y Judá 179
Las fortalezas de Roboam 180
La campaña de Sisac y las líneas de defensa de
    Roboam................................. 181
Conflictos entre Israel y Aram-Damasco 182
La dinastía omrida.......................... 184
Elías y Eliseo................................ 185
La insurrección de Jehú 186
El ascenso de Asiria 192
Israel y Judá en la época de Jeroboam
    II y Uzías 193
El Imperio asirio bajo Tiglat-pileser III 196
La guerra siroefrainita 197
Campañas de Tiglat-pileser III............... 198
La caída de Samaria y la deportación
    de los israelitas.......................... 199
Distritos asirios después de la
    caída de Samaria 200
Los profetas del siglo VIII................... 203
Preparación de Ezequías para la
    insurrección............................. 208
La Jerusalén de Ezequías 209
Campaña de Senaquerib contra Judá........ 210
Supremacía asiria en el siglo VII............. 211
El surgimiento del Imperio neobabilonio ... 212
El reinado de Josías......................... 214
Campañas de Nabucodonosor contra Judá .. 216
Judá durante el exilio........................ 217
Potencias mundiales en el siglo VI........... 224
Exiliados judíos en Babilonia................. 225
Refugiados judíos en Egipto................. 226

Las conquistas de Ciro el Grande 232
El Imperio persa 234
El regreso de los exiliados judíos a Judá 240
La provincia de Judá y los enemigos de
 Nehemías en el siglo V 241
Qumrán y los Rollos del Mar Muerto 251
Cuevas de Qumrán. 251
El imperio de Alejandro Magno 252
Palestina bajo los ptolomeos 255
El Imperio seléucida y Antíoco III 256
Campaña de Antíoco contra Egipto 258
Eventos selectos en la rebelión macabea . . . 261
Expansión judía bajo la dinastía asmonea . . 263
Antigua Roma 264
Expansión romana en los siglos III y II a. C. . . 266
Guerras civiles y la expansión de
 Roma en el primer siglo a. C. 268
Sitio de Jerusalén por parte de Pompeyo 272
Campaña de Pompeyo contra Jerusalén. 273
El Imperio romano en la era de Augusto 274
Gobierno romano en Palestina 276
El reino de Herodes el Grande 277
Programa de Herodes para la edificación . . . 278
La división del reino de Herodes. 284
Israel en los tiempos de Jesús 286
Nacimiento y primera infancia de Jesús. 322
Juan el Bautista 322
Galilea en la época de Jesús. 341
El ministerio de Jesús alrededor del
 mar de Galilea 343
El viaje de Jesús desde Galilea a Judea. 344
Jesús en Judea y Jerusalén. 345
Jerusalén en el período del
 Nuevo Testamento. 348
La semana de la pasión en Jerusalén 353
Segunda procuraduría y el reino
 de Agripa II 356
Pentecostés y la diáspora judía 357
La expansión de la iglesia primitiva
 en Palestina. 358
La conversión y el ministerio temprano
 de Pablo. 370
El primer viaje misionero de Pablo 371
El segundo viaje misionero de Pablo 372
El tercer viaje misionero de Pablo 375
Arresto y encarcelamiento de Pablo. 376
El viaje de Pablo a Roma 378

La primera rebelión judía 382
Las campañas de Tito 383
El sitio de Jerusalén. 384
Iglesias de Apocalipsis 389
Palestina desde 73 a 135 d. C. 405
Rebelión de Bar Kojba 406
Expansión del cristianismo en los
 siglos II y III d. C. 408

RECONSTRUCCIONES

Plano de Beerseba 29
Reconstrucción de un zigurat 88
El arca del pacto 117
El tabernáculo 118
Reconstrucción de la Jerusalén de David 162
Reconstrucción del templo de Salomón 165
Corte transversal del templo de Salomón . . . 167
Las casas en el Antiguo Testamento 204
Reconstrucción de la Babilonia del siglo VI . 223
Reconstrucción de faro en Alejandría,
 Egipto 259
Reconstrucción de la Jericó del Nuevo
 Testamento 279
Reconstrucción de la Jericó herodiana 280
Reconstrucción de una casa israelita del
 primer siglo (corte desde arriba) 323
Típica sinagoga del primer siglo d. C. 323
Reconstrucción de un lagar del
 primer siglo 340
Reconstrucción de la muralla de Jerusalén. . 346
Estanque de Betesda en Jerusalén 349
Plano del templo de Herodes 350
Reconstrucción del templo de Herodes. 352
La semana de la pasión en Jerusalén 353
Reconstrucción de Atenas 374
Reconstrucción de Cesarea marítima 377
Reconstrucción de Roma 380
Torre romana para sitiar ciudades 385
Ariete romano 386
Aparato usado por arqueros romanos 386

CRONOLOGÍA

(HISTORIA BÍBLICA, DEL MUNDO Y DE LA IGLESIA)

HISTORIA BÍBLICA

CREACIÓN, CAÍDA, DILUVIO, BABEL | PATRIARCAS | ESTANCIA EN EGIPTO

2100 2000 1900 1800

Sistema de
datación
anterior

Isaac
Abraham   Jacob   José

CREACIÓN, CAÍDA, DILUVIO, BABEL | PATRIARCAS

1800

Sistema de
datación
anterior

HISTORIA MUNDIAL

HISTORIA ANTIGUA

EDAD DE BRONCE TEMPRANA | EDAD DE BRONCE MEDIA

Papiros 2500 2400 2300 2200 2100 2000 1900 1800 Hammurabi
más
antiguos

Edad sumeria — Imperio de Akkad — Ur — Dinastía babilónica

Antiguo reino egipcio — Reino intermedio egipcio
pirámides

POESÍA Y LITERATURA SAPIENCIAL

PENTATEUCO — LIBROS HISTÓRICOS

HISTORIA BÍBLICA

ISRAEL

desierto   asentamiento
            de Canaán

ESTANCIA EN EGIPTO   JUECES   REINO UNIDO   JUDÁ

1600 1500 1400 1300 1200 1100 1000 900 800

éxodo

Salomón (970-931)

David (1010-970)

Saúl (1050-1010)

Desierto

Asentamiento de Canaán

ESTANCIA EN EGIPTO   JUECES   REINO UNIDO

1600 1500 1400 1300 1200 1100 1000

Éxodo

HISTORIA MUNDIAL

HISTORIA ANTIGUA   DOMINIO ASIRIO   División de Israel

EDAD DE BRONCE MEDIA   EDAD DE BRONCE TARDÍA   EDAD DE HIERRO TEMPRANA   EDAD DE HIERRO MEDIA

1600 1500 1400 1300 1200 1100 1000 900 800

Amenofis I

Tutmosis I

Akenatón

Tratado egipcio hitita

Filisteos en Palestina

Sisac I

La Ilíada y la Odisea

Avance hitita

Dinastía babilónica — Hicsos — Dinastía XV - XVIII — Ramsés II Seti I Merneptah — Dinastía XIX — Dinastía XX — Dinastías XXI-XXXI

HISTORIA BÍBLICA

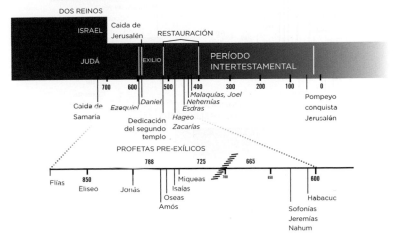

DOS REINOS

ISRAEL

Caída de Jerusalén

RESTAURACIÓN

JUDÁ

EXILIO

PERÍODO INTERTESTAMENTAL

700 600 500 400 300 200 100 0

Caída de Samaria

Ezequiel

Daniel

Dedicación del segundo templo

Malaquías, Joel
Nehemías
Esdras

Hageo
Zacarías

Pompeyo conquista Jerusalén

PROFETAS PRE-EXÍLICOS

788 725 665

Elías

850

Eliseo

Jonás

Miqueas
Isaías
Oseas
Amós

700 650 600

Habacuc

Sofonías
Jeremías
Nahum

HISTORIA MUNDIAL

HISTORIA ANTIGUA

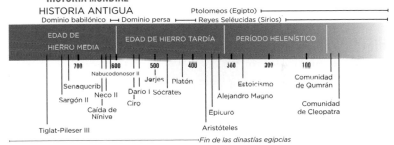

Ptolomeos (Egipto)

Dominio babilónico ⊢—⊣ Dominio persa ⊢——⊣ Reyes Seléucidas (Sirios) ⊢————⊣

EDAD DE HIERRO MEDIA

EDAD DE HIERRO TARDÍA

PERÍODO HELENÍSTICO

700 600 500 400 300 200 100

Nabucodonosor II

Senaquerib

Sargón II

Neco II

Caída de Nínive

Darío I Sócrates

Ciro

Jerjes Platón

Aristóteles

Epicuro

Alejandro Magno

Estoicismo

Comunidad de Qumrán

Comunidad de Cleopatra

Tiglat-Pileser III

Fin de las dinastías egipcias

HISTORIA DE LA IGLESIA
ACONTECIMIENTOS DE IMPORTANCIA PARA ORIENTE Y OCCIDENTE

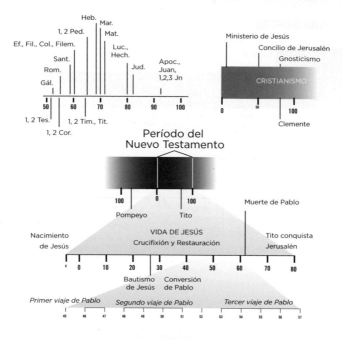

Período del
Nuevo Testamento

HISTORIA MUNDIAL
HISTORIA ANTIGUA

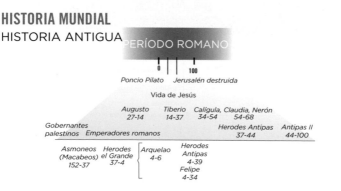

HISTORIA DE LA IGLESIA
ACONTECIMIENTOS DE IMPORTANCIA PARA ORIENTE Y OCCIDENTE

Acontecimientos en Oriente

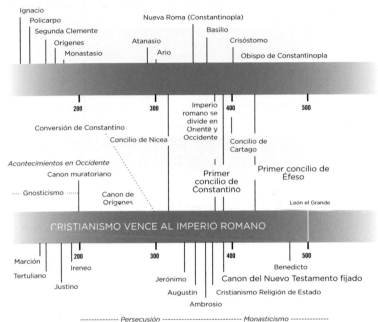

Ignacio
Policarpo
Segunda Clemente
Orígenes
Monastasio
Atanasio
Ario
Nueva Roma (Constantinopla)
Basilio
Crisóstomo
Obispo de Constantinopla

200   300   400   500

Imperio romano se divide en Oriente y Occidente

Conversión de Constantino
Concilio de Nicea
Concilio de Cartago

Acontecimientos en Occidente
Canon muratoriano
···· Gnosticismo ······
Canon de Orígenes
Primer concilio de Constantino
Primer concilio de Éfeso
León el Grande

CRISTIANISMO VENCE AL IMPERIO ROMANO

Marción
Tertuliano
Ireneo
Justino
200   300   400   500
Jerónimo
Augustín
Ambrosio
Benedicto
Canon del Nuevo Testamento fijado
Cristianismo Religión de Estado

-------------- Persecución ----------------------------- Monasticismo --------------

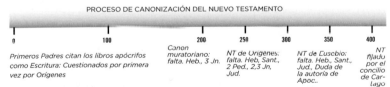

PROCESO DE CANONIZACIÓN DEL NUEVO TESTAMENTO

0   100   200   250   300   350   400

Primeros Padres citan los libros apócrifos como Escritura: Cuestionados por primera vez por Orígenes

Canon muratoriano: falta. Heb., 3 Jn.

NT de Orígenes: falta. Heb, Sant., 2 Ped., 2,3 Jn, Jud.

NT de Eusebio: falta. Heb., Sant., Jud., Duda de la autoría de Apoc..

NT fijado por el concilio de Cartago

HISTORIA MUNDIAL

----------------------*Historia Antigua* --------------------|---- *Historia Medieval* -----------------------

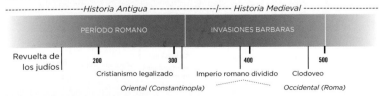

PERÍODO ROMANO   INVASIONES BARBARAS

Revuelta de los judíos
200   300   400   500
Cristianismo legalizado
Imperio romano dividido
Clodoveo

Oriental (Constantinopla)   *Occidental (Roma)*

HISTORIA DE LA IGLESIA

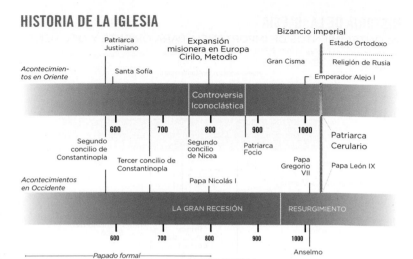

Bizancio imperial

Acontecimientos en Oriente

Patriarca Justiniano
Santa Sofía

Expansión misionera en Europa
Cirilo, Metodio

Gran Cisma

Estado Ortodoxo
Religión de Rusia
Emperador Alejo I

Controversia Iconoclástica

600 · 700 · 800 · 900 · 1000

Segundo concilio de Constantinopla
Tercer concilio de Constantinopla
Segundo concilio de Nicea
Patriarca Focio
Papa Gregorio VII
Patriarca Cerulario
Papa León IX

Acontecimientos en Occidente

Papa Nicolás I

LA GRAN RECESIÓN · RESURGIMIENTO

600 · 700 · 800 · 900 · 1000

Anselmo

Papado formal
Estados Pontificios
Sacro Imperio romano

Doctrinas abordadas por los primeros concilios de la iglesia

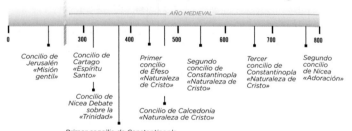

AÑO MEDIEVAL

0 · 300 · 400 · 500 · 600 · 700 · 800

Concilio de Jerusalén «Misión gentil»

Concilio de Cartago «Espíritu Santo»

Concilio de Nicea Debate sobre la «Trinidad»

Primer concilio de Constantinopla «Espíritu Santo»

Primer concilio de Éfeso «Naturaleza de Cristo»

Concilio de Calcedonia «Naturaleza de Cristo»

Segundo concilio de Constantinopla «Naturaleza de Cristo»

Tercer concilio de Constantinopla «Naturaleza de Cristo»

Segundo concilio de Nicea «Adoración»

HISTORIA MUNDIAL

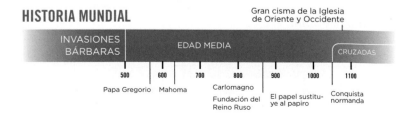

INVASIONES BÁRBARAS

EDAD MEDIA

Gran cisma de la Iglesia de Oriente y Occidente

CRUZADAS

500 · 600 · 700 · 800 · 900 · 1000 · 1100

Papa Gregorio
Mahoma
Carlomagno
Fundación del Reino Ruso
El papel sustituye al papiro
Conquista normanda

HISTORIA DE LA IGLESIA
ACONTECIMIENTOS DE IMPORTANCIA PARA ORIENTE Y OCCIDENTE

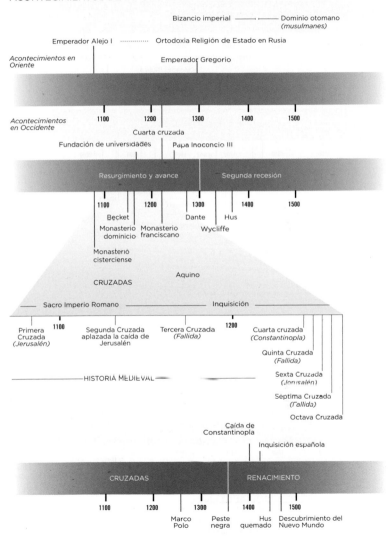

Bizancio imperial ——— Dominio otomano
(musulmanes)

Emperador Alejo I ·········· Ortodoxia Religión de Estado en Rusia

Acontecimientos en Oriente

Emperador Gregorio

Acontecimientos en Occidente

1100   1200   1300   1400   1500

Cuarta cruzada

Fundación de universidades   Papa Inoconcio III

Resurgimiento y avance   Segunda recesión

1100   1200   1300   1400   1500

Becket   Dante   Hus

Monasterio dominicio   Monasterio franciscano   Wycliffe

Monasterio cisterciense

Aquino

CRUZADAS

Sacro Imperio Romano ——— Inquisición ———

Primera Cruzada *(Jerusalén)*   1100   Segunda Cruzada aplazada la caída de Jerusalén   Tercera Cruzada *(Fallida)*   1200   Cuarta cruzada *(Constantinopla)*

Quinta Cruzada *(Fallida)*

——— HISTORIA MEDIEVAL ———

Sexta Cruzada *(Jerusalén)*

Séptima Cruzada *(Fallida)*

Octava Cruzada

Caída de Constantinopla

Inquisición española

CRUZADAS   RENACIMIENTO

1100   1200   1300   1400   1500

Marco Polo   Peste negra   Hus quemado   Descubrimiento del Nuevo Mundo

HISTORIA DE LA IGLESIA

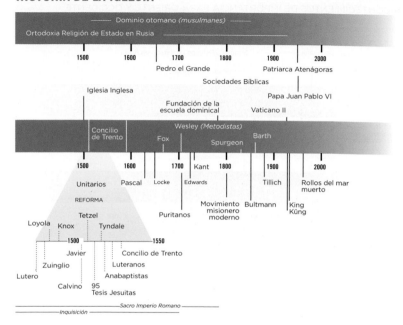

HISTORIA MUNDIAL

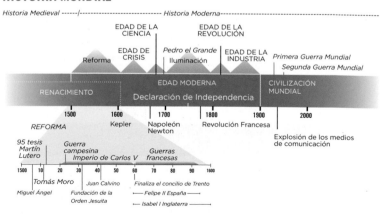

El *Atlas bíblico* tiene dos divisiones.

La geografía de las tierras bíblicas

La primera división se concentra en la franja angosta de tierra que se llama generalmente Canaán, Israel, Judea, Palestina, la Tierra Santa o el Levante. Esta es la tierra que Dios le prometió a Abraham y que quedó bajo el control pleno de Israel durante la época de David. Esta parte del atlas mira las regiones principales del antiguo Israel, prestando especial atención a las condiciones geográficas y climatológicas de cada región. Esta sección del *Atlas bíblico* fue escrita por Paul H. Wright, director del Jerusalem University College Institute of Holy Land Studies. El Dr. Wright se recibió en Trinity Evangelical Divinity School (maestría), el Institute of Holy Land Studies (maestría) y el Hebrew Union College (doctorado).

Mapas de las tierras bíblicas

La segunda división del *Atlas bíblico* empieza con Noé, sigue la trama de la Biblia desde Génesis hasta Apocalipsis, y contiene información sobre la expansión del cristianismo hasta el tercer siglo. Esta división está organizada en secciones, según los principales períodos de la historia bíblica. Cada sección incluye mapas, cuadros y reconstrucciones bíblicas que arrojan luz sobre esa época de la historia. El *Atlas bíblico* termina con cuadros que resumen el desarrollo del canon bíblico y explican los pesos y las medidas de la Biblia.

LA GEOGRAFÍA DE LAS TIERRAS BÍBLICAS

INTRODUCCIÓN

«Dios, habiendo hablado muchas veces y de muchas maneras en otro tiempo a los padres por los profetas, en estos postreros días nos ha hablado por el Hijo...» (Heb. 1:1-2a). El escritor del libro de Hebreos nos recuerda cómo Dios se reveló a Su pueblo en el pasado.

Como Creador del universo, Dios está afuera del tiempo y el espacio. Sin embargo, decidió entrar a un mundo real de carne y hueso para crear —y luego redimir— a la humanidad. Durante cientos de años, Dios comunicó Sus palabras y Su voluntad a un pueblo dispuesto —aunque por lo general recalcitrante— que hizo su hogar en las tierras que abrazan la costa sureste del Mar Mediterráneo. Después, «cuando vino el cumplimiento del tiempo», según el apóstol Pablo (Gál. 4:4), Dios mismo se inclinó para entrar a la raza humana, y decidió ensuciarse las manos y los pies en un rincón pequeño, ruidoso y muy necesitado del Imperio romano llamado Galilea (comp. Fil. 2:5-8).

A diferencia de los libros sagrados de otras grandes religiones mundiales, la Biblia está llena de historias de personas reales que vivieron en lugares reales. La decisión de Dios de comunicar verdades eternas a través de seres humanos falibles, de envolver Su mensaje alrededor de las experiencias de la humanidad con roca y suelo y agua, es tanto asombrosa como aleccionadora. Además, sugiere que una plena comprensión de la revelación divina no se puede obtener sin apreciar el contexto físico en el cual fue dada esta revelación.

Los escritores de la Biblia conocían bien la tierra en la cual Dios eligió revelarse, porque era su hogar. Conocían íntimamente el terreno escarpado de Judá, con lluvias

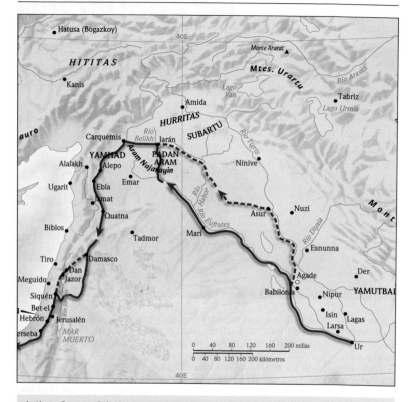

Antiguo Cercano Oriente

Las características agrestes del desierto de Judá.

invernales heladas y un calor desértico agobiante, y habían experimentado el alivio que ofrecía un pequeño arroyo de agua o el refugio de una grieta en una roca gigante. Sabían lo que significaba que las colinas que rodeaban su ciudad o su pueblo estuvieran llenas de tropas enemigas, o acostarse a la noche a salvo luego de una cosecha abundante. Una y otra vez, los historiadores, profetas y poetas de la Biblia usaron esta información para dar vida al mensaje divino que tenían para comunicar. La información geográfica llena el texto bíblico, y los autores de la Biblia suponían que sus lectores sabían incluso más. La tierra de la Biblia ha sido adecuadamente apodada el «tablero de juego de la historia bíblica».[1] En el mejor de los casos, es difícil entender cabalmente las instrucciones (la Biblia) sin el tablero (la tierra) sobre el cual se desarrollaron los acontecimientos bíblicos.

Muchas personas viajan a las tierras de la Biblia con la esperanza de caminar por donde Jesús caminó. Sin embargo, a pesar de los puntos establecidos de peregrinaje en la Tierra Santa, es imposible saber con exactitud que Jesús estuvo parado sobre determinado lugar cuando sanó a una persona específica o dio una enseñanza en particular. Por otro lado, sí se conoce el lugar de muchas ciudades, montañas, valles y sitios de la Biblia; al estudiar cuidadosamente los puntos geográficos de la Biblia, el lector serio puede profundizar más en su mundo. Se hace posible seguir al ejército de Josué a la región montañosa de Canaán después de haber conquistado Jericó. Se puede subir a la cima del monte donde

Un tranquilo Mar de Galilea al atardecer, con un Monte Hermón coronado de nieve a la distancia.

estaba la Jerusalén de David y experimentar la energía de los cánticos de ascenso (Sal. 121-134). Seguramente, Jesús miraba el Mar de Galilea temprano por la mañana desde las colinas por encima de Capernaum (comp. Mar. 1:35); hacerlo hoy en día ayuda al lector concienzudo de la Biblia a apreciar el llamado de Jesús al ministerio, y el lugar de cada uno en el reino de Dios.

Hay otra razón más por la cual comprender la geografía de las tierras bíblicas es importante para entender la Biblia. Dios creó los rasgos de las tierras de la Biblia de manera específica, y luego decidió llevar a Su pueblo ahí (Gén. 12:1-3; 13:14-17, 15:12-18) por una razón. Es más, las tierras de la Biblia son ideales para enseñar lecciones sobre la naturaleza y el carácter de Dios, así como las formas en que Su pueblo debería responder a Él.

Las distintas características naturales de las tierras bíblicas se combinan para formar un ambiente en el cual la seguridad personal o nacional siempre estaba en duda. Con una cantidad limitada de lluvias, una sobreabundancia de rocas, escasez de buena tierra y una posición junto a un camino internacional importantísimo sobre el cual marchaban los ejércitos del mundo, las tierras de la Biblia eran sede de estilos de vida que exigían que sus habitantes dependieran de Dios para sobrevivir. En los tiempos exasperantes de hoy, las tierras de la Biblia ofrecen lecciones de paz y seguridad que deberían ser escuchadas y acatadas.

Períodos arqueológicos del Cercano Oriente

Período arqueológico	Fechas aproximadas
Paleolítico (Edad de Piedra temprana)	?-18 000 a. C.
Mesolítico (Edad de Piedra media)	18 000-8300 a. C.
Neolítico (Edad de Piedra nueva)	8300-4500 a. C.
Calcolítico (Edad de Bronce/de Piedra)	4500-3150 a. C.
Edad de Bronce temprana	3150-2000 a. C.
Edad de Bronce media	2000-1550 a. C.
Edad de Bronce tardía	1550-1200 a. C.
Edad de Hierro	1200-586 a. C.
Períodos babilonio y persa	586-332 a. C.
Período helenístico	332-63 a. C.
Período romano	63 a. C.-324 d. C.
Período bizantino	324-638 d. C.

NOTAS

1 James M. Monson, *Regions on the Run*, Rockford, IL: Biblical Backgrounds, 1998, pág. 3.

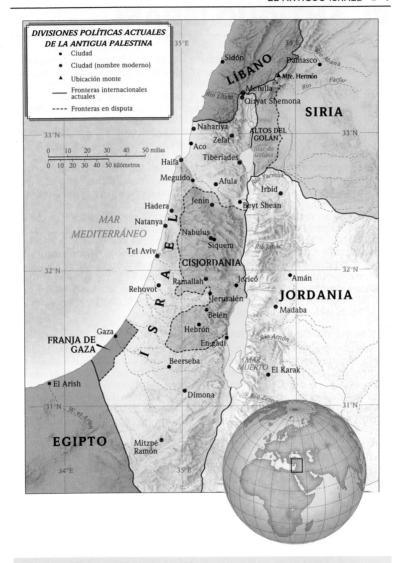

DIVISIONES POLÍTICAS ACTUALES DE LA ANTIGUA PALESTINA
- Ciudad
- Ciudad (nombre moderno)
- ▲ Ubicación monte
- —— Fronteras internacionales actuales
- ---- Fronteras en disputa

0 10 20 30 40 50 millas
0 10 20 30 40 50 kilómetros

35°E
36°E

Sidón
Damasco
LÍBANO
Mte. Hermón
Río Abana
Farfar
Metulla
Río Litani
Qiryat Shemona
Río
SIRIA

33°N
33°N

Nahariya
Zefat
ALTOS DEL GOLÁN
Aco
Mar de Galilea
Haifa
Tiberiades
Meguido
Afula
Río Yarmuk
Irbid
Hadera
Jenín
Beyt Shean
Natanya
Nabulus
Río Jordán
Tel Aviv
Siquem
Río Jaboc

MAR MEDITERRÁNEO
ISRAEL
CISJORDANIA

32°N
32°N

Ramallah
Jericó
Amán
Rehovot
Jerusalén
JORDANIA
Belén
Madaba
Gaza
Hebrón
FRANJA DE GAZA
En-gadi
Río Arnón
Beerseba
MAR MUERTO
El Karak

El Arish
Dimona
Río Zered

31°N
31°N

W. el-Arish
EGIPTO
Mitzpé Ramón

34°E
35°E

Divisiones políticas modernas en el antiguo Israel

EL ANTIGUO ISRAEL

La mayoría de los sucesos descriptos en la Biblia ocurrieron dentro de las fronteras del estado moderno de Israel, además de Cisjordania y zonas que actualmente están bajo la Autoridad Palestina. Para muchos lectores de la Biblia, toda esta región debería llamarse *Israel*, mientras que otros prefieren el término *Palestina*. En general, las consideraciones teológicas o políticas juegan un papel decisivo en el nombre que recibe esta tierra hoy, así como lo han hecho a lo largo de la historia. Por cierto, las posturas teológicas y políticas a menudo se apoyan en nombres que aparecen en un mapa. Los nombres de Canaán, Israel y Palestina se han usado en distintos momentos de la historia para designar la tierra entre el Mar Mediterráneo y el Río Jordán. Sin embargo, cuando se habla en términos geográficos, los atlas y las enciclopedias bíblicos suelen referirse a esta tierra como Palestina más que Israel. Sin la intención de afirmar nada respecto al ámbito político moderno, tal vez lo más sencillo es referirse a la tierra donde transcurrieron la mayoría de los eventos descritos en la Biblia como «la tierra del antiguo Israel».

Algunos sucesos bíblicos ocurrieron en las tierras que están afuera del estado moderno de Israel. Estas tierras incluyen Egipto; Mesopotamia (Irak en la actualidad); Persia (el Irán actual); Edom, Moab y Amón (todas en la Jordania actual); Fenicia (el Líbano actual); Aram (la Siria actual); regiones como Galacia, Frigia, Lidia y Misia (todas en la Turquía actual); Macedonia y Acaya (ambas en la Grecia moderna); Chipre; Creta e Italia. Otras tierras en el norte de África (Libia y Cirene), o en la península arábiga o el noreste de África (Cus y Sabá), también se mencionan en la Biblia. Cada uno de estos lugares es adecuadamente una «tierra de la Biblia», y debería ser de interés para los lectores concienzudos de la Biblia.

LOS NOMBRES DE LAS TIERRAS BÍBLICAS

Canaán. El origen de la palabra *Canaán* es incierto. Algunos lo relacionan con la palabra acadia para un costoso tinte azul-morado (*kinahnu*) —o la tela teñida de ese color— que se obtenía de caracoles de murex encontrados por toda la costa fenicia. Otros encuentran sus orígenes en la palabra acadia que designa una clase o un tipo de mercaderes (*kina'ani*) que vendían esta clase de tela teñida. Pasajes como Isaías 23:8 y Sofonías 1:11 apoyan esta última teoría. Otra posibilidad es derivarlo de la raíz semítica *kn'*, «estar bajo», lo cual puede implicar que era un terreno bajo o que el pueblo estaba subyugado.

Israel. Génesis 32:28 conecta el nombre *Israel* con el verbo hebreo que significa «luchar o esforzarse»: «No se dirá más tu nombre Jacob, sino Israel; porque has luchado con Dios y con los hombres, y has vencido». Sin embargo, no está claro si el autor de Génesis 32 está proporcionando la etimología real de la palabra o sencillamente haciendo un juego de palabras con el nombre *Israel*.

Palestina. Palestina se deriva de la palabra *filisteo*. La usó por primera vez el historiador griego Heródoto en el siglo v a. C. para referirse al área geográfica de la costa sudeste del Mediterráneo. La RVA usa *Palestina* como nombre alternativo para Filistea en Éxodo 15:14.

Tierra Santa. El término *Tierra Santa*, tan conocido para los cristianos como sinónimo de Israel, es en realidad un nombre poco común en la Biblia. Su única

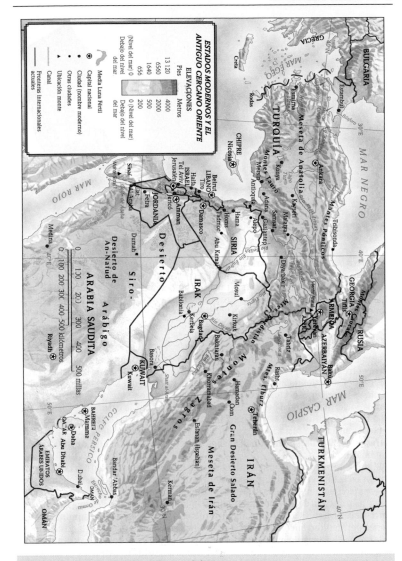

Estados modernos y el antiguo Cercano Oriente

Con poco más de 20 000 km² (8000 mi²), Israel tiene el tamaño aproximado de Nueva Jersey, Estados Unidos, pero sus variaciones en topografía y clima hacen que se parezca más a California.

verdadera ocurrencia es Zacarías 2:12, parte de una profecía vívida de restauración de Israel: «Y Jehová poseerá a Judá su heredad en la tierra santa, y escogerá aún a Jerusalén». La NVI, LBLA, NTV y otras también mencionan la «tierra santa» en el Salmo 78:54: «Los trajo después a las fronteras de su tierra santa, a este monte que ganó su mano derecha». La RVA, en cambio, leyendo el texto hebreo de manera más literal, traduce esta frase «territorio de su santuario».

CLIMA

El clima de Israel es mayormente un producto de las dimensiones angostas de la tierra entre el desierto y el mar. El vasto Desierto de Arabia, al este de la grieta del valle del Jordán, se extiende hasta menos de 160 km (100 mi) del Mediterráneo, comprimiendo a Israel entre el clima extremadamente caluroso y seco del desierto, y el más templado del mar. Además, en la Península del Sinaí al sur, la extremidad oriental del Sahara se encuentra con el Desierto de Arabia, y ambos tocan la costa del Mediterráneo. Como Israel está incrustado entre el desierto y el mar, cualquier cambio leve en los patrones climáticos globales tendrá efectos significativos, e incluso drásticos, sobre su clima anual.

El clima de Israel también se ve afectado por la topografía. Debido a las variaciones agudas en la topografía, el clima local dentro de Israel puede diferir ampliamente en un espacio de apenas pocos kilómetros. La principal cordillera que conforma la columna principal de la región montañosa —la cresta divisoria de aguas— corre de norte-noreste a sur-sudoeste, en ángulos rectos hacia las lluvias predominantes que vienen del Mediterráneo. La mayoría de la lluvia en Israel cae sobre el lado occidental de la cresta divisoria, dejando las laderas orientales y el Valle del Rift bajo una sombra orográfica. La lluvia también cae sobre una franja angosta de norte a sur en las colinas más altas que se elevan al este de la cordillera, pero disminuye rápidamente más al este, bajo los duros efectos del Desierto de Arabia.

Zonas Longitudinales

— Área de sección transversal

ELEVACIÓN

Pies		Metros
Más de 6500		Más de 2000
5000		1500
3300		1000
2500		750
1650		500
1300		400
1000		300
650		200
325		100
0		0 El nivel del mar
-1000		-300
Por debajo de -1000		Por debajo de -300

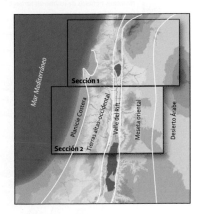

Mar Mediterráneo

Sección 1

Sección 2

Planicie Costera · Tierras altas-occidental · Valle del Rift · Meseta oriental · Desierto Árabe

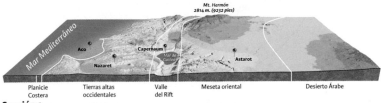

Mt. Hermón
2814 m. (9232 pies)

Mar Mediterráneo

Aco · Capernaum · Mar de Galilea · Astarot
Nazaret

| Planicie Costera | Tierras altas occidentales | Valle del Rift | Meseta oriental | Desierto Árabe |

Sección 1

Mar Mediterráneo

Asdod · Bet-semes · Jerusalén · Jericó · Medeba
Mar Muerto

| Planicie Costera | Tierras altas occidentales | Valle del Rift | Meseta oriental | Desierto Árabe |

Sección 2

DETALLE:

- Meses solares
- Nombres hebreos de los meses lunares
- Fiestas y lluvia
- Actividades agrícolas
- Actividades de pastoreo

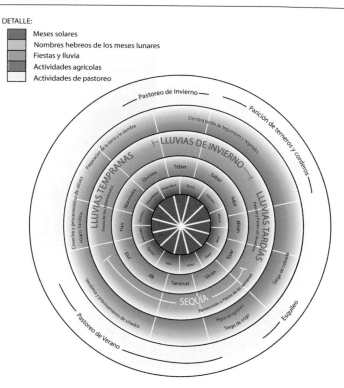

Es posible hablar en general de tres «reglas de lluvia» para Israel:

1. El norte es húmedo; el sur es seco.

2. El oeste es húmedo; el este es seco.

3. Las zonas altas son húmedas; las bajas son secas.

Es decir, elevaciones mayores en la parte noroeste del país reciben grandes cantidades de lluvia, mientras que las elevaciones menores al sudeste reciben escasas precipitaciones. El Monte Carmelo, que sobresale hacia el Mar Mediterráneo en la parte norte del país, recibe más de ochenta centímetros (treinta y dos pulgadas) de lluvia por año. En contraste, el Mar Muerto, a solo ciento treinta kilómetros (ochenta millas) al sureste pero por debajo del nivel del mar, recibe menos de cinco centímetros (dos pulgadas) de lluvia por año. Jerusalén recibe unos sesenta y cinco centímetros (veinticinco pulgadas) de lluvia por año, más o menos lo mismo que Londres, pero a diferencia de Londres, toda la lluvia de Jerusalén cae en el curso de cinco o seis meses.

Hay dos estaciones principales en Israel: una lluviosa (en general, desde mediados de octubre hasta mediados de abril) y una seca (en general, desde mediados de mayo hasta fin de septiembre). Las estaciones breves y transicionales marcan el cambio entre las dos. El año agrícola de Israel está determinado por estas

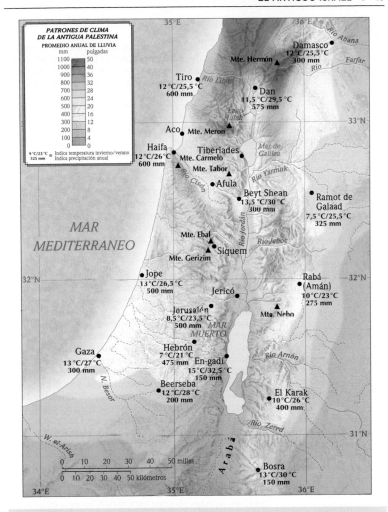

PATRONES DE CLIMA DE LA ANTIGUA PALESTINA

PROMEDIO ANUAL DE LLUVIA

mm	pulgadas
1100	50
1000	40
900	36
800	32
700	28
600	24
500	20
400	16
300	12
200	8
100	4
0	0

9 °C/23 °C = Indica temperatura invierno/verano
525 mm = Indica precipitación anual

35°E   30°E   Río Abana

Damasco
12°C/25,5°C
300 mm   Farfar

Mte. Hermón   Río

Tiro   Río Litán
12°C/25,5°C   Dan
600 mm   11,5°C/29,5°C
575 mm

Lago Hulch

Aco   Mte. Meron   33°N

Mar de Galilea

Haifa   Tiberiades
12°C/26°C   Mte. Carmelo
600 mm   Mte. Tabor   Río Yarmuk

Mte. Cisón   Afula

Beyt Shean   Ramot de
13,5°C/30°C   Galaad
300 mm   7,5°C/25,5°C
325 mm

MAR   Río Jordán   Río Jaboc
MEDITERRANEO

Mte. Ebal

Mte. Gerizim   Siquem

Jope   Rabá
13°C/26,5°C   (Amán)
500 mm   10°C/23°C
275 mm

Jericó
32°N   32°N
Jerusalén
8,5°C/23,5°C   Mte. Nebo
500 mm   MAR
MUERTO

Gaza   Hebrón
13°C/27°C   7°C/21°C
300 mm   475 mm   En-gadi
15°C/32,5°C
150 mm

Beerseba   Río Arnón
12°C/28°C
200 mm   El Karak
10°C/26°C
400 mm

N. Besor

Río Zered   31°N

W. el-Arish

0   10   20   30   40   50 millas

0   10   20   30   40   50 kilómetros   Bosra
13°C/30°C
34°E   35°E   150 mm   36°E

La temperatura diurna promedio durante agosto en Jerusalén, una ciudad ubicada a unos 800 m (2600 ft) por encima del nivel del mar, es de 30 °C (64 °F). La temperatura más alta que se registró en Palestina fue de 54 °C (129 °F), el 21 de junio de 1945, cerca de Bet-seán en la parte superior del Valle de Jordán. El 24 de mayo de 1999 Jericó estableció un récord de temperatura de 51 °C (124 °F). Tanto Bet-seán como Jericó están por debajo del nivel del mar en el Valle del Rift.

estaciones, así como lo estaban las épocas de los festivales principales de Israel (ver más adelante).

La temporada húmeda empieza con las lluvias tempranas a fines de octubre y noviembre. Estas lluvias limpian el aire de polvo y ablandan la tierra para plantar el grano (Deut. 11:14; Sal. 84:5-7; Jer. 5:24; Joel 2:23; comp. Sal. 65:10). Si las lluvias se atrasan, los agricultores anticipan la hambruna (comp. Prov. 25:14; Amós 4:7). Las lluvias tempranas son seguidas de lluvias copiosas de invierno que caen durante diciembre, enero y febrero (Esd. 10:9-13). Durante los meses invernales, las tormentas suelen llegar a Israel desde el noroeste, descargando pesadas olas de lluvia durante tres o cuatro días. Entre las tormentas, la tierra experimenta cielos claros y soleados y temperaturas moderadas. Las tormentas disminuyen en marzo y a principios de abril, y estas lluvias tardías les dan a los granos su último crecimiento (comp. Zac. 10:1; Mar. 4:28).

La nieve cae todos los años sobre el Monte Hermón, pero solo algunos inviernos en otras partes de Israel. En general, nieva de noche (las temperaturas no suelen caer por debajo de cero durante el día) y en los lugares más elevados de la región montañosa (por encima de 500 m [1700 ft]); la nieve es húmeda y pesada, y suele derretirse al día siguiente (comp. Job 24:19). En Israel, la nieve era lo suficientemente inusual como para que los escritores bíblicos la destacaran (por ej., 1 Crón. 11:22; Job 6:15-16; 38:22-23).

Rutas naturales

Lo que a Israel le falta en recursos naturales, lo compensa en ubicación. La importancia geopolítica de Israel yace en su función como corredor entre tres grandes masas de tierra —África, Europa y Asia—, así como entre el Mar Mediterráneo y el Mar Rojo (Océano Índico). Como Israel estaba segmentado por rutas comerciales importantes, los poderes políticos que lo controlaban durante el período bíblico se transformaron en protagonistas económicos en el antiguo Cercano Oriente, así como lo hacen hoy en el Medio Oriente moderno. Sin embargo, las rutas que llevan productos comerciales también llevan ejércitos, y a lo largo de la historia, Israel ha sido invadida numerosas veces por poderes extranjeros que han intentado quedarse con la región. Las rutas internacionales que cruzan Israel también hacen que la tierra sea un lugar de encuentro entre culturas, donde nuevas formas de vida y fe desafían a las que ya han echado raíces en su suelo.

Es posible reconstruir muchas de las rutas importantes del antiguo Israel al comparar la ubicación de los puntos gravitacionales de la tierra (por ej., centros urbanos, ciudades clave, puertos, etc.) con características topográficas que actúan como canales para el tránsito o barreras para viajar. Por ejemplo, en la escarpada región montañosa del Cenomaniano, la mayor parte del tránsito quedaba limitado a la cima de las cordilleras, con las rutas principales que salían y entraban en las colinas, siguiendo las cordilleras continuas que separaban los sistemas de wadis (por ej.,

«No hay ninguna otra tierra que sea tanto un santuario como un observatorio como Palestina; ninguna otra tierra que, hasta que su cargo se hubiera cumplido, fuera tan arrasada por las grandes fuerzas de la historia, y a la vez tan capaz de preservar una tribu en continuidad y crecimiento nacional; una tribu que aprendiera y sufriera y se elevara superior a los problemas sucesivos que estas fuerzas le presentaron, hasta que, gracias a la oportunidad que le dio la última de ellas, lanzó sus resultados al mundo»
(George Adam Smith, The Historical Geography of the Holy Land, Hodder & Stoughton, 1931, p. 91).

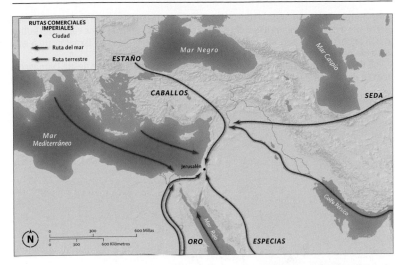

«el camino que sube a Bet-horón», Jos. 10:10). Las rutas solían seguir la distancia más fácil (aunque no necesariamente la más corta) entre dos puntos, evitando siempre que fuera posible las regiones montañosas escarpadas, las zonas empantanadas y arenosas, y los desiertos. La mayoría de las rutas naturales de la antigüedad todavía se pueden seguir, aunque, gracias a la maquinaria moderna para construir carreteras, muchos caminos del Israel actual vulneran la topografía natural de la tierra.

También es posible reconstruir los caminos antiguos en Israel al mirar el movimiento de las personas por la tierra en la historia bíblica. Por ejemplo, leemos que Abraham entró a Canaán desde el norte, se detuvo en Siquem y Bet-el, y después continuó al sur hacia el Neguev (Gén. 12:4-9). [Ver **La migración de Abraham**, págs. 100]. Al hacerlo, siguió una ruta natural muy usada que cruzaba la región montañosa, una ruta que, en parte, usa la cresta divisoria que forma la columna de la región montañosa de Judá. El escritor de Jueces describió en detalle la porción de este «Camino patriarcal» que atraviesa la región montañosa de Efraín (Jue. 21:19).

Muchas rutas locales cruzaban de un lado al otro el antiguo Israel. La Biblia provee el nombre de algunas. En general, un camino recibía el nombre de su destino (por ej., «el camino de Shur», Gén. 16:7; el «camino de Basán», Núm. 21:33; el «camino del desierto de Gabaón» (2 Sam. 2:24, etc.). «El camino del Rey» (Núm. 20:17, RVA2015) es la única excepción clara en la Biblia a esta regla (pero comp. Isa. 35:8). [Varias rutas importantes se muestran en **Rutas comerciales del imperio**, arriba en esta página].

Dos rutas internacionales importantes recorrían Israel a lo largo en la antigüedad, una al oeste del Valle del Rift y otra al este (pág. 18). A la ruta occidental se la suele llamar la Carretera Internacional de la Costa o *Vía Maris* («el camino del mar»). El nombre bíblico «el camino de la tierra de los filisteos» (Ex. 13:17) se refiere a la parte sur de esta ruta, ya que abraza la costa del Mediterráneo en la proximidad de Gaza. Históricamente, la Carretera Internacional de la Costa era la vía principal de tránsito entre Egipto y Mesopotamia. Al norte de Damasco, esta ruta seguía el arco del Creciente Fértil, pero cuando llegaba a Israel se abría paso por las colinas y los valles de Galilea hasta la costa. En el período bíblico, las ciudades estratégicas en Israel junto a esta ruta (de norte a sur) eran Hazor, Meguido, Afec, Gezer y Gaza.

La ruta internacional oriental corría directamente hacia el sur desde Damasco a través de la región montañosa del norte de Transjordania hasta Rabá de Amón

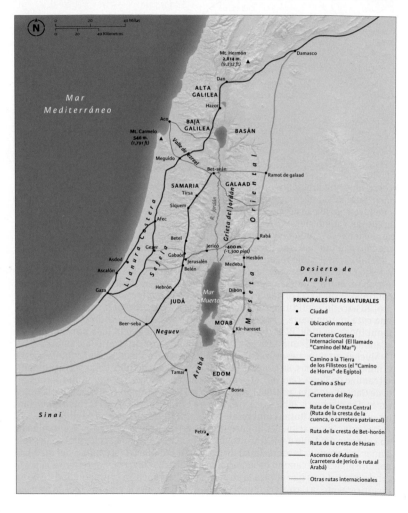

PRINCIPALES RUTAS NATURALES

•   Ciudad

▲   Ubicación monte

Carretera Costera Internacional (El llamado "Camino del Mar")

Camino a la Tierra de los Filisteos (el "Camino de Horus" de Egipto)

Camino a Shur

Carretera del Rey

Ruta de la Cresta Central (Ruta de la cresta de la cuenca, o carretera patriarcal)

Ruta de la cresta de Bet-horón

Ruta de la cresta de Husan

Ascenso de Adumín (carretera de Jericó o ruta al Arabá)

Otras rutas internacionales

(la Amán moderna en Jordania). Desde ahí, una rama conectaba las ciudades capitales de las naciones del Antiguo Testamento de Amón, Moab y Edom (Rabá de Amón, Kir-hareset y Bosra, respectivamente) antes de continuar al sur hasta el Mar Rojo y la gran ruta interna de especias en Arabia. La Biblia llama a esta ruta «el camino del Rey» (Núm. 20:17; 21:22, RVA2015). Una rama oriental, «el camino del desierto de Moab» (Deut. 2:8), bordeaba Moab y Edom por la orilla del desierto. El camino internacional en Transjordania, que no era tanto una ruta de ejércitos, llevaba la riqueza de la península arábiga (por ej., oro, incienso y mirra) a los imperios del antiguo Cercano Oriente y los mundos del Mediterráneo.

La importancia de Israel en la escena mundial más amplia yace en su posición como un puente entre tierras. Sin embargo, desde una perspectiva más amplia, los escritores bíblicos usaban los caminos naturales de Israel como una ilustración tangible de los «caminos» por los que debía transitar el pueblo de Dios (por ej., ver Deut. 8:6; Isa. 30:21; Jer. 6:16).

Los caminos romanos

A finales del primer siglo y principios del segundo siglo d.C., los romanos construyeron una amplia red de carreteras en Palestina, parte de un sistema más grande que intentaba unir el vasto imperio. Estos caminos seguían principalmente las antiguas rutas naturales del período bíblico pero con mejoras tecnológicas sofisticadas (por ej., nivelación, encintado, pavimentación, etc.). Hoy en día, algunos mojones que marcaban estos caminos siguen en pie, permitiendo que los exploradores intrépidos sigan su rumbo. Jesús solía caminar entre Jericó y Jerusalén (Mat. 20:29; comp. Luc. 10:30); en Sus viajes, sin duda siguió la ruta natural, la cual fue mejorada a la condición de un camino romano unos cien años más tarde.

Con el tiempo, poderes más grandes —los asirios (2 Rey. 15:29), los babilonios, los persas, los griegos, los seléucidas, los ptolomeos y los romanos— tomaron la Cuenca del Huleh para asegurar su posición en la zona. En la época del Nuevo Testamento, el Huleh estaba en medio de las poblaciones judías y gentiles. Al ofrecer las riquezas y las oportunidades del mundo, esta región se transformó en una verdadera zona donde probar la fe.

REGIONES NATURALES DEL ANTIGUO ISRAEL
- ● Ciudad
- ○ Ciudad (ubicación incierta)
- ▲ Monte

MAR MEDITERRÁNEO

Sidón
Damasco ● Río Abana
Mte. Hermón
Río Farfar

Tiro
Dan
ALTA GALILEA
Rosh HaNiqra (Escalera de Tiro)

Aco
BAJA GALILEA
Valle de Huleh
Capernaum
Hazor
Mte. Meirón
Mar de Galilea
BASÁN

Mte. Carmelo
Seforis
Caná
Nazaret
Mte. Atã

Dor
Meguido
Valle de Jezreel

Cesarea
Bet-seán
Ramot de Galaad

SAMARIA
Tirsá
Mte. Ebal
Siquem
Mte. Gerizim
Silo

Jope
Afec
Gezer
Bet-el
Mizpa
Jericó
Rabá (Amán)

Asdod
Ecrón
Jerusalén
Medeba
Hesbón
MISHOR

Ascalón
Gat
Hebrón

Gaza
JUDÁ
En-gadi
Dibón
MAR MUERTO

Beerseba
Arad
MOAB
Kir-harêset

El Neguev

Tamar
EDOM
Desierto de Sin

Bosra

Cades-barnea

Sinaí

Petra

0   5   10   20   30   40   50 millas
0   10   20   30   40   50 kilómetros

Las regiones naturales de Israel

LA TIERRA DE ISRAEL

La tierra antigua de Israel se puede dividir de diversas maneras. Para los fines del *Atlas bíblico*, veremos cuatro regiones generales: las regiones del sur (Judá/Judea), las regiones centrales (Israel/Samaria), las regiones del norte (Galilea) y las regiones orientales (Transjordania).

Una vista desde el frente del llamado edificio «del tesoro» de la entrada angosta a la ciudad nabatea de Petra.

LAS REGIONES DEL SUR
(Judá/Judea)

La porción sur de Israel, en general correspondiente con la tierra del reino del sur de Judá, está compuesta por seis regiones geográficas distinguibles: la región montañosa de Judá, la Sefela, la llanura costera de los filisteos, el Neguev bíblico, el desierto de Judea y la tierra de Benjamín.

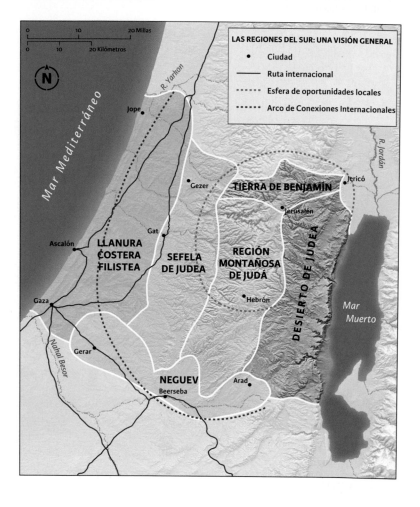

La región montañosa de Judá

La región montañosa de Judá formaba la región vital del reino de Judá en el Antiguo Testamento, así como también de la provincia de Judea en el Nuevo Testamento. En superficie, la región montañosa cubre aproximadamente 1245 km² (65 km x 20 km [480 mi², 40 mi x 12 mi]), el tamaño de un condado promedio en Estados Unidos. El punto más alto de la región montañosa, en Halhul (comp. Jos. 15:58), apenas al norte de Hebrón, tiene una elevación de 1000 m (3347 ft).

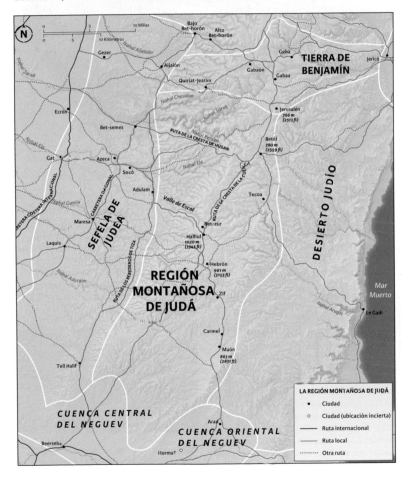

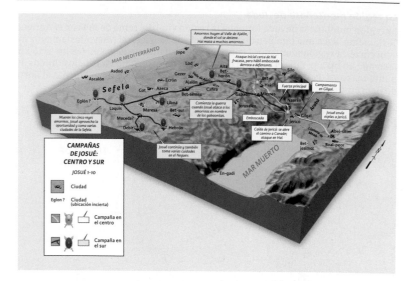

Las campañas central y sur de Josué.

Josué 10:40, resumiendo las conquistas de Josué en la parte sur de Canaán, reconoce las regiones geográficas naturales de la tierra de Judá: «Hirió, pues, Josué toda la región de las montañas, del Neguev, de los llanos y de las laderas, y a todos sus reyes». En esta traducción, «llanos» traduce el término hebreo sefela, mientras que «laderas» se refiere a los declives de la tierra salvaje al este. Algunos versículos similares son Deuteronomio 1:7 y Jeremías 17:26.

La cresta divisoria de aguas, que corre de nornoreste al sursuroeste, forma la columna de la región montañosa de Judá. Desde allí, fluyen wadis hacia el oeste en dirección al Mar Mediterráneo, y al este en dirección al Valle de Jordán y el Mar Muerto. A medida que estos wadis atraviesan la dura piedra caliza del Cenomaniano, forman valles profundos y en forma de V con lados escarpados y abruptos. Como la piedra caliza está estratificada, se quiebra en los declives de los wadis para formar terrazas naturales que han sido mejoradas con un esfuerzo considerable a lo largo de los

El wadi a través de los acantilados de piedra caliza en el área de Qumrán en Israel.

Pimpollos de granada tomados en Sebastia, Israel.

Desde tiempos antiguos, los cultivos tradicionales de la región montañosa de Judea han tenido un valor simbólico. Las uvas simbolizaban una vida plena de serenidad y paz (1 Rey. 4:24; Sal. 128:3) y, en particular, a la gente que vivía bajo la bendición de Dios (Sal. 80:8-11,14-15; Juan 15:1-7). Los higos, identificados con el árbol del conocimiento (comp. Gén. 3:7), también eran un símbolo de prosperidad y paz (Isa. 36:16; Hab. 3:17). Los escritores bíblicos han usado los olivos para hablar de belleza, fertilidad y resistencia (Gén. 8:11; Sal. 128:3). Las granadas simbolizaban la belleza, el amor y la fertilidad (Cant. 4:3,13), y el almendro, que florece a mediados de enero como precursor de la primavera, atendía a la prisa de los sucesos (Núm. 17:8; Ecl. 12:5; Jer. 1:11-12).

Uvas tempranas creciendo cerca de Tell Laquis (Isa. 5:1-7).

siglos para formar numerosas parcelas pequeñas pero fértiles de tierra agrícola. Una lluvia invernal adecuada, muchos arroyos y un suelo rico de tierra roja han permitido que los agricultores y los lugareños de la región montañosa de Judá produzcan amplias cosechas para sustentar la vida. Desde la antigüedad, los cultivos tradicionales de la región montañosa han sido las uvas, los higos, las aceitunas, las granadas y las almendras (comp. Deut. 8:8). Las uvas, los higos y las aceitunas, además del pan, eran los pilares de la vida.

Zona rural entre Jerusalén y Belén. Se pueden ver olivos en un pequeño huerto.

Las principales ciudades de la región montañosa de Judá —Hebrón, Belén y Jerusalén— están ubicadas cerca de la cresta divisoria central. Las une la ruta principal que atraviesa la región montañosa, la ruta de la cresta divisoria central o el Camino patriarcal, que sigue la línea de esta cordillera. Hebrón siempre ha tenido un lugar de honor en cuanto a la ventaja geográfica y agrícola entre las ciudades de la región montañosa, y fue allí donde David, nacido en Belén y destinado a encontrar gloria en Jerusalén, reinó por primera vez sobre Israel (2 Sam. 5:1-5).

Los wadis escarpados que caen desde la región montañosa suelen aislar las ciudades y pueblos de la cresta divisoria de la Carretera Internacional de la Costa al oeste y el Valle del Rift y el Camino del Rey al este (ver **RUTAS INTERNACIONALES**, pág. 16). Varias rutas naturales que siguen las cordilleras continuas que dividen estos sistemas de wadis unen Hebrón, Belén y Jerusalén con el mundo exterior. Al final de una de estas cordilleras que conectan Belén con el Valle de Ela en la Sefela (la «Ruta de la Cresta de Husán»), un joven David les llevó comida a sus hermanos que luchaban contra los filisteos (1 Sam. 17:12-19). Probablemente fue por esta misma ruta que Felipe se encontró con el eunuco etíope que viajaba de Jerusalén a Gaza (Hech. 8:26-40).

Debido a esta escarpada separación y defensas naturales, Judá siempre ha estado relativamente cerrada a influencias culturales extranjeras. Las grandes potencias de la antigüedad (Egipto, Asiria, Babilonia, Grecia y Roma) ocasionalmente se dirigían a la región montañosa para luchar contra los cananeos, los israelitas o los judíos que vivían en Jerusalén, pero rara vez se esforzaban por establecerse ahí. Como resultado, los habitantes de Judá tendían a valorar un estilo de vida estable y conservador. Aquí fue donde Jeremías predicó la «religión antigua» de Moisés, donde Isaías habló de un Mesías que vendría a liberar a Su pueblo (Isa. 40:9-11), y donde el judaísmo dio sus primeros pasos formativos en los siglos que conducían al Nuevo Testamento. Más que cualquier otra región en Israel, la región montañosa de Judá representa la tierra en la que Dios eligió habitar entre Su pueblo.

Durante el período bíblico, la región montañosa de Judá era el «mínimo irreducible» de la tierra prometida de Dios, la cuna de la vida israelita y judía. En sus crestas y laderas protegidas, el pueblo de Dios tuvo la oportunidad de echar raíces y prosperar. Su éxito dependía de su disposición a obedecer al Señor (Deut. 11:11-12; 28:1-68; Sal. 80:1-19).

La Sefela

La Sefela (lit. «tierra baja», traducida «los llanos», «los valles» o «las llanuras» en otras versiones) es el área de colinas eocenas bajas y continuas entre la región montañosa de Judá y la llanura costera (Deut. 1:7; Jos. 9:1; 10:40; 15:33-36; 1 Rey. 10:27; 2 Crón. 26:10; Jer. 17:26). Esta región cubre aproximadamente 650 km² (40 x 16 km [250 mi², 25 x 10 mi]), y sus colinas varían en altura, y van desde 90 a 365 m (300 a 1200 ft).

La línea definitiva de una muralla en Laquis que corre desde el sur, hacia el noreste hasta el lugar alto.

Una corteza mineral dura llamada «nari», de entre un metro y un metro y medio de espesor (tres a cinco pies), cubre las colinas de la Sefela, y las deja inaprovechables para la agricultura. Solo árboles pequeños y arbustos crecen en estas colinas naturalmente. Sin embargo, los amplios valles de la Sefela son fértiles y apropiados para las semillas (trigo y cebada), pero los viñedos y los huertos también prosperan aquí. Estos valles son la extensión de los grandes sistemas de wadis que fluyen hacia el oeste desde la región montañosa de Judá y se alimentan del amplio desborde pluvial de las colinas.

Varios versículos en la Biblia mencionan las posibilidades agrícolas de la Sefela. En 1 Crónicas 27:28 se mencionan los sicómoros, que producen una clase inferior de higos, y los olivares (RVA2015).

En la historia política de Israel, hay cinco valles de la Sefela que han tenido gran prominencia. De norte a sur, son Ajalón, Sorec, Ela, Guvrin y Laquis.

El Valle de Laquis recibe su nombre de Laquis, la segunda ciudad más importante en Judá durante la monarquía tardía. La captura de Laquis por el rey asirio Senaquerib en 701 a. C. (2 Rey. 18:14,17; 19:8) y otra vez por el rey babilonio Nabucodonosor en 587 a. C. (Jer. 34:7) señaló la caída de toda la Sefela a manos de poderes extranjeros.

En el ámbito político, la Sefela siempre funcionó como un puente y como amortiguación entre la región montañosa y la llanura costera. La orientación este-oeste de los cinco valles de la Sefela provee un

Jope, donde Jonás subió a un barco en un intento de huir de Dios (Jon. 1:3).

acceso fácil para que los pueblos de la costa avancen a la región montañosa (por ej., los filisteos o poderes internacionales como Egipto, Asiria, Babilonia, Grecia y Roma). Por otro lado, si los habitantes de la región montañosa buscaban expandir su influencia en la región, primero debían asegurar las tierras agrícolas y los caminos de la Sefela. Por esta razón, históricamente, los valles de la Sefela han funcionado como las puertas de las tabernas en el Lejano Oeste, oscilando hacia dentro o hacia fuera según la fuerza y la habilidad de los que empujaban a ambos lados. Por momentos, sin embargo, un rey en Jerusalén intentaba cerrar directamente las puertas, al construir fortificaciones en la Sefela como guardia frontal para esta zona vital en la región montañosa (2 Crón. 11:5-12; ver **Las líneas de defensa de Roboam**, pág. 181).

Como la zona de amortiguación de Judá hacia la costa, la Sefela fue testigo de ataque tras ataque contra Jerusalén. Esta era la región que Judá no podía evitar perder, pero la cual le costaba controlar.

Vista panorámica del antiguo tell de Gat.

La llanura costera de los filisteos

La llanura costera del antiguo Israel se extiende desde el norte del Monte Carmelo hasta la Península del Sinaí. A la franja de esta llanura que yace entre el Río Yarkon, una corriente que fluye a través de Jope (la ciudad actual de Tel Aviv) y el Nahal Besor justo al sur de Gaza, se le conoce comúnmente como la llanura costera de los filisteos. Esta fue la zona vital de los filisteos durante gran parte del Antiguo Testamento.

La llanura costera de los filisteos se extiende aproximadamente ochenta

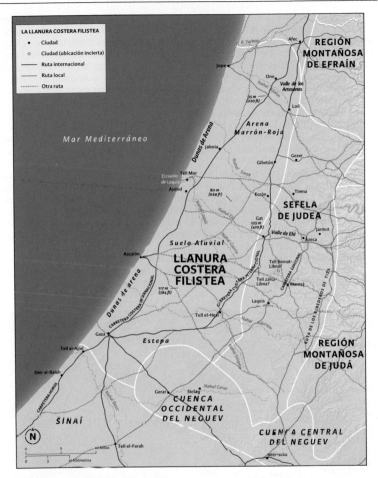

LA LLANURA COSTERA FILISTEA

- ● Ciudad
- ○ Ciudad (ubicación incierta)
- ── Ruta internacional
- ─ ─ Ruta local
- ⋯⋯ Otra ruta

Mar Mediterráneo

REGIÓN MONTAÑOSA DE EFRAÍN

Arena Marrón-Roja

SEFELA DE JUDEA

Suelo Aluvial

LLANURA COSTERA FILISTEA

Estepa

REGIÓN MONTAÑOSA DE JUDÁ

CUENCA OCCIDENTAL DEL NEGUEV

SINAÍ

CUENCA CENTRAL DEL NEGUEV

kilómetros (cincuenta millas) a lo largo de la costa del Mediterráneo, variando en amplitud, desde dieciséis kilómetros (diez millas) en el norte, y hasta cuarenta kilómetros (veinticinco millas) en el sur. La planicie se eleva gradualmente en dirección este, hacia las colinas de la Sefela. Las dunas de arena dominan la línea de la costa, pero tierra adentro, la arena se mezcla con suelos aluviales y loess (de la Sefela y el Neguev, respectivamente) para formar una base agrícola aceptable. Históricamente, los cultivos agrícolas más comunes en la llanura costera han sido cereales, pero los huertos de cítricos son muy comunes en la zona hoy en día.

La costa del Mediterráneo es dura y poco atractiva, excepto por un pequeño puerto natural en Jope (el Tel Aviv moderno), el puerto marítimo deseado de Judá. Por esta razón, la mayor parte del tráfico de la planicie durante el período bíblico era por tierra, de norte a sur a través de dos ramas de la Carretera Internacional de la Costa. Una rama, que se extiende justo detrás de las dunas costeras, unía Gaza, Ascalón, Asdod y Jope antes de girar hacia el interior a a Afec (1 Sam. 4:1; la Antípatris del Nuevo Testamento: Hech. 23:31), ubicada al inicio del Río Yarkon. Una rama tierra adentro seguía el borde occidental de la Sefela, conectando Gat con Ecrón y Afec.

La apertura de la llanura costera de los filisteos la transforma en una verdadera región internacional. Este era el hogar de los filisteos, y desde sus cinco ciudades (Gaza, Ascalón, Asdod, Ecrón y Gat; 1 Sam. 6:17-18), los filisteos intentaron meterse a la fuerza en la región montañosa, mientras Israel intentaba expandir su influencia hacia la costa.

Con el tiempo, potencias importantes del exterior —Asiria y Babilonia desde oriente, Grecia y Roma de occidente— arrasaron con la llanura costera con la mirada puesta en la riqueza de Egipto, abrumando a los habitantes locales en el proceso. Los filisteos desaparecieron de la historia, aunque sus nombres viven en el término *Palestina*. Los israelitas y los habitantes de Judá, que pudieron encontrar refugio en la escarpada región montañosa al este, sobrevivieron como los ancestros espirituales de los judíos y los cristianos de hoy.

La llanura costera de los filisteos era la carretera del sur de Israel. Judá quería aprovechar las oportunidades que ofrecía vivir en esta carretera, pero sus esfuerzos a menudo se veían frustrados por los imperios poderosos de la época.

Cuartos o ciudad de almacenaje, excavados en el tell de la antigua Beerseba, en el Neguev.

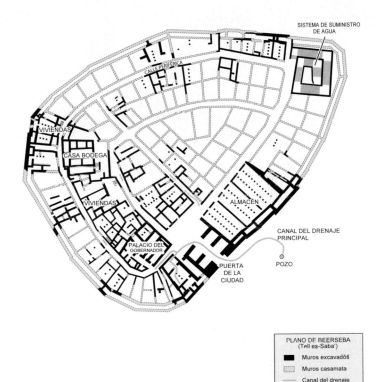

SISTEMA DE SUMINISTRO DE AGUA

CALLE PERIFÉRICA

VIVIENDAS

CASA BODEGA

VIVIENDAS

ALMACÉN

CANAL DEL DRENAJE PRINCIPAL

PALACIO DEL GOBERNADOR

PUERTA DE LA CIUDAD

POZO

PLANO DE BEERSEBA
(Tell es-Saba')

■ Muros excavados

▨ Muros casamata

— Canal del drenaje

El Neguev bíblico

El Neguev bíblico (lit. «tierra seca» o «sur») es una depresión geológica que se extiende tierra adentro desde la llanura costera sur de los filisteos hasta un punto a diecinueve kilómetros (doce millas) al oeste del extremo sur del Mar Muerto. La cuenca occidental del Neguev se superpone con el extremo sur de la llanura costera, y la ciudad de Gerar pertenece correctamente a ambas regiones. El Neguev era el límite sur natural del reino unido de Israel (1 Rey. 4:25) y del reino del sur de Judá (2 Rey. 23:8).

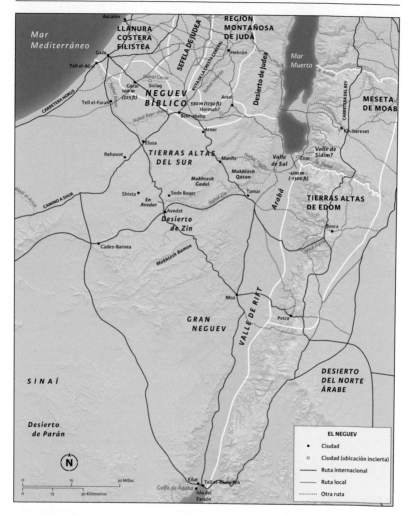

Topográficamente, el Neguev bíblico está conformado por tres cuencas amplias y poco profundas unidas en sus extremos y orientadas de oeste a este. Estas cuencas del Neguev reciben, en promedio, entre veinte y treinta centímetros (ocho a doce pulgadas) de lluvia por año. Cuando se lo labra, su suelo loess polvoriento y azotado por el viento puede retener la suficiente agua como para producir cereales. La lluvia suele ser inadecuada para la agricultura, así que, históricamente, el Neguev ha sido más bien una tierra de pastura que de agricultura. Al igual que en la llanura costera, la napa freática debajo de las cuencas del Neguev es alta, lo cual permite que los residentes caven pozos de agua sin demasiada dificultad (Gén. 21:25-34; 26:17-33). El árido Neguev era un hogar adecuado para el estilo de vida beduino de Abraham, Isaac y Jacob (Gén. 13:1-7; 25: 27; 26:12-17).

Al sur del Neguev bíblico, hay un «grande y terrible desierto» (Deut. 1:19), en el cual el antiguo Israel nunca se sintió realmente en casa. Salomón pudo atravesar este páramo hasta llegar a Ezión-geber (cerca de la Eilat moderna), donde dirigió sus barcos sobre el Mar Rojo (1 Rey. 9:26), pero ochenta años más tarde, Josafat fracasó en su intento de hacer lo mismo (1 Rey. 22:48-49; 2 Crón. 20:35-37). Las excavaciones arqueológicas han descubierto muchos pequeños asentamientos a través de las tierras altas del Neguev; tal vez una evidencia de los intentos por parte de reyes fuertes de Judá, como Uzías, de establecerse en la región (2 Crón. 26:10); solo tuvieron éxito cuando se pudo contener a Edom en las colinas australes al otro lado del Valle del Rift (comp. 1 Rey. 22:47). Para la época del Nuevo Testamento, toda esta región había sido tomada por los nabateos, comerciantes de las montañas orientales que controlaban el tráfico de especias de Arabia a Gaza y el Mar Mediterráneo.

El Neguev bíblico era la entrada al sur para Judá. Para el antiguo Israel, su valor no solo estaba en los recursos naturales, sino también en su posición estratégica de frente a Egipto, Edom y las grandes rutas comerciales del desierto.

El desierto de Judea

Metido entre la región montañosa de Judá y el Valle del Rift, el desierto de Judea es la zona más grande de creta expuesta del Senoniano al oeste del Río Jordán. En una distancia de entre 16 a 19 km (10 a 12 mi), el suelo cae más de 1400 m (4600 ft) desde la cresta divisoria hasta la superficie del Mar Muerto, el cual, a más de 400 m (1300 ft) por debajo del nivel del mar, es el punto más bajo de la superficie terrestre. La vista hacia el este desde la cresta divisoria es dramática y se la ha comparado con un marinero sobre la cubierta angosta de un enorme barco mirando cómo las olas enfurecidas (aquí una masa desordenada de colinas calizas amarronadas y blancuzcas, redondeadas y estériles) se agitan más abajo.

Dos términos hebreos designan el desierto de Judea. El más común, *midbar,* se refiere a las zonas más altas del desierto, donde los pastores podían apacentar sus ovejas y cabras durante los meses invernales (1 Sam. 17:28; Jer. 9:10). Las zonas más remotas, al sur y al este, se llaman *Yeshimón,* «páramo» o «lugar desértico», donde ni siquiera los pastores se aventuraban. Fue al *Yeshimón* donde David se retiró cuando huía de Saúl (1 Sam. 23:19; 26:1-3).

En el período bíblico, los únicos lugares de asentamiento permanente en el desierto estaban al borde del Valle del Rift, donde varios arroyos proveen agua (por ej., Jericó, En-gadi) y un pequeño valle por encima de los acantilados al oeste del extremo norte del Mar Muerto (Buqueia), donde el desborde pluvial se recoge desde las montañas. Dos pequeños pueblos en la región montañosa al borde del desierto, Anatot y Tecoa, fueron el hogar de Jeremías y Amós respectivamente. Estos profetas hablaban gráficamente del desierto o las condiciones de vida en el desierto en sus mensajes proféticos (por ej., Jer. 2:6; 3:2-3,21; 6:1-5; 9:1-2; 17:5-6; Amós 2:10; 4:7-12). Una difícil ruta

El desierto de Judea visto desde la cima del Herodión hacia el Mar Muerto.

natural lleva desde Belén a En-gadi a través de Tecoa; otra cae desde Jerusalén a Jericó, bordeando Anatot en el camino. El resto del desierto carece de fuentes de agua y asentamientos humanos.

Los minerales del Mar Muerto incluyen sodio, magnesio, cloruro de calcio, bromuro, azufre, potasio, potasa y betún; estos representan un 33-38 % del contenido del Mar Muerto por peso, en comparación con uvn 15 % de contenido mineral en el Gran Lago Salado y un 3-3,5 % en los océanos. Sorprendentemente, hay once tipos de bacterias que viven en el Mar Muerto, y algunos peces se reúnen alrededor de la desembocadura del Río Jordán. El nombre «Mar Muerto» en realidad no es apropiado, ya que, desde la antigüedad, es sabido que el contenido mineral en el agua brinda sanidad para muchas enfermedades. El alto contenido de sal del Mar Muerto hace que sea prácticamente imposible que una persona se hunda en sus aguas.

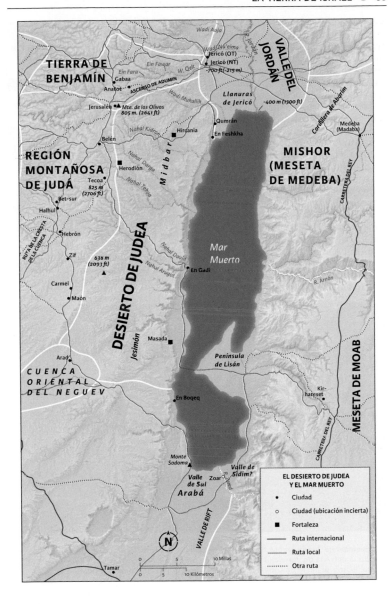

TIERRA DE BENJAMÍN

Wadi Auja

Wadi Nu'eima
Jericó (OT)
Jericó (NT)
-700 ft (-215 m)

VALLE DEL JORDÁN

Ein Fara
Gabaa
Anatot
ASCENSO DE ADUMIN

Ein Fawar

W. Qelt

Wadi Mukallik

Jerusalén
Mte. de los Olivos
805 m. (2641 ft)

Llanuras de Jericó

-400 m (1300 ft)

Cordillera de Abarim

Medeba
(Madaba)

Nahal Kidron

Belén

Qumrán
En Feshkha

Hircania

REGIÓN MONTAÑOSA DE JUDÁ

Nahal Dargo

Herodión

Tecoa
825 m
(2706 ft)

Nahal Tekoa

Midbar

MISHOR
(MESETA DE MEDEBA)

CARRETERA DEL REY

Bet-sur

Halhul

Hebrón

RUTA DE LA CRESTA DE LA CUENCA

Nahal David

Zif

638 m
(2093 ft) ▲

Nahal Arugot

Mar Muerto

Carmel

Maón

DESIERTO DE JUDEA

En Gadi

R. Arnón

Jesimón

Arad

Masada ■

Península de Lisán

MESETA DE MOAB

CUENCA ORIENTAL DEL NEGUEV

En Boqeq

Kir-hareset

CARRETERA DEL REY

Monte Sodoma

Valle de Sidim?

Zoar

EL DESIERTO DE JUDEA Y EL MAR MUERTO

● Ciudad

○ Ciudad (ubicación incierta)

■ Fortaleza

—— Ruta internacional

—— Ruta local

········· Otra ruta

Valle de Sal
Arabá

VALLE DE RIFT

N

0   5   10 Millas

0   5   10 Kilómetros

Tamar

La tierra de Benjamín

Josué le asignó a la tribu de Benjamín una franja angosta de tierra entre la región montañosa de Judá al sur y Efraín al norte (Jos. 18:11-28). El territorio de Benjamín asciende desde el Río Jordán por las colinas escarpadas del desierto y por encima de la cresta divisoria central hacia la ciudad de Quiriat-jearim, con vista a las cuestas occidentales de la región montañosa. Por lo tanto, la tierra de Benjamín es una sección transversal de la región montañosa de Israel, con la mitad oriental como la tierra de los pastores y la mitad occidental como la tierra de los agricultores.

La porción de Benjamín incluía cuatro ciudades importantes, críticas para cualquiera que quisiera controlar la región montañosa. La primera, la ciudad oasis de Jericó (la ciudad de los Salmos; Deut. 34:3; Jue. 3:13), es la puerta de entrada al centro y al sur de Israel desde el este

Una de las cascadas naturales en Israel está ubicada en En-gadi, del lado occidental del Mar Muerto.

El desierto de Judea carece de vegetación. Lleva las condiciones duras de un desierto hasta la entrada de Jerusalén. Los escritores bíblicos solían usar la dura vida del desierto para ilustrar el juicio de Dios y la necesidad de que Su pueblo dependiera de Él.

El Mar Muerto, con 80 km de largo por 17 km de ancho (50 x 11 mi), se encuentra en el lugar más bajo de la tierra (aproximadamente 400 m [1350 ft] debajo de nivel del mar), y es, por un gran margen, el cuerpo de agua más salado del mundo.

Torre defensiva neolítica redonda en la Jericó del Antiguo Testamento.

(Jos. 2:1; 1 Rey. 16:34). La segunda, Bet-el, está frente a las poderosas tribus de Efraín y Manasés al norte (Gén. 28:19; 1 Rey. 12:29; 2 Rey. 2:2-3). La tercera, Gabaón, apenas al oeste de la cresta divisoria, es la entrada de Benjamín al Valle de Ajalón, Gezer y el oeste (Jos. 9:1–10:15). La cuarta, que miraba al sur, es Jerusalén, asignada a Benjamín pero conquistada por David como su propia ciudad real (2 Sam. 5:6-10). Cada una de estas era una importante ciudad cananea en la época de Josué.

Donde la cresta divisoria atraviesa la tierra de Benjamín, se amplía hasta formar una meseta más bien pequeña, de unos 65 km² (25 mi²). Esta «meseta central de Benjamín» es en realidad un collado amplio en la región montañosa, apenas más baja en elevación que la región montañosa hacia el norte y el sur. Cuatro ciudades que tienen un papel prominente en la historia bíblica se ubican en la meseta: Gabaa (ciudad natal del rey Saúl: 1 Sam. 10:26; 15:34); Ramá (ciudad natal de Samuel: 1 Sam. 2:11; 8:4; 15:34); Mizpa (la capital administrativa de la región montañosa después de la destrucción de Jerusalén a manos de los babilonios: 2 Rey. 25:23-25); y Gabaón. Gabaa, Ramá y Mizpa están ubicadas en el Camino patriarcal, de sur a norte, con Gabaón al oeste. Bet-el yace en una meseta más pequeña y más alta a cinco kilómetros (tres millas) al norte de Mizpa, mientras que Jerusalén está a la misma distancia hacia el sur de Gabaa. Los sucesos bíblicos importantes que ocurrieron en y alrededor de estas ciudades testifican sobre la importancia crítica de la tierra de Benjamín.

La meseta central de Benjamín está bien irrigada, y tiene un suelo de tierra roja y una topografía relativamente plana, que se combinan para formar una zona altamente deseable para la agricultura. Los ríos Ayalón y Soreq drenan la meseta al oeste y al sur, mientras que el

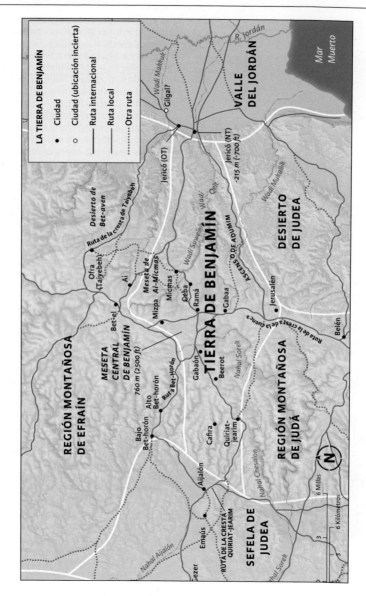

LA TIERRA DE BENJAMÍN

● Ciudad
○ Ciudad (ubicación incierta)
— Ruta internacional
— Ruta local
····· Otra ruta

Wadi Qelt atraviesa en forma dramática el desierto calizo hacia el este desde la meseta. Varios arroyos potentes en el Wadi Qelt se combinan para proveer un flujo constante de agua a las planicies alrededor de Jericó.

Herodes el Grande edificó un palacio de verano enorme y, elaborado a orillas del Qelt, donde el wadi se derrama hacia las planicies de Jericó. Su palacio contenía una recepción suntuosa y salones de banquetes, un complejo de baños romanos, un jardín hundido, una piscina y un puente arqueado que atravesaba el wadi. Las excavaciones arqueológicas recientes en el lugar también descubrieron lo que se cree que era una sinagoga que databa del primer siglo a. C., la más antigua conocida en Israel hasta la fecha. La Jericó del Nuevo Testamento creció alrededor del palacio de Herodes y las tierras lindantes de sus amigos influyentes. Aquí, Zaqueo cobraba impuestos para Roma. El encuentro de Jesús con Zaqueo les mostró a Sus seguidores y críticos por igual lo que era el verdadero arrepentimiento (Luc. 19:1-10).

La meseta central de Benjamín es el centro no solo de Benjamín, sino también de toda la región montañosa, y la escena de gran parte de la historia bíblica. Una rápida mirada a la historia bíblica nos muestra que los habitantes de la tierra de Benjamín vivían en un verdadero crisol de la fe. Por lo tanto, es significativo que el apóstol Pablo se identificara como benjamita (Rom. 11:1).

Jerusalén

Los escritores bíblicos tenían a Jerusalén en alta estima. Versículos como el Salmo 48:1-2 («su monte santo. Hermosa colina» (NVI), Salmo 122:1 («Iremos»), e Isaías 2:2-3 («será confirmado el monte de la casa de Jehová como cabeza de los montes, y será exaltado sobre

Vista desde la parte superior del tell de la Jericó del Nuevo Testamento, donde se observa la exuberante vegetación del oasis.

El Talmud, la codificación monumental del judaísmo de la ley oral, habla de Jerusalén en términos elevados: «Quien no haya visto a Jerusalén en su esplendor, nunca ha visto una ciudad hermosa» (Sucá 51b); y «De las diez medidas de belleza que llegaron al mundo, Jerusalén se quedó con nueve» (Kidushín 49b).

los collados») están arraigados en las crecientes expectativas teológicas sobre la ciudad escogida por Dios. Al mismo tiempo, están arraigados en la realidad física de la tierra. Jerusalén es una ciudad de colinas y valles, y la mayoría de los pasos que se dan por sus calles son en subida o en bajada. Hoy en día, Jerusalén es una bella ciudad, con vistas sorprendentes y nuevos horizontes, mientras el sol y las nubes juegan sobre su masa de paredes, bóvedas y torres que van del gris al dorado; lo mismo, como cuentan todos los relatos, era cierto también en la antigüedad (comp. Cant. 6:4).

Históricamente, el Valle de Cedrón y de Hinom han marcado los límites de asentamiento en Jerusalén, aunque, a lo largo de los últimos 150 años, la ciudad se ha

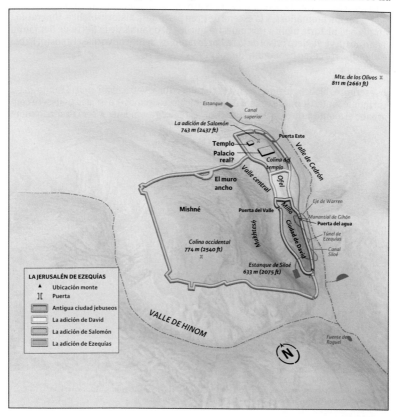

extendido por las colinas circundantes y hacia los valles que la rodean. El Valle de Cedrón al este separa la vieja ciudad amurallada del Monte de los Olivos. El Valle de Hinom (el «valle del hijo de Hinom») se arquea alrededor de los lados occidental y sur de la ciudad, con la cresta divisoria y el Camino patriarcal más atrás. El Hinom formaba el límite entre las herencias tribales de Judá (al sur y al oeste) y Benjamín (al norte y al este), (Jos. 18:16). Al norte de la ciudad, el suelo va en subida, sin ninguna defensa natural, y ha sido la dirección preferida de ataque desde la antigüedad.

En la parte sur del «valle de los hijos de Hinom» (heb. *gay ben Jinnóm*) era donde los reyes Acaz y Manasés de Judá aparentemente sacrificaban a sus hijos en el fuego al dios pagano Moloc (2 Rey. 21:6; 2 Crón. 28:3; comp. 2 Rey. 23:10). Algunos eruditos creen que los antiguos israelitas también arrojaban residuos de la ciudad al Valle de Hinom para quemarlos (hoy en día, la Puerta del Estiércol, la parte más baja de la ciudad amurallada y la salida natural del desagüe superficial, se abre hacia la misma zona). Con el tiempo, el nombre hebreo de este valle, *gay ben Jinnóm*, se acortó a *gehena*. Para la época intertestamentaria, *gehena* se usaba para referirse a un lugar de severo juicio reservado para los malvados (2 Esdras 7:36; comp. Mat. 5:22).

Un valle más pequeño —hoy también llamado el Valle Central, aunque Josefo lo conocía como el Valle del Tiropeón o «valle de los queseros»— divide la colina entre el Cedrón e Hinom en dos partes; una colina oriental más pequeña y otra más grande y alta, al oeste. Los asentamientos en Jerusalén empezaron en el extremo sur de esta colina oriental, sobre la Fuente del Gihón. Un segundo arroyo menos caudaloso, En-rogel, está más abajo en el Valle de Cedrón (1 Rey. 1:9,43-45).

El Monte de los Olivos visto desde el Monte del Templo.

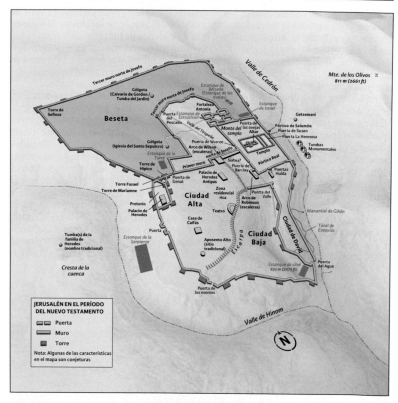

Mte. de los Olivos ✕
811 m (2661 ft)

Valle de Cedrón

Tercer muro norte de Josefo

Gólgota
(Calvario de Gordon /
Tumba del jardín)

Estanque de
Betesda
(Estanque de las
ovejas)

Fortaleza
Antonia

Estanque
de Israel

Getsemaní

Torre de
Sefinos

Beseta

Puerta
del
Pescado

Tercer muro norte de Josefo

Estanque de
Estruthion

Valle del Tiropeón

Puerta de
las ovejas
Altar

Pórtico de Salomón
Puerta de Susan
Puerta La Hermosa

Monte del
templo

Gólgota
(Iglesia del Santo Sepulcro)

Puerta de Warren
Arco de Wilson
(escaleras)
muro
norte de Josefo

Templo

Tumbas
Monumentales

Estanque de la
Torre

Torre de
Hípico

Primer muro

Sixtos?
Puerta de
Barclay

Pórtico Real

Torre Fasael
Torre de Mariamne

Puerta de
Genat

Palacio de
Herodes
Antipas

Puertas
Hulda

Zona
residencial
rica

Puerta del
Valle

Pretorio

Palacio de
Herodes

Ciudad
Alta

Arco de
Robinson
(escaleras)

Manantial de Gihón

Teatro

Casa de
Caifás

Túnel de
Ezequías

Tumba(s) de la
familia de
Herodes
(nombre tradicional)

Puerta

Estanque de la
Serpiente

Aposento Alto
(sitio
tradicional)

Ciudad
Baja

Ciudad de David

Escarpa

Cresta de la
cuenca

Estanque de Siloé
633 m (2075 ft)

Puerta
del Agua

Puerta de
los esenios

Valle de Hinom

JERUSALÉN EN EL PERÍODO
DEL NUEVO TESTAMENTO

▭ Puerta
▭ Muro
▪ Torre

Nota: Algunas de las características
en el mapa son conjeturas

Ⓝ

La ciudad de David, de unas cinco hectáreas (doce acres) de superficie, abarcaba solo el extremo sur de la colina oriental (2 Sam. 5:6-10; 1 Crón. 21:18-30). Su hijo Salomón edificó el templo en la extensión más alta de esta colina hacia el norte (1 Rey. 6:1-38; comp. 1 Crón. 22:1). En el transcurso de los próximos 200 años, se edificaron casas en la colina occidental, a medida que la población fue creciendo lentamente. Ezequías rodeó la colina occidental con una muralla inmensa a fines del siglo VIII a. C., en respuesta a una amenaza asiria contra su reino (2 Crón. 32:5). La Biblia la llama a esta zona de la ciudad la *mishné* («la segunda puerta» o «el segundo sector» [LBLA], 2 Rey. 22:14; Sof. 1:10).

La elevación de la colina donde se edificó la Jerusalén de David y el templo de Salomón es menor que la de los montes circundantes (por ej., el Monte de los Olivos, la colina occidental y las colinas al norte y al sur). El salmista sabía muy bien esto, ya que claramente conocía la topografía de Jerusalén cuando escribió sobre la ciudad sitiada: «Alzaré mis ojos a los montes; ¿de dónde vendrá mi socorro? Mi socorro viene de Jehová, que hizo los cielos y la tierra» (Sal. 121:1-2). Pero las montañas alrededor de la ciudad

Planicie de Dor, Planicie de Sarón, Samaria, Valle del Jordán y Galaad.

también pueden brindar refugio y protección: «Como Jerusalén tiene montes alrededor de ella, así Jehová está alrededor de su pueblo desde ahora y para siempre» (Sal. 125:2).

Después de que Babilonia destruyera Jerusalén, la ciudad quedó restringida a la colina oriental, y fue creciendo en forma gradual durante siglos entre los Testamentos, para luego volver a incluir la colina occidental y la extensión norte del Valle del Tiropeón. No obstante, el cambio más significativo para Jerusalén en la época del Nuevo Testamento fue la plataforma artificial de catorce hectáreas (treinta y cinco acres) construida sobre el Monte del Templo como cimiento de un templo de magnífica reedificación. Esta imponente proeza técnica se logró bajo el patrocinio de Herodes el Grande, aunque probablemente haya incorporado elementos asmoneos anteriores a su proyecto. La extensión y función de la supuesta «tercera muralla» al norte de la ciudad del Nuevo Testamento sigue siendo tema de debate; muchos eruditos le atribuyen al menos partes a Herodes Agripa I (41-44 d. C.), el cual aparentemente empezó a incorporar las colinas del norte (la «Bezetha») a la ciudad amurallada. Los romanos destruyeron toda la ciudad en 70 d. C.

Las colinas y los valles de Jerusalén fueron determinando la forma y el carácter de la ciudad con el tiempo, así como su límite natural de asentamiento. Los escritores bíblicos conocían muy bien la topografía de la ciudad, e incorporaron imágenes de su terreno a su mensaje divino.

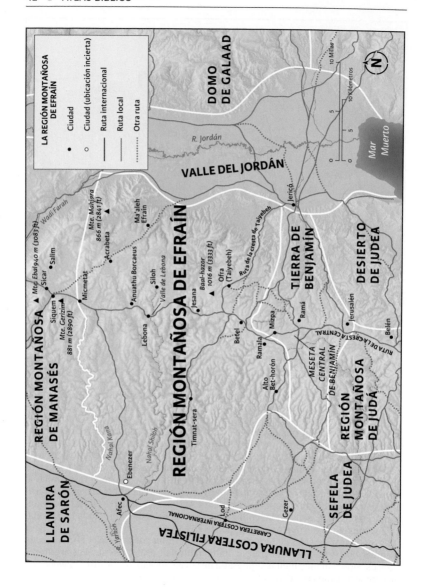

LA REGIÓN MONTAÑOSA
DE EFRAÍN

- • Ciudad
- ○ Ciudad (ubicación incierta)
- —— Ruta internacional
- —— Ruta local
- ······ Otra ruta

DOMO
DE GALAAD

R. Jordán

VALLE DEL JORDÁN

Wadi Farah

Mte. Ebal 940 m (3083 ft)

Mte. Mahjera
866 m (2841 ft) ▲

Ma'aleh
Efraín

• Salim

• Sicar

Acrabeta

Micmetat

• Anuathu Borcaeus

Siloh

Valle de Lebona

Iesana

Baal-hazor
1016 m (3333 ft) ▲

Ofra
(Taiyebeh)

Ruta de la cresta de Taiyebeh

Jericó •

REGIÓN MONTAÑOSA DE EFRAÍN

REGIÓN MONTAÑOSA
DE MANASÉS

Siquem
Mte. Gerizim
881 m (2890 ft) ▲

Lebona

Betel •

TIERRA DE
BENJAMÍN

Mizpa •

Ramá •

Jerusalén •

DESIERTO
DE JUDEA

Ramala •

MESETA
CENTRAL
DE BENJAMÍN

Alto
Bet-horón •

RUTA DE LA CRESTA CENTRAL

Belén •

Timnat-sera •

Nahal Qana

Nahal Shiloh

Ebenezer ○

REGIÓN
MONTAÑOSA
DE JUDÁ

LLANURA
DE SARÓN

Afec •

R. Yarkón

Lod •

CARRETERA COSTERA INTERNACIONAL

LLANURA COSTERA FILISTEA

Gezer •

SEFELA
DE JUDEA

Mar
Muerto

N

10 Millas

10 Kilómetros

5

5

0

0

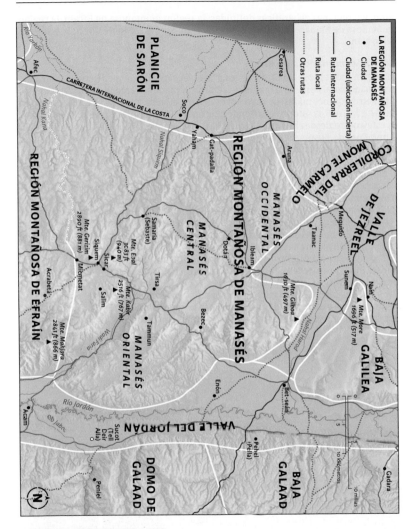

LAS REGIONES CENTRALES
(Israel/Samaria)

La franja central del antiguo Israel en general corresponde con el centro del reino del norte de Israel y el territorio de la Samaria del Nuevo Testamento. Está compuesta por cinco regiones geográficas definidas: la región montañosa de Efraín, la región montañosa de Manasés (Samaria), la Planicie de Sarón, el Monte Carmelo y el Valle del Jordán.

La región montañosa de Efraín

La región montañosa de Efraín es una zona escarpada de piedra caliza dura del Cenomaniano, al norte de la herencia tribal de Benjamín. La región tiene veinticuatro kilómetros (quince millas) de sur a norte, desde Bet-el hasta el Nahal Caná (arroyo de Caná en Jos. 16:8; 17:9-10), y se extiende cuarenta y tres kilómetros (veintisiete millas) de este a oeste, desde el Valle del Jordán hasta la Planicie de Sarón. Por ende, la región montañosa de Efraín corresponde con el centro del territorio tribal de Efraín (Jos. 16:1-10). El punto más alto de la región montañosa de Efraín es la colina de Baal-hazor (2 Sam. 13:23), con 1000 m (3333 ft) de altura, ubicada a ocho kilómetros (cinco millas) al noreste de Bet-el.

Las colinas de Efraín están bien irrigadas, y reciben hasta setenta y cinco centímetros (treinta pulgadas) anuales de lluvia en las regiones al oeste de la cresta divisoria. Esto, además de los numerosos arroyitos que salpican los wadis, provee amplios recursos hídricos para la agricultura. Al igual que la región montañosa de Judá, las colinas de Efraín son escalonadas, y su rica tierra roja provee excelentes cosechas de uvas, higos, olivas, granadas y almendras.

El centro principal de la región montañosa de Efraín durante el período bíblico era Silo, escondido entre las colinas en los tramos superiores del Nahal Silo apenas al oeste de la cresta divisoria. Valles pequeños pero anchos en la proximidad de Silo proveen una buena base agrícola, y su relativo aislamiento hizo que este fuera un centro natural para el arca del pacto mientras Israel acondicionaba la tierra (Jos. 18:1; 21:1-3; Jue. 21:12, 19-23; 1 Sam. 1:3; 4:1-4). Silo era una gran ciudad amurallada a mediados

El Monte Ebal se yergue cerca de la antigua ciudad de Siquem.

de la Edad de Bronce medio (siglos XVIII al XVI a. C.), pero tan solo un pueblito en la época de los jueces. Debido a su terreno escarpado, la zona montañosa de Efraín está mayormente cerrada al tráfico y las influencias culturales de afuera. Es una tierra de granjas y pueblitos, apropiada para la vida agrícola del antiguo Israel.

La región montañosa de Manasés

La región montañosa de Manasés es una zona amplia y alta situada entre la región montañosa de Efraín y el Valle de Jezreel, y mide aproximadamente cincuenta y un kilómetros (treinta y dos millas) de este a oeste y treinta y cinco kilómetros (veintidós millas) de norte a sur. Esta región en general corresponde al centro de la franja del territorio tribal que se destinó a Manasés al oeste del Río Jordán (Jos. 17:7-10) y a la región de Samaria en el Nuevo Testamento.

Geológicamente, hay tres subregiones dentro de la región montañosa de Manasés, cada una de un tamaño y una forma similares a la Sefela de Judá, y cada una orientada de norte-noreste al sur-suroeste. Hoy, a estas regiones se las suele llamar Manasés oriental, central y occidental (o Samaria oriental, central y occidental).

Las dos cumbres más altas en todo Manasés, el Monte Ebal (1000 m [3083 ft]) y el Monte Gerizim (880 m [2890 ft]) (Deut. 11:29-30; Jos. 8:30-35) dominan el extremo sur de Manasés central, mientras que el extremo norte termina en el Monte Gilboa (497 m [1630 ft]) (1 Sam. 31:1-8). Manasés central está separada de Manasés oriental por una depresión caliza angosta que forma un vínculo natural directo entre Siquem y Bet-sán (1 Sam. 31:12). Manasés central recibe aproximadamente 50-65 cm (20-25 in) de lluvia por año.

Los valles amplios, las colinas relativamente suaves, el buen suelo y la lluvia adecuada de Manasés conforman una tierra donde prosperan pastores y agricultores, campos de cultivo y huertos. Esta economía mixta proporciona una base económica estable para

Monte Gilboa.

la región, permitiendo que sus habitantes vivan y prosperen con el fruto de la tierra.

La ciudad de Siquem (la Nablus moderna), ubicada en la desembocadura del Nahal Siquem, entre los montes Ebal y Gerazim, es el centro natural de Manasés. Históricamente, Siquem también era la «capital» natural de toda la región montañosa, el punto desde el cual los reinos y los pueblos que aspiraban a ser reinos se expandían por todo el centro de Israel (comp. Gén. 33:18–34:31; Jue. 9:1-57; 1 Rey. 12:1,25; comp. Jos. 8:30-35). A diferencia de Jerusalén, la posición geográfica de Siquem es abierta y acogedora. Los valles con rutas naturales se extienden desde

Larga calle con columnata, construida por el emperador Severo en la Sebaste del Nuevo Testamento, llamada Samaria en el Antiguo Testamento.

Siquem en cuatro direcciones: hacia el este, al sur desde Bet-el y Jerusalén, al noroeste a través del Nahal Siquem hacia la costa, y al noreste hacia Bet-sán, con una ruta lateral por el Wadi Faria hacia el Valle del Jordán. Aunque estos valles le proporcionan a Siquem una base agrícola sólida, también abren la región a la posibilidad de invasión.

Jeroboam, el primer rey del reino del norte, Israel, estableció su capital en Siquem (1 Rey. 12:25). Más adelante en su reinado, y tal vez como una medida defensiva para proteger su reino de presiones desde el sur y el oeste, Jeroboam mudó su capital a Tirsa, una ciudad asentada en el paso calizo que conectaba Siquem con Bet-sán en la desembocadura del Wadi Faria (1 Rey. 14:17; 15:21,33; 16:15). Desde esta posición relativamente aislada, Jeroboam pudo consolidar su reino en Galaad al este (Transjordania). Una generación más tarde, Omri, el padre de Acab, volvió a mudar la capital; esta vez, a Samaria (1 Rey. 16:23-24,29), una colina prominente en Nahal Siquem con fácil acceso a la costa, donde permaneció hasta la destrucción del reino del norte (2 Rey. 17:1-6). Desde Samaria, los reyes israelitas pudieron expandir su influencia a Fenicia y la costa (comp. 1 Rey. 16:31).

Siguiendo una práctica común del antiguo Cercano Oriente, los escritores bíblicos a menudo usaban *Samaria*, el nombre de la ciudad capital de Israel, para referirse a todo el reino del norte (comp. 1 Rey. 13:32; 2 Rey. 17:24; Jer. 23:13; Os. 10:7). *Samaria* también se transformó en el nombre oficial de la provincia asiria en el centro de Israel después de la caída de Israel en manos de Sargón II en 722 a. C. El nombre se mantuvo para la región durante toda la época del Nuevo Testamento (por ej., Juan 4:4), y hoy en día, los israelíes suelen usarlo para la región.

En los siglos III y II a. C., la ciudad de Samaria era una ciudad helenista próspera, antes de que fuera destruida por Juan Hircano, el rey y nacionalista asmoneo y judío, en 106 a. C. Herodes el Grande reconstruyó la ciudad y la renombró Sebaste, la forma griega para «Augusto», en honor a su emperador en Roma. Aquí, Herodes estableció a mercenarios extranjeros que lo habían ayudado a aplacar la resistencia de los nacionalistas judíos al principio de su reinado. En el punto más alto del lugar, sobre las ruinas del palacio de Acab, Herodes construyó un magnífico templo de piedra caliza blanca que dedicó a Augusto César.

La región montañosa de Manasés —la Samaria del Nuevo Testamento— es una tierra bendecida con un fácil acceso al mundo exterior. El antiguo Israel se hizo rico y se durmió en sus laureles allí. Con palabras punzantes, los profetas Amós y Oseas dejaron al descubierto al pueblo egoísta de esta tierra, lo cual sirve como advertencia para la gente que vive de manera similar hoy en día.

La Planicie de Sarón

La porción de la llanura costera entre el Monte Carmelo y el Río Yarkón se conoce como la Planicie de Sarón (1 Crón. 5:16). La frontera norte de Sarón es en realidad el Nahal Taninim (el Arroyo de los Cocodrilos), un pequeño arroyo que fluye hacia el oeste desde la cordillera del Monte Carmelo hasta el Mar Mediterráneo. La Planicie de Sarón mide aproximadamente dieciséis kilómetros de ancho por cuarenta y ocho kilómetros de largo (diez por treinta millas), y se eleva apenas hacia la base de la tierra montañosa al oeste de Manasés.

Al igual que la llanura costera de los filisteos al sur, la Planicie de Sarón está compuesta principalmente de arena mezclada con suelos aluviales que han decantado de las colinas orientales. A lo largo de la costa, tres cordilleras paralelas de arena solidificada (*kurkar*) bloquean el flujo de agua desde las colinas, formando pantanos que impiden la agricultura. Cuando drena, como en la actualidad, Sarón es una fértil región agrícola, particularmente adecuada para los cítricos.

Debido a sus pantanos arenosos, la Planicie de Sarón de la antigüedad era sede de una exuberante fertilidad de matorrales y bosques de robles, sotobosque y flores silvestres (comp. Cant. 2:1). Como las zonas altas del Monte Carmelo, Líbano y Basán, la Planicie de Sarón era famosa por su vegetación salvaje y su tierra natural de pastura (comp. 1 Crón. 27:29). Los escritores bíblicos usaban la fertilidad de Sarón para

Vista de la Planicie de Sarón y el Río Yarkón desde la zona de excavación en el sitio de Afec.

LA PLANICIE DE SARÓN

- • Ciudad
- ○ Ciudad (ubicación incierta)
- —— Ruta internacional
- —— Ruta local
- ······ Otra ruta

LLANURA DE ACO

▲ Mte. Carmelo
546 m
(1791 ft)

CORDILLERA CARMELO

LLANURA DE DOR

VALLE DE JEZREEL

Atlit

Jocneam

Paso Jocneam

R. Cisón

Dor

Mar Mediterráneo

(Cocodrilo)

Meguido

SEFELA DE CARMELO

Nahal Tanninim

Taanac

Cocodrilópolis

Tell Mevorakh

Paso Meguido

Cesarea Marítima
(Torre de Strato)

Aruna

MANASÉS OCCIDENTAL

Nahal Hadera

Paso Dotán

Tell Gedor

Dotán

Gat-padalla

LLANURA DE SARÓN

Hefer

Yaham

Soco

REGIÓN MONTAÑOSA DE MANASÉS

Nahal Alexander

Nahal Siquem

CARRETERA COSTERA INTERNACIONAL

Samaria
(Sebaste)

Tell Poleg

Nahal Poleg

Siquem

Nahal Kana

Afec
(Antipatris)

R. Yarkon

Ebenezer?

REGIÓN MONTAÑOSA DE EFRAÍN

Jope

Nahal Silo

Ono

LLANURA COSTERA FILISTEA

Timnat-sera

N

Lod (Lida)

| 0 | | 5 | | 10 Millas |

| 0 | 5 | | 10 Kilómetros |

señalar la bendición de Dios sobre una tierra renovada (Isa. 35:1-2; 65:10; comp. Isa. 33:9).

Lo que era la Carretera Internacional de la Costa en la llanura costera de los filisteos se transforma en la Carretera Internacional en la Planicie de Sarón, como la ruta que se aleja de la costa para evitar los pantanos y aprovecha los pasajes a través de la cordillera del Carmelo. Durante la mayor parte del período bíblico, ningún pueblo o puerto de tamaño considerable llevaba el camino hacia la costa. Recién en el primer siglo, Herodes el Grande empezó a construir la magnífica ciudad portuaria de Cesarea allí (Hech. 10:1-8; 23:23-24,31-33), destinada a transformarse en tiempos romanos posteriores en el puerto más grande del Mediterráneo oriental.

El puerto de Herodes en Cesarea estaba diseñado para mostrarle al mundo que el rey de Judea podía hacer lo imposible. Utilizando marcos de madera cargados y hundidos por piedra, y luego asegurados con un cemento que endurecía bajo el agua, los obreros de Herodes construyeron un puerto inmenso que se extendía 200 metros (650 ft) desde la rígida línea costera hacia el mar. La elección de Herodes de la costa norte de Sarón para el puerto tal vez haya reflejado su megalomanía, pero también fue una idea brillante; desde ese punto podía controlar el tráfico internacional tanto hacia Judea como Galilea.

Debido a sus pantanos arenosos y su rígida línea costera, la Planicie de Sarón no figura con prominencia en la historia del Antiguo Testamento. Sin embargo, para la época del Nuevo Testamento, el puerto de Cesarea se había adueñado de la costa, y desde allí, el apóstol Pablo lanzó el evangelio al mundo mediterráneo.

El Mar Mediterráneo tal como se ve a través de los arcos del acueducto herodiano en Cesarea. Desde este puerto, Pablo lanzó el evangelio al mundo grecorromano.

El Monte Carmelo

La cordillera del Monte Carmelo es una de las características topográficas más prominentes de Israel. La cordillera se eleva de manera abrupta desde la llanura costera y el Valle de Jezreel y se proyecta dramáticamente hacia el Mediterráneo; su protuberancia le da a la línea de la costa su singular forma de gancho. Con una marcada orientación noroeste-sudeste, la cordillera del Carmelo aminora el tráfico internacional, el cual se ve forzado a cruzar la cordillera a través de tres pasajes naturales bien definidos; el más importante es controlado por Meguido.

El nombre *Carmelo* significa «plantación» o «tierra de jardines», lo cual es apropiado para la frondosa cordillera del Carmelo. La fertilidad, la belleza y la fortaleza natural del Carmelo eran cualidades admiradas por los poetas bíblicos (Cant. 7:5; Isa. 35:1-2; Jer. 50:19). Con imágenes poderosas, a menudo comparaban el juicio abrasador de Dios con la cima del Carmelo que se secaba, ¡una señal inequívoca de condena (Isa. 33:9; Amós 1:2; Nah. 1:4)!

Debido a su inaccesibilidad, el Monte Carmelo en sí suele ser un lugar de refugio y escape (Amós 9:3). Su altura majestuosa y arbolada es también sede de un santuario religioso. Los registros egipcios de Tutmosis III, Ramsés II y Ramsés III (siglos XV-XII a. C.) llaman al Monte Carmelo «el Cabo Sagrado», sugiriendo que se creía que era un lugar de morada divina desde tiempos antiguos. Un documento del siglo IV a. C. llama al Carmelo «la montaña sagrada de Zeus». La religión indígena de Canaán, basada en la naturaleza y la fertilidad, también tenía en alta estima al Monte Carmelo. Cuando Elías decidió desafiar a los profetas de Baal, el dios cananeo del relámpago y la lluvia, en el Monte Carmelo, deliberadamente entró al «estadio anfitrión» de Baal, haciendo que su victoria fuera tanto más significativa (1 Rey. 18:16-46). El profeta Eliseo frecuentó el Monte Carmelo una generación después (2 Rey. 2:25; 4:25).

El Monte Carmelo es un marcador prominente tanto del paisaje físico de Israel como del paisaje religioso de la historia del Antiguo Testamento. Aquí, el Señor mostró que es el Dios sobre toda creación, y que incluso los lugares de lluvia abundante pueden marchitarse ante Su orden.

El Río Jordán fluye al sur desde el Monte Hermón a través de Israel, para desembocar finalmente en el Mar Muerto.

El Valle del Jordán

El Valle del Jordán es la porción del Valle del Rift que yace entre el Mar de Galilea y el Mar Muerto. El valle en sí mide solo 105 km (65 mi) de largo, pero el Río Jordán, que serpentea abriéndose un tortuoso camino hacia el Mar Muerto, tiene aproximadamente 220 km (135 mi) de largo. Todo el valle se encuentra por debajo del nivel del mar, descendiendo en forma gradual desde -210 m (-690 ft) en el Mar de Galilea hasta -410 m (-1350 ft) en el Mar Muerto.

El Valle del Jordán varía en su ancho desde tres a veinticinco kilómetros (dos a quince millas), con la parte más amplia en el sur, apenas arriba del Mar Muerto.

EL VALLE DEL JORDÁN

- ● Ciudad
- ○ Ciudad (ubicación incierta)
- —— Ruta internacional
- ········ Ruta local
- ········ Otra ruta

Hacia Damasco

BAJA GALILEA

Mar de Galilea

Hipos

-210 m (-690 ft)

Bet-yerah

Hacia Egipto

▲ Mte. Tabor 588 m (1929 ft)

Ghor del Norte

R. Yarmuk

Gadara

Hacia Aco

BAJA GALAAD

Nahal Harod

Valle de Bet-seán

Bet-seán (Escitópolis)

Tell Rehov

-290 m (-950 ft)

Pehel (Pella)

Tirat Tsvi

Enón

Abel-meholá

REGIÓN MONTAÑOSA DE MANASÉS

VALLE DEL JORDÁN

Zaretán (Tell es-Saidiya)

Gerasa

Hacia Siquem

Zafón

Valle de Sucot

DOMO DE

Penuel

R. Jaboc

Wadi Farah

Sucot (Deir-'Alla)

Hamat (Ammathus)

GALAAD

-360 m (-1180 ft)

Adam

Ma'aleh Efraín

Zaretán (Tell Umm Hamad)

REGIÓN MONTAÑOSA DE EFRAÍN

R. Jordán

Rabá

CUENCA DE AMÓN

Ghor del Sur

Gilgal

Na'arán

Jericó

Llanura de Moab

Wadi Qelt

Llanuras de Jericó

Tuleilat el-Ghassul

Baal-peor

Hesbón

Hacia Jerusalén

-400 m (-1300 ft)

Livias

DESIERTO DE JUDEA

Mar Muerto

N

MISHOR (MESETA DE MEDEBA)

Medeba (Madaba)

0   5   10 Millas

0   5   10 Kilómetros

Aquí, la Biblia habla de «la llanura de Jericó» al oeste del Jordán (Jos. 4:13; 2 Rey. 25:5), y los «campos de Moab» al este del río (Núm. 26:3; Deut. 34:1). Al norte, a poco más de dieciséis kilómetros (diez millas) debajo del Mar de Galilea, el valle también se amplía considerablemente hacia el oeste. Esta extensión del Valle del Jordán se llama comúnmente el Valle de Bet-sán, en honor a la ciudad de Bet-sán en su borde norte. El Valle de Bet-sán provee una importante conexión con el Valle de Jezreel más al oeste.

Hablando del carácter único del Valle del Jordán, el geógrafo histórico George Adam Smith comentó: «Tal vez en la superficie de otro planeta haya algo que se compare con el Valle del Jordán; en este planeta, no lo hay» (*The Historical Geography of the Holy Land* [La geografía histórica de la Tierra Santa], *Hodder & Stoughton, 1931, pág. 301*). Al describir la zanja actual que marca el Jordán, Smith observa: «El Jordán se arrastra hacia el Mar Muerto a través de una jungla insalubre mitigada solamente por un suelo venenoso» (pág. 313).

El clima del Valle del Jordán cambia en forma drástica en su extensión de ciento cinco kilómetros (sesenta y cinco millas) desde el Mar de Galilea al Mar Muerto. El norte disfruta de un clima mediterráneo, con cuarenta y cinco centímetros (dieciocho pulgadas) de lluvia anuales. A veinticuatro kilómetros (quince millas) al sur, el valle

El Río Jordán justo al norte del Mar de Galilea.

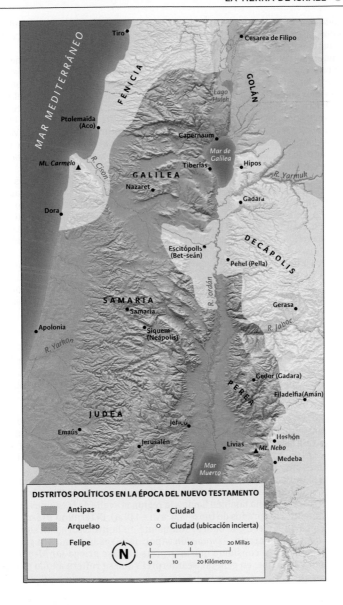

MAR MEDITERRÁNEO

Tiro

Cesarea de Filipo

FENICIA

GOLÁN

Lago Huleh

Ptolemaida (Aco)

Capernaum

Mar de Galilea

Ml. Carmelo ▲

R. Cisón

Tiberías

Hipos

R. Yarmuk

GALILEA

Nazaret

Gadara

Dora

Escitópolis (Bet-seán)

DECÁPOLIS

Pehel (Pella)

R. Jordán

SAMARIA

Gerasa

Samaria

Apolonia

Siquem (Neápolis)

R. Jaboc

R. Yarkon

Gedor (Gadara)

PEREA

Filadelfia (Amán)

JUDEA

Jericó

Emaús

Hesbón

Jerusalén

Livias

Ml. Nebo ▲

Medeba

Mar Muerto

DISTRITOS POLÍTICOS EN LA ÉPOCA DEL NUEVO TESTAMENTO

Antipas · Ciudad

Arquelao ○ Ciudad (ubicación incierta)

Felipe

N

0 10 20 Millas

0 10 20 Kilómetros

que rodea Bet-sán tiene un clima de estepa árida (treinta centímetros [doce pulgadas] de lluvia por año), mientras que el sur del Valle del Jordán es desértico (diez centímetros [cuatro pulgadas] de lluvia por año).

Aunque hay rutas naturales a lo largo del Valle del Jordán a ambos lados del río, la ruta preferida en la antigüedad estaba al este, siguiendo la línea de arroyos en el escarpe de las cumbres de Transjordania. Este era el camino más transitado por Jesús en sus viajes entre Galilea y Jerusalén. Los principales vados que cruzan el Jordán están en Jericó, Adam (la desembocadura del Wadi Faria; Jos. 3:16), y puntos cercanos a Bet-sán. Estos cruces llevan importantes rutas de este a oeste que unen el Israel occidental con Transjordania. A pesar del calor y la dificultad del viaje, el Valle del Jordán siempre ha sido un límite bastante permeable para las personas que viven a ambos lados (comp. Gén. 33:16-18; Deut. 9:1; Jos. 3:1-17; 22:1-34; Jue. 3:12-13; 7:24; 12:1-6; 21:8-12; 2 Sam. 17:21-22).

Eliseo recibió un manto de poder y autoridad de parte de Elías después de que ambos cruzaran al lado oriental del Valle del Jordán (2 Rey. 2:1-14). Jesús fue bautizado y recibió poder y autoridad de lo alto en el Valle del Jordán (Mat. 3:1-17; Mar. 1:9-13; Luc. 3:21-22). Las tradiciones varían en cuanto a si a Jesús lo bautizaron en la orilla este u oeste del Jordán, o en la parte norte o sur del valle. Independientemente de esto, Su bautismo en el Jordán ha brindado una rica temática para el arte y la himnodia cristianos a través de los siglos.

Excepto por algunas ciudades en el norte y el oasis de Jericó, pocos pueblos se establecieron en el Valle del Jordán en la antigüedad. No obstante, muchos personajes bíblicos cruzaron el valle a pesar de sus condiciones salvajes y duras. El Jordán se transformó en un símbolo importante en el arte y la teología cristianos, marcando barreras (como la muerte) que solo se pueden cruzar con la ayuda de Dios.

LAS REGIONES DEL NORTE
(Galilea)

La porción norte del antiguo Israel, llamada Galilea tanto en el Antiguo como en el Nuevo Testamento, está compuesta de cinco regiones geográficas diferentes: el Valle de Jezreel, la Baja Galilea, la Alta Galilea, el Mar de Galilea y la Cuenca del Huleh.

El valle de Jezreel

El Valle de Jezreel es el valle más grande y fértil en Israel. Tiene la forma aproximada de una punta de lanza, con el extremo apuntando al noroeste hacia el Mediterráneo. El mango de la lanza, el angosto Valle de Harod, conduce al sudeste hacia Bet-sán y el Valle del Jordán. Juntos, los valles de Jezreel y Harod son las intersecciones internacionales más importantes de la zona.

Jezreel significa «Dios siembra», lo cual es un nombre apropiado para el valle que es la región-granero de Israel. Además del nombre «valle de Jezreel» (Jos. 17:16; Jue. 6:33; Os. 1:5), la Biblia también llama a la región el «valle de Meguido» (Zac. 12:11) y, poéticamente, «los prados de Dios» (Sal. 83:12, LBLA). El término *Esdraelón* es la forma griega de *Jezreel*, que ocurre solamente en la literatura extrabíblica del período neotestamentario. *Armagedón* (Apoc. 16:16) es una palabra griega que desde hace mucho se considera que interpreta la frase griega *jar Meguiddó*, «la montaña de Meguido»; en general, se interpreta que se refiere a todo el Valle de Jezreel.

Jerome Murphy-O'Connor ha caracterizado Meguido como «el cofre real en uno de los grandes teatros de la historia. Desde tiempo inmemorial, ejércitos han surgido de los valles aledaños para jugar su papel en el escenario plano del valle de Jezreel» (Jerome Murphy-O'Connor, *The Holy Land* [La Tierra Santa], 4.ª ed., Nueva York: Oxford, 1998, pág. 342). La Biblia registra varias acciones militares que ocurrieron en los valles de Jezreel y Harod. Estos incluyen la batalla de Débora y Barac contra Sísara (Jue. 4–5); la batalla de Gedeón contra los madianitas (Jue. 7); la última batalla de Saúl contra los filisteos (1 Sam. 28:4; 31:1-10); el golpe de estado de Jehú (2 Rey. 9:14-37); y el intento de Josías de enfrentarse al faraón Necao (2 Rey. 23:28–30).

Las montañas que rodean el Valle de Jezreel presentan un marcado contraste con la expansión baja y abierta del valle en sí. El Jezreel se drena hacia el Mediterráneo mediante el Nahal Kishon, que recolecta el desborde pluvial de las colinas circundantes. Debido a lo llano que es Jezreel, al tamaño de su área de desborde y lo angosto del pasaje al pie del Monte Carmelo a través del cual se drena el valle, una tormenta de lluvia torrencial transforma el valle en un pantano saturado y cenagoso. Las condiciones invernales han obstaculizado a ejércitos, carros y viajeros a lo largo de la historia (comp. Jue. 4:13-15; 5:19-21; 1 Rey. 18:45-46). Hacia el este, el suelo del valle

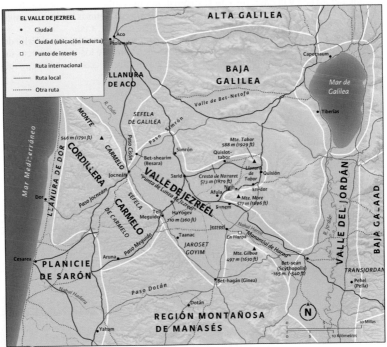

desciende por debajo del nivel del mar al punto en que el Valle de Harol se une con Jezreel, y luego desciende gradualmente hacia la grieta. El Harod se drena mediante el Nahal Harod. Varios arroyos caudalosos bordean la base del Monte Gilboa por el borde sur (Jue. 7:1).

El rico suelo aluvial del Valle de Jezreel alcanza una profundidad de 100 metros (330 ft) en algunos lugares, y la abundancia de agua garantiza excelentes cosechas, incluso en años de lluvia limitada. Las posibilidades agrícolas aquí son tan extraordinarias en comparación con el resto de Israel que Herodes el Grande reclamó el valle como su propia hacienda real. Hoy en día, el Jezreel está drenado y abundan los campos fértiles.

Como resultado de las condiciones cenagosas del invierno, las rutas naturales de Jezreel suelen seguir el perímetro del valle. La excepción es la Carretera Internacional de la Costa. Una elevación subterránea de basalto ha elevado levemente el nivel del suelo del valle en una línea que va entre Meguido y el Monte Tabor. En la antigüedad, la Carretera Internacional seguía esta cadena baja a lo largo de Jezreel mientras se abría paso a través de los obstáculos naturales de Galilea hacia Damasco.

El Valle de Jezreel siempre fue la intersección principal de Israel. Aquí, la Carretera Internacional principal cruza un segundo camino que conecta la Llanura de Aco con el Valle del Jordán y la Carretera de Transjordania más allá. El flujo incesante de viajeros y ejércitos a través de Jezreel por medio de estas carreteras internacionales dio lugar a la frase bíblica «Galilea de los gentiles» (Isa. 9:1; Mat. 4:15).

Debido a esta tierra superior de labranza y las carreteras estratégicas, el Valle de Jezreel siempre ha sido uno de los elementos de más valor de los bienes raíces de Israel. Al desbordar de bendiciones materiales, este valle fue un crisol donde se probó

El Valle de Jezreel (o Esdraelón o Meguido), visto desde la cima del tell Meguido.

la fe de Israel. Tal vez por esta razón, aparece de manera tan prominente en el Apocalipsis de Juan (Apoc. 16:16).

Baja Galilea

Baja Galilea es una zona de una topografía relativamente abierta, al norte de los valles de Jezreel y Harod, y entre el Mar Mediterráneo y el Valle del Rift. En tamaño, Baja Galilea mide cuarenta kilómetros (veinticinco millas) de este a oeste, y entre veinticinco y cincuenta kilómetros (quince y treinta millas) de norte a sur. *Baja Galilea* no es un nombre bíblico, sino una manera conveniente de referirse a la porción de Galilea que es más baja en elevación (menos de seiscientos metros [dos mil pies]), y por ende, más abierta al tránsito que la región montañosa más al norte. Baja Galilea se puede dividir en tres regiones geográficas diferentes: la Llanura de Aco, Baja Galilea occidental y Baja Galilea oriental.

Los valles que van de este a oeste en la Baja Galilea occidental actúan como una especie de túnel de viento, canalizando las brisas occidentales vespertinas desde el Mediterráneo directamente hacia el Mar de Galilea. Los vientos ganan fuerza a través de estos «túneles» y descienden de manera dramática hacia la grieta, donde golpean contra las escarpadas montañas al lado oriental del mar. Si el viento aumenta de repente, puede transformar con rapidez el relativamente tranquilo Mar de Galilea en una masa agitada de agua. Esto evidentemente les pasó a Jesús y a Sus discípulos una noche mientras cruzaban el mar en una pequeña barca: «Pero se levantó una gran tempestad de viento, y echaba las olas en la barca, de tal manera que ya se anegaba» (Mar. 4:37). Jesús calmó el mar como se calmaría a un bebé, y como era de esperar, los discípulos quedaron estupefactos (Mar. 4:38-41).

Una tormenta sobre el Mar de Galilea.

El terreno relativamente bajo y los amplios valles de la Baja Galilea hacen que sea bastante fácil viajar. La Carretera Internacional entra a Baja Galilea desde el sur en el Monte Tabor, luego gira hacia el Mar de Galilea, siguiendo una línea topográfica formada por el filón entre las colinas de piedra caliza de la Baja Galilea occidental y las colinas de basalto de la Baja Galilea oriental. En el camino, bordea los Cuernos de Hattin, el cono volcánico erosionado que fue responsable del basalto en la región. Después, la Carretera Internacional cae hacia el Mar de Galilea a través del angosto pasaje de Arbel, un corte perpendicular en la cordillera de basalto que bordea el mar al suroeste. La cima del acantilado sobre este pasaje proporciona una vista sobrecogedora de Galilea, desde el Monte Tabor hasta el nevado Monte Hermón al norte de Basán.

Una segunda ruta natural principal en Baja Galilea conecta Aco/Tolemaida con Tiberias en la costa occidental del Mar de Galilea, pasando a través de los amplios valles de Jifta-el y Beit Netofa en el camino. Esta ruta fue la cuerda de rescate de Galilea al mundo durante la época del Nuevo Testamento, al conectar la población mixta de Galilea con las tierras grecorromanas del Mediterráneo.

La capital de Galilea durante los primeros años de Jesús fue Séforis, una ciudad grecorromana en el Valle de Jifta-el, a apenas ocho kilómetros (cinco millas) al norte de Nazaret. Séforis había sido capturada por nacionalistas judíos después de la muerte de Herodes el Grande en 4 a. C., y luego quemada cuando las tropas romanas desalojaron a los judíos de la ciudad. Herodes Antipas, hijo de Herodes el Grande y su sucesor como rey de Galilea, empezó a reconstruir Séforis un año más tarde. José, el padre de Jesús y habilidoso artesano en madera y piedra (gr. *tékton,* Mar. 6:3), tal vez haya ayudado a reconstruir Séforis, ya que probablemente no había demasiado trabajo en este pueblo pequeño y pobre. Jesús quizá haya afilado sus dotes como artesano en Séforis también.

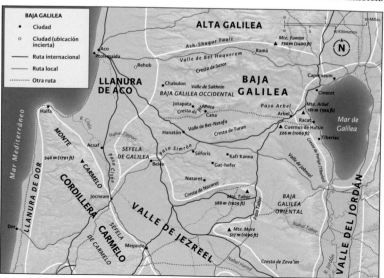

La apertura, el buen suelo y el clima agradable de Baja Galilea siempre ha favorecido a la región como asentamiento. Era un premio codiciado por los reyes del antiguo Israel, pero separado del centro israelita por el abierto (y militarmente peligroso) Valle de Jezreel.

A través de la historia, al antiguo Israel le costó retener a Galilea. Isaías hablaba de «Galilea de los gentiles» (Isa. 9:1), ya que toda Galilea estaba siendo aislada por un implacable ejército asirio, que arrasaba por la Carretera Internacional desde el noreste. Galilea también era una región de influencia gentil en el primer siglo, cuando Jesús solía usar las palabras de Isaías para presentar un reino que sobrepasaba por mucho las obras de incluso los ejércitos y los reyes más grandiosos (Mat. 4:15).

Las repetidas amenazas culturales y militares de los cananeos, fenicios, sirios, griegos y romanos a través del período bíblico hicieron que muchos de los judíos que vivían en Galilea en la época de Jesús adoptaran una fuerte postura nacionalista contra el mundo que los rodeaba. Esta actitud fue probablemente la que llevó a los hombres de Nazaret a intentar matar a Jesús cuando Él predicó que el favor de Dios también descansaba sobre los vecinos gentiles de Galilea (Luc. 4:16-30). En otra ocasión, los fariseos declararon que Jesús no podía ser el Mesías porque ningún profeta había venido jamás de Galilea (Juan 7:40-52). Se olvidaron de que Jonás —el profeta a quien Dios había enviado al peor enemigo de Israel, los asirios— también era de Galilea (2 Rey. 14:25). No es menor que el pueblo natal de Jonás, Gat-hefer, estuviera a solo ocho kilómetros (cinco millas) de Nazaret.

Baja Galilea fue bendecida con muchos recursos naturales: agua y suelo buenos, un clima agradable, carreteras importantes y vistas hermosas. Esta fue la tierra de la infancia de Jesús; allí creció escuchando las grandes historias de las luchas de Su pueblo por redención a través de los años. La apertura de Galilea proporcionaba el ambiente estimulante en el cual Jesús empezó a predicar sobre una nueva clase de reino.

Alta Galilea

Alta Galilea es la región pedregosa y elevada de piedra caliza al norte de Baja Galilea. La frontera oriental es una cresta empinada sobre la Cuenca del Huleh (la parte superior del Valle del Jordán), mientras que al oeste, las montañas caen hacia la Llanura de Aco y el Mar Mediterráneo. Hacia el norte, Alta Galilea se eleva gradualmente hacia la Cordillera del Líbano, más allá del Río Litani. Una piedra caliza dura del Cenomaniano domina las dos terceras partes occidentales de la Alta Galilea, mientras que el tercio oriental es principalmente de una piedra caliza más suave del Eoceno.

Muchas fallas geológicas han diseccionado la topografía de la Alta Galilea, quebrando el relieve en bloques escarpados y asimétricos. El punto más elevado es el Monte Merón, apenas al sudeste del centro. Con 1200 m (3964 ft) de altura, Merón también es el punto más alto en todo

El Monte Tabor, ubicado a pocos kilómetros al sureste de Nazaret.

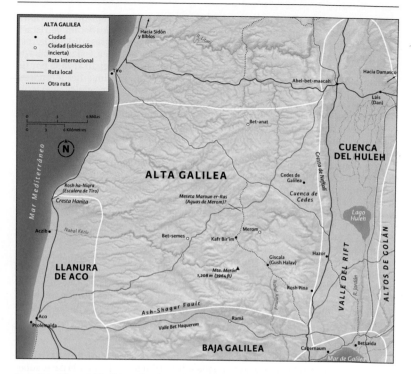

Israel occidental. Wadis profundos salen desde el Monte Merón en todas las direcciones, añadiendo a la topografía accidentada de la región.

La gran elevación y la exposición noroeste de la Alta Galilea garantizan una abundante lluvia, hasta cien centímetros (cuarenta pulgadas) o más por año. El suelo es fértil, y un bosque de arbustos naturales cubre las montañas de verde a lo largo del año. Para el antiguo Israel, la Alta Galilea era una muestra de las riquezas del Líbano, tan a menudo un símbolo de fortaleza y fertilidad en los textos bíblicos (por ej., Sal. 29:5-6; 92:12; Cant. 4:15; 5:15; Isa. 60:13; Jer. 18:14).

Debido a su escabrosidad, la Alta Galilea nunca fue una región de grandes ciudades. Más bien, pequeños pueblitos y ciudades salpicaban el paisaje en la antigüedad, así como en el presente. Las rutas naturales suelen evitar la Alta Galilea, lo cual aumenta su distanciamiento. Josué le asignó la porción occidental de la Alta Galilea, junto con la Llanura de Aco, a la tribu de Aser (Jos. 19:24-31), y la porción más alta y oriental a Neftalí (Jos. 19:32-39). Aquí, Israel podía habitar seguro, lejos de la fuerte presencia cananea en los valles al oeste, al sur y al este. La evidencia arqueológica ha descubierto en la Alta Galilea los restos de muchos pueblos pequeños que datan de los siglos XIII a XI a. C. (Hierro I), la época en la que el antiguo Israel se instaló en la tierra.

Las bendiciones que Jacob les confirió a sus doce hijos se reflejan en los territorios reales donde terminaron asentándose las doce tribus de Israel. Por ejemplo, Jacob bendijo a Neftalí diciendo: «Neftalí, cierva suelta, que pronunciará dichos hermosos» (Gén. 49:21). Esta breve bendición evoca imágenes vívidas de una tierra salvaje y hermosa, donde Israel podría vivir en libertad y seguridad. La bendición de Moisés a la tribu de Neftalí hace eco de la de Jacob: «Neftalí, saciado de favores, y lleno de la bendición de Jehová, posee el occidente y el sur» (Deut. 33:23).

Durante la época del Nuevo Testamento, la Alta Galilea estaba llena de pueblitos agrícolas mayormente conservadores. Jesús sin duda visitó algunos en Su viaje desde el Mar de Galilea hasta Fenicia (Mat. 15:21-28). En el segundo siglo d. C., después de que los judíos hubieran sido expulsados de Jerusalén por los romanos, la vida judía floreció en las remotas montañas de la Alta Galilea, lejos de los altercados y las tentaciones en los valles y planicies de más abajo. Zefat (Safed), la principal ciudad de la Alta Galilea hoy en día, era un centro importante de aprendizaje judío en el período medieval.

Las escarpadas colinas de piedra caliza de la Alta Galilea permiten un estilo de vida similar al que se encuentra en la región montañosa de Judá y Efraín. Aquí, el antiguo Israel se sentía como en casa, aunque estuviera separado de las tribus del sur por una amplia zona internacional que en general estaba desbordada de gentiles.

El Mar de Galilea

El Mar de Galilea llena una depresión superficial en el Valle del Rift al este de la Baja Galilea. El Río Jordán desemboca en el mar desde el noreste y sale hacia el suroeste. La superficie del mar es de 210 m (690 ft) por debajo del nivel del mar, y el fondo se encuentra a 45 m (150 ft) debajo de eso. El mar mide apenas veintiún por once kilómetros (trece por siete millas), más un lago que un mar.

Al Mar de Galilea se lo conoce por varios nombres en la Biblia: el mar de Cineret (Núm. 34:11; Deut. 3:17; Jos. 12:3; 13:27), el lago de Genesaret (Luc. 5:1), el mar de Tiberias (Juan 6:1; 21:1), el mar de Galilea (Mat. 4:18; 15:29; Mar. 1:16; 7:31), y sencillamente el «mar»

El Mar de Galilea visto desde el noroeste.

o «lago» (por ej., Mat. 8:24). Algunos creen que el nombre *Cineret,* que tal vez esté relacionado con la palabra hebrea para «arpa», deriva de la forma de arpa que tiene el mar. Lo más probable es que el mar haya sido nombrado en honor a la ciudad de Cineret, ubicada en su costa noroeste durante la época del Antiguo Testamento (Jos. 19:35). Genesaret es una forma de Cineret. Hoy en día, los israelíes llaman al Mar de Galilea «el Quinéret».

El mar está contenido por montañas de basalto que se elevan 400 m (1300 ft) por encima de la superficie del agua (aproximadamente 180 m [600 ft] por encima del nivel del mar). Al este y al oeste, la cresta empinada del Valle del Rift se acerca al mar, mientras al norte, los restos de un gran caudal de basalto (el umbral de Rosh Piná) separan el mar de la Cuenca del Huleh. Tres llanuras proporcionan campos fértiles para la agricultura: la Llanura de Betsaida al noreste donde el Jordán desemboca en el mar, la Llanura de Genesaret al noroeste (comp. Mat. 14:34-36), y una llanura formada por el Valle del Jordán al sur.

«Su naturaleza es maravillosa, así como su belleza. Su suelo es tan fructífero que toda clase de árboles pueden crecer en él, y los habitantes plantan por ende toda clase de árboles allí, porque los matices del aire están tan bien mezclados que acompañan muy bien a todo el resto. Se le podría llamar a este lugar la ambición de la naturaleza, donde se obliga a las plantas que son enemigas naturales a crecer en armonía. Proporciona a los hombres los frutos fundamentales, uvas e higos en forma continua, durante diez meses al año y el resto de la fruta a medida que madura junta, a lo largo de todo el año, porque además de la buena temperatura del aire, el suelo también es irrigado por un arroyo de lo más fértil. La gente del lugar lo llama Capernaum» (Josefo, Guerra III.10.8).

El mar de Galilea recibe menos lluvia que las colinas que lo rodean; alrededor de cuarenta centímetros (dieciséis pulgadas) por año. Las temperaturas se entre moderadas a altas, y el aire suele ser húmedo. Varias fuentes de aguas minerales calientes entran al Mar de Galilea desde su costa y parte inferior, un resultado del desgarro gigante en la superficie de la tierra que formó el Valle del Rift. Los peces suelen congregarse alrededor de estos arroyos durante el invierno. Muchos peces también se encuentran al noreste, y se alimentan de la materia orgánica depositada en el mar por el Río Jordán. La pesca y la agricultura son excelentes, como lo confirman los escritores de los Evangelios.

El Nuevo Testamento menciona tres clases distintas de redes de pesca que se usaban en el Mar de Galilea. Una atarraya era una red circular de siete metros (veinticinco pies) de diámetro con pesas o plomos alrededor del borde; un pescador que estaba cerca de la costa la arrojaba en aguas poco profundas (Mar. 1:16-18). La jábega o red de arrastre medía entre 240 y 275 m (800-900 ft) de largo, entre 3 y 7 m (12-25 ft) de ancho y tenía pesas a lo largo de los bordes. Esta red se desenrollaba por barco formando un enorme arco y quedaba vertical en el agua. Después, los pescadores que estaban en la orilla arrastraban la red hasta la costa. Como la jábega arrastraba todo a su paso hasta la costa (comp. Hab. 1:15), los peces que atrapaba debían clasificarse según viabilidad comercial (Mat. 13:47-48). El trasmallo consistía en un entramado de tres paños de red superpuestos. Como los peces se enganchaban las agallas en la red a menudo, había que reparar los trasmallos con frecuencia (Mar. 1:19-20). Un anzuelo se menciona solo una vez en los Evangelios (Mat. 17:24-27).

El ministerio de Jesús se concentró en la costa norte del Mar de Galilea. Él hizo Su hogar en Capernaum (Mat. 4:12-17;

9:1) y llamó a Sus discípulos de los pueblos cercanos (Mat. 4:18-22). Al menos tres de los discípulos —Felipe, Pedro y Andrés— eran oriundos de Betsaida (Juan 1:44). Aunque su ubicación exacta sigue estando en duda, al parecer, Betsaida estaba en el delta cenagoso del Jordán (el-Araj) o en un terraplén más alto un poco más al norte (et-Tell). Una tercera ciudad visitada a menudo por Jesús, Corazín, estaba ubicada en las colinas de basalto (el umbral de Rosh Piná) por encima de Capernaum (Mat. 11:21). Probablemente, Jesús iba a estas colinas temprano por la mañana para encontrar «un lugar desierto» para orar (Mar. 1:35).

El material local de edificación alrededor del Mar de Galilea es una roca dura de basalto negro. Las excavaciones arqueológicas han descubierto bloques cuadrados de casas (*insulae*) edificados con esta roca en Capernaum, Betsaida, Corazín y otros

pueblos de la región. Las habitaciones de estas casas eran pequeñas y oscuras, con puertas bajas y ventanas angostas colocadas en lo alto de la pared. Una *insula* como estas se excavó en Capernaum y se cree que perteneció a Pedro (Mar. 1:29-30), donde Jesús aparentemente hizo Su hogar. La sinagoga de Capernaum en la época de Jesús también estaba hecha de piedra negra basáltica. La sinagoga blanca que domina Capernaum hoy en día se edificó en un siglo posterior con piedra caliza del Cenomaniano traída de las colinas de la Baja Galilea.

Una vista general de la sinagoga de Capernaum del tercer siglo.

El material de los cimientos de esta sinagoga del siglo III posiblemente date del primer siglo.

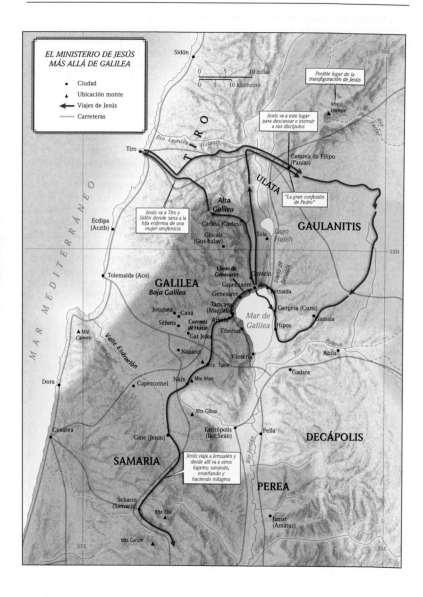

EL MINISTERIO DE JESÚS
MÁS ALLÁ DE GALILEA

● Ciudad

▲ Ubicación monte

← Viajes de Jesús

── Carreteras

Sidón

0   5   10 millas
0   5   10 kilómetros

Posible lugar de la transfiguración de Jesús

Mte. Hermón

Jesús va a este lugar para descansar e instruir a sus discípulos

Río Leontes (Litani)

TIRO

Tiro

Cesarea de Filipo (Panías)

ULATA

Jesús va a Tiro y Sidón donde sana a la hija enferma de una mujer sirofenicia

Alta Galilea

Ecdipa (Aczib)

Cadasa (Cedes)

Giscala (Gus-halav)

Tela

"La gran confesión de Pedro"

GAULANITIS

Lago Huleh

33N

MAR MEDITERRÁNEO

Tolemaida (Aco)

Llano de Genesaret

Corazín

Llano de Betsaida

GALILEA
Baja Galilea

Capernaum

Genesaret

Betsaida

Jotapata   Caná

Taricaea (Magdala)

Mar de Galilea

Gergesa (Cursi)

Séforis

Cuernos de Hatín

Arbela

Samala

Gat Jefer

Tiberías

Hipos

Mte. Carmelo

Nazaret

Mte. Tabor

Filoteria

Río Yarmuk

Valle Esdraelón

Naín   Mte. More

Abila

Dora

Capercotnei

Mte. Gilboa

Gadara

Cesarea

Escitópolis (Bet Seán)

Pella

DECÁPOLIS

Gine (Jenín)

Jesús viaja a Jerusalén y desde allí va a otros lugares; sanando, enseñando y haciendo milagros

SAMARIA

PEREA

Sebaste (Samaria)

Mte. Ebal

Mte. Gerizín

Jamat (Amatus)

Río Jordán

Río Farfar

35E

36E

A menudo, se cree que Capernaum es un pueblito pesquero aletargado, pero durante el primer siglo tenía una economía vibrante y mixta. Además de la pesca y la agricultura (por ej., Mar. 4:1-9), la evidencia arqueológica sugiere que Capernaum también era un lugar donde se fabricaban implementos agrícolas de alta calidad. Muchas prensas de oliva y molinos de grano hechos de basalto local, una piedra sumamente durable y abrasiva, fueron encontradas en excavaciones en Capernaum; por cierto, más de lo que se hubiera esperado que la población local usara para sí misma. Como Capernaum se encontraba en una ruta comercial y era el primer pueblo al que llegaban los viajeros en la Galilea de Herodes Antipas después de cruzar el Río Jordán desde el este, Roma la transformó en un centro de recolección de impuestos (comp. Mar. 2:14-15). Para implementar la recolección de impuestos, una unidad de soldados romanos también estaba acuartelada en Capernaum (comp. Luc. 7:2-5).

Tres entidades políticas separadas bordeaban el Mar de Galilea en el primer siglo d. C. (ver Mapa 144). Galilea propiamente dicha, gobernada por Herodes Antipas, hijo de Herodes el Grande, estaba ubicada al oeste del mar y del Río Jordán. La ciudad principal en la costa occidental de Galilea era (y sigue siendo) Tiberias, fundada por Antipas en 17 y 20 d. C. para honrar al nuevo César en Roma. Tiberias se puede ver desde Capernaum y está a unas dos horas a pie; sin embargo, los Evangelios no mencionan que Jesús haya ido allí (pero comp. Juan 6:23-24).

El territorio al este del Río Jordán y al noreste del Mar de Galilea estaba gobernado por Herodes Filipo, otro hijo de Herodes el Grande. El territorio de Filipo estaba dividido en tres regiones amplias: Gaulanitis, Iturea y Traconite (comp. Luc. 3:1,19). Filipo elevó a Betsaida, la principal ciudad sobre el mar, al estatus de una *polis* grecorromana, y la renombró Julia en honor a la hija de César Augusto.

Una confederación de diez ciudades grecorromanas llamada Decápolis estaba al sur del territorio de Felipe, y se extendía desde la costa sudeste del mar hasta lo profundo de Transjordania. Esta región gentil era el hogar de los gadarenos, donde Jesús sanó a un hombre poseído por demonios (Mar. 5:1-20). Una de las ciudades de la Decápolis, Hipos, se encontraba sobre una colina prominente por encima del Mar de Galilea con vista a Capernaum (com. Mat. 5:14).

Estas distintas regiones políticas en el período del Nuevo Testamento estaban bien conectadas por mar y tierra. Aquí, personas de religiones e ideologías políticas contrarias estaban reunidas bajo el calor tropical y el ojo siempre vigilante de Roma. En este ambiente similar a una olla de presión fue donde Jesús decidió empezar a ministrar. Aquí, podía tocar las necesidades humanas de personas influyentes y plebeyos por igual, de judíos y gentiles.

El Mar de Galilea era un lugar ideal para la historia del evangelio. Aquí, Jesús se colocó en el centro de todas las fuerzas que competían por poder e influencia en Su época; aquí también se encontraba y les ministraba a las personas comunes y corrientes, personas que buscaban vivir en paz una vida que agradara a Dios y a los hombres.

La Cuenca del Huleh

La Cuenca del Huleh es la extensión más septentrional del Valle del Jordán. El extremo norte del lago, la ciudad de Dan, se encuentra a cuarenta kilómetros (veinticinco millas) al norte del Mar de Galilea, al pie del Monte Hermón. El extremo sur está bloqueado por el grueso umbral de basalto de Rosh Piná, un río de lava de Basán. El fondo del lago se encuentra aproximadamente a 75 m (240 ft) por encima del nivel del mar, lo

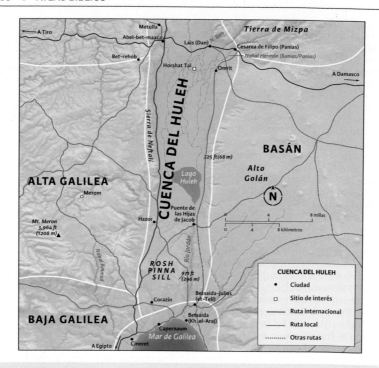

La Cuenca del Huleh

cual requiere que el Río Jordán descienda considerablemente en su trayecto a través de un corte angosto en el lado oriental del umbral hacia el Mar de Galilea (210 m [690 ft]). Las colinas de piedra caliza del Cenomaniano en la Alta Galilea se elevan a 490 m (1600 ft) por encima del Huleh al oeste, mientras las pendientes de basalto de Basán se retiran de manera más gradual hacia el este.

El Huleh está lleno de un rico suelo aluvial (basáltico y tierra roja), y algo de turba. En el norte, la lluvia llega a sesenta y tres centímetros (veinticinco pulgadas) por año. Sin embargo, la mayor parte del agua del lago viene de cuatro tributarios del Río Jordán (Nahal Hermón, Nahal Dan, Nahal Senir y Nahal Ijón), que en conjunto producen casi 20 000 litros (5000 galones) de agua por segundo. Estos tributarios surgen de inmensos lagos cársticos en el extremo sur del Monte Hermón y son alimentados todo el año por el deshielo de sus alturas (comp. Jer. 18:14). Debido a los lados empinados del lago, los vientos fuertes tienden a peinarlo por arriba, mientras que la luz del sol lo baña. Juntos, el suelo, el agua y el calor producen las condiciones de un invernadero, y una gran variedad de cultivos crecen allí todo el

Lugares de almacenaje israelitas que datan del siglo IX a. C. en la antigua Hazor, en Israel.

año. Si se quisiera, es posible obtener dieciocho cortes de alfalfa en la cuenca por año.

Las aguas del Jordán se acumulan en el extremo sur de la Cuenca del Huleh, al aminorar la velocidad a través del corte en el umbral de Rosh Piná. Hasta principios de la década de 1950, estas aguas formaban un pequeño lago, el Lago Huleh, con pantanos, papiros y aves acuáticas comunes al Delta del Nilo. Algunos atlas de la Biblia sugieren que este lago era «las aguas de Merom» que participaron en la derrota de Josué en Hazor (Jos. 11:5), pero otros conectan esta batalla con el Monte Merón en la Alta Galilea. Hoy en día, la Cuenca del Huleh ha sido drenada para agricultura, aunque permanece como una reserva de naturaleza exuberante.

La Cuenca del Huleh siempre fue el embudo a través del cual los viajeros y los ejércitos entraban al antiguo Israel desde el norte. Durante el período del Antiguo Testamento, la Carretera Internacional pasaba por Dan (Gén. 14:14; Jue. 18:27-29; 2 Sam. 3:10; 1 Rey. 12:29) y bordeaba el lado oeste del Huleh, desde su suelo cenagoso hasta Hazor (Jos. 11:1; Jue. 4:2; 1 Rey. 9:15). Después, cruzaba el umbral de Rosh Piná hasta Cineret en el Mar de Galilea, antes de abrirse paso por los obstáculos naturales de Galilea hasta la costa. Sin embargo, en la época del Nuevo Testamento, la ruta internacional bajaba por el lado oriental de la cuenca, conectando Cesarea de Filipo (Mat. 16:13), en el borde de la ladera del Monte Hermón, con Betsaida-Julia en el Mar de Galilea.

La ciudad de Hazor se menciona varias veces en las tablillas con escritura cuneiforme de mediados y fines de la Era de Bronce (siglos XX al XIII a. C.), declarando su importancia como «cabeza de todos estos reinos» (Jos. 11:10). Las excavaciones arqueológicas han corroborado la importancia de Hazor. En la víspera de la

Desde al menos la época de la conquista de Judea por parte de Alejandro Magno, el área alrededor de los arroyos que alimentan el tributario más oriental del Río Jordán era un santuario para Pan, el dios grecorromano de los pastores, los cazadores y la fertilidad. Esta región se llamaba Panías (la Banias moderna), en honor al dios Pan. Herodes el Grande construyó un templo aquí, que dedicó a César Augusto. Herodes Filipo transformó a Panías en la capital de su reino después de la muerte de su padre, y le cambió el nombre a Cesarea de Filipo. En esta región, en pleno mundo grecorromano, Jesús desafió a Sus discípulos, diciendo: «Y vosotros, ¿quién decís que soy yo?» (Mat. 16:15). Aquí fue también donde Jesús mencionó por primera vez la iglesia (Mat. 16:18).

conquista de Josué, la ciudad medía ochenta hectáreas (doscientos acres), y era diez veces más grande que las demás ciudades cananeas de la época, y de un tamaño que competía con las grandes ciudades de Mesopotamia. Las excavaciones recientes han descubierto los restos del gran palacio cananeo en Hazor, con habitaciones revestidas en basalto. Aunque se encontraron varias tablillas de escritura cuneiforme en Hazor, el archivo total de la ciudad, que probablemente se alojaba en el palacio, todavía no se ha descubierto.

Debido a su posición estratégica a horcajadas sobre las vías de entrada a Israel en el norte, la Cuenca del Huleh es la primera línea de defensa de la tierra al norte. Josué sabía que sus conquistas en Canaán no estarían aseguradas si no vencía la coalición dirigida por Jabín, rey de Hazor (Jos. 11:1-23). Débora y Barac también conquistaron Hazor cuando su rey buscaba reestablecer el control cananeo en el Valle de Jezreel (Jue. 4:1–5:31). Salomón fortificó Hazor junto con Gezer en Meguido, en un intento de controlar el tráfico en la Carretera Internacional (1 Rey. 9:15). En las épocas tempranas de la monarquía dividida, Ben-adad, el rey de Damasco, capturó toda la Cuenca del Huleh desde Israel (1 Rey. 15:20), y la región siguió siendo una «tierra intermedia» codiciada tanto por Siria como por Israel durante todo el período bíblico.

Con el tiempo, poderes más grandes —los asirios (2 Rey. 15:29), los babilonios, los persas, los griegos, los seléucidas, los ptolomeos y los romanos— tomaron la Cuenca del Huleh para asegurar su posición en la zona. En la época del Nuevo Testamento, Huleh estaba en medio de las poblaciones judías y gentiles. Al ofrecer las riquezas y las oportunidades del mundo, esta región se transformó en una verdadera zona donde probar la fe.

La Cuenca del Huleh está cubierta de agua y fertilidad. Como puerta norte hacia Israel, su control es crítico para cualquiera que busque vivir seguro en la tierra. Al igual que la llanura costera, esta cuenca fue testigo de la fluctuación de los poderes extranjeros a través del Levante, y permaneció como una región que desafió los esfuerzos del antiguo Israel y Judea de controlar su propio destino.

LAS REGIONES DEL ESTE
(Transjordania)

Las regiones orientales del antiguo Israel se encuentran al este del Valle del Rift: Basán, Galaad, Amón, la Meseta de Medeba, Moab y Edom. Aunque la mayor parte de los acontecimientos de la Biblia ocurrieron al oeste del Río Jordán, las regiones de Transjordania están estrechamente vinculadas con el desarrollo general de la historia bíblica. Con excepción de Basán, cada una está ubicada hoy en el reino hachemita de Jordán.

Basán

Basán es una extensa meseta en el norte de Transjordania, que se extiende desde el Monte Hermón hasta el sur del Río Yarmuk (Núm. 21:33; Deut. 3:1-1; 29:7). Durante la época del Nuevo Testamento, la porción oeste de Basán —las laderas que dan a la Cuenca del Huleh— se llamaba Gaulanitis. El nombre *Gaulanitis* es una forma latinizada de *Golán*, la ciudad de refugio en la región en el Antiguo Testamento (Deut. 4:43; Jos. 21:27). Hoy en día, la mayor parte de Gaulanitis cae dentro de los límites de los Altos de Golán, una angosta zona neutral entre los estados modernos de Israel y Siria.

La topografía de Basán es relativamente plana, pero cae en forma pronunciada hacia la Cuenca del Huleh al oeste. Estas pendientes rocosas proporcionan un

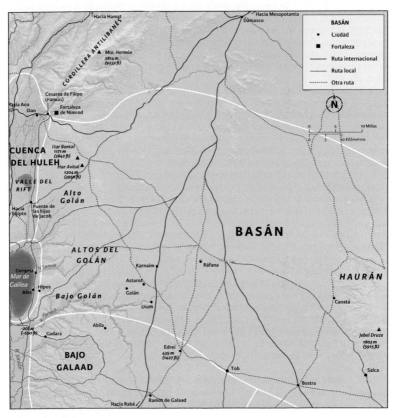

excelente apacentadero para el ganado, el cual en la antigüedad era reconocido por su fuerza (Sal. 22:12) y gordura (Ezeq. 39:18; Amós 4:1). En las zonas más planas, los peñascos de basalto se han quebrado y transformado en un suelo oscuro y rico que se cultivó ampliamente durante el período romano para cosechar trigo.

En las porciones occidentales de Basán, hay abundante lluvia, hasta cien centímetros (cuarenta pulgadas) al año. Sin embargo, la lluvia va disminuyendo en forma gradual hacia el vasto desierto oriental, como lo hace en toda Transjordania. La mayoría de la lluvia de Basán drena hacia los tributarios superiores del Río Yarmuk, el cual rodea la región en el sur y el este. El gran cañón de Yarmuk entra al Río Jordán al sur del Mar de Galilea. Al norte, el Monte Hermón recibe mucha nieve cada año; uno de sus nombres árabes, *Jebel eth-Thalj*, significa «montaña de la nieve».

Con 2800 m (9233 ft) de altura, el Monte Hermón es por amplio margen la cumbre más alta en Israel. Si en invierno no hay nubes, se puede ver el Hermón nevado desde las colinas al noroeste de Jerusalén, desde 185 km (115 mi) de distancia. A veces, la Biblia llama a Hermón con su nombre fenicio, Sirión, o su nombre amorreo, Senir (Deut. 3:9; Sal. 29:6). El nombre *Hermón* viene de una palabra hebrea que significa «devoto», lo cual comunica idóneamente el carácter sagrado de la montaña, tanto en la religión cananea como israelita (comp. Jue. 3:3; 1 Crón. 5:23). El Salmo 48:1-2 combina imágenes de Hermón con el Monte de Sion al hablar de la morada santa de Dios (comp. Sal. 68:15-16).

La Biblia habla elogiosamente de la fertilidad de Basán, así como también de la Planicie de Sarón, el Monte Carmelo, el Líbano y Galaad. «Y volveré a traer a Israel a su morada, y pacerá en el Carmelo y en Basán» (Jer. 50:19), y «Apacienta tu pueblo con tu cayado, el rebaño de tu heredad, que mora solo en la montaña, en campo fértil; busque pasto en Basán y Galaad, como en el tiempo pasado» (Miq. 7:14). Sin embargo, más a menudo, los profetas hablaban de que Basán se marchitaría como señal inequívoca del juicio de Dios (Isa. 33:9; Nah. 1:4; Zac. 11:2).

En el ámbito político, Basán siempre ha sido una zona neutral abierta entre Siria e Israel, conectada a ellas mediante carreteras internacionales, pero sin pertenecer a ninguna. Una rama de la Carretera Internacional que sale de Damasco bordea el Monte Hermón camino a Galilea y la costa. La otra rama, la Carretera de Transjordania, toma un rumbo sur a través de las ciudades del Antiguo Testamento de Karnaim (Gén. 14:5), Astarot (Gén. 14:5; Jos. 9:10; 12:4; 13:12,31) y Edrei (Deut. 1:4; 3:1,10) camino a Amón, Moab, Edom y la Península Arábiga. Estas carreteras internacionales se unen con otras que las cruzan y dividen Basán en este y oeste.

Moisés conquistó Basán de manos del rey amorreo Og (Núm. 21:33-35; Deut. 3:1-7), dándole la región a la tribu de Manasés (Deut. 3:13; Jos. 13:29-30). Durante la monarquía, los reyes de Israel y Siria pelearon continuamente por Basán (2 Rey. 10:32-33; 14:25). Cada vez que un rey de Siria aparecía dentro de los límites de Israel o Transjordania (por ej., 1 Rey. 20:1-3; 22:1-3; 2 Rey. 6:24), se puede suponer que primero había tomado Basán. Invadida por los asirios a fines del siglo VIII a. C., Basán nunca volvió a ser parte integral del antiguo Israel. En la época del Nuevo Testamento, Basán pertenecía al territorio de Filipo, hijo de Herodes el Grande, pero permaneció mayormente en una región gentil.

La fertilidad de Basán y su posición como zona neutral entre Israel y Siria es la base de su rol estratégico en la historia bíblica. Aquí, Israel se encontraba cara a cara con Siria. No es insignificante que, en alguna parte de la amplia región de Basán, Saulo de

Tarso se haya encontrado con Dios en forma visible y se haya transformado en el primer gran misionero a los gentiles (Hech. 9:1-6).

Galaad y Amón

Tres regiones, Baja Galaad, el Domo de Galaad y Amón, conforman las montañas del centro de Transjordania. Estas atraviesan el Valle del Jordán desde la región montañosa de Efraín y Manasés, el corazón del antiguo Israel. El relieve, el suelo y los recursos de agua de estas tres regiones son bastante variados, como lo eran los estilos de vida de sus habitantes en la antigüedad.

Se desconoce el significado de la palabra *Galaad*. Génesis 31:45-48 lo conecta con *Galed*, «montículo del testimonio» (NTV), una pila conmemorativa de piedras, pero tal vez tan solo sea un juego de palabras con el nombre. Galaad también puede estar relacionado con una palabra que significa «fuerte» o «robusto», lo cual tal vez refleje la fortaleza de las montañas que dominan la región. El uso bíblico de Galaad también es ambiguo; a veces, el término se limita a las montañas alrededor del Río Jaboc; otras, parece referirse a toda la región de Transjordania que estaba bajo control israelita (Jos. 22:13; Sal. 60:7).

Baja Galaad es una meseta relativamente plana al sur del Río Yarmuk, compuesta de piedra caliza suave del Eoceno y creta del Senoniano. Las elevaciones de Baja Galaad no exceden los 500 m (1650 ft), y llegan a caer 60 cm (24 in) de lluvia anuales. Los suelos de Baja Galaad no son tan ricos como los de Basán, pero son más fáciles de labrar y, al igual que Basán, se adaptan bien a las cosechas.

Baja Galaad entraba en la porción sur del reino de Og, y después de ser conquistada por Moisés, se le asignó a la tribu de Manasés (Núm. 21:33-35; Deut. 3:1-12). Su nombre bíblico durante el tiempo de los jueces era Havot-Jair, «los pueblos de Jair», en honor a Jair, un descendiente de Manasés (Núm. 32:40-41; Jue. 10:3-5). Las principales ciudades de Baja Galaad durante el período del Antiguo Testamento eran Jabes de Galaad, que tuvo mucha importancia en la vida del rey Saúl (1. Sam. 11:1-11; 31:11-13; comp. Jue. 21:6-14), y Ramot de Galaad, la clave para la estrategia militar en toda la región. El antiguo Ramot de Galaad estaba en la unión de la Carretera de Transjordania y la ruta principal que atravesaba los valles de Harod y Jezreel. Acab perdió su vida en un intento de controlar estas encrucijadas estratégicas y así contener los avances de Siria hacia Israel (1 Rey. 22:1-40; comp. 2 Rey. 8:28–9:13). Durante la época del Nuevo Testamento, Gadara y Pella, dos ciudades de la Decápolis, dominaban la región.

Al sur de la Baja Galaad hay un domo escarpado y elevado de piedra caliza del Cenomaniano comúnmente conocido como el Domo de Galaad. La elevación ahí alcanza los 1200 m (4091 ft), un lugar considerablemente más alto que las montañas de Efraín y Manasés al oeste del Jordán. El Domo de Galaad está profundamente separado en dos por el Río Jaboc, una cuña enorme y abierta que corre de este a oeste y se une al Río Jordán a mitad de camino entre el Mar de Galilea y el Mar Muerto. Debido a su elevación, el Domo de Galaad suele ser más húmedo que las montañas al oeste del Jordán, y es común ver nieve en su cima. La tierra roja de Galaad sustenta los cultivos tradicionales de la región montañosa (uvas, olivas, higos, granadas y almendras), lo cual permitía que los antiguos israelitas se sintieran en casa allí.

Después de que Moisés conquistara el reino amorreo de Sihón y el reino de Og en Basán, permitió que las tribus de Rubén, Gad y una parte de Manasés se establecieran en áreas de Transjordania que no se consideraban parte de las tierras de Amón, Moab o Edom (Núm. 21:21-35; 32:1-42; 34:13-15; Deut. 2:26–3:17; 29:7-8). Gad se estableció en el Valle del Jordán, en las laderas occidentales de la Baja Galaad y el Domo de Galaad, y en el extremo norte de la Meseta de Medeba.

El profeta Jeremías habló de un bálsamo en Galaad (Jer. 8:22; 46:11), como metáfora de una «medicina» que podía curar el pecado de Israel (comp. Jer. 51:8). Una escasa evidencia textual sugiere que el bálsamo es una clase de especia con cualidades medicinales derivadas de una resina vegetal, aunque no se la ha podido identificar con exactitud (comp. Gén. 37:25). El valor del bálsamo puede verse en Ezequiel 27:17, donde observa que Israel exportaba bálsamo a Tiro, al parecer para distribuirlo en la vasta red mediterránea de comercio de Tiro.

Al igual que las remotas colinas de la Alta Galilea, el Domo de Galaad estaba salpicado principalmente de pueblitos agrícolas durante el período del Antiguo Testamento. Las principales ciudades de la región en la época, Peniel (Gén. 32:30-31; 1 Rey. 12:25) y Mahanaim (Gén. 32:2), estaban ubicadas en lo profundo de la grieta de Jaboc, mientras que Sucot (Jue. 8:4-16) protegía la apertura del Jaboc al Valle del Jordán. La ciudad principal en la época del Nuevo Testamento, Gerasa (la actual Jeras, la ciudad romana mejor preservada del mundo), pertenecía a la Decápolis.

La escarpada región montañosa de Galaad.

A través de toda la historia bíblica, el Domo de Galaad fue una clase de tierra fronteriza para Israel, considerada parte de su tierra pero un poco alejada de la línea principal de acontecimientos. Jacob (Gén. 32:1-32), Gedeón (Jue. 8:1-21), y Jefté (Jue. 10:6–12:7) se encontraron allí con adversarios, mientras que Is-boset (2 Sam. 2:8), Abner (2 Sam. 2:24-29), David (2 Sam. 17:24-29) y Jeroboam (1 Rey. 12:25) usaron las escarpadas montañas de Galaad como lugar de refugio. Durante la época del Nuevo Testamento, Herodes Antipas, gobernador de Galilea, gobernó Perea («del otro lado del Jordán»), la porción occidental de esta región (Mat. 4:25).

Una cuenca relativamente pequeña de suave creta del Senoniano metida bajo el borde sudeste del Domo de Galaad formaba el centro del reino de Amón en el Antiguo Testamento (Núm. 21:24; Jue. 10:6-7; 11:4-6; 2 Sam. 10:1-19). Esta región separa las tierras agrícolas fértiles de Galaad del desierto, y tanto agricultores como pastores han podido ganarse la vida ahí. La lluvia empieza a reducirse en Amón, pero varios arroyos y un tributario superior del Jaboc que divide la región garantiza una provisión razonable de agua.

Durante el período del Antiguo Testamento, la ciudad capital de Amón era Rabá (o Rabá de los hijos de Amón; Deut. 3:11; Jos. 13:25). En la época del Nuevo Testamento, el nombre de esta ciudad, ahora miembro de la Decápolis, era Filadelfia. Desde allí, la Carretera de Transjordania se divide en dos ramas. Una, el Camino Real, cae hacia el sur para conectar Amón con las capitales antiguas de Moab y Edom (Núm. 20:17). La otra, el «camino del desierto de Moab» bordea los cañones de los ríos Arnón y

Zered por el borde del desierto hacia el este (Deut. 2:8). Hoy, la cuenca de Amón está llena hasta desbordar con la ciudad de Amán, la capital del reino hachemita del Jordán, mientras que la principal carretera de norte a sur del Jordán sigue la línea de la rama oriental de la Carretera de Transjordania, ahora llamada la Carretera del Desierto.

El oráculo de Ezequiel contra los amonitas habla de la posición débil de Amón entre la tierra del agricultor y la tierra del pastor de ovejas: «Por tanto, he aquí yo te entrego por heredad a los orientales, y pondrán en ti sus apriscos y plantarán en ti sus tiendas; ellos comerán tus sementeras, y beberán tu leche. Y pondré a Rabá por habitación de camellos, y a los hijos de Amón por majada de ovejas; y sabréis que yo soy Jehová» (Ezeq. 25:4-5).

A Israel le atraían las montañas directamente al este del Río Jordán, pero le resultaban una frontera difícil de controlar. El escarpado cañón de Jaboc servía como una especie de refugio y escape para los israelitas que vivían al oeste del Jordán. Las ciudades de la Decápolis aseguraban la frontera oriental de Roma en Transjordania durante la época del Nuevo Testamento.

Moab y la Meseta de Medeba

El centro de la antigua Moab era la región alta y montañosa que yacía entre los cañones de los ríos Arnón y Zered, al este de la mitad sur del Mar Muerto, de un tamaño aproximado de cincuenta kilómetros cuadrados (treinta millas cuadradas). Es una región mixta de piedra caliza del Cenomaniano y creta del Senoniano, con grandes salientes de basalto en las elevaciones mayores. Las montañas más altas de Moab alcanzan unos 1000 m (3600 ft), pero al sur, por encima del Zered, se llega a los 1300 m (4282 ft).

Al norte de Arnón, hay una meseta más baja de creta del Senoniano (de aproximadamente 700 m (2300 ft) de elevación, que la Biblia llama *mishór* («llanura» o «meseta»; Deut. 3:10; Jos. 13:9,16). La piedra caliza del Cenomaniano y la arenisca rojiza de Nubia están expuestas en la escarpa occidental de esta meseta donde desciende hacia el Valle del Rift y el Mar Muerto. Un nombre común para esta región es la Meseta de Medeba, nombrada por Medeba (la actual Madeba), su ciudad más importante hoy en día.

Los restos de un suelo mosaico de las ruinas de una iglesia bizantina del siglo VI d. C. en la ciudad de Madeba muestran el mapa más antiguo que se conoce del viejo Israel. Este bello mapa medía originalmente veintitrés por seis metros (setenta y siete por veinte pies) y mostraba el mundo del Mediterráneo oriental desde el Líbano hasta el delta del Nilo. Por desgracia, solo queda una zona, desde el centro sur de Israel hasta el Nilo, aproximadamente un tercio del original. El mapa de Medeba es una fuente primaria invalorable para conocer la geografía y los asentamientos en la tierra de Palestina durante el período bizantino. De particular relevancia es la representación de Jerusalén en el mapa, que muestra en forma gráfica las calles, las puertas y los edificios principales de la ciudad en esa época.

El Arnón (Deut. 2:24) y el Zered (Deut. 2:13), al igual que el Yarmuk y el Jaboc más al norte, son inmensos cañones acuáticos de erosión que han hecho un surco profundo en las montañas de Transjordania, canalizando la mayor cantidad de lluvia de la región hacia el Valle del Rift. Con 700 metros (2300 ft) de profundidad, el Arnón es quizás el más impresionante de todos. De orilla a orilla, el Arnón se extiende por más de cinco

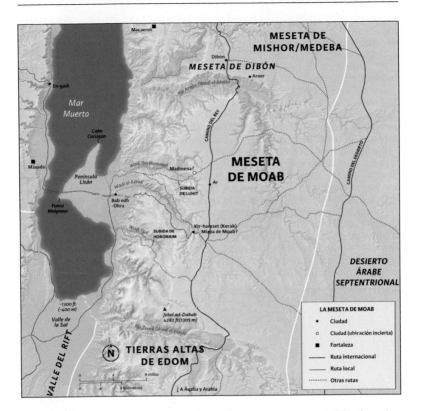

kilómetros (tres millas), y puede llevar una hora atravesar en autobús el camino tortuoso que cruza esta cima hoy en día, cerca de la antigua ruta del Camino del Rey.

Aunque la lluvia en el Mar Muerto no suele superar los diez centímetros (cuatro pulgadas) por año, estas montañas más altas al este reciben cantidades apenas menores que las que están al oeste del Jordán; en promedio, veinticinco centímetros (diez pulgadas) en la Meseta de Medeba y cuarenta centímetros (dieciséis pulgadas) en Moab propiamente dicho. Durante el período bíblico, esta era la tierra del pastor Mesa, rey de Moab y contemporáneo de Acab, donde «era propietario de ganados, y pagaba al rey de Israel cien mil corderos y cien mil carneros con sus vellones» (2 Rey. 3:4). Hoy, la meseta caliza nivelada al norte de Arnón es una de las principales zonas productoras de cereal en Jordania.

El tranquilo libro de Rut está ambientado en el período turbulento de los jueces. La historia empieza con una hambruna que conmueve Belén (Rut 1:1), algo no demasiado inusual para una ciudad cuyas tierras agrícolas caen hacia el desierto calizo al este de la cresta divisoria. Noemí, su esposo Elimelec y sus dos hijos dejaron su hogar ancestral en Belén para viajar a las montañas más altas de Moab al este (Rut 1:2), una zona donde había más probabilidad de lluvia, aunque cayera menos cantidad. Allí, intentaron armar una existencia agrícola y pastoril, como la que habían dejado atrás en Judá. Con el tiempo, Noemí regresó a Belén solamente con su nuera Rut (Rut 1:6-19).

Durante el período del Antiguo Testamento, las principales ciudades en la Meseta de Medeba y en Moab estaban ubicadas en la ruta del Camino del Rey. De norte a sur, estas eran Hesbón (Núm. 21:25-26), Medeba (Núm. 21:30) y Dibón (Núm. 21:30) al norte de Arnón, y Ar (Núm. 21:28) y Kir-hareset (2 Rey. 3:25) en Moab propiamente dicho. Hesbón era la ciudad de Sihón, cuyo reino amorreo conquistaron Moisés y los israelitas camino a Canaán (Núm. 21:21-31; Deut. 2:24-37). Kir-hareset era la capital del reino de Moab; los restos del castillo de las cruzadas en Kerak domina el lugar hoy en día.

Durante la época del Nuevo Testamento, se destaca Maqueronte, la fortaleza del desierto de Herodes el Grande, al este del Valle del Rift. Maqueronte está sobre la escarpa de la Meseta de Medeba, al este del Mar Muerto. Según Josefo, Juan el Bautista fue decapitado allí por Herodes Antipas, que gobernaba sobre la región de Perea —la cual incluía Maqueronte—, por pedido de su nueva esposa, Herodías (Mar. 6:14-29).

A lo largo del período bíblico, la Meseta de Medeba era una zona fronteriza entre los reinos de Moab e Israel, y cada uno intentaba contener al otro para que no tomara la meseta y sus carreteras. Moisés le dio la Meseta de Medeba a la tribu de Rubén después de conquistar Sihón (Jos. 13:15-23), pero para la época de los jueces, el rey moabita Eglón había cruzado tanto la meseta como el Río Jordán para establecer su residencia en Jericó, la ciudad de las palmeras (Jue. 3:12-30). Más adelante, Moab —y,

Vista del Valle del Jordán desde la cima del Monte Nebo mirando hacia Jericó.

en consecuencia, la Meseta de Medeba— quedaron sometidas a David (2 Sam. 8:2,11-12) y Acab, rey de Israel (2 Rey. 1:1). El reclamo de Acab sobre la meseta se había podido anticipar cuando Hiel de Bet-el reconstruyó Jericó (1 Rey. 16:34), asegurando la ciudad como punto de partida para el control oriental del Jordán por parte de Israel. Después de la muerte de Acab, Mesa, rey de Moab, volvió a meter la influencia moabita en la Meseta de Medeba (2 Rey. 3:4-5); la Estela de Mesa (una piedra moabita) cuenta sobre esta expansión desde el punto de vista de Moab. Moab siguió siendo la némesis oriental de Israel a lo largo de todo el período de la monarquía, y fue el objeto de la ira profética por parte de Amós (2:1-3), Isaías (15:1–16:14), y Jeremías (48:1-47).

Según Deuteronomio 34:1-3, Moisés miró Canaán desde el Monte Nebo, la cumbre del Pisga, al noreste del Mar Muerto. No queda claro de los textos bíblicos si el Monte Nebo es una cordillera de montañas de la cual Pisga es un pico en particular o viceversa (Núm. 21:20; 23:14; Deut. 3:27; 32:49; 34:1). Aunque hoy en día hay un sitio tradicional del Monte Nebo, completo con una iglesia bizantina y bellos mosaicos, es imposible saber cuál montaña entre las muchas de la zona es aquella donde Moisés estuvo en realidad. El lugar tradicional provee un panorama sobrecogedor de Canaán, que incluye el pináculo del Monte de los Olivos en un día despejado, pero es geográficamente imposible ver todo lo que Moisés vio desde ese lugar sin «ojos espirituales».

Al igual que Basán, la Meseta de Medeba era una importante «tierra intermedia» en la historia bíblica. Aquí, en su expansión abierta, Israel se encontraba con Moab cara a cara. Cada uno intentaba controlar la meseta mientras buscaba asegurar su posición en las montañas al este del Río Jordán.

Edom

Con una longitud de 180 km (110 mi) desde el cañón de Zered hasta el Golfo de Áqaba, Edom es la región más grande de Transjordania. Su geografía es compleja, con mesetas de piedra caliza en el norte que van cediendo lugar a una topografía escarpada y de maravillosa piedra arenisca en el sur. La mayor parte de Edom es un verdadero desierto. Aquí, la superficie abierta de la vasta Península Arábiga invade las tierras establecidas del antiguo Israel.

La palabra *Edom* deriva de un vocablo hebreo que significa «rojo», lo cual probablemente refleje el tono rojizo de los acantilados de piedra arenisca en la región que dan hacia el Valle del Rift. Edom es un nombre alternativo para Esaú, el hermano de Jacob (Israel) y ancestro de los edomitas (Gén. 25:30; 36:19). El nombre *Esaú* está relacionado con Seir, otro nombre para Edom (Gén. 14:6; 36:19;20; Deut. 1:2; Jos. 24:4). Tanto Esaú como Seir aparentemente provienen de una palabra hebrea que significa «velludo». Se ha sugerido que los árboles que bordeaban la escarpa de Edom en la antigüedad parecían «velludos» cuando se los miraba desde el Valle del Rift más abajo, y por ende el nombre, pero es improbable.

Hoy en día, los israelíes llaman Golfo de Eilat al golfo angosto del Mar Rojo que toca el punto sur de Israel, y los jordanos lo llaman Golfo de Áqaba. El primer nombre es más adecuado cuando se habla del Neguev, mientras que el segundo es mejor en el contexto de Edom (comp. 1 Rey. 9:26).

- Geológicamente hablando, la tierra de Edom se puede dividir en tres subregiones:
- La subregión más septentrional, desde el Zered hasta la proximidad de la ciudad de Punón cuarenta kilómetros (veinticinco millas) al sur, era el corazón del

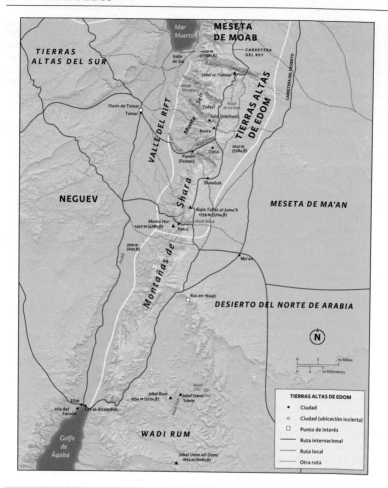

Edom y el Golfo de Áqaba

reino de Edom en el Antiguo Testamento. Las elevaciones alcanzan los 1600 m (5384 ft) de altura, y hay un promedio de 35 cm (14 in) de lluvia en las alturas que miran a la árida grieta más abajo. Una agricultura limitada se hace posible a lo largo de esta franja angosta de norte a sur, pero apenas al este, el clima del vasto desierto oriental abruma la tierra.

El paisaje montañoso de la tierra de Edom.

- La subregión central está compuesta de una meseta alta de piedra caliza que se extiende ochenta kilómetros (cincuenta millas) al sur de Punón. El punto más alto, cerca de Petra, alcanza los 1700 m (5696 ft). Hay un promedio de quince a veinticinco centímetros (seis a diez pulgadas) de lluvia en la escarpa occidental, y debido a su altura —significativamente mayor que las colinas del Neguev al oeste de la grieta—, no es inusual ver nieve durante el invierno. Las montañas de piedra arenisca roja bordean el Valle del Rift, y la vista a través de ellas hacia la grieta desde Petra es un verdadero espectáculo.
- La meseta central termina en forma abrupta con una escarpa impresionante que corre en dirección perpendicular al Valle del Rift. Debajo, hay una expansión inmensa de piedra caliza escarpada y picos de granito, un laberinto complejo de velas que sobresalen de un vasto mar de arena. En el Wadi Rum, la porción sudeste de esta subregión, hay vistas espectaculares. Hacia el suroeste, densas franjas de cobre y hierro adornan la superficie de las montañas. Allí, cae menos de cinco centímetros (dos pulgadas) de lluvia por año. Geológica y culturalmente, esta es la tierra de Arabia.

Las principales ciudades de Edom durante el período del Antiguo Testamento eran el oasis de Bosra (Gén. 36:33; Isa. 34:6; Amós 1:11-12) y Sela (2 Rey. 14:7; Isa. 16:1), ambos ubicados en la subregión norte. Los magníficos restos de la ciudad rosada de Petra, capital de la inmensa red comercial nabatea durante el período del Nuevo Testamento, están escondidos en las montañas de piedra arenisca a lo largo de la escarpa occidental de la subregión central. Tanto *Sela* (hebreo) como *Petra* (griego) significan «roca», y ambos son nombres adecuados para las ciudades en las montañas despojadas y

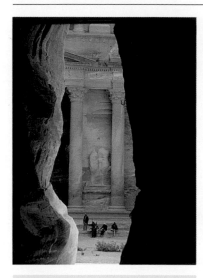

El llamado edificio «del tesoro» de la antigua Petra, visto desde la única entrada a la ciudad.

escarpadas de Edom. Debido a la similitud de nombre, a menudo se cree que la Sela del Antiguo Testamento estaba ubicada en lo que se transformaría en Petra. Sin embargo, es más probable que Sela estuviera más al norte, en la proximidad de Bosra, el centro del reino edomita.

El Camino del Rey, que vincula Bosra y Sela con las capitales de Moab y Amón, se une a su rama oriental, la Carretera del Desierto, apenas arriba de la escarpa que cae hacia la subregión sur de Edom. Hacia el sur, esta ruta internacional conecta Transjordania con el Mar Rojo y la gran ruta especiera de Arabia. Una importante ruta lateral une Bosra con el Neguev, encauzando el tráfico internacional desde Edom a Egipto y el Mediterráneo.

Al no ser conquistados por Moisés (Deut. 2:1-7), los edomitas siguieron siendo la némesis de Israel y Judá a lo largo de la monarquía. El punto natural de expansión de Edom era hacia el oeste, camino al Neguev, lo cual llevaba a su pueblo a un conflicto directo con Judá, que también buscaba expandirse a la misma región (2 Sam. 8:14; 1 Rey. 22:47-49; 2 Rey. 8:20-22; 14:7; 16:5-6; 2 Crón. 20:1-37). Ambos querían el control del comercio lucrativo que fluía de Arabia y Egipto, y cada uno intentó establecer un puerto en el Golfo de Eilat. Cuando Judá cayó en manos de los babilonios —al parecer, con ayuda de los edomitas—, los edomitas por fin pudieron entrar sin problemas en el Neguev; esto avivó algunas de las declaraciones proféticas de Jeremías (49:7-22) y Abdías (1-21). Para la época del Nuevo Testamento, el remanente de edomitas, ahora conocidos por su nombre griego, idumeos, se habían instalado en la Sefela de Judá. Edom propiamente dicho —y gran parte del Neguev— quedaron bajo control del poderoso imperio comercial de los nabateos.

Aunque a los nabateos no se los menciona en el Nuevo Testamento, las Escrituras sí mencionan a dos pueblos asociados con ellos. El historiador Josefo, del primer siglo, dice que la mujer de la cual se divorció Herodes Antipas para casarse con Herodías, la esposa de su hermano Filipo, era una reina nabatea, la hija de Aretas (comp. Mar. 6:17-29; Josefo, *Ant.* XVIII.5.2). El apóstol Pablo escribe que, cuando estaba en Damasco, el gobernador de la ciudad bajo el rey Aretas intentó arrestarlo, pero él se escapó de la ciudad bajando desde una ventana en la muralla en una canasta (2 Cor. 11:30-33). En ambos casos, el Aretas en cuestión probablemente era Aretas IV, el mayor constructor de Petra.

Altas y majestuosas, las montañas de Edom se elevan por encima del Valle del Rift y el Neguev. Desde sus alturas que proveen seguridad, los edomitas —hermanos ancestrales de Israel— desafiaron la demanda de Judá a los accesos al sur del antiguo Israel.

MAPAS, CUADROS Y RECONSTRUCCIONES DE LAS TIERRAS BÍBLICAS

LOS DÍAS DE NOÉ

Una reconstrucción del arca que Noé construyó. Las dimensiones del arca la hacían plenamente apta para navegar. El navío que se describe en la Epopeya de Gilgamesh —un relato de un diluvio que tiene algunos paralelos con el de la Biblia— es un cubo. Una embarcación como esa se habría dado vuelta ante la menor perturbación.

El Señor le mandó a Noé que construyera un arca de «madera de gofer» (Gén. 6:14). Al arca, entraron catorce («siete parejas») de cada especie de animales limpios y dos de cada especie de animales impuros (7:1-5). Había más animales limpios porque los necesitarían para alimentarse y para sacrificarlos una vez que el diluvio terminara (8:20-22; 9:2-4). Entonces, Dios envió juicio en forma de lluvia, que cayó sobre la tierra durante 40 días (7:17) y permaneció 150 días (7:24). Por fin, el arca se estableció sobre las montañas de Ararat. Noé envió aves tres veces hasta que la última no regresó. Después, abrió el arca, alabó a Dios, ofreció un sacrificio y recibió la promesa de pacto de Dios de no volver a juzgar al mundo con agua (8:21-22).

En los últimos treinta años, se ha concentrado mucho interés en fotografías que parecen mostrar una gran estructura de madera enterrada en la cima del Monte Ararat en Turquía. Todavía está por verse si esto alguna vez se resolverá y si será realmente el arca. Hay un gran debate sobre la evidencia del diluvio. Hace no mucho tiempo, unos científicos descubrieron los restos de una ciudad a treinta metros (cien pies) o más debajo de la superficie del Mar Negro. Al parecer, este mar no estuvo siempre ahí o no siempre abarcó tanta superficie. Esta sería una clara evidencia de un diluvio en tiempos antiguos. La tercera cuestión es si el diluvio fue local o global. Los que

SURGIMIENTO DE LAS CIVILIZACIONES TEMPRANAS			
FECHA	**EGIPTO**	**MESOPOTAMIA**	**PALESTINA**
3300 a. C.	*Período predinástico.*	Consolidación de ciudades en la llanura sur de Mesopotamia; desarrollo continuo de la escritura cuneiforme.	Expansión de los pueblos agrícolas.
3200 a. C.	Desarrollo de la escritura jeroglífica.		
3000 a. C.	*Las Dinastías I y II del período arcaico.*		
2800 a. C.		*Era sumeria clásica* (aprox. 2900-2350 a. C.).	Desarrollo de verdaderos centros urbanos (Arad, Hai, Jericó); inmensas ciudades amuralladas; comercio con Egipto y el Sinaí; algunas ciudades (Arad, Hai) abandonadas o destruidas alrededor de 2750, pero otras fueron edificadas o fundadas (Hazor) en la Edad de Bronce temprana III (2750-2200 a. C.).
		Gilgamesh, rey de Erec.	
	De las Dinastías III a la VI del antiguo reino.		
2600 a. C.	La edad de las pirámides; Pirámide escalonada de Zoser; Gran Pirámide de Keops (Kufu).	Tumbas reales de Ur.	
2400 a. C.		*El período acadio* (aprox. 2371-2230 a. C.).	
		Sargón el Grande.	
2200 a. C.	*El primer período intermedio Desde la Dinastía VII hasta inicios de la XI.*	Naram-Sin.	Colapso de la cultura urbana; muchas ciudades abandonadas o destruidas en aprox. 2250-2000 a. C.
		Período de oscuridad.	
	Colapso de la autoridad centralizada.	Invasión de los gutis.	
2000 a. C.		Avivamiento neosumerio; UR III (aprox. 2113-2006 a. C.); Zigurat de Ur-Nammu.	

proponen un diluvio local solamente —algunos de ellos, evangélicos— se oponen a aquellos que creen que el diluvio fue universal. Aunque los textos del Antiguo y el Nuevo Testamento parecen enseñar claramente que el diluvio fue universal (Gén. 7:19-24; 2 Ped. 3:6,20), las perspectivas varían ampliamente respecto a los detalles de un diluvio universal. La evidencia científica para un diluvio, aun si es un diluvio universal, sigue creciendo.

Génesis 10 enumera los descendientes de los hijos de Noé para explicar el origen de las naciones y los pueblos del mundo conocido. El relato es único por varias razones. Primero, en este punto, comienza un nuevo capítulo en la historia bíblica; la humanidad tiene un nuevo comienzo a través de Noé y sus tres hijos. Segundo, el relato destaca la composición étnica del mundo antiguo, enumerando unos setenta grupos étnicos que conforman la población del mundo conocido. Tercero, a pesar de nuestra falta de conocimiento sobre muchos de los grupos enumerados en el capítulo, Génesis 10 destaca la realidad de que la Biblia está basada en sucesos históricos.

Esta montaña en la Turquía moderna puede ser parte de los Montes de Ararat, donde quedó el arca de Noé después del diluvio.

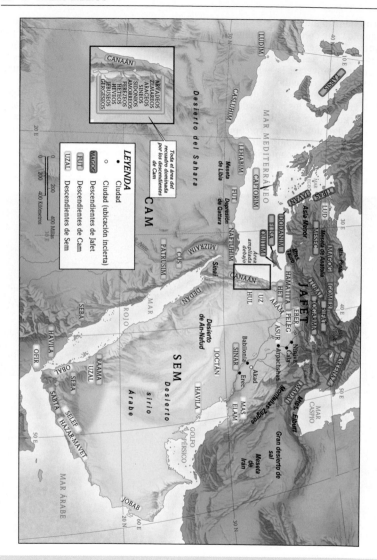

Tabla de las Naciones

Cuarto, Génesis 10 enfatiza la base para entender a Abraham, presentando su mundo y su relación con ese mundo. El relato de la Tabla de las Naciones, con algunas variantes, también aparece en 1 Crónicas 1:5-23.

La Tabla de las Naciones tiene tres divisiones básicas. La lista de pueblos y tierras redundantes encajan en una de tres familias: la familia de Sem, de Cam o de Jafet. Los nombres que aparecen en cada familia son nombres que vienen de distintas categorías: ascendencia racial, ubicación geográfica, diferencias de idioma o unidades políticas.

Génesis 10:1

Estos son los registros familiares de los hijos de Noé: Sem, Cam y Jafet. Ellos también tuvieron hijos después del diluvio.

Los descendientes de Jafet (Gén. 10:2-5) habitaron en la región egea y Anatolia o Asia Menor. Los descendientes de Cam (Gén. 10:6-20) estaban ubicados especialmente en las regiones del norte de África y las regiones costeras de Canaán y Siria. Los descendientes de Sem (Gén. 10:21-31) son especialmente importantes, porque Abraham viene del linaje de Sem. Por lo tanto, Abraham es un semita. Como también es descendiente de Heber, se lo llama hebreo (Gén. 11:14, 32). Los descendientes de Sem estaban ubicados usualmente en el norte de Siria, la región de la parte superior del Río Éufrates, y la porción oriental de Mesopotamia.

SISTEMAS NUMÉRICOS Y EL SIMBOLISMO DE LOS NÚMEROS

Para entender adecuadamente los sistemas numéricos del mundo bíblico, es necesario mirar a los vecinos de Israel. Los egipcios ya estaban usando matemáticas relativamente avanzadas para 3000 a. C. La construcción de estructuras como las pirámides requería de una comprensión de matemáticas complejas. El sistema de los egipcios era decimal. Para esa época, los sumerios habían desarrollado su propio sistema numérico. Es más, los sumerios conocían dos sistemas; uno basado en diez (un sistema decimal) y otro basado en seis o doce (en general, designado como sistema duodecimal). Todavía usamos vestigios del sistema sumerio hoy en día en nuestro recuento del tiempo: doce horas de día y doce horas de noche, sesenta minutos y sesenta segundos como división de las horas. Además, dividimos un círculo en 360 grados. Nuestro calendario se basó originalmente en la misma división, con un año dividido en 12 meses de 30 días para un total de 360 días. Incluso las unidades de la docena (12), de la gruesa (144, es decir 12 docenas) y la relación de pulgadas a pies quizás hayan tenido su origen en el sistema matemático sumerio.

Los hebreos no desarrollaron símbolos para representar números hasta el período posexílico (después de 539 a. C.). En todas las inscripciones preexílicas, los números pequeños se representaban mediante marcas separadas (por ej., //// para el cuatro). Los números grandes eran representados ya sea por medio de los símbolos egipcios o escribiendo el nombre del número («cuatro» para el número 4). Las inscripciones de Arad por lo general empleaban símbolos egipcios para los números, marcas separadas para las unidades y números hieráticos para el cinco, el diez y números más grandes. Las óstracas de Samaria mayormente escribían el nombre del número. Las letras del alfabeto hebreo se emplearon por primera vez para representar números en las monedas acuñadas durante el período macabeo (después de 167 a. C.).

Con la llegada de los períodos helenístico y romano aparecieron los símbolos griegos para los números y los numerales romanos. El griego empleaba letras del alfabeto para representar números, en tanto que los romanos utilizaban símbolos conocidos como I, V, L, C, M, etc.

Los pasajes bíblicos demuestran que los hebreos conocían perfectamente las cuatro operaciones matemáticas básicas correspondientes a la suma (Núm. 1:20-46), la resta (Gén. 18:28-33), la multiplicación (Núm. 7:84-86) y la división (Núm. 31:27). Los hebreos también empleaban fracciones como mitad (Gén. 24:22), tercera parte (Núm. 15:6) y cuarta parte (Ex. 29:40).

Además de ser usados para designar cantidades específicas, muchos números de la Biblia pasaron a tener un significado simbólico. Por lo tanto, siete pasó a simbolizar plenitud o perfección. La obra de la creación hecha por Dios era tanto total como perfecta, y se completó en siete días. Todo lo referente a la existencia humana estaba relacionado con la actividad creadora de Dios. La semana de siete días reflejaba la primera obra creadora de Dios. El sábado (Sábat) era el día de reposo que seguía a la semana de trabajo y reflejaba el reposo de Dios (Gén. 1:1–2:4). Los israelitas también tenían que acordarse de la tierra y proporcionarle reposo al dejar que permaneciera como barbecho durante el séptimo año (Lev. 25:2-7). El siete era asimismo importante en cuestiones relacionadas con la adoración aparte del día de reposo: fiestas importantes como la Pascua y los tabernáculos duraban siete días al igual que las fiestas de bodas (Jue. 14:12,17). En el sueño del faraón, siete años buenos fueron sucedidos por

Reconstrucción de un zigurat.

siete años de hambruna (Gén. 41:1-36), lo que representaba un ciclo completo de plenitud y de hambre. Jacob trabajó un ciclo completo de años para obtener a Raquel. Luego, cuando le entregaron a Lea en su lugar, trabajó otro ciclo adicional también de siete años (Gén. 29:15-30).

La palabra hebrea *shaba*, importante para realizar un juramento o una promesa, estaba íntimamente vinculada con el término «siete», *sheba*. El significado original de «hacer un juramento» tal vez haya sido «declarar siete veces» o «comprometerse mediante siete cosas».

En el Nuevo Testamento se puede observar un uso similar del número siete. En función del número, las siete iglesias (Apoc. 2–3) quizás representen a todas las iglesias. Jesús enseñó que el perdón no debe tener límites, ni siquiera hasta alcanzar un número completo o una cantidad completa de ocasiones. Tenemos que perdonar, no la mera cantidad de siete veces (en sí una cantidad ya generosa de perdones) sino setenta veces siete (un perdón ilimitado, más allá de lo que se pueda contar; Mat. 18:21-22).

Tal como lo demuestra el ejemplo anterior, los múltiplos de siete solían tener significado simbólico. El año del jubileo tenía lugar luego de haberse completado ciclos de cuarenta y nueve años. En el año del jubileo se dejaba en libertad a todos los esclavos judíos y se le devolvía la tierra al dueño inicial de la propiedad vendida (Lev. 25:8-55). El número setenta es otro múltiplo de siete que se utilizó en la Biblia. En Éxodo se mencionan setenta ancianos (Ex. 24:1,9). Jesús envió a setenta (Luc. 10:1-17). Al hablar de la duración del exilio, se mencionan setenta años (Jer. 25:12; 29:10; Dan. 9:2). El reino mesiánico sería inaugurado después de que pasara un período de setenta semanas de años (Dan. 9:24).

Después del siete, el número doce es indudablemente el más importante en la Biblia. Los sumerios empleaban el doce como base para su sistema numérico. Tanto el calendario como los signos del zodíaco reflejan este sistema numérico basado en el doce. Las tribus de Israel y los discípulos de Jesús sumaban doce. La importancia del número doce se observa en el esfuerzo por mantener esa cantidad. Cuando Leví dejó de ser contado entre las tribus, las de José, Efraín y Manasés, se enumeraron por separado para mantener intacto el número doce. De manera similar, en el NT, cuando Judas Iscariote se suicidó, los once se apresuraron para agregar a otro a fin de mantener la cantidad en doce. El doce parece haber tenido un significado especial en el libro de Apocalipsis. La nueva Jerusalén tenía doce puertas, en representación de las doce tribus; sus muros tenían doce cimientos, en representación de los doce apóstoles (Apoc. 21:12-14). El árbol de la vida daba doce clases de frutos (Apoc. 22:2).

Los múltiplos de doce también son importantes. Había veinticuatro divisiones de sacerdotes (1 Crón. 24:4) y veinticuatro ancianos alrededor del trono celestial (Apoc. 4:4). Cuando se incluye a Eldad y Medad, setenta y dos fueron los ancianos a quienes se les otorgó una porción del Espíritu de Dios que moraba sobre Moisés, tras lo cual profetizaron (Núm. 11:24-26). Una tradición apócrifa sostiene que setenta y dos eruditos judíos, seis de cada una de las doce tribus, tradujeron el AT al griego a fin de proporcionarnos la versión que en la actualidad denominamos LXX. A los 144 000 siervos de Dios (Apoc. 7:4) los conformaban 12 000 de cada una de las 12 tribus de Israel.

El número tres, en sentido simbólico, a menudo indica plenitud. El cosmos creado poseía tres elementos: cielo, tierra e infierno. La Deidad está constituida por tres Personas: Padre, Hijo y Espíritu Santo. La oración se debía elevar por lo menos tres veces al día (Dan. 6:10; comp. Sal. 55:17). El santuario tenía tres secciones principales: el atrio, la nave y el altar interior (1 Rey. 6). Los animales de tres años de edad eran maduros y, por esa razón, apreciados para los sacrificios especiales (1 Sam. 1:24; Gén. 15:9). Jesús dijo que estaría en la tumba tres días y tres noches (Mat. 12:40), la misma cantidad de tiempo que Jonás estuvo dentro del gran pez (Jon. 1:17). Pablo solía emplear tríadas en sus escritos, de las cuales la más famosa es «la fe, la esperanza y el amor» (1 Cor. 13:13). Hay que recordar también la bendición de Pablo: «La gracia del Señor Jesucristo, el amor de Dios, y la comunión del Espíritu Santo sean con todos vosotros» (2 Cor. 13:14).

El cuatro también se empleaba a menudo como número sagrado. Hay referencias bíblicas relacionadas con el cuatro: los cuatro confines de la tierra (Isa. 11:12), los cuatro puntos del cielo (Jer. 49:36), los cuatro ríos que salían del Edén para regar el huerto (Gén. 2:10-14) y los cuatro seres vivientes que rodeaban a Dios (Ezeq. 1; Apoc. 4:6-7). Dios envió los cuatro jinetes del Apocalipsis (6:1-8) para devastar la tierra.

El múltiplo de cuatro más significativo es el cuarenta, que comúnmente representaba una gran cantidad o un período de tiempo extenso. La lluvia inundó la tierra durante cuarenta días (Gén. 7:12). Jesús resistió las tentaciones de Satanás durante cuarenta días (Mar. 1:13). Una generación era, aproximadamente, cuarenta años. Por lo tanto, todos los adultos que se habían rebelado contra Dios en Sinaí murieron durante los cuarenta años de peregrinaje en el desierto. Se consideraba que una persona había alcanzado la madurez cuando llegaba a los cuarenta años de edad (Ex. 2:11; Hech. 7:23). Jesús pasó cuarenta días y cuarenta noches en el desierto (Luc. 4:1-13).

Zigurat en Susa, Irán. Tenía cinco pisos; los últimos dos fueron destruidos.

En el judaísmo más tardío se desarrolló un sistema de números especial conocido como gematría. Esta se basa en la idea de que se puede descubrir el significado escondido del texto bíblico a partir de un estudio de la equivalencia numérica con las letras hebreas. La primera letra del alfabeto hebreo, *alef*, representa el número uno; *bet*, la segunda letra, representa el dos, y así sucesivamente. En la gematría se toma la suma correspondiente a las letras de una palabra hebrea y se trata de buscar el significado. Por ejemplo, las letras hebreas del nombre Eliezer, el siervo de Abraham, tienen un valor numérico de 318. Cuando Génesis 14:14 declara que Abraham tomó 318 hombres entrenados para perseguir a los reyes del oriente, algunos comentaristas hebreos interpretan que esto quiere decir que Abraham solo tenía un colaborador, Eliezer, ya que su nombre equivalía al valor numérico de 318. Del mismo modo, el número 666 del Apocalipsis se suele tomar como una gematría inversa correspondiente al emperador Nerón. El nombre César Nerón, escrito en letras hebreas y sumado según la gematría, da un total de 666. Toda interpretación basada en la gematría se debe tratar con cuidado; dicha interpretación siempre constituye una especulación.

LA TORRE DE BABEL

Los zigurats eran edificios escalonados; en general, finalizados con un templo. Los babilonios pusieron de moda esta clase de arquitectura. El diseño consiste en colocar niveles cada vez más pequeños de ladrillos encima de capas más grandes. Los que se han excavado hasta ahora revelan técnicas avanzadas de edificación utilizadas por las civilizaciones antiguas. La mayoría de los eruditos bíblicos creen que la torre de Babel era un zigurat (Gén. 11:3-9). *Babel* es la palabra hebrea que significa «confusión», derivada de una raíz que significa «mezclar». *Babel* también es la palabra hebrea para Babilonia, el nombre dado a la ciudad que edificaron los descendientes insubordinados de Noé para no ser dispersados por toda la tierra (Gén. 11:4,9). La torre y la ciudad que se construyeron eran un monumento al orgullo humano, porque los edificadores buscaban «[hacerse] un nombre» (Gén. 11:4). También era un monumento a la continua desobediencia de la humanidad. A la humanidad se le había encomendado llenar la tierra, pero los hombres no querían extenderse al exterior (Gén. 9:1; 11:4). Además, la torre era un monumento a las habilidades humanas de ingeniería, porque las técnicas de su construcción describen el uso de ladrillos cocidos con fuego en lugar de piedra. El betún, encontrado en relativa abundancia en el Valle de Mesopotamia, se usaba para unir los ladrillos.

Se han hallado ruinas de numerosos zigurats en la región de Babilonia. Es posible que las ruinas de la gran torre-templo de Marduk halladas en el centro de la antigua Babilonia sea el centro del relato sobre la torre de Babilonia.

Para terminar con la monumental tarea de la gente, Dios confundió sus lenguas. El escritor inspirado al parecer consideró que este fue el origen de los distintos idiomas humanos. Cuando los edificadores ya no podían comunicarse unos con otros, huyeron de los demás con temor y sospecha. La ciudad de Babilonia se transformó en un símbolo de absoluta rebelión contra Dios para los escritores del Antiguo Testamento, y siguió siéndolo incluso en el Nuevo Testamento (Apoc. 17:1-5).

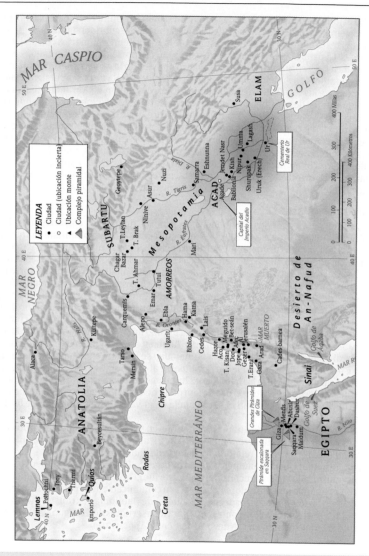

El antiguo Cercano Oriente en el tercer milenio

LOS PATRIARCAS:
DE ABRAHAM A JOSÉ

Vista de Harán desde el castillo de las Cruzadas. Harán fue el hogar de Abram durante un tiempo, y siguió siéndolo para parientes como Labán.

Una era importantísima empezó con el llamado de Dios a Abram (Gén. 12), el primer patriarca hebreo. Abram era el hijo de Taré, descendiente de Sem, uno de los hijos de Noé (Gén. 11:27). Pasó su infancia en Ur de los caldeos, una prominente ciudad sumeria.

Al principio, se lo conocía como «Abram» («el padre es exaltado»), pero esto cambió luego a «Abraham» («padre de una multitud», Gén. 17:5).

Taré, el padre de Abraham, se mudó a Harán con la familia cerca de 2092 a. C. (Gén. 11:31) y después de algunos años, murió allí. Dios llamó a Abram a migrar a Canaán, asegurándole que sería el padre de una vasta nación. En distintos momentos, vivió en Siquem, Bet-el, Hebrón y Beerseba. La belleza de su esposa Sarai captó la atención del faraón cuando se mudaron a Egipto durante una hambruna (Gén. 12:10), pero Dios intervino para salvarla. Los problemas surgieron en parte porque Abram había dicho que era su hermana en vez de su esposa, y en realidad, era una medio hermana (Gén. 20:12). Después de regresar a Canaán, Abram recibió más garantías del pacto de parte de Dios (Gén. 15). Decidió que podía tener hijos al tomar como concubina a Agar, la criada de Sarai. Aunque esa unión produjo un hijo, Ismael, él no estaba destinado a transformarse en el heredero prometido de Abram. Aun después de otra garantía del pacto (Gén. 17:1-21), en la cual se introdujo la circuncisión como señal del mismo, Abram y Sarai siguieron cuestionando la promesa de Dios de un heredero.

Más adelante, cuando Abraham tenía cien años, Sarai, cuyo nombre había sido cambiado a Sara («princesa»), tuvo a su hijo prometido desde hacía tanto tiempo, y lo llamaron Isaac («risa»). La presencia de Ismael causó problemas en la familia, y lo expulsaron junto con su madre Agar al desierto de Parán. La fe y la obediencia de Abraham fueron probadas por Dios en Moriah, cuando se le mandó que sacrificara a Isaac. Sin embargo, Dios proveyó un sacrificio alternativo, salvando así la vida del muchacho. Como recompensa por la fidelidad de Abraham, Dios renovó las promesas del pacto al padre y al hijo de traer gran bendición y el surgimiento de una gran nación.

Un pozo en la Beerseba moderna, que algunos creen que es el pozo de Abraham. Abraham y un rey cercano, Abimelec, juraron proteger el derecho de Abraham al agua de la región (Gén. 21:22-33). Abraham llamó a ese lugar «Beerseba», que significa «pozo del juramento», o preferentemente «pozo de los siete», en referencia a los siete corderos que se usaron para hacer el acuerdo.

EDAD DE BRONCE MEDIA			
FECHA	MESOPOTAMIA	EGIPTO	CANAÁN
2100 a. C.	Dinastía III o Ur (2113-2006) Ur-Nammu.		Surgimiento de centro urbano después de dos siglos de decadencia; migraciones de Abraham, Isaac y Jacob.
2000 a. C.	Dominación creciente de los amorreos sobre Mesopotamia.	*Reino intermedio:* Dinastías XI y XII tardías (aprox. 2000-1786 a. C.). El Relato de Sinuhé.	
1900 a. C.		Los Textos Execratorios Egipcios.	
1800 a. C.	Antiguo reino babilonio de Hammurabi (1792-1750). (Zimri-lim, rey de Mari). Código legal de Hammurabi. Epopeyas literarias babilonias: epopeya de Gilgamesh; Enuma Elish.	*Segundo período intermedio*; Dinastías XIII a XVII. Infiltración de los asiáticos (hicsos).	*Era cananea clásica:* Muchas ciudades fortificadas; introducción de la tecnología de bronce.
1700 a. C.		La unidad egipcia colapsa; los reyes hicsos gobiernan el delta y el centro de Egipto desde Avaris; los reyes egipcios nativos mantienen algo de control sobre el sur de Egipto.	
1600 a. C.		(¿Descendientes de José y sus hermanos al delta de Egipto?).	Indicación de primera escritura en Canaán.
1550 a. C.	Saqueo de Babilonia por el rey hitita Mursili I.	Reyes de la Dinastía XVII (Kamose, Seqenenra y Amosis) sacan a los hicsos del delta, atacando sus fortalezas en el sur de Canaán.	

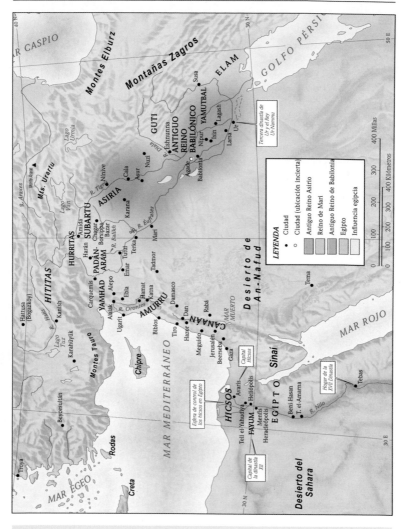

El antiguo Cercano Oriente en la época de los patriarcas

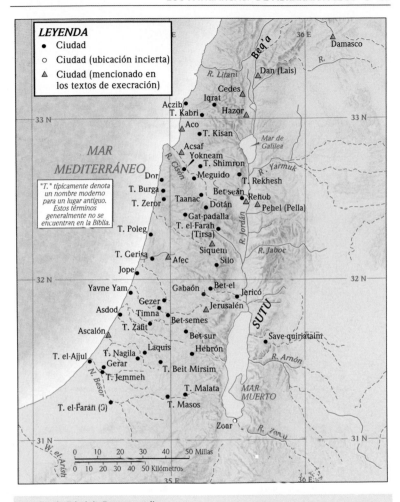

LEYENDA
- ● Ciudad
- ○ Ciudad (ubicación incierta)
- ▲ Ciudad (mencionado en los textos de execración)

Damasco

Beq'a

R. Litani

Dan (Lais)

Cedes

Iqrat

Aczib

T. Kabri

Hazor

33 N

Aco

T. Kisan

Mar de Galilea

MAR MEDITERRÁNEO

Acsaf

Yokneam

T. Shimron

R. Cisón

Dor

Meguido

T. Rekhesh

R. Yarmuk

"T." típicamente denota un nombre moderno para un lugar antiguo. Estos términos generalmente no se encuentran en la Biblia.

T. Burga

T. Zeror

Taanac

Bet-seán

Rehob

Pehel (Pella)

Dotán

Gat-padalla

T. Poleg

T. el-Farah (Tirsa)

R. Jordán

T. Cerisa

Afec

Siquem

Silo

R. Jaboc

Jope

32 N

Yavne Yam

Gabaón

Bet-el

Jericó

Gezer

Asdod

Timna

Jerusalén

SUTU

Ascalón

T. Zafit

Bet-semes

Bet-sur

Save-quirjataim

T. el-Ajjul

T. Nagila

Laquis

Hebrón

R. Arnón

Gerar

T. Jemmeh

T. Beit Mirsim

T. Malata

MAR MUERTO

T. el-Farah (G)

T. Masos

Zoar

R. Zered

31 N

W. el-Arish

0 10 20 30 40 50 Millas

0 10 20 30 40 50 Kilómetros

35 E

36 E

Israel en la Edad de Bronce media

La familia de Abraham

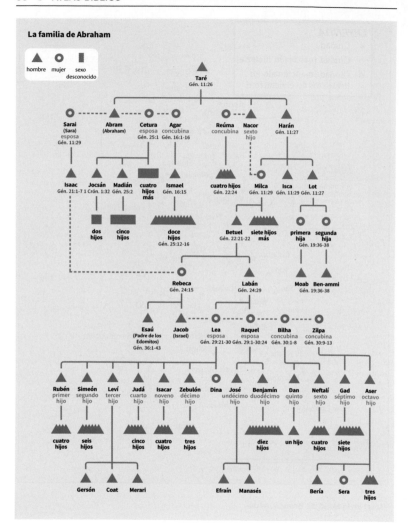

hombre mujer sexo desconocido

Taré
Gén. 11:26

Sarai (Sara)
esposa
Gén. 11:29

Abram (Abraham)

Cetura
esposa
Gén. 25:1

Agar
concubina
Gén. 16:1-16

Reúma
concubina

Nacor
sexto hijo

Harán
Gén. 11:27

Isaac
Gén. 21:1-7 1 Crón. 1:32

Jocsán

Madián
Gén. 25:2

cuatro hijos más

Ismael
Gén. 16:15

cuatro hijos
Gén. 22:24

Milca
Gén. 11:29

Isca
Gén. 11:29

Lot
Gén. 11:27

dos hijos

cinco hijos

doce hijos
Gén. 25:12-16

Betuel
Gén. 22:21-22

siete hijos más

primera hija
Gén. 19:36-38

segunda hija

Rebeca
Gén. 24:15

Labán
Gén. 24:29

Moab
Gén. 19:36-38

Ben-ammi

Esaú
(Padre de los Edomitos)
Gén. 36:1-43

Jacob
(Israel)

Lea
esposa
Gén. 29:21-30

Raquel
esposa
Gén. 29:1-30:24

Bilha
concubina
Gén. 30:1-8

Zilpa
concubina
Gén. 30:9-13

Rubén
primer hijo

Simeón
segundo hijo

Leví
tercer hijo

Judá
cuarto hijo

Isacar
noveno hijo

Zebulón
décimo hijo

Dina

José
undécimo hijo

Benjamín
duodécimo hijo

Dan
quinto hijo

Neftalí
sexto hijo

Gad
séptimo hijo

Aser
octavo hijo

cuatro hijos

seis hijos

cinco hijos

cuatro hijos

tres hijos

diez hijos

un hijo

cuatro hijos

siete hijos

Gersón

Coat

Merari

Efraín

Manasés

Bería

Sera

tres hijos

Isaac tuvo mellizos: Jacob y Esaú. Continuando con el patrón anterior, el menor de los mellizos, Jacob, se transformó en el hijo de la promesa. Sus doce hijos se transformaron en los homónimos de las doce tribus de Israel, pero el hijo de la promesa, Judá, no fue el héroe de su generación, sino que José se volvió el salvador de su familia.

La historia de José (Gén. 37–50) refleja de manera acertada la historia de Egipto en el siglo XIX a. C. Esta historia tiene tres partes: José y sus hermanos en Canaán, José solo en Egipto, y José en Egipto con su padre Jacob (para entonces, llamado Israel), sus hermanos y la familia de cada uno.

José era uno de los hijos menores, y el favorito de su padre: sus hermanos estaban profundamente resentidos con él y lo vendieron como esclavo, para después decirle a su padre que José había muerto. En Egipto, José superó grandes obstáculos una y otra vez, hasta que llegó a ser la mano derecha del faraón. La hambruna envió a sus hermanos a Egipto para buscar comida, y allí se encontraron con José, el cual, después de probarlos, llevó a toda la familia de su padre a vivir en la seguridad de Egipto, aproximadamente en 1875 a. C. Las historias de José representan o reflejan un contexto egipcio que se corresponde con lo que se conoce de este período. La historia de José explica por qué la familia de Jacob y las tribus de Israel estuvieron en Egipto durante los próximos 430 años.

EL PERÍODO PATRIARCAL

La fecha del período patriarcal se ha debatido ampliamente. Una época anterior a 2000 a. C. (Edad de Bronce temprana) parece demasiado temprana y no es fácil apoyarla con referencia a la evidencia arqueológica actual. La Edad de Bronce media (2000-1500 a. C.) pareciera más prometedora debido a paralelos arqueológicos contemporáneos y también a que muchos sistemas de irrigación del Neguev datan de ese período. Algunos eruditos han sugerido que los patriarcas vivieron en el período de Amarna (1500–1300 a. C.), pero esto presenta problemas para fechar el éxodo. La misma objeción se aplica a la Edad de Bronce tardía (1500–1200 a. C.) como período de los patriarcas. La fecha menos probable es durante el período de los jueces o la época del rey David. Todas estas fechas no dan tiempo para que se desarrollaran las tradiciones patriarcales, y hacen imposible que Abraham, Isaac y Jacob encajen de manera realista en una cronología ya conocida. La solución más adecuada para el complejo problema de las fechas pareciera ser durante la Edad de Bronce media.

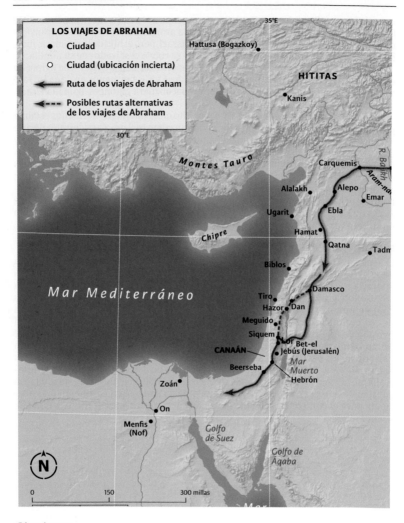

Génesis 11:31
« Y tomó Taré a Abram su hijo, y a Lot hijo de Harán, hijo de su hijo, y a Sarai su nuera, mujer de Abram su hijo, y salió con ellos de Ur de los caldeos, para ir a la tierra de Canaán; y vinieron hasta Harán, y se quedaron allí.»

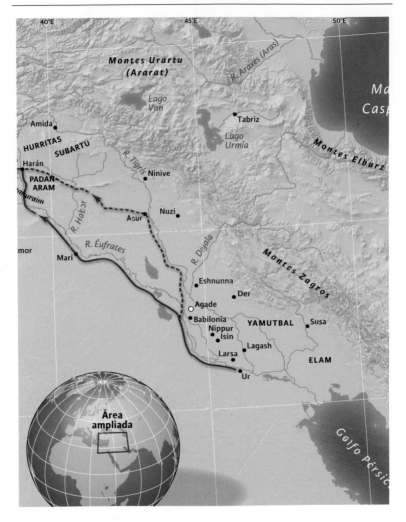

Génesis 12:1,4
«Pero Jehová había dicho a Abram: Vete de tu tierra y de tu parentela, y de la casa de tu padre, a la tierra que te mostraré. [...]

»Y se fue Abram, como Jehová le dijo; y Lot fue con él. Y era Abram de edad de setenta y cinco años cuando salió de Harán.»

LA VIDA DE ABRAHAM		
SUCESO	PASAJE DEL ANTIGUO TESTAMENTO	REFERENCIA EN EL NUEVO TESTAMENTO
El nacimiento de Abram	Gén. 11:26	
El llamado de Dios a Abram	Gén. 12:1-3	Heb. 11:8
La entrada a Canaán	Gén. 12:4-9	
Abram en Egipto	Gén. 12:10-20	
Lot se separa de Abram	Gén. 13:1-18	
Abram rescata a Lot	Gén. 14:1-17	
Abram paga el diezmo a Melquisedec	Gén. 14:18-24	Heb. 7:1-10
El pacto de Dios con Abraham	Gén. 15:1-21 Gál. 3:6-25 Heb. 6:13-20	Rom. 4:1-25
El nacimiento de Ismael	Gén. 16:1-16	
A Abraham se le promete un hijo de Sara	Gén. 17:1-27 Heb. 11:11-12	Rom. 4:18-25
Abraham intercede por Sodoma	Gén. 18:16-33	
Salvación de Lot y destrucción de Sodoma	Gén. 19:1-38	
El nacimiento de Isaac	Gén. 21:1-7	
Agar e Ismael son expulsados	Gén. 21:8-21	Gal. 4:21-31
Abraham es desafiado a ofrecer a Isaac en sacrificio	Gén. 22:1-19	Heb. 11:17-19 Sant. 2:20-24
Muerte de Sara	Gén. 23:1-20	
Muerte de Abraham	Gén. 25:1-11	

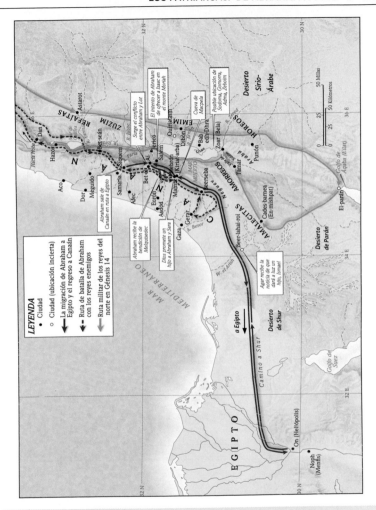

Abraham en Canaán

Génesis 12:10
«Hubo entonces hambre en la tierra, y descendió Abram a Egipto para morar allá; porque era grande el hambre en la tierra.»

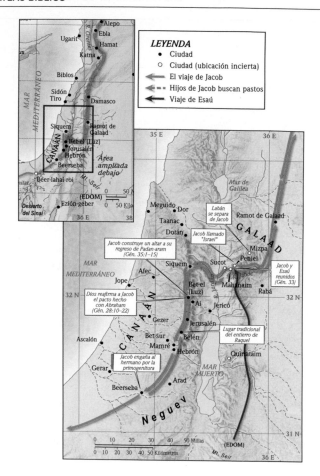

LEYENDA

- ● Ciudad
- ○ Ciudad (ubicación incierta)
- ← El viaje de Jacob
- ◄--- Hijos de Jacob buscan pastos
- ← Viaje de Esaú

Los viajes de Jacob

Génesis 28:12-13

«Y soñó: y he aquí una escalera que estaba apoyada en tierra, y su extremo tocaba en el cielo; y he aquí ángeles de Dios que subían y descendían por ella. Y he aquí, Jehová estaba en lo alto de ella, el cual dijo: Yo soy Jehová, el Dios de Abraham tu padre, y el Dios de Isaac; la tierra en que estás acostado te la daré a ti y a tu descendencia.»

LOS VIAJES DE JOSÉ
GÉNESIS 37, 39-46

Génesis 37:28
«Y cuando pasaban los madianitas mercaderes, sacaron ellos a José de la cisterna, y le trajeron arriba, y le vendieron a los ismaelitas por veinte piezas de plata. Y llevaron a José a Egipto.»

Génesis 42:2-3
«Y dijo: He aquí, yo he oído que hay víveres en Egipto; descended allá, y comprad de allí para nosotros, para que podamos vivir, y no muramos. Y descendieron los diez hermanos de José a comprar trigo en Egipto.»

Génesis 46:2-4
«Y habló Dios a Israel en visiones de noche, y dijo: Jacob, Jacob.

Y él respondió: Heme aquí.

Y dijo: Yo soy Dios, el Dios de tu padre; no temas de descender a Egipto, porque allí yo haré de ti una gran nación. Yo descenderé contigo a Egipto, y yo también te haré volver; y la mano de José cerrará tus ojos.»

EL ÉXODO

El templo de Luxor, Egipto, de noche.

El período egipcio

Varios siglos de relativo silencio separan el final de la historia de José (Gén. 37–50) del principio del relato en el libro de Éxodo. La historia de José indica que Israel probablemente entró en Egipto a mediados de la ilustre Dinastía XII (aprox. 1875-1850 a. C.). Los hicsos («gobernantes de tierras extranjeras» en egipcio) eran pueblos asiáticos que tomaron control de Egipto durante una época de inestabilidad política, derrocando a las dinastías egipcias nativas alrededor de 1730-1710 a. C. Los hicsos establecieron su capital en el delta del Río Nilo en Avaris y controlaron la parte norte de Egipto durante unos 250-260 años. Ellos eran el pueblo del rey que «no conocía a José». Los hicsos no controlaron todo Egipto durante gran parte de su estadía, pero fueron líderes de una federación de gobernantes sobre diversas zonas de Egipto. Con su ascensión, la suerte de los israelitas empeoró. Sin el favor de los faraones, quedaron reducidos a servidumbre. Los hicsos fueron expulsados de Egipto alrededor de 1570 a. C.

Velero en el Río Nilo cerca de Luxor.

Moisés apareció temprano en la nueva era del reino, al nacer alrededor de 1526 a. C. Sus padres, Amram y Jocabed, quisieron salvarle la vida del decreto del faraón según el cual todos los bebés varones hebreos debían ser asesinados, y lo pusieron en el Nilo en una cesta. Su cesta llegó hasta un lugar donde se bañaba la hija del faraón. Ella adoptó al niño y lo crio como el nieto del faraón. Educado en el palacio de Egipto,

Vista de Giza, Egipto, donde se muestran dos de tres pirámides ubicadas juntas aquí con la famosa esfinge.

Moisés recibió una de las mejores educaciones del mundo; aprendió varios idiomas y una gran variedad de materias que lo prepararon bien para guiar y gobernar a los israelitas después de salir de Egipto. Es probable que el faraón de la infancia de Moisés fuera Amenofis I (Amenhotep I), y el sucesor que oprimió especialmente a los israelitas fuera Tutmosis I, que reinó entre 1526 y 1512 a. C. Tutmosis II reinó entre 1512 y 1504 a. C., y Tutmosis III, entre 1504 y 1450 a. C. Es probable que la madre adoptiva de Moisés fuera una mujer poderosa llamada Hatshepsut, la cual controló eficazmente Egipto mientras Tutmosis III era todavía menor de edad después de ascender al trono. Tutmosis III es el que mejor encaja con el faraón que buscó matar a Moisés cuando este mató a un egipcio prominente (alrededor de los cuarenta años de edad), y su sucesor Amenofis I (que reinó

Capilla interior del salón de festividades de Hatshepsut. Esta fue esposa de Tutmosis II y tía y madrastra de Tutmosis III, quien algunos creen fue el faraón del éxodo.

entre 1450-1425 a. C.) probablemente fue el faraón del éxodo, que es posible que haya ocurrido en 1447 o 1446 a. C.

El éxodo desde Egipto (aprox. 1447 a. C.)

El éxodo desde Egipto fue un suceso fundamental en la historia de Israel. Esto se confirma de manera gráfica en que la frase (con ciertas variaciones) que expresa que Yahvéh sacó a Israel de Egipto («habéis salido de Egipto, de la casa de servidumbre») aparece 125 veces en el Antiguo Testamento.

Algunos eruditos consideran el éxodo como la liberación milagrosa del pueblo de Dios de las garras del ejército del faraón en el Mar Rojo. Otros lo ven como la huida a

Lago Timsa, posible lugar donde los hebreos cruzaron el Mar Rojo.

través de un extendido páramo y un desierto abrasador de una pequeña y heterogénea banda de esclavos de zonas fronterizas. Algunos otros argumentan que el tipo de lenguaje militar del relato del éxodo indica que el acontecimiento fue una escaramuza. Dicho lenguaje tal vez sea el de una guerra santa.

La Biblia afirma que el éxodo fue obra de Dios. Él desplegó las plagas sobre Egipto (Ex. 7:1-5). El milagro en el mar nunca fue tratado como un hecho natural o como la victoria de Israel por sí sola. En los registros más antiguos que evocan este evento, María exclamó: «Cantad a Jehová, porque en extremo se ha engrandecido; ha echado en el mar al caballo y al jinete» (Ex. 15:21).

Elementos tanto maravillosos como cotidianos contribuyeron al acontecimiento más grandioso del Antiguo Testamento. Lo natural y lo sobrenatural se combinan para recrear la liberación divina. El éxodo es al mismo tiempo milagroso e histórico. Un aire de misterio envuelve este hecho, como sucede con todo acontecimiento milagroso. A pesar de las referencias temporales en 1 Reyes 6:1 y en Jueces 11:26, todavía se debate cuándo exactamente ocurrió el éxodo. En lugar de esta fecha de siglo xv a. C., muchos eruditos lo ubican durante el siglo xiii a. C., cuando reinaba Ramsés II. No sabemos con precisión dónde ocurrió, ya que el término hebreo tal vez haya querido decir «Mar Rojo», tal como lo conocemos ahora, o uno de sus afluentes, o «mar de los juncos», cuya ubicación se desconoce. No sabemos quiénes ni cuántos participaron. El registro deja claro que Dios liberó a Israel en virtud de su pacto con los patriarcas y porque deseaba redimir a Su pueblo (Ex. 6:2-8).

Israel llegó al Monte Sinaí alrededor de 1447 a. C. Aunque se sugirieron diversas ubicaciones para este monte, la mejor opción es el sitio tradicional de Jebel Musa, en el extremo sur de la Península de Sinaí. En ese lugar, Israel hizo un pacto con Yahvéh, recibió los Diez Mandamientos y comenzó su primera experiencia de gobierno propio.

El período del desierto (aprox. 1447-1407 a. C.)

Alrededor de un año después se encaminaron a la tierra prometida pero se les impidió ingresar, primero por la desobediencia y luego por decisión de Dios, y no llegaron a Canaán sino hasta pasados 40 años. Durante los años en el Desierto de Sinaí surgió un destacado sentimiento de identidad y de misión. Además, durante dichos años

La región desolada del Desierto de Sin.

Israel recibió toda la legislación necesaria para ser una sociedad ordenada. La experiencia de Israel en el desierto se caracterizó por tiempos buenos y malos. Dios protegió y preservó de manera sobrenatural a Israel, pero la generación que se negó a entrar a la tierra tras la orden de Dios pereció, a excepción de los dos espías fieles, Josué y Caleb.

La cantidad de personas en el éxodo

En nuestras Biblias en español, Éxodo 12:37 dice que «partieron los hijos de Israel de Ramsés a Sucot, como seiscientos mil hombres de a pie, sin contar los niños». Por

Vista desde Jebel Musa (la ubicación probable del Monte Sinaí) del paisaje escarpado de la zona.

diversos motivos (aprovisionamiento de agua y de víveres en el Sinaí, evidencia de sepulturas, etcétera) los eruditos actuales traducen la palabra hebrea «mil» como «clan o unidad militar». Esto da como resultado una reducción drástica de la cantidad de israelitas en el éxodo como así también en el resto del Antiguo Testamento. Sin embargo, deben admitir que esta traducción no se puede utilizar de manera constante en el Antiguo Testamento porque algunos números son más específicos. En Números 1:46 se establece más específicamente que Dios le ordenó a Moisés hacer un censo en el segundo año del éxodo de Egipto y que los hombres aptos para la guerra sumaban 603 550. No es inusual que se usen números redondos en ciertas ocasiones, tanto en la Biblia como en el antiguo Cercano Oriente, pero esto no significa que los números redondos carezcan de historicidad o de veracidad. Justo antes de entrar en la tierra prometida, en Números 26, Dios le ordenó a Moisés que realizara un censo después de la plaga causada por la inmoralidad con las mujeres moabitas. Los israelitas contaron 601 730 hombres en pie de guerra (Núm. 26:51) de más de 20 años (Núm. 1:3). Las diferencias entre las cifras de Éxodo 12 y de Números 26 podrían atribuirse al fallecimiento de las personas de más edad debido tanto a la voluntad divina como a causas naturales, y también a un aumento producto de los nuevos nacimientos en los primeros veinte de los cuarenta años de peregrinaciones en el Desierto de Sinaí. Algunos eruditos evitan grandes cantidades específicas al dividir las cifras en dos partes (donde los miles son unidades/clanes militares y los cientos son el número real de hombres), pero este método se derrumba cuando vemos en Números 1:46 (603 550) 603 unidades militares o clanes pero un total de solo 550 hombres. Si las estadísticas son correctas en cuanto a que esos hombres de más de veinte años representan aproximadamente el 25 % de la población total, los israelitas sumaban mucho más de dos millones de personas, tanto al comienzo como al final del peregrinaje en el desierto.

El éxodo fue obra de Dios. Fue un hecho histórico donde participaron una nación sumamente poderosa y un pueblo oprimido. Dios actuó de manera redentora con poder, libertad y amor. Cuando el reino de Dios no llegaba, los profetas tardíos comenzaron a esperar un segundo éxodo. Esta expectativa se cumplió espiritualmente en la obra redentora de Cristo.

Jebel Musa, el lugar tradicional del Monte Sinaí, en el sur de la Península del Sinaí.

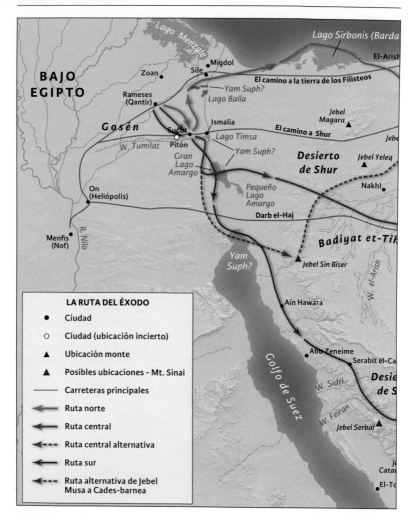

Éxodo 14:21-22

«Y extendió Moisés su mano sobre el mar, e hizo Jehová que el mar se retirase por recio viento oriental toda aquella noche; y volvió el mar en seco, y las aguas quedaron divididas. Entonces los hijos de Israel entraron por en medio del mar, en seco, teniendo las aguas como muro a su derecha y a su izquierda.»

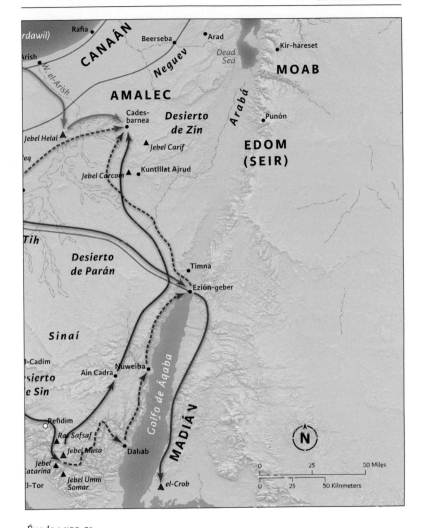

Éxodo 14:30-31

«Así salvó Jehová aquel día a Israel de mano de los egipcios; e Israel vio a los egipcios muertos a la orilla del mar. Y vio Israel aquel grande hecho que Jehová ejecutó contra los egipcios; y el pueblo temió a Jehová, y creyeron a Jehová y a Moisés su siervo.»

LAS DIEZ PLAGAS DE EGIPTO

PLAGA	PASAJE BÍBLICO
1. SANGRE: Las aguas del Nilo se transformaron en sangre.	Ex. 7:14-25
2. RANAS: Las ranas infestaron la tierra de Egipto.	Ex. 8:1-15
3. PIOJOS (mosquitos, NVI): Insectos pequeños que picaban llenaron la tierra de Egipto.	Ex. 8:16-19
4. MOSCAS: Enjambres de moscas —posiblemente de una variedad que picaba— plagaron la tierra de Egipto.	Ex. 8:20-32
5. PLAGA EN EL GANADO: Una enfermedad grave —posiblemente ántrax— infectó al ganado de los egipcios.	Ex. 9:1-7
6. ÚLCERAS: Una enfermedad de la piel infectó a los egipcios.	Ex. 9:8-12
7. GRANIZO: Una tormenta que destruyó los campos de cultivo de Egipto pero pasó por alto la tierra de Gosén, donde habitaban los israelitas.	Ex. 9:13-35
8. LANGOSTAS: Una plaga de langostas arrasó con todas las plantas de Egipto.	Ex. 10:1-20
9. OSCURIDAD: Una profunda oscuridad cubrió la tierra de Egipto durante tres días.	Ex. 10:21-29
10. MUERTE DE LOS PRIMOGÉNITOS: El primogénito de cada familia egipcia murió.	Ex. 11:1–12:30

EL SISTEMA DE SACRIFICIOS

NOMBRE	REFERENCIA	ELEMENTOS	SIGNIFICADO
El holocausto.	Lev. 1; 6:8-13	Becerro, carnero, cabra, tórtola o palomino sin mancha. (Siempre animales machos, pero las especies variaban según el poder adquisitivo de la persona).	Voluntario. Significa la propiciación por el pecado y una absoluta rendición, devoción y compromiso con Dios.
La ofrenda de cereal. También llamada comida o tributo, oblación.	Lev. 2; 6:14-23	Harina, pan o cereal preparados con aceite de oliva y sal (siempre sin leyadura); o incienso.	Voluntaria. Significa acción de gracias por las primicias.
Ofrenda de paz. También llamada sacrificio de comunión. incluye (1) ofrenda de acción de gracias, (2) ofrenda de votos y (3) ofrenda de buena voluntad.	Lev. 3; 7:11-36; 22:17-30; 27	Cualquier animal sin mancha. (Las especies variaban según el poder adquisitivo de la persona). (1) Puede ser una ofrenda de cereal.	Voluntaria. Simboliza la comunión con Dios. (1) Significa acción de gracias por una bendición específica; (2) ofrece una expresión ritual de un voto; y (3) simboliza una gratitud general (debía llevarse a uno de los tres servicios religiosos requeridos).
Ofrenda por el pecado.	Lev. 4:1–5:13; 6:24-30; 12:6-8	Animal macho o hembra sin mancha, de la siguiente manera: para el sacerdote o la congregación, se requería un toro; para el rey, un macho cabrío; para cualquier persona, una cabra o un cordero; para una persona relativamente pobre, dos tórtolas o palominos; para alguien muy pobre, la décima parte de un efa de flor de harina.	Obligatoria. Hecha por alguien que había pecado en forma involuntaria o estaba impuro, para alcanzar purificación.
Ofrenda expiatoria.	Lev. 5:14–6:7; 7:1-6; 14:12-18	Carnero o cordero sin defecto.	Obligatoria. Hecha por una persona que había privado a otra de sus derechos o que había profanado algo sagrado. Hecha por los leprosos para purificarse.

LOS DIEZ MANDAMIENTOS

MANDAMIENTO	PASAJE BÍBLICO	PASAJES RELACIONADOS DEL ANTIGUO TESTAMENTO	PASAJES RELACIONADOS DEL NUEVO TESTAMENTO	ENSEÑANZAS DE JESÚS
No tendrás dioses ajenos delante de mí.	Ex. 20:3; Deut. 5:7	Ex. 34:14; Deut. 6:4,13-14; 2 Rey. 17:35; Sal. 81:9; Jer. 25:6; 35:15	Hech. 5:29	Mat. 4:10; 6:33; 22:37-40
No te harás imagen.	Ex. 20:4-6; Deut. 5:8-10	Ex. 20:23; 32:8; 34:17; Lev. 19:4; 26:1; Deut. 4:15-20; 7:25; 32:21; Sal. 115:4-7; Isa. 44:12-20	Hech. 17:29; 1 Cor. 8:4-6, 10-13; 1 Jn. 5:21	Mat. 6:24; Luc. 16:13
No tomarás el nombre de Jehová tu Dios en vano.	Ex. 20:7; Deut. 5:11	Ex. 22:28; Lev. 18:21; 19:12; 22:2; 24:16; Ezeq. 39:7	Rom. 2:23-24; Sant. 5:12	Mat. 5:33-37; 6:9; 23:16-22
Acuérdate del día de reposo para santificarlo.	Ex. 20:8-11; Deut. 5:12-15	Gén. 2:3; Ex. 16:23-30; 31:13-16; 35:2-3; Lev. 19:30; Isa. 56:2; Jer. 17:21-27	Hech. 20:7; Heb. 10:25	Mat. 12:1-13; Mar. 2:23-27; 3:1-6; Luc. 6:1-11; Juan 5:1-18
Honra a tu padre y a tu madre.	Ex. 20:12; Deut. 5:16	Ex. 21:17; Lev. 19:3; Deut. 21:18-21; 27:16; Prov. 6:20	Ef. 6:1-3; Col. 3:20	Mat. 15:4-6; 19:19; Mar. 7:9-13; Luc. 2:51; 18:20; Juan 19:26-27
No matarás.	Ex. 20:13; Deut. 5:17	Gén. 9:6; Lev. 24:17; Núm. 35:33	Rom. 13:9-10; 1 Ped. 4:15	Mat. 5:21-24; 19:18; 26:52; Mar. 10:19; Luc. 18:20
No cometerás adulterio.	Ex. 20:14; Deut. 5:18	Lev. 18:20; 20:10; Deut. 22:22; Núm. 5:12-31; Prov. 6:29, 32	Rom. 13:9-10; 1 Cor. 6:9; Heb. 13:4; Sant. 2:11	Mat. 5:27-30; 19:18; Mar. 10:19; Luc. 18:20; Juan 8:1-11
No hurtarás.	Ex. 20:15; Deut. 5:19	Lev. 19:11, 13; Ezeq. 18:7	Rom. 13:9-10; Ef. 4:28; Sant. 5:4	Mat. 19:18; Mar. 10:19; 12:40; Luc. 18:20
No hablarás contra tu prójimo falso testimonio.	Ex. 20:16; Deut. 5:20	Ex. 23:1, 7; Lev. 19:11; Sal. 15:2; 101:5; Prov. 10:18; Jer. 9:3-5; Zac. 8:16	Ef. 4:25, 31; Col. 3:9; Tito 3:2	Mat. 5:37; 19:18; Mar. 10:19; Luc. 18:20

MANDAMIENTO	PASAJE BÍBLICO	PASAJES RELACIONADOS DEL ANTIGUO TESTAMENTO	PASAJES RELACIONADOS DEL NUEVO TESTAMENTO	ENSEÑANZAS DE JESÚS
No codiciarás.	Ex. 20:17; Deut. 5:21	Deut. 7:25; Job 31:24-28; Sal. 62:10	Rom. 7:7; 13:9; Ef. 5:3-5; Heb. 13:5; Sant. 4:1-2	Luc. 12:15-34

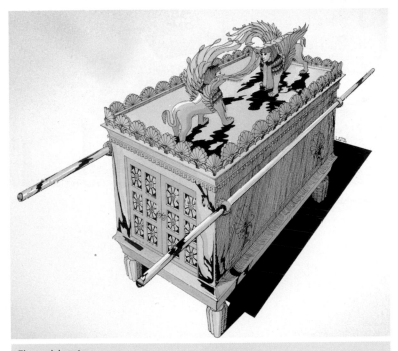

El arca del pacto.

El tabernáculo.

FIESTAS Y FESTIVALES JUDÍOS

NOMBRE	MES-FECHA	REFERENCIA	SIGNIFICADO
Pascua	Nisán (mar./abr.): 14-21	Ex. 12:2-20; Lev. 23:5	Conmemora la liberación de Dios al sacar a Israel de Egipto.
Fiesta de los panes sin levadura	Nisán (mar./abr.): 15-21	Lev. 23:6-8	Conmemora la liberación de Dios al sacar a Israel de Egipto. Incluye un día de primicias por la cosecha de cebada.
Fiesta de las semanas, o cosecha (Pentecostés)	Siván (mayo/jun.): 6 (siete semanas después de Pascua)	Ex. 23:16; 34:22; Lev. 23:15-21	Conmemora la entrega de la ley en el Monte Sinaí. Incluye un día de primicias por la cosecha de trigo.
Fiesta de las trompetas (Rosh Hashaná)	Tisrí (sep./oct.): 1	Lev. 23:23-25; Núm. 29:1-6	Día del toque de trompetas para señalar el inicio del año nuevo civil.
Día de la Expiación (Yom Kippur)	Tisrí (sep./oct.): 10	Lev. 23:26-33; Ex. 30:10	Ese día, el sumo sacerdote hace expiación por el pecado de la nación. Además, es un día de ayuno.
Fiesta de los tabernáculos, o las enramadas (Sucot)	Tisrí (sep./oct.): 15-21	Lev. 23:33-43; Núm. 29:12-39; Deut. 16:13	Conmemora los cuarenta años de divagación por el desierto.
Fiesta de la dedicación, o fiesta de las luces (Januká)	Quisleu (nov./dic.): 25-30; y Tébet (dic./ene.): 1-2	Juan 10:22	Conmemora la purificación del templo por Judas Macabeo en 164 a. C.
Fiesta de Purim, o Ester	Adar (feb./mar.): 14	Est. 9	Conmemora la liberación del pueblo judío en la época de Ester.

EL CALENDARIO JUDÍO

Año		Mes	Meses con-temporáneos (aprox.)	Fiestas	Estaciones y producción
Año sagrado 1	Año civil 7	Nisán/Abib 30 días	Abril	1 Luna nueva 14 Pascua 15-21 Panes sin levadura	Lluvias de primavera (Deut. 11:14). Desborde (Jos. 3:15). Cebada madura.
2	8	Iyyar/Ziv 29 días	Mayo	1 Luna nueva 14 Segunda Pascua (para quienes no pudieron observar la primera)	Siega. Cosecha de cebada (Rut 1:22). Cosecha de trigo Comienza el verano Sin lluvias de abril a septiembre (1 Sam. 12:17).
3	9	Siván 30 días	Junio	1 Luna nueva 6 Pentecostés	
4	10	Tammuz 29 días	Julio	1 Luna nueva 17 Ayuno por la toma de Jerusalén	Temporada calurosa Aumento de temperatura.
5	11	Ab 30 días	Agosto	1 Luna nueva 9 Ayuno por la destrucción del templo	Corrientes se secan. Calor intenso. Vendimia (Lev. 26:5).
6	12	Elul 29 días	Septiembre	1 Luna nueva	Calor intenso (2 Rey. 4:19). Cosecha de viñedos (Núm. 13:23).
7	1	Tisrí/Etanim 30 días	Octubre	1 Año Nuevo Día de tocar la trompeta. Día de juicio y recordación (Núm. 29:1) 10 Día de la Expiación (Lev. 23:24) 15 Tabernáculos 21 (Lev. 23:24) 22 Asamblea solemne	Siembra. Comienzan lluvias tempranas (Joel 2:23). Comienzan arado y siembra.

8	2	Maresván/Bul 29 días	Noviembre	1 Luna nueva	Lluvia continúa Se cosecha trigo y cebada.
9	3	Quisleu 30 días	Diciembre	1 Luna nueva 25 Dedicación (Juan 10:22,29)	Invierno Invierno comienza Nieve en los montes.
10	4	Tébet 29 días	Enero	1 Luna nueva 10 Ayuno por el sitio de Jerusalén	El mes más frío Granizo y nieve (Jos. 10:11).
11	5	Sabat 30 días	Febrero	1 Luna nueva	El clima se vuelve más cálido.
12	6	Adar 29 días	Marzo	1 Luna nueva 13 Ayuno de Ester 14-15 Purim	Frecuentes truenos y granizo Florece almendro.
13	Año bisiesto	Veadar/Adar	Marzo/Abril	1 Luna nueva 13 Ayuno de Ester 14-15 Purim	Mes que se intercala.

NOTA 1
El año judío es estrictamente lunar, con 12 lunaciones y un promedio de 29 ½ días, lo cual conduce a 354 días en un año. El día sagrado judío comienza con la luna nueva de la primavera boreal, que sería entre nuestro 22 de marzo y 25 de abril, en ciclos de 19 años. Podemos entender mejor este concepto si imaginamos que nuestro día de Año Nuevo, que para nosotros es el 1 de enero —sin importar lo que suceda con la luna—, variara anualmente según la fecha de la Pascua, el tiempo de la luna llena que, al ser una luna nueva, hubiera dado paso al Año Nuevo dos semanas antes.

NOTA 2
Por lo tanto el calendario judío tiene un décimo tercer mes, Veadar o Adar Sheni, que se usaba siete veces cada diecinueve años, para corregir el largo promedio del año y mantener las estaciones en los meses correctos.

NOTA 3
El día judío comienza al atardecer del día anterior.

LOS NOMBRES DE DIOS

NOMBRE	REFERENCIA	SIGNIFICADO	EQUIVALENTES EN LA RVR1960
NOMBRES HEBREOS			
Adonai	Sal. 2:4	Señor, Amo	Señor
El-Berit	Jue. 9:46	Dios del pacto	dios Berit
El-Elyon	Gén. 14:18-20	Dios altísimo/Dios exaltado	Dios Altísimo
El-Olam	Gén. 21:33	El Dios eterno	Jehová Dios eterno
El-Shaddai	Gén. 17:1-2	Dios Todopoderoso	Dios Todopoderoso
Cadósh Yisraél	Isa. 1:4	El Santo de Israel	El Santo de Israel
Shafát	Gén. 18:25	Juez/Gobernante	Juez
Yahvéh-Jireh	Gén. 22:14	Jehová provee	Jehová proveerá
Yahvéh-Sabaot	1 Sam. 1:3	Jehová de los ejércitos	Jehová de los ejércitos
Yahvéh-Shalom	Jue. 6:24	Jehová es paz	Jehová-shalom
Yahvéh-Tsidkenu	Jer. 23:6	Yahvéh es nuestra justicia	Jehová, justicia nuestra
NOMBRES ARAMEOS			
Atiq Yomin	Dan. 7:9	Anciano de Días	Anciano de días
Ilaya	Dan. 7:25	Altísimo	Altísimo

PACTOS Y CÓDIGOS DE LA LEY (2º MILENIO A. C.)			
CÓDIGO DE LA LEY			**PACTO***
Título	Identifica a un socio superior.		Título
Prólogo	Muestra cómo el socio superior se ha ocupado del subordinado en el pasado, inspirando así gratitud y obediencia en el socio subordinado.		Prólogo
Leyes	Enumera las leyes dadas por un socio superior, las cuales debe obedecer el socio subordinado.		Estipulaciones/leyes
Bendiciones y maldiciones		Provee para la preservación del texto en el templo del socio subordinado.	Lectura de declaraciones
		Atestiguado y garantizado por los dioses de ambos socios.	Testigos
	Pronuncia maldiciones sobre aquellos que desobedecen y bendiciones sobre los que obedecen.		Bendiciones y maldiciones
		Ratificado por un juramento y una ceremonia, y se pronuncian sanciones contra cualquier persona que quebrante la relación de pacto.	Ceremonia de juramento Sanciones

LOS SACERDOTES EN EL ANTIGUO TESTAMENTO

NOMBRE	REFERENCIA	IDENTIFICACIÓN
Aarón	Ex. 28–29	El hermano mayor de Moisés; primer sumo sacerdote de Israel.
Abiatar	1 Sam. 22:20-23; 2 Sam. 20:25	Hijo de Ahimelec que escapó de la matanza en Nob.
Abiú	Ver Nadab y Abiú	
Ahimelec	1 Sam. 21–22	Condujo una comunidad sacerdotal en Nob; asesinado por Saúl por hacerse amigo de David.
Amarías	2 Crón. 19:11	Sumo sacerdote durante el reinado de Josafat.
Amasías	Amós 7:10-17	Sacerdote malvado de Bet-el; confrontó a Amós el profeta.
Azarías	2 Crón. 26:16-20	Sumo sacerdote que confrontó a Uzías cuando el gobernante empezó a actuar como profeta.
Eleazar e Itamar	Lev. 10:6; Núm. 20:26	Hijos piadosos de Aarón; Eleazar: segundo sumo sacerdote de Israel.
Elí	1 Sam. 1–4	Descendiente de Itamar; crio a Samuel en Silo.
Eliasib	Neh. 3:1; 13:4-5	Sumo sacerdote durante la época de Nehemías.
Elisama y Joram	2 Crón. 17:7-9	Sacerdotes de enseñanza durante el reinado de Josafat.
Esdras	Esd. 7–10; Neh. 8	Escriba, maestro y sacerdote durante la reconstrucción de Jerusalén después del cautiverio en Babilonia.
Finees	(1) Núm. 25:7-13 (2) Ver Ofni y Finees	(1) Hijo de Eleazar; el tercer sumo sacerdote de Israel, cuyo celo por la adoración pura detuvo una plaga.

NOMBRE	REFERENCIA	IDENTIFICACIÓN
Hilcías	2 Rey. 22-23	Sumo sacerdote durante el reinado de Josías.
Itamar	Ver Eleazar e Itamar	
Jahaziel	2 Crón. 20:14-17	Levita que le aseguró a Josafat la liberación de un enemigo.
Joiada	2 Rey. 11-12	Sumo sacerdote que salvó a Joás de la purga de la reina Atalía.
Joram	Ver Elisama y Joram	
Josué	Hag. 1:1,12; Zac. 3	Primer sumo sacerdote después del cautiverio en Babilonia.
Nadab y Abiú	Lev. 10:1-2	Hijos malvados de Aarón.
Ofni y Finees	1 Sam. 2:12-36	Hijos malvados de Elí.
Pasur	Jer. 20:1-6	Sacerdote falso que persiguió al profeta Jeremías.
Sadoc	2 Sam. 15; 1 Rey. 1	Sumo sacerdote durante el reinado de David y Salomón.
Selemías	Neh. 13:13	Sacerdote durante la época de Nehemías; estaba a cargo de administrar los almacenes.
Urías	2 Rey. 16:10-16	Sacerdote que edificó un altar pagano para el malvado rey Acaz.

El viaje de los espías.

Números 13:1-2,32

«Y Jehová habló a Moisés, diciendo: Envía tú hombres que reconozcan la tierra de Canaán, la cual yo doy a los hijos de Israel; de cada tribu de sus padres enviaréis un varón, cada uno príncipe entre ellos.

[...] Y hablaron mal entre los hijos de Israel, de la tierra que habían reconocido, diciendo: La tierra por donde pasamos para reconocerla, es tierra que traga a sus moradores; y todo el pueblo que vimos en medio de ella son hombres de grande estatura.»

LA CONQUISTA DE CANAÁN

Ruinas de un templo en Hazor destruido por Josué en la conquista de Canaán.

Transición de Moisés a Josué (aprox. 1407-1400 a. C.)

Después del éxodo de Egipto, Israel estaba a once días de camino de la tierra prometida. Pero el viaje que se podría haber realizado en once días se estiró a un total de cuarenta años. Cerca del final de este período, Moisés murió y fue enterrado por el Señor mismo; y Josué, un efraimita, asumió el liderazgo de la nación. Josué ocupa comparativamente poco espacio en el registro. Se lo presenta como el sucesor de Moisés y el conquistador de Canaán (Deut. 1:38; 3:21,28; Jos. 1). Fuera del libro que lleva su nombre, se lo menciona solo en Éxodo 17:8-16; Jueces 1:1, 2:6-9; 1 Reyes 16:34; 1 Crónicas 7:27; y Nehemías 8:17.

La estrategia de Josué

Josué llevó adelante una invasión a Canaán en tres campañas. Después del camino por el desierto, los israelitas llegaron a las llanuras de Moab en Transjordania («del otro lado del Jordán»). Allí, combatieron a dos reyes locales, Sehón y Og (Núm. 21:21-35). Algunas de las tribus israelitas —Rubén, Gad y la mitad de la tribu de Manasés— decidieron establecerse en este territorio recién conquistado (Núm. 32).

Tal como Dios le instruyó, Josué condujo al pueblo a cruzar el Jordán hacia Canaán. El cruce fue posible mediante una separación sobrenatural de las aguas del Jordán (Jos. 3–4). Después de cruzar el río, los israelitas acamparon en Gilgal. Desde allí, Josué condujo la primera campaña militar contra los cananeos en las tierras altas centrales escasamente pobladas al noroeste del Mar Muerto. El objetivo inicial del ataque fue la antigua fortaleza de Jericó. El ejército israelita marchó alrededor de la ciudad una vez por día durante seis días. Al séptimo día, marcharon rodeando la ciudad siete veces, y después tocaron las trompetas y gritaron. En respuesta, los muros de Jericó colapsaron, permitiendo que los invasores destruyeran la ciudad (Jos. 6).

Entonces, los israelitas intentaron conquistar la ciudad cercana de Hai, donde se encontraron con su primera derrota. La razón por el fracaso fue que Acán, uno de los soldados israelitas, se guardó parte del tesoro de la invasión a Jericó, algo que violaba las órdenes divinas de destruir todo lo que había en la ciudad. Después de que Acán fuera ejecutado, los israelitas pudieron destruir Hai (Jos. 7–8).

No todos los cananeos intentaron resistirse a la invasión de Israel. Un grupo, los gabaonitas, evitaron la destrucción al engañar a los israelitas para que hicieran un acuerdo de paz con ellos (Jos. 9). Alarmados por la deserción de los gabaonitas a Israel, un grupo de reyes cananeos del sur, liderados por Adonisedec de Jerusalén, formaron una coalición en contra de las fuerzas invasoras. Los reyes amenazaron con atacar a los gabaonitas, haciendo que Josué acudiera en defensa de sus nuevos aliados. Como resultado de una intervención sobrenatural, los israelitas pudieron vencer a la coalición. Después, Josué lanzó una campaña sur que resultó en la captura de muchas ciudades cananeas (Jos. 10).

La tercera y última campaña de Josué ocurrió en el norte de Canaán. En esa región, el rey Jabín de Hazor formó una alianza con reyes vecinos para pelear contra los israelitas. Josué los atacó por sorpresa junto a las aguas de Merom, y los derrotó por completo (Jos. 11:1-15).

La invasión de Canaán resultó un éxito absoluto; grandes porciones de la tierra quedaron en manos israelitas (Jos. 11:16–12:24). Sin embargo, algunas zonas permanecieron fuera de su control, como la tierra densamente poblada junto a la costa y varias ciudades cananeas importantes como Jerusalén (Jos. 13:1-5; 15:63; Jue. 1). Durante siglos, los israelitas lucharon para controlar esas zonas.

Asentamiento israelita

Las tribus de Israel se fueron asentando lentamente en Canaán sin sacar por completo a la población nativa. Aunque todavía había que conquistar algunas secciones de la tierra, Dios le instruyó a Josué que repartiera Canaán entre las tribus que todavía no habían recibido territorio (Jos. 13:7). Después de la asignación de la tierra, Israel empezó a instalarse en su territorio. Jueces 1 describe el asentamiento como un proceso lento en el cual cada tribu luchaba por expulsar a los cananeos. En el análisis final, las tribus tuvieron un éxito limitado a la hora de expulsar a la población nativa (Jue. 1). Como resultado, durante siglos, Israel se vio asediado por la infiltración de elementos cananeos en su religión (Jue. 2:1-5).

El tell de la Jericó del Nuevo Testamento en primer plano, y el tell de la Jericó del Antiguo Testamento más a la distancia.

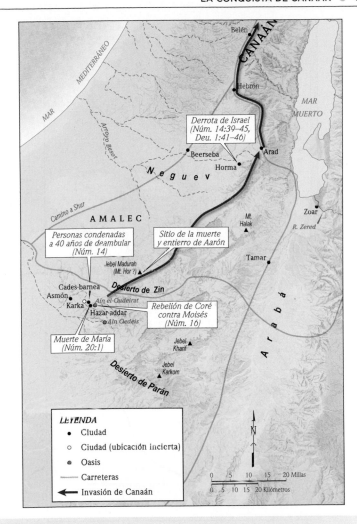

MEDITERRÁNEO

MAR

CANAÁN

Belén

Hebrón

MAR MUERTO

Derrota de Israel (Núm. 14:39–45, Deu. 1:41–46)

Arroyo Besot

Beerseba

Arad

Horma

N e g u e v

Camino a Shur

AMALEC

Mt. Halak

Zoar

R. Zered

Personas condenadas a 40 años de deambular (Núm. 14)

Sitio de la muerte y entierro de Aarón

Jebel Madurah (Mt. Hor?)

Tamar

Cades-barnea

Desierto de Zin

Asmón

Karka

Aín el-Qudeirat

Hazar-addar

Aín Qedeis

Rebelión de Coré contra Moisés (Núm. 16)

A r a b á

Muerte de María (Núm. 20:1)

Jebel Kharif

Jebel Karkom

Desierto de Parán

LEYENDA

● Ciudad

○ Ciudad (ubicación incierta)

◍ Oasis

---- Carreteras

◀— Invasión de Canaán

N

0   5   10   15   20 Millas
0   5   10   15   20 Kilómetros

Cades-barnea

Números 14:2
«Y se quejaron contra Moisés y contra Aarón todos los hijos de Israel; y les dijo toda la multitud: ¡Ojalá muriéramos en la tierra de Egipto; o en este desierto ojalá muriéramos!»

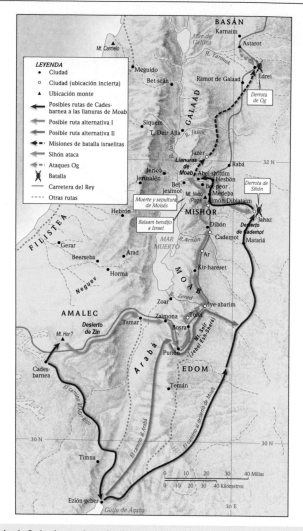

El viaje desde Cades-barnea hasta las llanuras de Moab

Deuteronomio 2:2-3

«Y Jehová me habló, diciendo: Bastante habéis rodeado este monte; volveos al norte.»

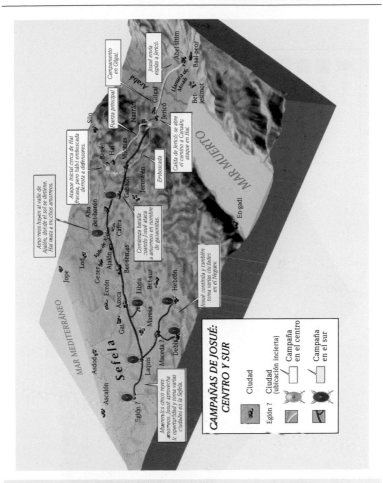

Las campañas central y sur de Josué.

Josué 10:12-13

«Entonces Josué habló a Jehová el día en que Jehová entregó al amorreo delante de los hijos de Israel, y dijo en presencia de los israelitas: Sol, detente en Gabaón; y tú, luna, en el valle de Ajalón. Y el sol se detuvo y la luna se paró, hasta que la gente se hubo vengado de sus enemigos. ¿No está escrito esto en el libro de Jaser? Y el sol se paró en medio del cielo, y no se apresuró a ponerse casi un día entero.»

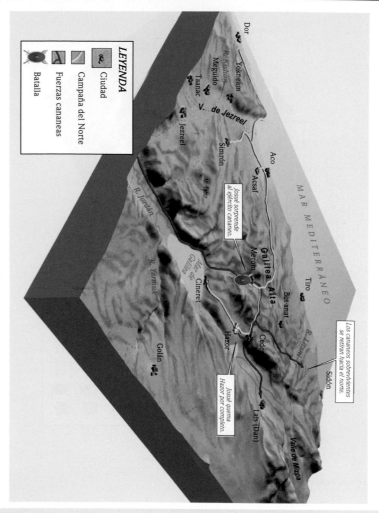

Mapa de las campañas de Josué en el norte.

Josué 11:10
«Y volviendo Josué, tomó en el mismo tiempo a Hazor, y mató a espada a su rey; pues Hazor había sido antes cabeza de todos estos reinos.»

LAS CIUDADES DE LA CONQUISTA DE JOSUÉ			
Ciudad	**Pasaje bíblico**	**Ocupantes**	**Comentarios**
Gilgal	4:19–5:15	¿Desocupada?	Ninguna batalla; se transformó en el centro de adoración.
Jericó	6:1-27	Cananeos	Se perdonó a Rahab; ciudad amurallada más antigua; Acán pecó.
Hai	7:1–8:29	Amorreos	Israel vencido al principio por el pecado de Acán; Hai significa «ruina».
Siquem	8:30-35; cap. 24	Heveos (Gén. 34); patriarcas	No se conquistó; se transformó en un centro de adoración; parientes de Israel.
Gabaón, Cafira, Beerot, Quiriat-jearim	9:1–10:27	Heveos	Hicieron un pacto con Israel de servir en el lugar de adoración.
Jerusalén	10:1-27	Jebuseos	Parte de la coalición a la que Josué venció, pero la ciudad no se conquistó.
Hebrón	10:1-27,36-37	Amorreos, pero en la época patriarcal, heteos; también hogar de los anaceos (11:21)	Miembro de la coalición cuya ciudad fue destruida; ciudad patriarcal (Gén. 13:18); dada a Caleb (14:9-13); ciudad de refugio (20:7).
Jarmut	10:1-27	Amorreos	Miembro de la coalición.
Laquis	10:1-27,31-32	Amorreos	Miembro de la coalición cuya ciudad fue destruida.

LAS CIUDADES DE LA CONQUISTA DE JOSUÉ (CONT.)

Ciudad	Pasaje bíblico	Ocupantes	Comentarios
Eglón	10:1-27,34-35	Amorreos	Miembro de la coalición cuya ciudad fue destruida.
Maceda	10:16-17,28	¿?	Escena de batalla con la coalición.
Libna	10:29-30	¿?	Ciudad levita (21:13).
Gezer	10:33	Cananeos	Ciudad antigua y grande cuyo rey fue vencido por Josué; la ciudad no fue ocupada (Jue. 1:29); ciudad levita (21:21).
Debir	10:38-39	Amorreos; hogar de los anaceos (11:21)	Capturada por Josué y Otoniel (15:17); ciudad levita (21:15); nombre del rey de Eglón (10:3).
Hazor	11:1-15	Cananeos	La ciudad más grande en Canaán; historia antigua; líder de la coalición del norte; destruida por Josué.
Madón	11:1	¿?	Miembro de la coalición del norte al que Josué venció; Septuaginta griega lo llama Merón; comparar con aguas de Merom.
Simrón	11:1	¿?	Variaciones de escritura según mss; aparece en fuentes egipcias antiguas.
Acsaf	11:1	¿?	Significa «lugar de hechicería»; aparece en fuentes egipcias antiguas.

Ciudad	Pasaje bíblico	Ocupantes	Comentarios
Geder	12:13	¿?	Ciudad misteriosa que no se menciona en otra parte; a veces, anotación de un escriba para una ciudad de nombre más largo.
Horma	12:14	¿?	Ciudad fronteriza sur (Núm. 14:45); derrotada por Simeón y Judá (Jue. 1:1,17).
Arad	12:14	Cananeos	Vencida por Moisés (Núm. 21:1-3) y renombrada Horma; ocupada por los ceneos (Jue. 1:16-17).
Adulam	12:15	¿?	Lazos patriarcales (Gén. 38).
Bet-el	12:16	¿?	Fuertes lazos patriarcales (Gén. 12; 28; 35); significa «casa de Dios»; asociada con Hai (7:2); José la venció (Jue. 1:22-25).
Tapúa	12:17	¿?	Ciudad fronteriza entre Efraín y Manasés (16:8; 17:7-8).
Hefer	12:17	¿?	Nombre de un clan en Manasés (17:1-2; comp. Núm. 26:28-37).
Afec	12:18	¿?	En antiguas fuentes egipcias (comp. 1 Sam. 4; 29).
Sarón	12:18	¿?	«Lasarón» en la RVA; construcción hebrea inusual que significa «de Sarón»; quizás esté modificando a Afec.

Ciudad	Pasaje bíblico	Ocupantes	Comentarios
Taanac	12:21	Cananeos	En fuentes egipcias antiguas; ciudad levita (21:25); Manasés no pudo ocuparla (Jue. 1:27).
Meguido	12:21	Cananeos	Importante ciudad antigua que protegía un paso militar; en fuentes egipcias; Manasés no pudo ocuparla (Jue. 1:27).
Cedes	12:22	¿?	Ciudad de refugio (20:7); ciudad levita (21:32); hogar de Barac (Jue. 4:6).
Jocneam	12:22	¿?	También escrito Jocneán o Jocmeán; ciudad levita (21:34); en fuentes egipcias.
Dor	12:23; comp. 11:2	Asociada con pueblos del mar	En registros egipcios; Manasés no pudo ocuparla (17:11-13; Jue. 1:27).
Goim en Gilgal	12:23	El nombre significa «naciones»	Comp. Gén. 14:1; leyenda escriba ambigua en el texto; parece estar en Galilea.
Tirsa	12:24	Cananeos	Ciudad antigua; se transformó en la capital de Israel (1 Rey. 14:17); ver Cant. 6:4.

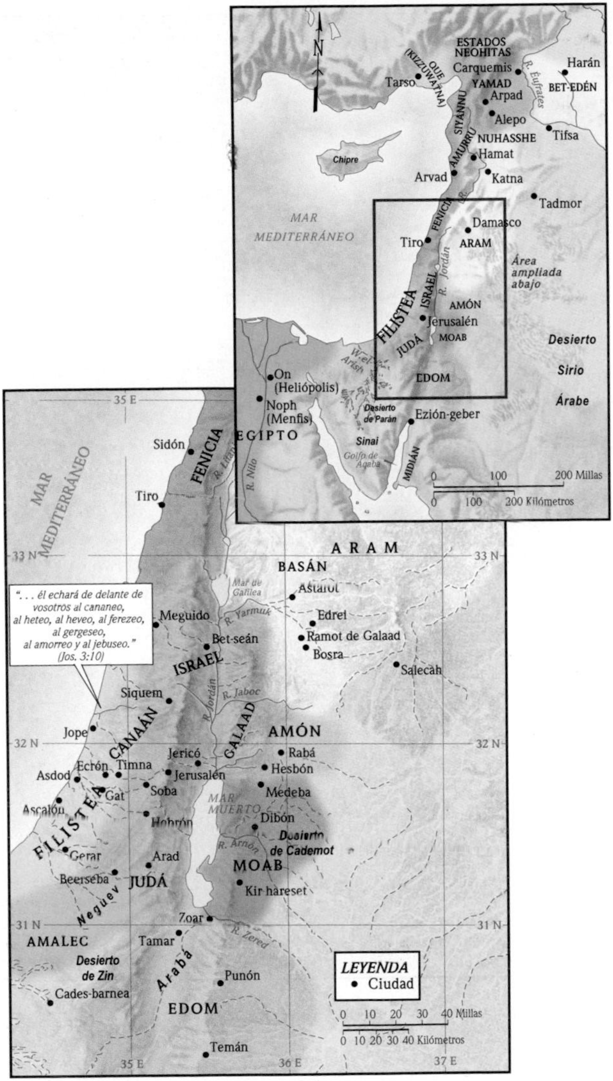

Mapa superior (área ampliada):

ESTADOS NEOHITAS

Tarso
QUE (KIZZUWATNA)
Carquemis
R. Éufrates
Harán
YAMAD
Arpad
BET-EDÉN
Alepo
Tifsa
NUHASSHE
SYANNU
AMURRU
FENICIA
Hamat
Arvad
Katna
Tadmor
Chipre
MAR MEDITERRÁNEO
Tiro
Damasco
ARAM
R. Jordán
Área ampliada abajo
ISRAEL
FILISTEA
AMÓN
Jerusalén
JUDÁ
MOAB
Desierto Sirio Árabe
On (Heliópolis)
Noph (Menfis)
EDOM
Wadi al-Arish
Desierto de Parán
Ezión-geber
EGIPTO
Sinaí
Golfo de Aqaba
MIDIÁN

0   100   200 Millas
0   100   200 Kilómetros

Mapa inferior:

35 E
Sidón
FENICIA
MAR MEDITERRÁNEO
Tiro
R. Leontes
ARAM
33 N
BASÁN
Mar de Galilea
Aštarot
Meguido
R. Yarmuk
Edrei
Bet-seán
Ramot de Galaad
Bosra
"... él echará de delante de vosotros al cananeo, al heteo, al heveo, al ferezeo, al gergeseo, al amorreo y al jebuseo."
(Jos. 3:10)
ISRAEL
Siquem
R. Jordán
R. Jaboc
GALAAD
AMÓN
Jope
CANAÁN
Rabá
32 N
Jericó
Timna
Hesbón
Ecrón
Jerusalén
Asdod
Gat
Soba
Medeba
Ascalón
Dibón
Desierto de Cademot
FILISTEA
Hebrón
MAR MUERTO
R. Arnón
Gerar
Arad
MOAB
Beerseba
Kir-hareset
JUDÁ
Neguev
31 N
Zoar
AMALEC
Tamar
R. Zered
Desierto de Zin
Arabá
Punón
Cades-barnea
EDOM
Temán

LEYENDA
● Ciudad

0 10 20 30 40 Millas
0 10 20 30 40 Kilómetros

35 E   36 E   37 E

El Levante, de 1200 a 1000 a. C.

Límites del asentamiento israelita y la tierra a conquistar

Josué 13:1
«Siendo Josué ya viejo, entrado en años, Jehová le dijo: Tú eres ya viejo, de edad avanzada, y queda aún mucha tierra por poseer.»

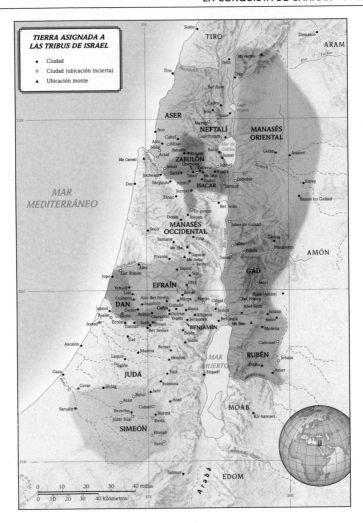

TIERRA ASIGNADA A LAS TRIBUS DE ISRAEL

- ● Ciudad
- ○ Ciudad (ubicación incierta)
- ▲ Ubicación monte

Josué 19:49-50

«Y después que acabaron de repartir la tierra en heredad por sus territorios, dieron los hijos de Israel heredad a Josué hijo de Nun en medio de ellos; según la palabra de Jehová, le dieron la ciudad que él pidió, Timnat-sera, en el monte de Efraín; y él reedificó la ciudad y habitó en ella.»

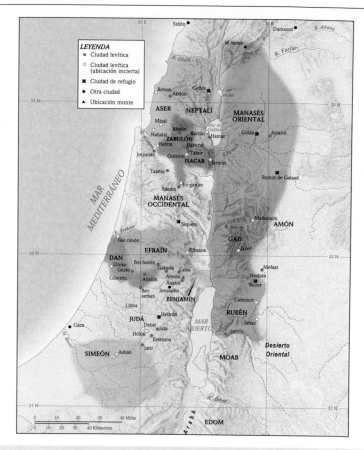

Ciudades levitas y ciudades de refugio

Josué 21:8
«Dieron, pues, los hijos de Israel a los levitas estas ciudades con sus ejidos, por suertes, como había mandado Jehová por conducto de Moisés.»

Josué 20:1-3
«Habló Jehová a Josué, diciendo: Habla a los hijos de Israel y diles: Señalaos las ciudades de refugio, de las cuales yo os hablé por medio de Moisés, para que se acoja allí el homicida que matare a alguno por accidente y no a sabiendas; y os servirán de refugio contra el vengador de la sangre.»

El período de los jueces (aprox. 1360-1084 a. C.)

Jueces 1:1-29 constituye una transición literaria desde la vida de Josué hasta el período de los jueces. La espiral descendente duró unos 280 años. Los jueces (*sophetim*) eran más bien líderes o gobernantes y no tanto funcionarios judiciales. Los informes del obrar de los distintos jueces no son estrictamente cronológicos y con frecuencia se superponen, lo que explica por qué el tiempo transcurrido de 280 años es mucho menor que el total global de 410 años correspondientes a los 15 jueces mencionados.

Interpretación de Jueces

Eruditos y laicos tienden a leer Jueces de manera diferente. Muchos estudiosos interpretan el libro como documento político donde se demuestra la necesidad de un rey que resuelva los problemas de Israel durante el período de transición entre la conquista de Canaán y el establecimiento de la monarquía, y en especial para respaldar la causa de David frente a la casa de Saúl. Tomando como base Hebreos 11:32, la mayoría de los laicos leen Jueces como un libro sobre héroes que demostraron fortaleza de carácter al llevar a cabo hazañas grandiosas para Dios.

No obstante, una lectura detallada del libro sugiere que ambas interpretaciones no llegan a captar la idea del autor. Si leemos Jueces como un libro profético, descubrimos que el énfasis no está en los jueces sino en Dios, en nombre del cual aquellos actuaron como libertadores de la nación. El libro describe de manera específica la reacción del Señor frente a la canaanización de la sociedad israelita durante el período de establecimiento en la tierra. Como declara 2:6-10, los problemas espirituales de Israel surgieron luego de transcurrida una generación después de la muerte de Josué y de aquellos que habían participado en la conquista. La nación había entrado triunfante en la tierra de la promesa como pueblo redimido del Señor, pero cada vez se fue pareciendo más a la gente que se le había ordenado expulsar.

Esta introducción histórica va seguida de un preámbulo profundamente teológico (2:1-3:6). El problema fundamental es la falta de memoria de Israel en cuanto a la obra redentora de Dios a su favor (2:1-10). Esto dio como resultado la verdad lamentable que se expresa en un refrán repetido siete veces en el libro: Los israelitas hicieron lo malo (lit. «el mal») ante los ojos de Jehová; sirvieron a los baales y abandonaron a Dios su redentor (2:11-12; comp. 3:7,12; 4:1; 6:1; 10:6; 13:1). Las siguientes narraciones sobre los jueces en forma individual, que ocupan la mayor parte del libro (3:7-16:31), describen las consecuencias de dicha apostasía. Este preámbulo (2:1-3:6) invita al lector a interpretar estos relatos no como simples recurrencias cíclicas del mismo problema sino como una ilustración del incremento del mal en Israel (2:17-19). Esto ofrece al lector la clave para entender tanto al pueblo de Israel como a los jueces que lo lideraron.

Debido a la naturaleza teológica de la narrativa y al uso selectivo de información por parte del autor, es difícil reconstruir la historia de Israel durante el período de los jueces tomando como base los relatos de la parte central del libro (3:7-16:31). Los acontecimientos están dispuestos de manera deliberada a fin de que cada juez sea presentado en medio de una situación peor que la anterior, comenzando con Otoniel, un personaje ejemplar (3:7-11), y terminando con Sansón, quien corporiza todo lo malo de Israel. Cada ciclo se desarrolla siguiendo un patrón literario signado por una serie de fórmulas recurrentes:

Los hijos de Israel hicieron lo malo ante los ojos de Jehová
(2:11; 3:7,12; 4:1; 6:1; 10:6; 13:1).

Jehová los entregó en mano de sus enemigos (2:14; 6:1; 13:1).

Clamaron los hijos de Israel a Jehová (3:9,15; 4:3; 6:6; 10:10).

Jehová levantó un libertador a los hijos de Israel y los libró (2:16,18; 3:9,15).

El pueblo opositor fue subyugado delante de los hijos de Israel
(8:28; comp. 3:30; 4:23).

La tierra reposó X cantidad de años (3:11,30; 5:31; 8:28).

Murió el juez (2:19; 3:11; 4:1b; 8:28; 12:7).

En función de estas fórmulas, es evidente que Dios es el personaje más importante del libro, y que la atención del autor estaba centrada en la reacción divina ante la canaanización de Su pueblo. A manera de juicio, Él envía enemigos extranjeros (tal como se predijo en Lev. 26 y Deut. 28); luego, en Su misericordia, escucha el clamor del pueblo, levanta un libertador y proporciona victoria sobre el enemigo. Pero los israelitas no aprenden la lección; por el contrario, la corrupción espiritual se profundiza cada vez más en lo íntimo del alma de la nación de manera que, al final, Gedeón actúa como un déspota oriental (8:18-32). A semejanza de los paganos que lo rodeaban, Jefté intentó ganarse la buena voluntad de Dios al sacrificar a su hija (11:30-40); y la vida y la muerte de Sansón se parecieron más a la de un filisteo que a la de un integrante del pueblo de Jehová (caps. 14–16). Hacia el final de este período, la esperanza emergió en la saga heroica de Noemí, Rut y Booz, lo cual demuestra que los israelitas fieles seguían siendo leales a su Dios del pacto. De esta familia, vendría el gran rey David.

El último de los jueces fue el más grande: Samuel, un benjamita cuya madre lo dedicó al servicio del Señor. Criado por el sacerdote Elí, Samuel se transformó en sacerdote y juez cuando Dios extirpó a la familia de Elí por su infidelidad. Samuel administró la nación con sabiduría y justicia, y la estabilidad prevaleció durante su administración. Sin embargo, el pueblo anhelaba ser como las demás naciones y pidió un rey.

LOS JUECES DEL ANTIGUO TESTAMENTO		
NOMBRE	REFERENCIA	IDENTIFICACIÓN
Otoniel	Jue. 1:12-13; 3:7-11	Conquistó una ciudad cananea.
Aod	Jue. 3:12-30	Mató a Eglón, rey de Moab, y venció a los moabitas.
Samgar	Jue. 3:31	Mató a 600 filisteos con una aguijada de bueyes.
Débora	Jue. 4–5	Convenció a Barac de liderar un ejército a la victoria contra las tropas de Sísara.
Gedeón	Jue. 6–8	Condujo a 300 hombres a la victoria contra 135 000 madianitas.
Tola	Jue. 10:1-2	Juzgó durante veintitrés años.
Jair	Jue. 10:3-5	Juzgó durante veintidós años.
Jefté	Jue. 11:1–12:7	Venció a los amonitas después de hacerle una promesa al Señor.
Ibzán	Jue. 12:8-10	Juzgó durante siete años.
Elón	Jue. 12:11-12	Juzgó durante diez años.
Abdón	Jue. 12:13-15	Juzgó durante ocho años.
Sansón	Jue. 13–16	Mató a 1000 filisteos con una quijada de burro; fue engañado por Dalila, destruyó un templo filisteo; juzgó durante 20 años.
Samuel	1 y 2 Sam.	Fue el último de los jueces y el primero de los profetas.

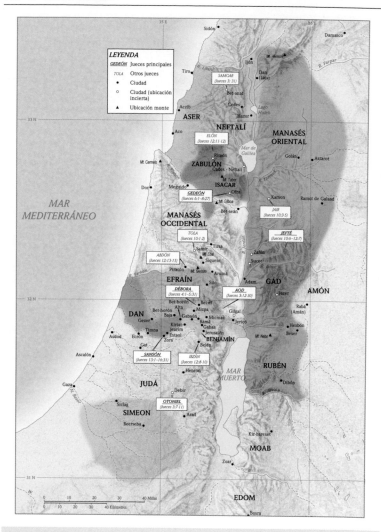

Jueces de Israel

Jueces 21:25
«En estos días no había rey en Israel; cada uno hacía lo que bien le parecía.»

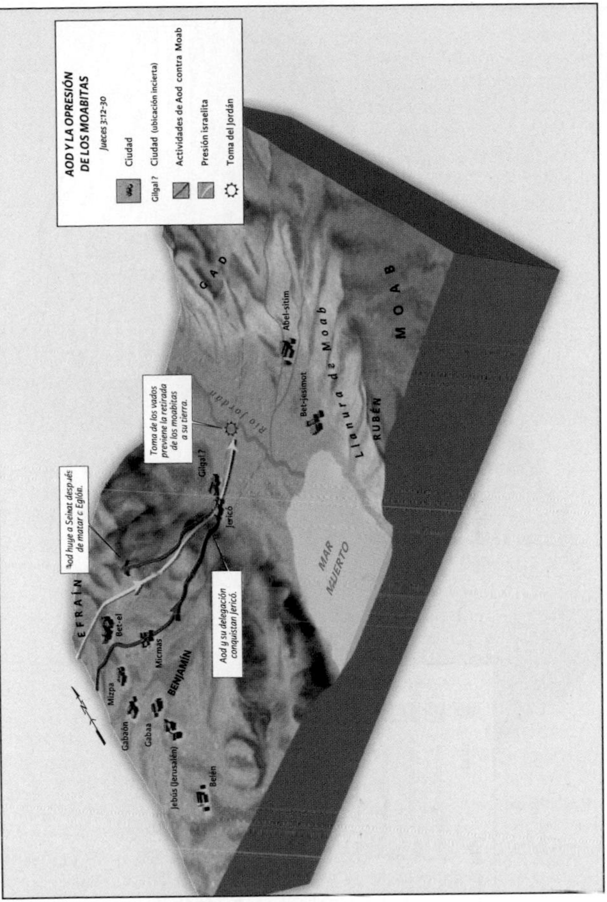

AOD Y LA OPRESIÓN DE LOS MOABITAS
Jueces 3:12-30
Ciudad
Gilgal ? Ciudad (ubicación incierta)
Actividades de Aod contra Moab
Presión israelita
Toma del Jordán
Toma de los vados previene la retirada de los moabitas a su tierra.
Aod huye a Seirat después de matar a Eglón.
Aod y su delegación conquistan Jericó.
G A D
M O A B
Abel-sitim
Bet-jesimot
Llanura de Moab
RUBÉN
Río Jordán
MAR MUERTO
Gilgal?
Jericó
E F R A Í N
Bet-el
Micmás
BENJAMÍN
Mizpa
Gabaón
Gabaa
Jebús (Jerusalén)
Belén

Aod y la opresión de los moabitas

Jueces 3:14-16
«Y sirvieron los hijos de Israel a Eglón rey de los moabitas dieciocho años. Y clamaron los hijos de Israel a Jehová; y Jehová les levantó un libertador, a Aod hijo de Gera, benjamita, el cual era zurdo. Y los hijos de Israel enviaron con él un presente a Eglón rey de Moab. Y Aod se había hecho un puñal de dos filos, de un codo de largo; y se lo ciñó debajo de sus vestidos a su lado derecho.»

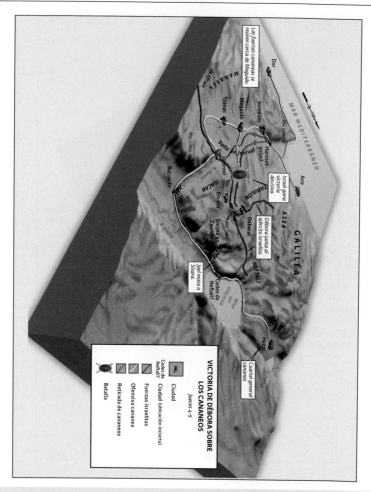

La victoria de Débora sobre los cananeos

Jueces 4:8-9
«Barac le respondió: Si tú fueres conmigo, yo iré; pero si no fueres conmigo, no iré. Ella dijo: Iré contigo; mas no será tuya la gloria de la jornada que emprendes, porque en mano de mujer venderá Jehová a Sísara. Y levantándose Débora, fue con Barac a Cedes.»

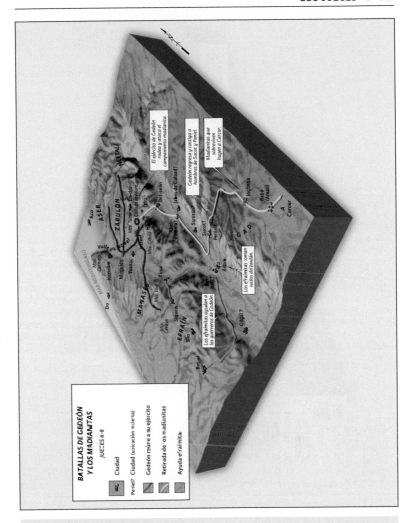

BATALLAS DE GEDEÓN Y LOS MADIANITAS

JUECES 6-8

- Ciudad
- Peniel? Ciudad (ubicación incierta)
- Gedeón reúne a su ejército
- Retirada de los madianitas
- Ayuda efraimita

El ejército de Gedeón rodea y ataca el campamento madianita.

Gedeón regresa y castiga a hombres de Sucot y Peniel.

Madianitas que sobreviven huyen a Carcar.

Los efraimitas toman vados del Jordán.

Los efraimitas ayudan a los guerreros de Gedeón.

Las batallas de Gedeón con los amalecitas

Jueces 8:28

«Así fue subyugado Madián delante de los hijos de Israel, y nunca más volvió a levantar cabeza. Y reposó la tierra cuarenta años en los días de Gedeón.»

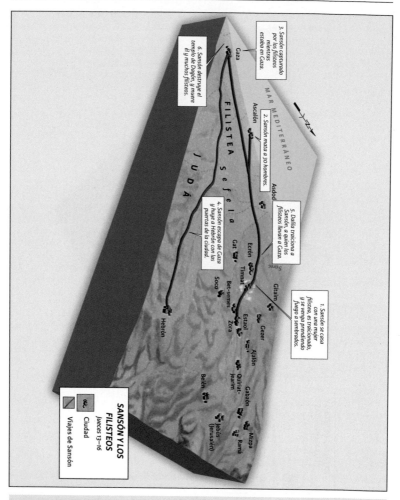

Sansón y los filisteos

Jueces 16:23
«Entonces los principales de los filisteos se juntaron para ofrecer sacrificio a Dagón su dios y para alegrarse; y dijeron: Nuestro dios entregó en nuestras manos a Sansón nuestro enemigo.»

Jefté y los amonitas

Jueces 11:4-6
«Aconteció andando el tiempo, que los hijos de Amón hicieron guerra contra Israel. Y cuando los hijos de Amón hicieron guerra contra Israel, los ancianos de Galaad fueron a traer a Jefté de la tierra de Tob; y dijeron a Jefté: Ven, y serás nuestro jefe, para que peleemos contra los hijos de Amón.»

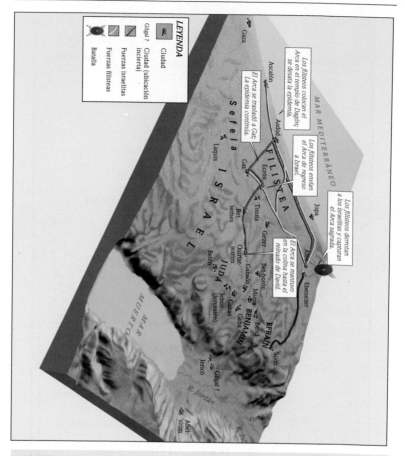

La batalla en Eben-ezer

1 Samuel 4:2-3

«Y los filisteos presentaron la batalla a Israel; y trabándose el combate, Israel fue vencido delante de los filisteos, los cuales hirieron en la batalla en el campo como a cuatro mil hombres. Cuando volvió el pueblo al campamento, los ancianos de Israel dijeron: ¿Por qué nos ha herido hoy Jehová delante de los filisteos? Traigamos a nosotros de Silo el arca del pacto de Jehová, para que viniendo entre nosotros nos salve de la mano de nuestros enemigos.»

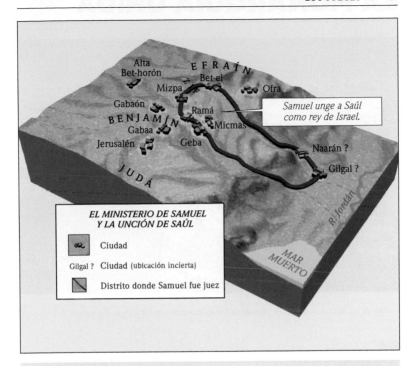

Alta
Bet-horón
E F R A Í N
Mizpa
Bet-el
Ofra

Samuel unge a Saúl
como rey de Israel.

Gabaón
Ramá
B E N J A M Í N
Gabaa
Micmas
Jerusalén
Geba
Naarán ?
J U D Á
Gilgal ?

R. Jordán

**EL MINISTERIO DE SAMUEL
Y LA UNCIÓN DE SAÚL**

Ciudad

Gilgal ? Ciudad (ubicación incierta)

Distrito donde Samuel fue juez

MAR
MUERTO

Ministerio de Samuel y ungimiento de Saúl

1 Samuel 7:15-17
«Y juzgó Samuel a Israel todo el tiempo que vivió. Y todos los años iba y daba vuelta a Bet-el, a Gilgal y a Mizpa, y juzgaba a Israel en todos estos lugares. Después volvía a Ramá, porque allí estaba su casa, y allí juzgaba a Israel; y edificó allí un altar a Jehová.»

LA MONARQUÍA UNIDA

Vista de las excavaciones en la Ciudad de David, lideradas por Kathleen Kenyon.

Saúl

Samuel se sintió mortificado, pero Dios le mandó que le diera al pueblo lo que le pedía: el rey que deseaba; Saúl, hijo de Cis, un acaudalado benjamita. Saúl era un hombre alto, atractivo y humilde, que no buscaba el poder y lo aceptó con renuencia. Pero, una vez al mando, demostró un mal criterio y, en última instancia, una carencia fatal de discernimiento espiritual. Saúl empezó bien, al vencer a los filisteos con la intervención del joven David, el cual mató a Goliat, el campeón de los filisteos, vislumbrando lo que vendría. Casi de inmediato, Saúl empezó a sospechar de David y a tenerle celos, y lo mantuvo cerca al darle en matrimonio a su hija Mical, y transformarlo en comandante de las tropas que respondían a él (1 Sam. 18). Saúl estaba decidido a dejarle el trono a su hijo Jonatán, y descuidó su reino para perseguir a David durante años. El reinado de Saúl duró unos cuarenta años.

David

David era el hijo más joven de Isaí, de Belén. Servía a su padre como pastor de ovejas. Samuel ungió a David años antes de que este subiera al trono, y David honró siempre al rey, y dejó pasar muchas oportunidades de matar a Saúl. En vez de atacarlo, David evadió a Saúl durante años. A medida que el reino de Saúl se desintegraba, David se hacía más fuerte y obtuvo una gran cantidad de seguidores.

Al final, Saúl y Jonatán fueron muertos en batalla, y David reinó sobre su tribu de Judá durante siete años en Hebrón, mientras las tribus restantes eran gobernadas por Is-boset, hijo de Saúl. Después del brutal asesinato de Is-boset, David ascendió al trono de todo Israel durante treinta y tres años más, estableciendo su capital en Jerusalén. Venció a los enemigos de Israel y estableció la paz para su pueblo. David fue el más grande rey de Israel, descrito por Dios como «varón conforme a mi corazón» (Hech. 13:22; 1 Sam. 13:14). Sin embargo, fracasó moralmente y pasó años en medio de turbulencias personales y familiares como resultado. David no solo tuvo una aventura amorosa con la esposa de uno de sus subordinados más leales, sino que, al verse amenazado a quedar en evidencia, diseñó la muerte de Urías. Su casa nunca volvió a tener paz, y terminó costándole la vida de varios de sus hijos. David desarrolló los planos para el templo y reunió los recursos, pero debido a sus pecados, Dios no permitió que completara el proyecto.

Salomón

Al final de la vida de David, la sucesión al trono de su hijo Salomón implicó una sangrienta lucha interfamiliar. Salomón tuvo un comienzo maravilloso, al edificar y dedicar un templo magnífico. Tenía una humildad genuina, y Dios lo prosperó más allá de todo lo que esperaba. A Salomón se lo veneraba por su sabiduría, y mantuvo un reino que se expandió a un tamaño cinco veces mayor de la tierra que Dios le había prometido a Abraham, extendiéndose al sur hacia el Sinaí y al norte hacia el río Éufrates. Salomón se transformó en uno de los monarcas más significativos de su era. Al final de su reinado de cuarenta años, su reino era fuerte, pero su compromiso con el Señor había decaído, y sus últimos años estuvieron plagados de problemas internos. Pronto después de su muerte, la monarquía unida terminó.

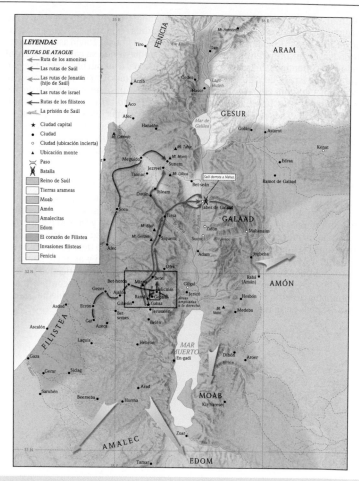

El reino de Saúl y sus guerras

1 Samuel 13:5-7

«Entonces los filisteos se juntaron para pelear contra Israel, treinta mil carros, seis mil hombres de a caballo, y pueblo numeroso como la arena que está a la orilla del mar; y subieron y acamparon en Micmas, al oriente de Bet-avén. Cuando los hombres de Israel vieron que estaban en estrecho (porque el pueblo estaba en aprieto), se escondieron en cuevas, en fosos, en peñascos, en rocas y en cisternas. Y algunos de los hebreos pasaron el Jordán a la tierra de Gad y de Galaad; pero Saúl permanecía aún en Gilgal, y todo el pueblo iba tras él temblando.»

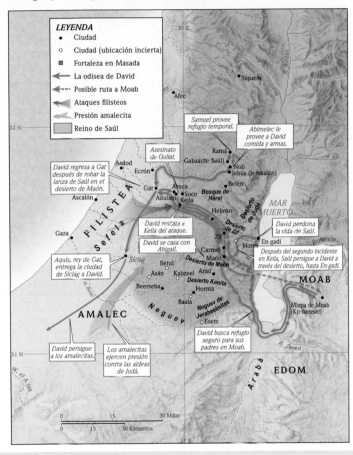

David huye de Saúl

1 Samuel 24:1-2
«Cuando Saúl volvió de perseguir a los filisteos, le dieron aviso, diciendo: He aquí David está en el desierto de En-gadi. Y tomando Saúl tres mil hombres escogidos de todo Israel, fue en busca de David y de sus hombres, por las cumbres de los peñascos de las cabras monteses.»

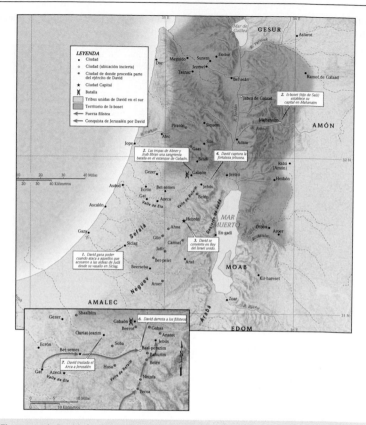

El ascenso de David al poder

2 Samuel 5:6-10

«Entonces marchó el rey con sus hombres a Jerusalén contra los jebuseos que moraban en aquella tierra; los cuales hablaron a David, diciendo: Tú no entrarás acá, pues aun los ciegos y los cojos te echarán (queriendo decir: David no puede entrar acá). Pero David tomó la fortaleza de Sion, la cual es la ciudad de David. Y dijo David aquel día: Todo el que hiera a los jebuseos, suba por el canal y hiera a los cojos y ciegos aborrecidos del alma de David. Por esto se dijo: Ciego ni cojo no entrará en la casa. Y David moró en la fortaleza, y le puso por nombre la Ciudad de David; y edificó alrededor desde Milo hacia adentro. Y David iba adelantando y engrandeciéndose, y Jehová Dios de los ejércitos estaba con él.»

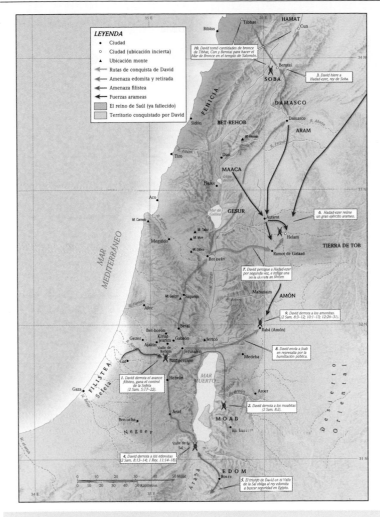

Las guerras de conquista de David

1 Crónicas 18:13

«Y puso guarnición en Edom, y todos los edomitas fueron siervos de David; porque Jehová daba el triunfo a David dondequiera que iba.»

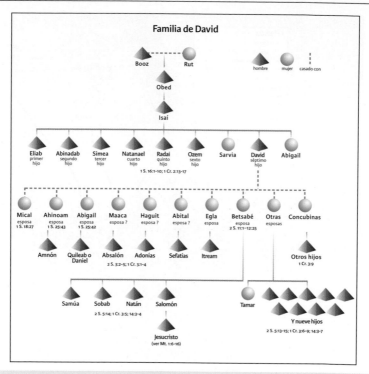

Familia de David

Booz - - - Rut
▲ ●

hombre ▲ mujer ● casado con

Obed

Isaí

Eliab
primer
hijo

Abinadab
segundo
hijo

Simea
tercer
hijo

Natanael
cuarto
hijo

Radai
quinto
hijo

Ozem
sexto
hijo

Sarvia

David
séptimo
hijo

Abigail

1 S. 16:1-10; 1 Cr. 2:13-17

Mical
esposa
1 S. 18:27

Ahinoam
esposa
1 S. 25:43

Abigail
esposa
1 S. 25:42

Maaca
esposa ?

Haguit
esposa ?

Abital
esposa ?

Egla
esposa

Betsabé
esposa
2 S. 11:1-12:25

Otras
esposas

Concubinas

Amnón

Quileab o
Daniel

Absalón

Adonías

2 S. 3:2-5; 1 Cr. 3:1-4

Sefatías

Itream

Otros hijos
1 Cr. 3:9

Samúa

Sobab

Natán

Salomón

2 S. 5:14; 1 Cr. 3:5; 14:3-4

Tamar

Y nueve hijos
2 S. 5:13-15; 1 Cr. 3:6-9; 14:3-7

Jesucristo
(ver Mt. 1:6-16)

La familia de David

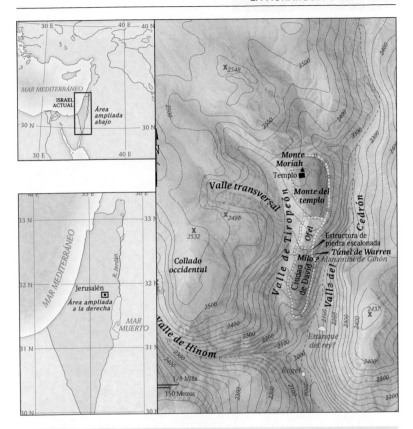

Jerusalén en la época de David y Salomón

2 Crónicas 3:1-2

«Comenzó Salomón a edificar la casa de Jehová en Jerusalén, en el monte Moriah, que había sido mostrado a David su padre, en el lugar que David había preparado en la era de Ornán jebuseo. Y comenzó a edificar en el mes segundo, a los dos días del mes, en el cuarto año de su reinado.»

JERUSALÉN

Vista a través del Valle de Cedrón hacia el Monte del Templo en Jerusalén. Hoy en día, el Monte del Templo está dominado por la Mezquita de la Roca, el edificio con una cúpula dorada que se ve en el centro.

Jerusalén es una ciudad establecida en lo alto de una meseta en las colinas de Judá, considerada sagrada por el judaísmo, el cristianismo y el islam. La importancia bíblico-teológica radica en su condición de lugar escogido por Jehová para Su divino reino y para el reino de David y sus descendientes, los vicerregentes de Dios. Además de llamarse Jerusalén, también se la conoce como «la ciudad de David» y «Sion» (que en un principio se refería a una zona de la ciudad, la «fortaleza de Sion» que David conquistó de manos de los jebuseos; ver 2 Sam. 5:6-10).

En el Pentateuco no se menciona de manera directa. Moriah (Gén. 22:2; relacionada con el lugar donde se levantaba el templo de Salomón en 2 Crón. 3:1) y Salem (Gén. 14:18; relacionada con Sion en el Sal. 76:2) al parecer se refieren al mismo lugar y establecen conexión entre la ciudad y el patriarca Abraham. La ciudad (conocida previamente como Jebús; ver Jue. 19:10-11) fue conquistada en la época de Josué (Jue. 1:8), pero los jebuseos no fueron expulsados (Jos. 15:63; Jue. 1:21).

Escalinatas desde la ciudad de David hacia arriba de la colina occidental.

Cuando David tomó la ciudad y la convirtió en capital de Israel (2 Sam. 5:6-10; 1 Crón. 11:4-9), trasladó a Jerusalén el arca del pacto (2 Sam. 6:17) y la convirtió en sede no solo de su reino sino también de la monarquía de Dios (comp. 1 Rey. 11:36; 14:21 y Sal. 132, que enfatiza que es la morada escogida y deseada por Jehová). Jerusalén pasó a ser «la ciudad de nuestro Dios», «la ciudad del gran Rey» y «la ciudad de Jehová de los ejércitos» (Sal. 48). Durante el reinado de Salomón se construyó el templo (2 Crón. 3–7) y la nación alcanzó la cima política y económica con Jerusalén como centro (2 Crón. 9).

En los libros proféticos, además de las referencias literales a la ciudad, «Jerusalén» aparece como representante colectiva de toda la comunidad en los discursos de juicio y salvación futura. La centralidad teológica de Jerusalén y sucesos como la liberación histórica divina de manos de Senaquerib (2 Rey. 19), hizo que la gente creyera erróneamente en la invencibilidad de la ciudad. Esta postura la denuncian profetas como Jeremías (Jer. 7:1-15) y Miqueas (Miq. 3:11-12), ya que indujo al pueblo a la apostasía. Como el pueblo abandonó a Jehová, Él abandonó a Su ciudad escogida en manos de los babilonios en 586 a. C. (2 Rey. 23:26-27).

Sin embargo, el juicio no fue definitivo. El rey Ciro de Persia (por decreto en 538 a. C.) fue un siervo de Dios al facilitar el regreso de muchos exiliados y la reconstrucción de la ciudad y del templo (Isa. 44:26-28; 45:13; Esd. 6; Neh. 1–6). Por otra parte, la salvación futura de Jerusalén superaría la restauración temporal de la comunidad luego del exilio. Todos los pueblos irían a ella (Isa. 2:2-4; Jer. 3:17). La nueva obra de Dios a favor de Jerusalén marcaría el comienzo de una nueva era (Isa. 65:18-25; Zac. 14:8-21).

Reconstrucción de la Jerusalén de David.

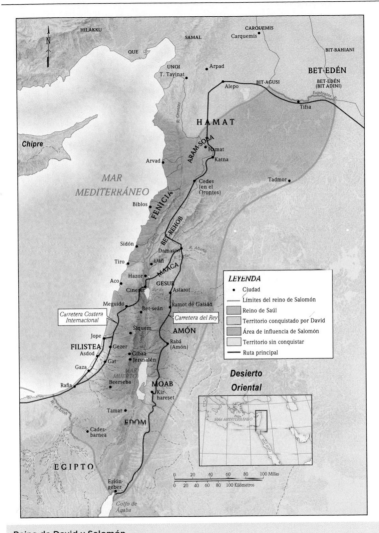

Reino de David y Salomón

1 Reyes 2:12
«Y se sentó Salomón en el trono de David su padre, y su reino fue firme en gran manera.»

LEYENDA

- ● Ciudad
- ○ Ciudad (ubicación incierta)
- ● Ciudad (nombre moderno)

Hazor Construida/reconstruida-Salomón

- ◉ Ciudades y pueblos construidos/
  reconstruidos en el siglo X a.C.
- ▣ Fortificado por Salomón
- ■ Recintos fortificados
- ── Rutas principales
- ⸺ Otras rutas
- ▨ Territorio cedido a Hiram de Tiro

Fuente de maderas utilizadas en la construcción del Templo de Jehová

Damasco

Tiro · FENICIA · Dan · ARAM

TIERRA DE CABUL · Hazor
Shiqmona · T. Kinrot · Mar de Galilea
Tell Abu Hawam · R. Yarmuk
Yokneam
Tell Mevorak · Meguido
Taanac · Bet-seán
Tirsa · Saretán
T. Qasile · Sucot · R. Jaboc
Jope · Tell el Mazar · Adam · AMÓN
Bet-horón Bajo · Bet-horón Alto
Gezer · Timná · Rabá (Amán) · 32 N
Baalat · Bet-semes · Jerusalén
MAR MEDITERRÁNEO

Construcción del templo de Jehová, palacio y ciudad

Gaza · FILISTEA · Laquis · Hebrón
T. Beit Mirsim · MAR MUERTO · Aroer
Arad · R. Arnón
T. Beerseba · Tel Mahalta · Kir-haréset
Tel Masos
Rogem · Baalat-beer · MOAB
AMALEC · Ma-ro'am · Tamar · R. Zered

Fortaleza construida y asentamientos agrícolas

Fundición de vasijas de bronce

Ramat Matred · Punón

Cades-barnea · EDOM · 30 N

Fortaleza, puerto y barcos construidos

Ezión-geber
Golfo de Aqaba
34 E

0 · 20 · 40 · 60 Millas
0 · 20 · 40 · 60 Kilómetros
36 E

Las actividades de edificación de Salomón

1 Reyes 6:1
«En el año cuatrocientos ochenta después que los hijos de Israel salieron de Egipto, el cuarto año del principio del reino de Salomón sobre Israel, en el mes de Zif, que es el mes segundo, comenzó él a edificar la casa de Jehová.»

EL TEMPLO DE SALOMÓN

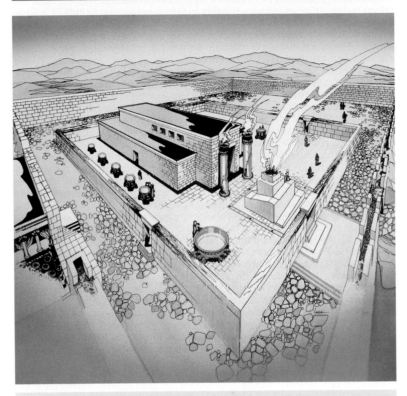

Reconstrucción del templo de Salomón.

Crónicas deja en claro que el rey David planeó el templo y acumuló una gran riqueza y regalos para edificarlo, aunque Salomón fue el que terminó construyéndolo. Tenemos un detallado relato literario de este edificio preservado en Reyes (1 Rey. 5:1–9:10) y Crónicas (2 Crón. 2–7).

El templo de Salomón tenía forma de una «casa larga» con tres habitaciones consecutivas en dirección este-oeste, un vestíbulo de solo cuatro metros y medio (quince pies) de profundidad, una nave (el lugar santo) de dieciocho metros (sesenta pies) y un santuario interno (el lugar santísimo) de nueve metros (treinta pies) (1 Rey. 6:2-3,16-17). Las medidas internas de la «casa» propiamente dicha eran nueve metros (treinta pies) de ancho por trece metros y medio (cuarenta y cinco pies) de alto, sin contar el pórtico, que era una especie de entrada abierta. Este diseño es bastante similar al de varios templos sirios y cananeos excavados en las últimas décadas (en Hazor, Laquis, Tell Tainat). Incluso existe un «templo» israelita en la frontera sudeste de Judá en la fortaleza de Arad que data de la Edad de Hierro y que algunos han comparado con el templo de Salomón. Ninguno era tan simétrico ni ornamentado como el templo de Jerusalén, aunque el complejo del palacio de Salomón, donde el templo constituía solo una parte (1 Rey. 7:1-12), era mucho más grande y su construcción llevó más tiempo (Tell Tainat, en el norte de Siria, es la analogía más cercana). Alrededor de la parte externa de la casa propiamente dicha se construyeron tres pisos de cámaras laterales que funcionaban como depósitos del templo sobre los cuales había ventanas empotradas en los muros del lugar santo (1 Rey. 6:4-6,8-10).

El interior de la casa propiamente dicha tenía paredes de paneles de cedro, pisos de ciprés y estaba todo recubierto de oro. La decoración consistía en famosas ornamentaciones artísticas fenicias, diseños florales con querubines, flores y palmeras. El lugar santísimo, un cubo sin ventanas de unos nueve metros (treinta pies), albergaba el arca del pacto, que estaba custodiada por dos querubines de cuatro metros y medio (quince pies) de alto ubicados en cada pared lateral con las alas extendidas que se tocaban en el medio (1 Rey. 6:15-28). Un interesante hallazgo de la investigación arqueológica es la reconstrucción de la forma de estos antiguos querubines. Se trata de esfinges de estilo egipcio (leones alados con cabeza humana) como los que se encuentran en los apoyabrazos del trono de un rey cananeo en uno de los marfiles de Meguido. El arca, con sus propios querubines guardianes en la parte superior del propiciatorio (Ex. 25:18-20), era el «estrado» de Jehová. Debajo de estos maravillosos querubines, Dios estaba entronizado de manera invisible.

Las puertas dobles del santuario interno y la nave estaban talladas y recubiertas de manera similar con madera y oro (2 Rey. 6:31-35). El diseño prescripto para la pared del atrio interno, «tres hileras de piedra labrada por cada hilera de vigas de cedro» (NVI), se encontró también en las construcciones salomónicas excavadas en Meguido (1 Rey. 6:36; 7:12). Esta disposición también corresponde al templo de Tell Tainat. La construcción de este exquisito santuario llevó siete años (960 a. C. aprox.; 1 Rey. 6:37-38). La descripción del maravilloso mobiliario del lugar santo y el patio requieren un capítulo aparte (1 Rey. 7:9-51).

Las creaciones más misteriosas eran dos grandes columnas de bronce de aproximadamente once metros (treinta y cinco pies) de alto con capiteles bellamente ornamentados con cadenas de lirios e hileras de granadas (1 Rey. 7:15-20). Tenían casi dos metros (seis pies) de diámetro, eran huecas y estaban recubiertas de unos ocho centímetros (tres pulgadas) de bronce. Estas columnas fueron llamadas «Jaquín» («Él establecerá») y «Booz» («en la fuerza de»), quizás para referirse al simbolismo visible del templo como testimonio de la estabilidad de la dinastía davídica con la cual estaba estrechamente relacionado.

En este punto, el lector espera que se presente un relato del altar de bronce, tal como se incluye en el libro de Crónicas (2 Crón. 4:1) pero que Reyes solo da por sentado (1 Rey. 8:22,54,64; 9:25). Este altar era grande, medía 3,25 metros cuadrados (treinta y cinco pies cuadrados) y cuatro metros y medio (quince pies) de alto, probablemente con escalones.

El mar de fundición, que tal vez tenía algún tipo de simbolismo cósmico, estaba ubicado en el cuadrante central y sur del patio interno frente al altar de bronce. Era redondo con un borde en forma de copa, tenía cuatro metros y medio (quince pies) de diámetro y aproximadamente dos metros (siete pies y medio) de alto con una circunferencia de unos catorce metros (cuarenta y cinco pies). Estaba hecho de bronce fundido, profusamente decorado y se apoyaba sobre el lomo de doce bueyes dispuestos en grupos de tres mirando hacia cada punto cardinal. Dado que contenía alrededor de 38 000 l (10 000 gal) de agua, probablemente haya servido para suministrarla a las fuentes mediante algún mecanismo de sifón.

La tercera gran obra de ingeniería fue la fabricación de diez soportes rodantes ornamentados para las diez fuentes, cinco a cada lado del patio. Las fuentes medían aproximadamente 0,5 m² (6 ft²) por casi 1,5 m (4,5 ft) de alto y contenían alrededor de 900 l de agua (200 gal) cada una; realmente pesadas, debían transportarse sobre carros con ruedas. El libro de Crónicas indica que se utilizaban para lavar los utensilios para los sacrificios (2 Crón. 4:6).

Durante la fiesta de los tabernáculos, Salomón presidió un elaborado festival de dedicación del templo (1 Rey. 8:1–9:9). El relato comienza con una procesión del arca que contenía las dos tablas del Decálogo. La gloria de Dios en la brillante nube de Su presencia llenó el santuario (1 Rey. 8:1-11). Luego el rey bendijo a la congregación; alabó

Corte transversal del templo de Salomón.

a Dios por Sus misericordias en el cumplimiento del pacto y la promesa que Natán le había hecho a David; elevó una larga y fervorosa oración mencionando siete situaciones diferentes en que las plegarias de Su pueblo debían dirigirse desde el templo terrenal al trono celestial, y cerró la ceremonia con una bendición. El rey luego ofreció innumerables sacrificios durante los siete días de la gran fiesta de dedicación. Dios había consagrado esta casa de oración pero exigía que Salomón y todos sus sucesores fueran obedientes al pacto; de lo contrario, tendría que destruir el magnífico santuario debido a la apostasía del pueblo (1 Rey. 9:1-9). El énfasis de la oración de Salomón y la respuesta de Dios señalan la necesidad de ser conscientes del pecado y arrepentirse genuinamente para que las ceremonias del templo continúen siendo un símbolo de verdadera adoración y devoción (2 Crón. 7:13-14). Los grandes profetas predicaron que, en la adoración en el templo, Israel no pudo evitar el sincretismo con impulsos religiosos paganos ni la irrelevancia hipócrita de un énfasis exagerado y sin sentido en los ritos que le impedían demostrar obediencia piadosa al supremo y soberano Señor (Isa. 1:10-17; Miq. 6:6-8; Jer. 7:1-26).

La historia del templo de Salomón tiene muchos altibajos a lo largo de sus casi 400 años de existencia. Los tesoros de oro fueron saqueados con frecuencia por invasores extranjeros como Sisac de Egipto (1 Rey. 14:25-26). Durante la división de los reinos, Jeroboam estableció santuarios rivales en Bet-el y Dan; esto alejó de Jerusalén a muchos adoradores durante 200 años. Pese a que previamente había reparado el altar del templo y llevado adelante reformas limitadas en la adoración (2 Crón. 15:8-18), el rey Asa saqueó los tesoros del santuario para comprar un aliado militar, Ben-adad de Siria, y levantarse contra Baasa, monarca del reino del norte (1 Rey. 15:18-19). Joás de Judá realizó reparaciones en el templo después del asesinato de la malvada reina Atalía, pero aun él tuvo que recurrir a los tesoros para sobornar a Hazael, el rey de Siria (2 Rey. 12). El rey Joás de Israel fue neciamente desafiado a luchar contra Amasías, el rey de Judá, y no solo derrotó a este sino que además entró en Jerusalén y saqueó el templo (2 Rey. 14:12-14). El rey Acaz saqueó su propio templo al tomar algunos objetos de bronce del atrio para pagar tributo a Asiria durante la guerra siroefrainita de 735 a. C. (2 Rey. 16:8-9,17). El buen rey Ezequías recaudó un gran tributo para Senaquerib, rey de Asiria, durante la invasión de 701 a. C. Para cumplir con la obligación incluso tomó parte del oro que recubría las puertas del templo (2 Rey. 18:13-16). Durante el largo y desastroso reinado de Manasés se colocaron en el templo ídolos abominables y objetos de culto pagano, elementos que el rey Josías tuvo que quitar durante su reforma (2 Rey. 23:4-6,11-12). Tanto Ezequías como Josías durante sus reformas pudieron centralizar la adoración en el templo de Jerusalén e incluso recuperaron adoradores del norte para que regresaran al santuario de la ciudad santa, pero el sucesor de Josías, Joacim, revirtió las reformas y llenó el templo de abominaciones paganas (Ezeq. 8). A pesar de las advertencias de Jeremías y Ezequiel, el pueblo no quiso arrepentirse de los errores políticos y religiosos, y el templo y la ciudad fueron saqueados por Nabucodonosor en 597 a. C. para ser luego quemados por el general Nabuzaradán en 587/586 a. C.

Para ambos grupos de Judá, los que estaban en Babilonia y los que quedaron en Jerusalén, la pérdida del templo y de la ciudad fue un golpe doloroso (Sal. 137; Lam. 1–5). Sin embargo, Jeremías y Ezequiel en sus profecías habían hablado de un regreso y una reconstrucción del santuario.

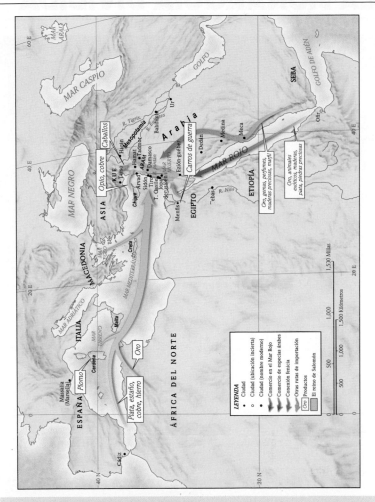

Los emprendimientos económicos de Salomón

1 Reyes 5:10-11

«Dio, pues, Hiram a Salomón madera de cedro y madera de ciprés, toda la que quiso. Y Salomón daba a Hiram veinte mil coros de trigo para el sustento de su familia, y veinte coros de aceite puro; esto daba Salomón a Hiram cada año.»

LA MONARQUÍA DIVIDIDA

Interior del pórtico de los bubástidas con inscripción de la campaña de Sisac en Israel.

La monarquía dividida (aprox. 931-586 a. C.)

El reino unido de las doce tribus de repente se dividió en 931/930 a. C. De ahí en adelante, a las diez tribus del norte se las conocería como Israel o Efraín (la tribu de mayor influencia). Las dos tribus del sur, Judá y Benjamín, permanecieron fieles a la casa de David y se las conoció como Judá. Incluso antes de la creación del reino unido, la unidad de Israel ya era frágil. Las rivalidades y los celos por cuestiones nimias eran comunes durante el período de los jueces. La división entre Judá e Israel era evidente aun en la época de Samuel, pero David consiguió un alto grado de unidad nacional. Los elevados impuestos de Salomón y los períodos forzosos de trabajo que se le impusieron al pueblo durante el reinado de este y el de Roboam hicieron estallar el conflicto.

La sedición ya estaba latente durante la última parte del reinado de Salomón. Jeroboam, hijo de Nabat, era un supervisor exitoso de la labor civil en Efraín bajo el mando de Salomón (1 Rey. 11:27,28). El profeta Ahías de Silo se encontró un día con Jeroboam y, rasgando sus ropas en doce partes, le entregó a Jeroboam diez de estas porciones. Entonces proclamó que este reinaría sobre Israel (1 Rey. 11:31). El rumor de esta profecía se difundió con rapidez y Jeroboam huyó a Egipto donde halló refugio con el faraón Sisac, un político oportunista. La paz se mantuvo hasta la muerte de Salomón, pero luego el conflicto surgió con rapidez y Roboam no fue lo suficientemente sabio como para salvar la endeble situación.

En vez de aliviar las costosas cargas gubernamentales aplicadas al pueblo por su padre, Roboam amenazó con incrementarlas, por lo que diez tribus se rebelaron y abandonaron el reino del sur de Roboam; solo quedaron las tribus de Judá y Benjamín. Jeroboam se convirtió en el primer rey del reino del norte y de inmediato impulsó al pueblo a la idolatría. Para recuperarse de la pérdida de los lazos religiosos con Jerusalén, Jeroboam hizo dos becerros de oro para las ciudades de Dan y Bet-el. Debido a la apostasía, la familia de Jeroboam perdió el derecho al reino. Su nombre se convirtió en estereotipo del mal de los gobernantes del reino del norte.

El altar y la zona de adoración establecidas por Jeroboam I en Dan.

Estatua de Elías en el Monte Carmelo.

Monte Carmelo (viñedo de Dios), donde Elías se enfrentó a 450 profetas de Baal.

Roboam fue atacado por el aliado de Jeroboam, el faraón Sisac (Sheshonq I, aprox. 945–924 a. C.), quien saqueó el templo y luego avanzó al territorio de Israel, de Galaad y de Edom. Una inscripción que dejó Sisac en Karnak declara que venció a 150 ciudades de la región. Resulta curioso que Sisac no consolidara los territorios ganados sino que regresara a Egipto donde al poco tiempo murió. Roboam aseguró su reino y le entregó una nación estable a su hijo Abías, quien reinó solo dos años. Fracasó en su intento de unir a las tribus. Su hijo Asa reinó 41 años sobre Judá y revirtió en parte el deterioro religioso.

En la historia subsiguiente de las dos naciones hubo nueve reinados o corregencias con superposiciones que dificultan la determinación de la cronología de Reyes y Crónicas. Además, el norte se dividió ideológicamente en dos (1 Rey. 16:21), lo que ocasiona mayor confusión. Durante la época del reino dividido, cada nación tuvo diecinueve reyes. Los reyes del norte provinieron de nueve dinastías o familias, mientras que todos los reyes de Judá fueron descendientes de David. Los diecinueve reyes del reino del norte gobernaron desde 930 a 722 a. C., y el tiempo promedio de cada reinado fue relativamente breve. Los reyes del reino del sur rigieron desde 930 a 586 a. C., lo cual demuestra la mayor estabilidad y continuidad de la vida en Judá. A todos los reyes de Israel se los evalúa en Reyes y en Crónicas como malos, mientras que los reyes de Judá fueron en parte malos y en parte buenos. Resulta llamativo que el peor de los reyes era de Judá: Manasés, quien entregó a uno de sus hijos en un sacrificio pagano.

Una figura clave en esta era es Elías. Desafió el baalismo, una de muchas expresiones de la religión de la fertilidad que debilitó tanto a Israel como a Judá durante los años que siguieron a la división del reino. Jezabel, hija de Et-baal, rey de Sidón y Tiro (1 Rey. 16:31), era la esposa de Acab y la reina de Israel. Llevó la adoración de su dios Baal al reino de Acab. Incluso «Acab sirvió a Baal un poco» (2 Rey. 10:18, LBLA). La contienda sobre el Carmelo mostró el contraste entre las deidades enfrentadas. El poder de Jehová y la impotencia de Baal se revelaron aún más a través de la sequía. Jezabel planeó vengarse de Elías por ordenar que mataran a los falsos profetas, así que Elías se retiró a Judá y finalmente al Monte Horeb. Allí, observó el poder del viento, de un terremoto y del fuego; pero el Señor no estaba en estas fuerzas. Con una voz apacible, el Señor le mandó que fuera a ungir a Hazael como rey de Siria, a Jehú como rey de Israel y a Eliseo como su propio sucesor (1 Rey. 19:1-17).

Durante las monarquías israelitas, grandes naciones pasaron por el escenario bíblico y sus asuntos se cruzaron con los de Judá e Israel. La Biblia incluye solo viñetas y breves atisbos de la historia más amplia de la era, ya que los relatos bíblicos se centran en el pueblo de Dios. Los detalles proporcionados en la Biblia se confirman repetidas veces mediante los archivos y artefactos de diversos tipos que dejaron otros reinos antiguos.

La relación entre Israel y Judá fluctuó entre hostil, civil y fraternal durante la vida del reino del norte. A veces, estaban aliados, y otras, participaban de alianzas competitivas. En general, ambos reinos disfrutaron de períodos de paz y prosperidad. Un desarrollo aciago fue el surgimiento de Siria como un poder importante cerca de la época de la división del reino israelita (aprox. 930 a. C.). Aproximadamente en 850 a. C., Damasco se transformó en la capital del estado más poderoso de la región.

Estatua de Baal, el dios cananeo del clima, de Minat-el-beida.

Vista aérea al Monte Carmelo.

Asiria estaba en una época de turbulencia interna, lo cual permitió más autonomía para las demás naciones. Sin embargo, después de alrededor de un siglo de debilidad, el resurgimiento de Asiria (aprox. 745 a. C.) cambió el equilibrio geopolítico y anunció problemas en el futuro para los reinos israelitas.

Siria quedó aislada y rodeada de territorio bajo control asirio. Con Siria preocupada con problemas propios, Judá prosperó notablemente bajo el largo reinado del buen rey Ezequías. Sin embargo, el final de Israel estaba a la vuelta de la esquina.

El último siglo del reino del norte (VIII a. C.) se caracterizó por el ministerio de cuatro grandes profetas: Amós, Oseas, Miqueas e Isaías, además de Jonás. Ellos vieron con absoluta claridad la desaparición de Israel y posteriormente la de Judá. Sin embargo, ambas naciones creían ser invencibles por su relación con Yahvéh. La mayor parte del pueblo no tenía en cuenta a los profetas y seguía aferrado a la vana ilusión de grandeza y seguridad.

De manera trágica, Asiria eliminó a Israel luego de la caída de Samaria en 722 a. C. y atacó un par de veces a Judá (701 y 688 a. C.) pero no pudo conquistarla gracias a la intervención divina. Judá siguió existiendo unos 135 años más, a veces como estado vasallo de Asiria. Jerusalén cayó finalmente en 587-586 a. C. ante los babilonios al mando de Nabucodonosor, quien desplazó a Asiria de su puesto como potencia mundial dominante a fines del siglo VII a. C. (aprox. 612-609).

LA MONARQUÍA DIVIDIDA					
Fecha	Judá	Israel	Profetas	Aram-Damasco	Asiria
922	División del reino de Salomón				
	Roboam II (922-915)	Jeroboam I (922-901)			
	Campaña de Sisac (918)				
900	Asa apela a Ben-adad I	Omri (876-869)		Ben-adad I ataca Judá.	Asurnasirpal II (883-859)
875		Acab (869-850)	Elías	Ben-adad II (Hadad-ezer) sitia Samaria, pelea contra Acab; coalición unida en Qarqar.	Salmanasar III (859-824)
					Batalla en Qarqar (853)
850		Jehú paga tributo a Salmanasar III	Eliseo	Hazael: oprime frecuentemente a Israel desde aprox. 843-806.	Tributo recibido de Israel (841)
825		Joás (802-786)		Ben-adad III oprime a Israel, pero es atacado por Adad-nirari III.	Debilidad asiria (824-745)
					Adad-nirari III (810-783) ataca Damasco; menos presión sobre Israel.

Fecha	Judá	Israel	Profetas	Aram-Damasco	Asiria
800	Amasías (800-783) Uzías (783-742) Período de prosperidad para Judá e Israel	Jeroboam II (786-746)			
775			Amós		
750			Isaías Oseas		Tiglat-pileser III (Imperio asirio) recoge tributo de Manahem (738); ataca Israel (733).
735	Acaz (735-715) Guerra siroefrainita (735)	Peka (736-732) Israel atacado por Tiglat-pileser. Oseas se rebela contra Asiria.		Rezín: junto con Peka, tratan de obligar a Judá a unirse a la coalición antiasiria.	Salmanasar V (727-722). Sitio de Samaria.
722		Destrucción de Israel	Miqueas		Sargón II (722/1-705) deporta a 27 000 israelitas.

LOS REYES DE LA MONARQUÍA DIVIDIDA					
Judá	(Bright)[1]	(Miller/ Hays)[2]	Israel	(Bright)[1]	(Miller/ Hays)[2]
Roboam	922-915	924-907	Jeroboam I	922-901	924-903
Abiam	915-913	907-906	*Nadab	901-900	903-902
Asa	913-873	905-874			
Baasa	900-877	902-886			
*Ela	877-876	886-885			
Zimri (suicidio)	876				
Los omridas	876-842	885-843			
Josafat	873-849	874-850	Omri	876-869	885-873
Acab	869-850	873-851			
Ocozías	850-849	851-849			
Joram	849-843	850-843	*Joram	849-842	849-843
Ocozías	843-842	843	Dinastía de Jehú	842-746	843-745
Atalía (usurpadora)	842-837	843-837	Jehú	843/2-815	843-816
Joás	837-800	837-¿?	Joacaz	815-802	816-800
Amasías	800-783	¿?-¿?	Joás	802-786	800-785
Uzías (Azarías)	783-742	¿?-¿?	Jeroboam II	786-746	785-745
Jotam	742-735	¿?-742	*Zacarías	746-745	745
*Salum	745	745			
Acaz	735-715	742-727	Manahem	745-737	745-736
*Pekaía	737-736	736-735			
*Peka	736-732	735-732			

Judá	(Bright)[1]	(Miller/ Hays)[2]	Israel	(Bright)[1]	(Miller/ Hays)[2]
Oseas	732-724	732-723			
			Caída de Samaria	722	722
Ezequías	715-687/6	727-698			
Manasés	687/6-642	697-642			
Amón	642-640				
Josías	640-609	640-609			
Joacaz	609	609			
Joacim	609-598	609-598		El asterisco (*) indica asesinato. [1] Fechas preferidas por John Bright, *A History of Israel*, 3.º ed. [2] Fechas preferidas por J. Maxwell Miller y John H. Hays, *A History of Ancient Israel and Judah*.	
Joaquín	598/7	598/597			
Sedequías	597-587	597-586			
Destrucción de Jerusalén y el templo	586				

LAS REINAS DEL ANTIGUO TESTAMENTO (ENUMERADAS EN ORDEN ALFABÉTICO)

NOMBRE	REFERENCIA	IDENTIFICACIÓN
Abi	2 Rey. 18:2	Madre del rey Ezequías de Judá.
Atalía	2 Rey. 11	Hija malvada de Acab y Jezabel; madre del rey Ocozías de Judá (la única mujer que gobernó Judá por su propio mérito).
Azuba	1 Rey. 22:42	Madre del rey Josafat de Judá.
Betsabé	2 Sam 11–12; 1 Rey. 1–2	Esposa de Urías, después esposa de David y madre de Salomón.
Ester	Est. 2–9	Esposa judía del rey Asuero de Persia.
Hamutal	2 Rey. 23:31; 24:18	Madre del rey Joacaz y del rey Sedequías de Judá.
Hepsiba	2 Rey. 21:1	Madre del rey Manasés de Judá.
Jecolías	2 Rey. 15:2	Madre del rey Azarías de Judá.
Jedida	2 Rey. 22:1	Madre del rey Josías de Judá.
Jezabel	1 Rey. 16:31; 18:13,19; 19:1-2; 21:1-25; 2 Rey. 9:30-37	Esposa malvada del rey Acab de Israel (el cual fomentó la adoración a Baal, persiguió a los profetas de Dios y planeó el asesinato de Nabot).
Joadán	2 Rey. 14:2	Madre del rey Amasías de Judá.
La reina de Sabá	1 Rey. 10:1-13	Reina extranjera que visitó a Salomón.
Maaca	1 Rey. 15:10; 2 Crón. 15:16	Madre del rey Abiam y abuela del rey Asa de Judá.
Mesulemet	2 Rey. 21:19	Madre del rey Amón de Judá.
Mical	1 Sam. 18:20-28; 25:44; 2 Sam. 3:13-16; 6:20-23	Hija de Saúl y primera esposa de David.
Naama	1 Rey. 14:21,31	Madre del rey Roboam de Judá.
Nehusta	2 Rey. 24:8	Madre del rey Joaquín de Judá.
Zebuda	2 Rey. 23:36	Madre del rey Joacim de Judá.

LOS REINOS DE ISRAEL Y JUDÁ
1 REYES 12

- Ciudad
★ Ciudad capital
○ Ciudad (ubicación incierta)
▲ Ubicación monte
Israel
Judá
— Carreteras internacionales
— Caminos locales

1 Reyes 12:26-27
«Y dijo Jeroboam en su corazón: Ahora se volverá el reino a la casa de David, si este pueblo subiere a ofrecer sacrificios en la casa de Jehová en Jerusalén; porque el corazón de este pueblo se volverá a su señor Roboam rey de Judá, y me matarán a mí, y se volverán a Roboam rey de Judá.»

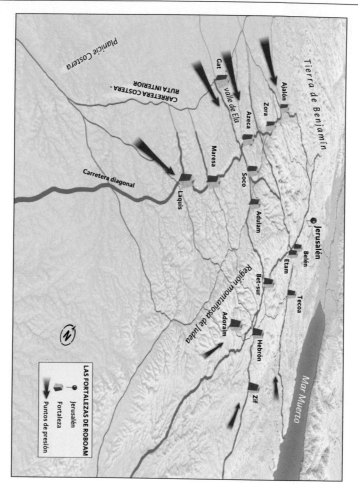

2 Crónicas 11:5-12

«Y habitó Roboam en Jerusalén, y edificó ciudades para fortificar a Judá. Edificó Belén, Etam, Tecoa, Bet-sur, Soco, Adulam, Gat, Maresa, Zif, Adoraim, Laquis, Azeca, Zora, Ajalón y Hebrón, que eran ciudades fortificadas de Judá y Benjamín. Reforzó también las fortalezas, y puso en ellas capitanes, y provisiones, vino y aceite; y en todas las ciudades puso escudos y lanzas. Las fortificó, pues, en gran manera; y Judá y Benjamín le estaban sujetos.»

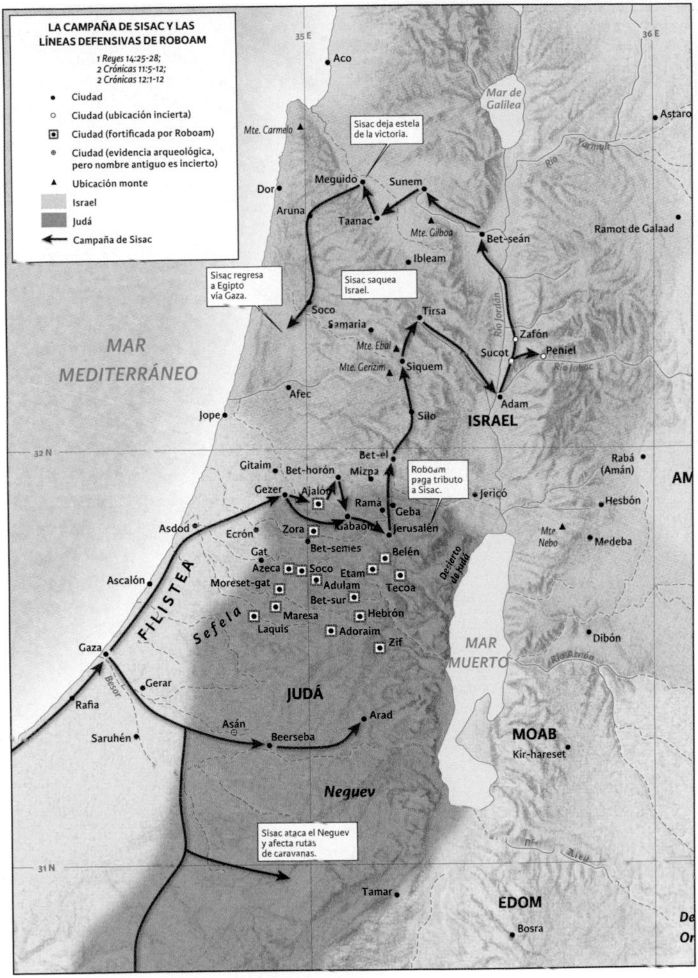

LA CAMPAÑA DE SISAC Y LAS LÍNEAS DEFENSIVAS DE ROBOAM

1 Reyes 14:25-28;
2 Crónicas 11:5-12;
2 Crónicas 12:1-12

- Ciudad
○ Ciudad (ubicación incierta)
⊡ Ciudad (fortificada por Roboam)
- Ciudad (evidencia arqueológica, pero nombre antiguo es incierto)
▲ Ubicación monte
  Israel
  Judá
← Campaña de Sisac

Sisac deja estela de la victoria.

Sisac regresa a Egipto vía Gaza.

Sisac saquea Israel.

Roboam paga tributo a Sisac.

Sisac ataca el Neguev y afecta rutas de caravanas.

La campaña de Sisac y las líneas de defensa de Roboam

2 Crónicas 12:2
«Y por cuanto se habían rebelado contra Jehová, en el quinto año del rey Roboam subió Sisac rey de Egipto contra Jerusalén.»

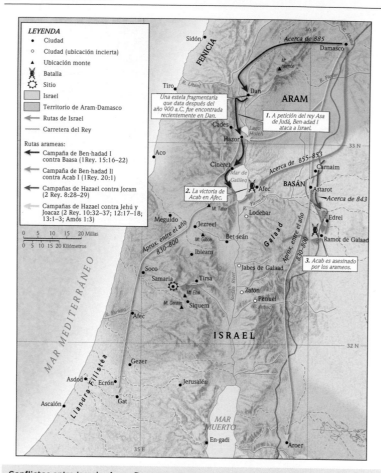

LEYENDA

- • Ciudad
- ○ Ciudad (ubicación incierta)
- ▲ Ubicación monte
- 🅧 Batalla
- ⬡ Sitio
- ▢ Israel
- ▢ Territorio de Aram-Damasco
- ← Rutas de Israel
- — Carretera del Rey

Rutas arameas:
- ← Campaña de Ben-hadad I contra Baasa (1Rey. 15:16–22)
- ← Campaña de Ben-hadad II contra Acab I (1Rey. 20:1)
- ← Campañas de Hazael contra Joram (2 Rey. 8:28–29)
- ← Campañas de Hazael contra Jehú y Joacaz (2 Rey. 10:32–37; 12:17–18; 13:1–3; Amós 1:3)

0   5   10   15   20 Millas
0 5 10 15 20 Kilómetros

Acerca de 885

Una estela fragmentaria que data después del año 900 a.C. fue encontrada recientemente en Dan.

1. A petición del rey Asa de Judá, Ben-adad I ataca a Israel.

Acerca de 855–853

2. La victoria de Acab en Afec.

Acerca de 843

3. Acab es asesinado por los arameos.

Conflictos entre Israel y Aram-Damasco

2 Reyes 8:28
«Y fue a la guerra con Joram hijo de Acab a Ramot de Galaad, contra Hazael rey de Siria; y los sirios hirieron a Joram.»

LOS REYES DE ARAM-DAMASCO		
Nombre	**Referencia en el Antiguo Testamento**	**Pasaje clave en el Antiguo Testamento**
Rezón	Contemporáneo de Salomón; tomó Damasco y se transformó en un adversario de Israel. Algunos eruditos identifican a Rezón con Hezión (1 Rey. 15:18).	1 Rey. 11:23-25
Tabrimón	Padre de Ben-adad I.	1 Rey. 15:18
Ben-adad I	Hijo de Tabrimón. Incorporó Israel por pedido de Asá en el reinado de Baasa.	1 Rey. 15:18-22; 2 Crón. 16:1-6
Ben-adad II, conocido como Hadad-ezer en las fuentes asirias.	Contemporáneo de Acab. Sitió Samaria. Luchó contra Acab en Afec al este del Mar de Cineret. Peleó con Israel en Ramot de Galaad. Se unió a Acab en una coalición antiasiria que luchó contra Salmanasar III en Qarqar en 853 a. C.	1 Rey. 20:1-34; 22:1-40; 2 Rey. 6:24-7:20; 8:7-15; 2 Crón. 18:1-34
Hazael	Usurpador que tomó el trono de Damasco aprox. en 843 a. C. Los registros asirios lo llaman «hijo de nadie»; es decir, un plebeyo. Sitió Ramot de Galaad en la época de Joram. Durante finales del siglo IX, en los reinados de Jehú y Joacaz, Hazael frecuentemente oprimió a Israel, Judá y las ciudades filisteas. El más capaz de los reyes de Damasco.	1 Rey. 19:15; 2 Rey. 8:7-15; 8:28-29; 10:32; 12:17-18; 13:1-9; 13:25
Ben-adad III	Hijo de Hazael. Contemporáneo de Joacaz. Siguió oprimiendo a Israel. Joás peleó contra Ben-adad, quitando temporalmente el yugo arameo; Adad-nirari III atacó Damasco (en 805 o 796). Ben-adad perdió gran parte del reino que había edificado su padre, Hazael.	2 Rey. 13:3-8
Rezín	Probablemente un usurpador; llevó adelante una coalición antiasiria, que incluía Israel, Filistea y ciudades fenicias aprox. en 735-735. Junto con Israel, atacó Judá para forzar a Acaz a unirse a la coalición aprox. en 735 (guerra siroefrainita). Último rey de un Aram-Damasco independiente. Asesinado por los asirios en 732 a. C.	2 Rey. 15-16; Isa. 7

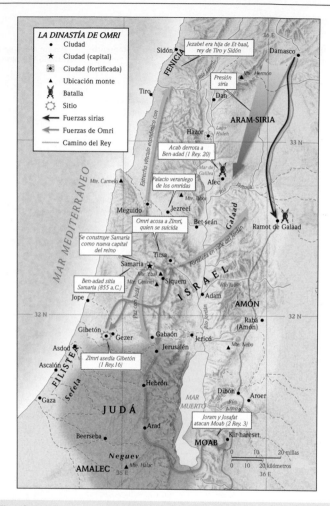

La dinastía omrida

1 Reyes 16:29-30

«Comenzó a reinar Acab hijo de Omri sobre Israel el año treinta y ocho de Asa rey de Judá. Y reinó Acab hijo de Omri sobre Israel en Samaria veintidós años. Y Acab hijo de Omri hizo lo malo ante los ojos de Jehová, más que todos los que reinaron antes de él.»

LEYENDA

- Ciudad
- ○ Ciudad (ubicación incierta)
- ▲ Ubicación monte
- ← Posible huida de Elías
- ← Eliseo sigue a Elías y se convierte en su discípulo

Eliseo profetiza la perdición de Ben-hadad y pronuncia a Hazael como rey.

Elías se queda con una viuda y levanta a su hijo de la muerte.

Eliseo levanta de la muerte al hijo de la sunamita.

Elías se enfrenta a los profetas de Baal y sigue una sangrienta purga de sacerdotes de Baal. Curiosamente, Elías huye hacia el sur.

Elías declara la perdición sobre Acab y su familia por el pecado contra Nabot.

Eliseo inicia la sangrienta purga de la dinastía Omrida, enviando al profeta para ungir a Jehú.

Elías encuentra a Eliseo en su pueblo natal.

Lugar de nacimiento de Elías.

Naamán limpio de lepra.

Elías profetiza el fin de un asedio

Dramática ascensión de Elías al cielo.

Eliseo purifica una olla de guiso envenenada.

Eliseo purifica el manantial

Elías encuentra refugio en el desierto antes de viajar al monte Horeb.

ARAM · Sidón · Damasco · Desierto de Damasco · Sarepta · Mt. Hermón · Tiro · FENICIA · Dan · R. Farfar · Mar de Galilea · Mt. Carmel · Mt. Tab · Sunem · Jezreel · Ramot de Galaad · Dotán · Abel-mehola · ISRAEL · Tisbé · MAR MEDITERRÁNEO · Samaria · Mt. Ebal · Mt. Gerizim · Afec · Gilgal · Bet-el · Jericó · Ecrón · Jebús (Jerusalén) · Gaza · FILISTEA · JUDÁ · MAR MUERTO · Beerseba · Desierto de Beerseba · Arad · MOAB · Kir-hareset · Neguev · Camino Edom · R. Zered · AMALEC · EDOM · al monte Horeb

0 10 20 30 Millas
0 10 20 30 Kilómetros

33 N · 32 N · 31 N · 34 E · 35 E · 36 E

Elías y Eliseo

2 Reyes 2:1-2

«Aconteció que cuando quiso Jehová alzar a Elías en un torbellino al cielo, Elías venía con Eliseo de Gilgal. Y dijo Elías a Eliseo: Quédate ahora aquí, porque Jehová me ha enviado a Bet-el. Y Eliseo dijo: Vive Jehová, y vive tu alma, que no te dejaré. Descendieron, pues, a Bet-el.»

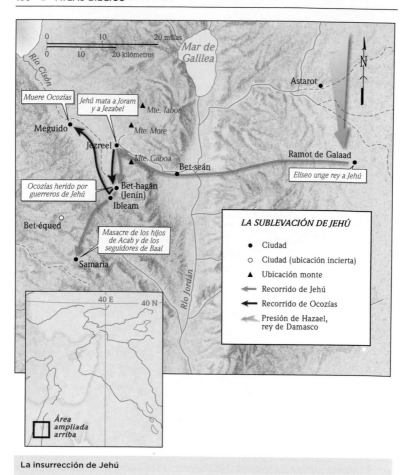

La insurrección de Jehú

2 Reyes 10:17

«Y luego que Jehú hubo llegado a Samaria, mató a todos los que habían quedado de Acab en Samaria, hasta exterminarlos, conforme a la palabra de Jehová, que había hablado por Elías.»

Menos de un siglo después de la muerte de Salomón, Asiria, una nación del norte de Mesopotamia, se transformó en un imperio. La expansión asiria en la región (aprox. 855-625 a. C.) tuvo un impacto enorme en los reinos hebreos de Israel y Judá.

Asiria estaba al norte de la región de Babilonia, a orillas del Río Tigris (Gén. 2:14) en el norte de Mesopotamia. El nombre Asiria (heb. *Ashshur*) proviene de Asur, su primera capital, que se fundó alrededor de 2000 a. C. La fundación de otras ciudades asirias, en especial Cala y Nínive, aparecen en Gén. 10:11-12.

La historia de Asiria se encuentra bien documentada en los anales reales asirios, en las inscripciones en edificios, en las listas de reyes, en la correspondencia y otras evidencias arqueológicas. Para el año 1900 a. C., estas ciudades mantenían un comercio vigoroso y llegaban hasta lugares distantes como Capadocia al este de Asia Menor. Una Asiria expandida le hizo guerra al famoso rey Hammurabi de Babilonia poco antes de dividirse en ciudades estado más pequeñas alrededor de 1700 a. C.

Cerca de 1330 a. C., la Asiria reconstituida experimentó un rápido avance territorial y pronto se convirtió en una potencia internacional. Tiglat-pileser I (1115-1077 a. C.) se expandió hacia el oeste, convirtiéndose así en el primer monarca asirio en dirigir su ejército hacia las costas del Mediterráneo. No obstante, cuando fue asesinado, Asiria entró en un período de decadencia que duró 166 años.

Asiria se despertó de sus años oscuros bajo el reinado de Adad-nirari II (911-891 a. C.), quien restableció la nación y la con-

Réplica del Obelisco Negro de Salmanasar III, rey de Asiria desde 858 a 824 a. C. El obelisco se halló en Nimrod.

virtió en una potencia digna de atención en la Mesopotamia. Su nieto Asurbanipal II (883-859 a. C.) llevó a Asiria a la condición de imperio. Este gobernante gozaba de una bien merecida reputación por su crueldad, al exigir tributo e impuestos de parte de los estados que caían en sus manos, tras las campañas depredadoras de su ejército. También reedificó la ciudad de Cala y la convirtió en la nueva capital militar y administrativa. Paneles de piedra esculpida del palacio de Asurbanipal muestran escenas violentas de

Recipiente inusual de cerámica del período de las colonias comerciales de Asiria.

Fragmento en bajorrelieve de soldados asirios disparando en un poblado.

las crueles campañas del rey contra los enemigos insurrectos.

El hijo de Asurbanipal, Salmanasar III (858-824 a. C.), continuó la política de expansión asiria con sus campañas anuales en todas direcciones. Ya no consistían en ataques depredadores sino que mostraban una explotación económica sistemática de los estados subyugados. Como de costumbre, el no someterse a Asiria daba como resultado una acción militar desenfrenada. Sin embargo, los resultados no siempre constituían una victoria completa para esa potencia. En ese contexto, los reinos hebreos de la Biblia fueron los primeros con los que se enfrentó Asiria. En 853 a. C., Salmanasar peleó en Qarqar, al norte de Siria, contra una coalición de doce reyes que incluía a Adad-ezer (Ben-adad, 1 Rey. 20:26,34) de Siria-Damasco y a Acab de Israel. Este enfrentamiento no se menciona en la Biblia pero tal vez haya tenido lugar durante los tres años de paz entre las dos naciones (1 Rey. 22:1). En las inscripciones oficiales, Salmanasar declara haber vencido aunque la batalla no fue decisiva. En 814 a. C., finalmente derrotó a Hazael de Damasco y en el Monte Carmelo recibió tributo de parte de Tiro, Sidón y el rey Jehú de Israel. Una escena esculpida en bajorrelieve en el Obelisco Negro de Salmanasar, desenterrado en Cala, muestra a Jehú postrado ante él, la única descripción conocida de un rey israelita.

Con la muerte de Salmanasar, Asiria entró en otro período de decadencia durante el cual fue ocupada por el reino vecino de Urartu. Solo un rey asirio afectó seriamente los asuntos de Palestina durante el siglo siguiente. Adad-nirari III (810-783 a. C.) entró en Damasco y así obtuvo un tributo importante de parte de Ben-adad III. Es probable que sea el «salvador» de 2 Reyes 13:5 que permitió que Israel escapara del dominio de Siria-Damasco. Sin embargo, Adad-nirari también recibió tributo de Joás de Israel.

La preocupación de Asiria en cuanto a Urartu concluyó con el reinado de Tiglat-pileser III (744-727 a. C.). Verdadero fundador del Imperio asirio, realizó cambios en la administración de los territorios conquistados. Las naciones cercanas a la tierra asiria fueron incorporadas como provincias. A otras se las dejó bajo el gobierno de un nativo del lugar pero sujeto a un supervisor asirio. Tiglat-pileser también instituyó una política de deportaciones masivas a fin de reducir los sentimientos nacionalistas de los habitantes locales. Enviaba al exilio a los pueblos conquistados y los hacía vivir en tierras abandonadas por otros pueblos también conquistados y exiliados (comp. 2 Rey. 17:24).

Cuando Tiglat-pileser, también llamado Pul, arribó a la costa de Fenicia, Manahem de Israel (2 Rey. 15:19) y Rezín de Siria-Damasco le llevaron tributo y se convirtieron en sus vasallos. Rápidamente se formó una alianza antiasiria. Israel y Aram-Damasco atacaron Jerusalén alrededor de 735 a. C. en un intento de reemplazar al rey Acaz de Judá por un hombre leal a la nueva alianza (2 Rey. 16:2-6; Isa. 7:1-6) y forzar de este modo la participación de Judá. Contra las protestas de Isaías (Isa. 7:4,16-17;8:4-8), Acaz apeló a Tiglat-pileser en busca de ayuda (2 Rey. 16:7-9). Como respuesta, este emprendió una campaña contra los filisteos (734 a. C.), redujo a Israel a la región que rodeaba inmediatamente a Samaria (2 Rey. 15:29; 733 a. C.) y anexó Siria-Damasco (732 a. C.), por lo que deportó a sus pobladores. Acaz, por su parte, se convirtió en súbdito asirio (2 Rey. 16:10; 2 Crón. 28:16,20-22).

Poco se sabe del reinado del sucesor de Tiglat-pileser, Salmanasar V (726-722 a. C.), excepto que sitió Samaria durante tres años como respuesta a la negativa de Oseas en cuanto a pagar tributo (2 Rey. 17:3-5). La ciudad finalmente cayó en manos de Salmanasar (2 Rey. 17:6; 18:9-12), quien aparentemente murió ese mismo año. Su sucesor, Sargón II (722-705 a. C.), se atribuyó en las inscripciones reales asirias la deportación de 27 290 habitantes de Samaria.

Sargón, rey de Asiria, con el visir y el funcionario real; del palacio de Sargón.

Del período asirio tardío, una esfinge alada con cabeza humana.

Sargón realizó una campaña en la región para contrarrestar las rebeliones en Gaza en 720 a. C. y en Asdod en 712 a. C. (Isa. 20:1). Ezequías de Judá fue tentado a unirse a la rebelión de Asdod pero Isaías le advirtió contra tal acción (Isa. 18). Mientras tanto, en otros lugares del imperio ardían los disturbios. Un rey rebelde de Babilonia, Merodac-baladán, halló el respaldo de Elam, enemigo oriental de Asiria. Aunque Merodac-baladán había sido forzado a huir de Babilonia en 710 a. C., regresó unos años después para reclamar el trono. Envió emisarios para ver a Ezequías en Jerusalén (2 Rey. 20:12-19; Isa. 39), aparentemente como parte de los preparativos para una revolución concertada antiasiria.

Las noticias de la muerte de Sargón en el campo de batalla sirvieron como señal para las fuerzas antiasirias. Senaquerib (704-681 a. C.) ascendió al trono en medio de una amplia rebelión. Merodac-baladán de Babilonia, respaldado por los elamitas, había estimulado el levantamiento de toda la región sur de la Mesopotamia. Una gran cantidad de estados de Fenicia y Palestina también estaban incluidos en la rebelión bajo el liderazgo de Ezequías de Judá. Senaquerib, después de sojuzgar Babilonia, dirigió su atención hacia el oeste. En 701 a. C., reafirmó su dominio sobre las ciudades estado de Fenicia, saqueó Jope y Ascalón e invadió Judá, lugar donde Ezequías había efectuado importantes preparativos militares (2 Rey. 20:20; 2 Crón. 32:1-8,30; Isa. 22:8b-11). El relato que hace el propio Senaquerib acerca de la invasión proporciona un notable complemento a la versión bíblica (2 Rey. 18:13–19:36). Declaró haber destruido 46 ciudades amuralladas (2 Rey. 18:13) y haber tomado cautivas a 200 150 personas. La conquista de Laquis en manos de Senaquerib se muestra detalladamente graficada en los paneles esculpidos de su palacio de Nínive. Durante el sitio de Laquis enviaron un ejército asirio en contra de Jerusalén donde Ezequías fue «hecho prisionero [...] como una ave en una jaula». Tres de los dignatarios de Senaquerib intentaron negociar la rendición de Jerusalén (2 Rey. 18:17-37) pero Ezequías continuó aferrándose a las palabras de aliento de Isaías (2 Rey. 19:1-7,20-35). El ejército asirio finalmente se retiró y Ezequías pagó un tributo enorme (2 Rey. 18:14-16). El relato asirio declara una victoria sobre el ejército egipcio y menciona el tributo de Ezequías pero es un tanto impreciso en cuanto a la conclusión de la campaña. La Biblia menciona el acercamiento del ejército egipcio (2 Rey. 19:9) y cuenta acerca de una derrota milagrosa de los asirios en manos del ángel de Jehová (2 Rey. 19:35-36). Herodoto, historiador griego del siglo V a. C., relata que los asirios sufrieron la derrota debido a que una plaga de ratones de campo destruyó su equipamiento. No hay certeza en cuanto a si se pueden combinar estos relatos a fin de deducir la forma en que se desencadenó la plaga. Indudablemente, Senaquerib experimentó un revés importante ya que de todos los que habían participado de la rebelión, Ezequías fue el único gobernante que mantuvo su trono.

Dentro de un aspecto más pacífico, Senaquerib llevó a cabo algunos proyectos edilicios importantes en Asiria. La antigua ciudad de Nínive fue reedificada para convertirse en la nueva residencia real y la capital asiria. No obstante, la guerra con Elam continuó y esto influyó sobre Babilonia para que se volviera a rebelar. Un Senaquerib airado arrasó con la ciudad sagrada en 689 a. C. Los babilonios interpretaron que su asesinato, llevado a cabo por sus propios hijos (2 Rey. 19:37) en 681 a. C., había sido un juicio divino por haber destruido la ciudad.

Esar-hadón (681-669 a. C.) surgió como el nuevo rey e inmediatamente comenzó a reedificar Babilonia, una acción que le concedió la lealtad del populacho local. Hizo guerra contra las tribus nómadas del norte y sofocó una rebelión en Fenicia, mientras

Ortostatos de basalto en relieve, provenientes de un portal. Representan a las clases del ejército asirio. Del período neoasirio durante el reinado de Tiglat-pileser (744-727 a. C.).

Manasés de Judá continuó siendo su leal vasallo. No obstante, su aventura militar más grandiosa fue una invasión a Egipto en 671 a. C. El faraón Taharqa huyó hacia el sur en tanto que Menfis caía en manos de los asirios, pero dos años más tarde regresó y fomentó una rebelión. Esar-hadón murió en 669 a. C. mientras regresaba para subyugar Egipto.

Después de una breve expedición contra las tribus del oriente, Asurbanipal, el hijo de Esar-hadón (668-627 a. C.), se lanzó a reconquistar Egipto. Con la colaboración de 22 reyes súbditos, incluido Manasés de Judá, la invadió en 667 a. C. Derrotó al faraón Taharqa y tomó la antigua capital de Tebas. Al encontrarse a unos 2100 km (1300 mi) de su tierra, Asurbanipal no tuvo más opción que restituir a los gobernantes locales que su padre había designado en Egipto y esperar que no sucediera nada malo. Los planes para una rebelión comenzaron de inmediato pero los oficiales asirios se enteraron del complot, capturaron a los rebeldes y los enviaron a Nínive. Egipto volvió a rebelarse en 665 a. C. En esta ocasión, Asurbanipal destruyó Tebas, denominada también No-Amón (Nah. 3:8, NVI y LBLA). También se desbarataron intentos fenicios de una rebelión.

Fuente del Gihón, en el Valle de Cedrón. El rey Ezequías construyó un túnel desde la fuente hasta el estanque de Siloé para proveer agua en caso de un sitio, como el anunciado por Senaquerib, el rey de Asiria.

Asurbanipal gobernó durante el clímax de Asiria pero también fue testigo del comienzo de su vertiginoso colapso. Egipto se rebeló nuevamente diez años después de la destrucción de Tebas. Asiria no pudo hacer nada debido a una guerra que sostenía contra Elam. El rey Samas Son Ukín de Babilonia, hermano de Asurbanipal, organizó una sedición extendida en 651 a. C. Después de tres años de batallas continuadas, Babilonia fue subyugada pero por continuó repleta de semillas de odio contra Asiria. Las acciones contra las tribus árabes se mantuvieron y la guerra contra Elam continuó hasta que los asirios alcanzaron una victoria definitiva en 639 a. C. Ese mismo año, los anales oficiales de Asurbanipal llegaron abruptamente a su fin. La desazón aumentó con la muerte del rey en 627 a. C. Para el año 626, Babilonia había caído en manos del caldeo Nabopolasar. Algunos estados distantes, como el de Judá bajo el reinado de Josías, tuvieron libertad para rebelarse sin temor. La guerra continuó entre Asiria y Babilonia hasta que, en 614 a. C., la antigua capital asiria de Asur fue saqueada por los medos. Luego, en 612 a. C., Cala fue destruida. Los ejércitos combinados de los babilonios y los medos sitiaron Nínive. La ciudad cayó después de dos meses.

Un general asirio reclamó el trono y reunió en Harán lo que quedaba del ejército asirio. Una alianza con Egipto hizo que enviaran algunas tropas de ayuda, pero los babilonios se dirigieron hacia allí en 610 a. C. y Harán fue abandonada. En 605 a. C., los últimos remanentes del estropeado Imperio asirio, junto con sus recientes aliados egipcios, fueron sometidos en la batalla de Carquemis. Asiria dejó de existir.

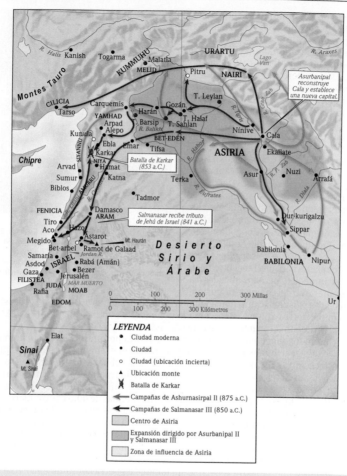

El ascenso de Asiria

Isaías 10:5-7

«Oh Asiria, vara y báculo de mi furor, en su mano he puesto mi ira. Le mandaré contra una nación pérfida, y sobre el pueblo de mi ira le enviaré, para que quite despojos, y arrebate presa, y lo ponga para ser hollado como lodo de las calles. Aunque él no lo pensará así, ni su corazón lo imaginará de esta manera, sino que su pensamiento será desarraigar y cortar naciones no pocas.»

LEYENDA
- Ciudad
- Ciudad moderna
- TIRO Distritos asirios
- Estados vasallos asirios
- Estados semi-independientes

Judá permanece leal a Asiria, mientras que Acaz permite que florezcan las prácticas paganas.

Israel y Judá en la época de Jeroboam II y Uzías

2 Crónicas 26:6-8

«Y salió y peleó contra los filisteos, y rompió el muro de Gat, y el muro de Jabnia, y el muro de Asdod; y edificó ciudades en Asdod, y en la tierra de los filisteos. Dios le dio ayuda contra los filisteos, y contra los árabes que habitaban en Gur-baal, y contra los amonitas. Y dieron los amonitas presentes a Uzías, y se divulgó su fama hasta la frontera de Egipto; porque se había hecho altamente poderoso.»

EL IMPERIO NEOASIRIO		
Estado del poder asirio	Reyes de Asiria	Fechas de gobierno (a. C.)
Fase inicial de la expansión	Asurbanipal II	883-859
	Salmanasar III	859-824
Período de debilidad 823-745 a. C. Razones del período de debilidad: 1. Problemas con el reino de Urartu 2. Malestar interno 3. Gobierno central débil	Shamshi Adad V	823-811
	Adad-nirari III	810-783
	Salmanasar IV	782-772
	Ashurdan III	771-754
	Assur-nirari V	753-746
Período de expansión imperial	Tiglat-pileser III (Pul)	745-727
	Salmanasar V	727-722
	Sargón II	722-705
	Senaquerib	705-681
	Esar-hadón	681-669
	Asurbanipal II	669-627

Actividades y logros

Utilizaba tácticas de terror para alcanzar objetivos asirios; reconstruyó Cala (Nimrod) y la transformó en su capital; cobró tributo de estados tan lejanos como Tiro, Sidón y Biblos.

Hizo campaña seis veces en el Levante; peleó contra una coalición que incluía a Arab, rey de Israel, en Qarqar en 853 a. C.; cobró tributo a Jehú, rey de Israel en 841 (Obelisco Negro de Salmanasar).

Hizo campaña en Siria a fines del siglo IX y principio del siglo VIII (805-796?); la Estela de el-Rimah registra un ataque a Damasco y un tributo cobrado a Joás «de Samaria»; tal vez el «salvador» de 2 Reyes 13:5.

Lidió con Urartu; centralizó el poder de los reyes; desarrolló políticas para expandir el territorio asirio hacia el oeste y el sur del Éufrates; cobró tributo a Manahem de Israel en 738 a. C. (2 Rey. 15:19-20); conquistó Babilonia, Acaz de Judá apeló a Tiglat-pileser pidiendo ayuda durante la Guerra Siroefrainita (735 a. C.; 2 Rey. 16:7-9). Tiglat-pileser atacó Israel y Damasco (733-732 a. C.), reduciendo significativamente el territorio de Israel (2 Rey. 15:29).

Oseas, rey de Israel, inicialmente pagó tributo a Salmanasar V, pero al final se rebeló con la promesa de ayuda de Egipto (2 Rey. 17:1-5). Salmanasar V sitió Samaria tres años, y la ciudad cayó en 722 a. C.

Estableció una nueva capital, Dur Sharrukin (Khorsabad); declaró ser el conquistador de Samaria; convirtió Samaria en una provincia asiria después de aplacar rebeliones adicionales apoyadas por Egipto y ciudades palestinas clave en 720 a. C.; exilió a 27 000 israelitas y los estableció en el Río Habor cerca de Nínive y en la región de Samaria (2 Rey. 17:24); otras insurrecciones en 713/712 a. C. apoyadas por Egipto (Shabako de la Dinastía XXV) y que abarcaban Asdod, Judá, Edom y Moab, provocaron más campañas en el Levante (ver Isa. 20); se enfrentó a una oposición sostenida de la coalición entre caldeos y elamitas liderada por Merodac-baladán; condujo campañas a Urartu, sometiendo por fin el país; murió en batalla peleando contra los cimerios en 705.

Reconstruyó Nínive para su uso como capital asiria; siguió sometiendo a la oposición caldea en Babilonia; condujo un ataque a Judá en 701 a. C., donde se destruyeron 46 ciudades de Judá; Jerusalén, aunque sitiada, no fue destruida (2 Rey. 18-19; Isa. 36-37; 2 Crón. 32); importante evidencia arqueológica: el Fresco de Laquis, la Inscripción de Siloé, el Prisma de Senaquerib.

Atacó Egipto en 669 a. C.

Conquistó Tebas en 663 a. C.; cima del Imperio neoasirio; desbarató insurrección en Babilonia en 652 liderada por su hermano Shamash-shum-ukin.

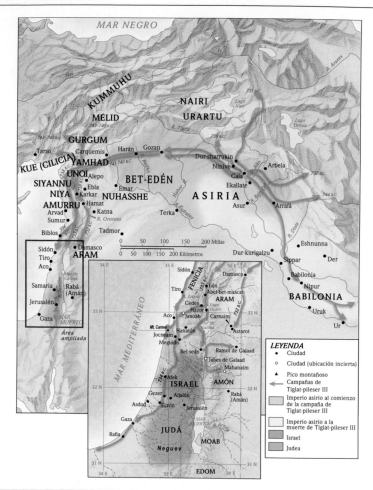

El Imperio asirio bajo Tiglat-pileser III

2 Reyes 15:19-20

«Y vino Pul rey de Asiria a atacar la tierra; y Manahem dio a Pul mil talentos de plata para que le ayudara a confirmarse en el reino. E impuso Manahem este dinero sobre Israel, sobre todos los poderosos y opulentos; de cada uno cincuenta siclos de plata, para dar al rey de Asiria; y el rey de Asiria se volvió, y no se detuvo allí en el país.»

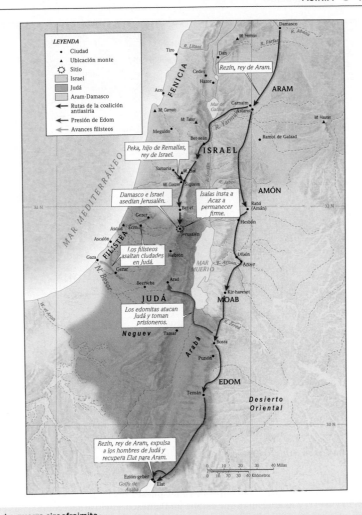

La guerra siroefraimita

Isaías 7:1
«Aconteció en los días de Acaz hijo de Jotam, hijo de Uzías, rey de Judá, que Rezín rey de Siria y Peka hijo de Remalías, rey de Israel, subieron contra Jerusalén para combatirla; pero no la pudieron tomar.»

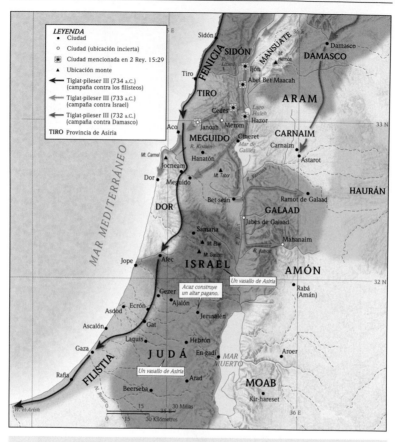

LEYENDA
- Ciudad
- ○ Ciudad (ubicación incierta)
- Ciudad mencionada en 2 Rey. 15:29
- ▲ Ubicación monte
- Tiglat-pileser III (734 a.C.) (campaña contra los filisteos)
- Tiglat-pileser III (733 a.C.) (campaña contra Israel)
- Tiglat-pileser III (732 a.C.) (campaña contra Damasco)
- TIRO Provincia de Asiria

Campañas de Tiglat-pileser III

2 Reyes 16:10
«Después fue el rey Acaz a encontrar a Tiglat-pileser rey de Asiria en Damasco; y cuando vio el rey Acaz el altar que estaba en Damasco, envió al sacerdote Urías el diseño y la descripción del altar, conforme a toda su hechura.»

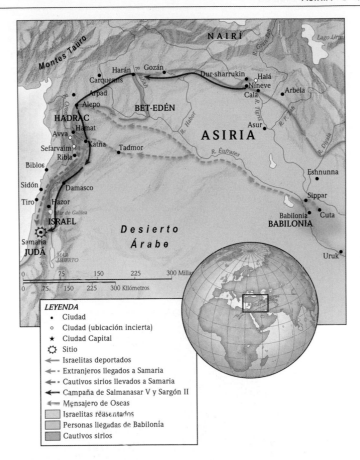

La caída de Samaria y la deportación de los israelitas

2 Reyes 17:5-7

«Y el rey de Asiria invadió todo el país, y sitió a Samaria, y estuvo sobre ella tres años. En el año nueve de Oseas, el rey de Asiria tomó Samaria, y llevó a Israel cautivo a Asiria, y los puso en Halah, en Habor junto al río Gozán, y en las ciudades de los medos.

Porque los hijos de Israel pecaron contra Jehová su Dios, que los sacó de tierra de Egipto, de bajo la mano de Faraón rey de Egipto, y temieron a dioses ajenos.»

LEYENDA
- Ciudad
- Ciudad moderna
TIRO Distritos asirios
Estados vasallos asirios
Estados semi-independientes

Judá permanece leal a Asiria, mientras que Acaz permite que florezcan las prácticas paganas.

Distritos asirios después de la caída de Samaria

2 Reyes 17:24

«Y trajo el rey de Asiria gente de Babilonia, de Cuta, de Ava, de Hamat y de Sefarvaim, y los puso en las ciudades de Samaria, en lugar de los hijos de Israel; y poseyeron a Samaria, y habitaron en sus ciudades.»

LOS PROFETAS EN LA HISTORIA (SIGLOS ix-v a. C.)

Profeta	Fechas aproximadas (a. C.)	Ubicación/ hogar	Pasaje bíblico esencial	Enseñanza central	Versículo clave
Elías	875-850	Tisbé	1 Rey. 17:1–2 Rey. 2:18	Jehová, y no Baal, es Dios.	1 Rey. 18:21
Miqueas	856	Samaria	1 Rey. 22; 2 Crón. 18	Juicio sobre Acab; prueba de profecía.	1 Rey. 22:28
Eliseo	855-800	Abel-mehola	1 Rey. 19:15-21; 2 Rey. 2–9; 13	El poder milagroso de Dios.	2 Rey. 5:15
Jonás	786-746	Gat-hefer	2 Rey. 14:25; Jonás	El interés universal de Dios.	Jon. 4:11
Oseas	786-746	Israel	Oseas	El amor inagotable de Dios.	Os. 11:8-9
Amós	760-750	Tecoa	Amós	El llamado de Dios al juicio y la justicia.	Amós 5:24
Isaías	740-698	Jerusalén	2 Rey. 19–20; Isaías	Esperanza a través del arrepentimiento y sufrimiento.	Isa. 1:18; 53:4-6
Miqueas	735-710	Moreset-gat Jerusalén	Jer. 26:18; Miqueas	Llamado a la humildad, la misericordia y la justicia.	Miq. 6:8
Obed	733	Samaria	2 Crón. 28:9-11	No vayas más allá de lo que Dios mandó.	2 Crón. 28:9
Nahum	686-612	Elcos	Nahum	El celo de Dios protege a Su pueblo.	Nah. 1:2-3
Sofonías	640-621	¿?	Sofonías	Esperanza para el humilde y justo.	Sof. 2:3

LOS PROFETAS EN LA HISTORIA (SIGLOS IX-v a. C.)

Profeta	Fechas aproximadas (a. C.)	Ubicación/ hogar	Pasaje bíblico esencial	Enseñanza central	Versículo clave
Jeremías	626-584	Anatot/ Jerusalén	2 Crón. 36:12; Jeremías	Profeta fiel señala al nuevo pacto.	Jer. 31:33-34
Hulda (profetisa)	621	Jerusalén	2 Rey. 22; 2 Crón. 34	El Libro de Dios es preciso.	2 Rey. 22:16
Habacuc	608-598	¿?	Habacuc	Dios llama a la fidelidad.	Hab. 2:4
Ezequiel	593-571	Babilonia	Ezequiel	Esperanza futura para nueva comunidad de adoración.	Ezeq. 37:12-13
Abdías	580	Jerusalén	Abdías	Condena sobre Edom traerá el reino de Dios.	Abd. 21
Joel	539-331	Jerusalén	Joel	Llamado a arrepentirse y experimentar el Espíritu de Dios.	Joel 2:28-29
Hageo	520	Jerusalén	Esd. 5:1; 6:14; Hageo	La prioridad de la casa de Dios.	Hag. 2:8-9
Zacarías	520-514	Jerusalén	Esd. 5:1; 6:14; Zacarías	La fidelidad llevará al gobierno universal de Dios.	Zac. 14:9
Malaquías	500-450	Jerusalén	Malaquías	Honra a Dios y espera Su justicia.	Mal. 4:2

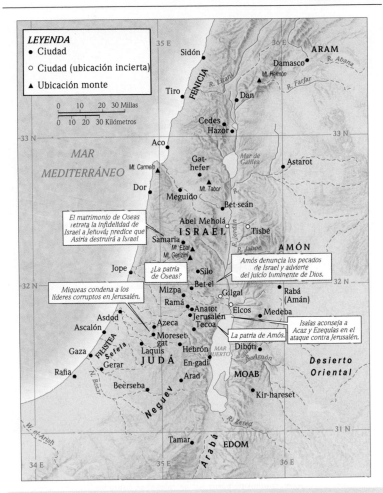

LEYENDA
- ● Ciudad
- ○ Ciudad (ubicación incierta)
- ▲ Ubicación monte

0   10   20   30 Millas
0   10   20   30 Kilómetros

MAR MEDITERRÁNEO

ARAM

Sidón
Damasco
R. Abana
Mt. Hermón
R. Farfar
Tiro
Dan
Cedes
Hazor
Aco
Gat-hefer
Mar de Galilea
Astarot
Mt. Carmelo
Dor
Mt. Tabor
Meguido
Bet-seán
Abel Meholá
I S R A E L
Tisbé
Samaria
Mt. Ebal
Mt. Gerizim
AMÓN
R. Jaboc
El matrimonio de Oseas retrata la infidelidad de Israel a Jehová; predice que Asiria destruirá a Israel
Jope
¿La patria de Oseas?
Silo
Bet-el
Amós denuncia los pecados de Israel y advierte del juicio inminente de Dios.
Mizpa
Gilgal
Rabá (Amán)
Miqueas condena a los líderes corruptos en Jerusalén.
Ramá
Anatot
Jerusalén
Elcos
Medeba
Asdod
Azeca
Tecoa
Ascalón
Moreset-gat
Hebrón
Isaías aconseja a Acaz y Ezequías en el ataque contra Jerusalén.
La patria de Amós.
Laquis
Dibón
Gaza
Gerar
JUDÁ
En-gadi
MAR MUERTO
R. Arnón
Desierto Oriental
Rafia
Arad
MOAB
Beérseba
Kir-hareset
Neguev
N. Basor
W. et-Arish
R. Zered
Tamar
Arabá
EDOM

Los profetas del siglo VIII

2 Reyes 19:5-7

«Vinieron, pues, los siervos del rey Ezequías a Isaías. E Isaías les respondió: Así diréis a vuestro señor: Así ha dicho Jehová: No temas por las palabras que has oído, con las cuales me han blasfemado los siervos del rey de Asiria. He aquí pondré yo en él un espíritu, y oirá rumor, y volverá a su tierra; y haré que en su tierra caiga a espada.»

Las casas en el período del Antiguo Testamento se solían edificar alrededor de un patio central, y se entraba desde la calle. A menudo, eran de dos pisos con una escalera fija o de mano que se usaba para acceder a la planta alta. Las paredes de la casa constaban de un cimiento de roca con ladrillos de barro que se colocaban sobre las capas o hileras de piedra. Posteriormente se revocaban. Los pisos se construían con piedras pequeñas o revoque, o se hacían de tierra compactada. La estructura para sostener el techo estaba compuesta de tirantes grandes de madera colocados en forma atravesada entre las paredes. Entre las vigas se colocaban trozos pequeños de madera y caña y luego se cubrían con una capa de barro. Las hileras de columnas colocadas en la casa servían de soporte para la terraza. Puesto que el techo era chato, la gente dormía allí durante las estaciones cálidas y también lo utilizaban como lugar de almacenamiento. A veces se utilizaban cañerías de barro o de piedra que bajaban desde el techo hasta unas cisternas en la parte interior donde se recogía agua de lluvia. El tipo de casa más común era la denominada casa de «cuatro cuartos». Consistía en un salón amplio ubicado en la parte posterior de la casa con tres cuartos paralelos que salían de uno de los costados del salón. El cuarto de atrás corría a lo ancho de todo el edificio. Hileras de columnas separaban el cuarto paralelo del medio de los otros dos cuartos. Este cuarto del medio era en realidad un patio pequeño y sin techo que servía de entrada a la casa. El patio generalmente contenía elementos para la casa como silos, cisternas, hornos y molinos, y era el lugar donde se preparaba la comida. Los animales tal vez se mantenían en una sección cubierta del patio. Los otros cuartos se utilizaban como vivienda y depósitos. Los hornos se construían con ladrillos de barro y luego se los revocaba por fuera. Un lado del horno tenía un agujero para el aire. Se construía un horno nuevo cada vez que el viejo se llenaba de cenizas. El horno nuevo se hacía rompiendo la parte superior del antiguo y levantando luego los costados.

Las estructuras para depósito eran comunes en el período bíblico. Los silos públicos y privados para almacenar granos eran redondos y se cavaban a varios metros del suelo. Los constructores generalmente levantaban paredes circulares de ladrillo de barro o piedra alrededor del silo, pero a veces no le hacían nada al pozo o simplemente lo revocaban con barro. Los cuartos con vasijas de barro también servían como lugares de almacenaje.

Aunque la casa de «cuatro cuartos» era el diseño más común de Palestina, también existían otras modalidades. Algunas tenían un diseño simple formado por un patio con un cuarto colocado al costado. Otras casas solo tenían dos o tres habitaciones. Es probable que algunas otras hayan tenido hasta más de cuatro. La disposición de los cuartos alrededor del patio abierto también variaba. La presencia de un cuarto amplio en la parte posterior de la casa pareciera común a todos los diseños.

JUDÁ SOLAMENTE			
Fecha (a. C.)	Judá	Profetas	Egipto
722	Acaz (735-715); vasallo de Asiria.	Isaías	
		Miqueas	
715	Ezequías (715-687) Rebelión de Ezequías contra Asiria		
700	Campaña de Senaquerib (701)		
	Manasés (687-642)		Tirhaca (690-664)
675			Psamético (664-610)
	Corrupción y prácticas paganas promovidas por Manasés se apoderan de Judá.		
650	Josías (640-609)		
		Jeremías (627-582)	
625		Nahúm	
	Reforma josiánica «libro de la Ley» (621)		
615		Sofonías	
	Muerte de Josías (609)		
	Joacim (609-598)	Habacuc	Necao II (610-594)
605			
	Rebelión contra Babilonia		
600			
598/97	Primer sitio de Jerusalén y deportación (Joaquín 598-597)		
		Ezequiel	Apriés (Ofra) (598-570)
587/86	Segundo sitio de Jerusalén; destrucción del templo.		

Asiria	Media	Babilonia
Sargón II (722-705)		
		Caudillo caldeo Merodac-baladán
Senaquerib (705-681)		
Campaña contra Judá		
Senaquerib destruye Babilonia		
Esar-hadón (681-669) ataca Egipto		
Asurbanipal II (669-627); saqueo de Tebas (663).		
		Nabopolasar toma el trono de Babilonia (626)
Muerte de Asurbanipal II (627)		
	Ciaxares (623-584)	
Sin-shar-ishkun		
Asur saqueada (614)		
Ashur-uballit II; Nínive destruida (612).		
Harán cae (610)		
		Nabucodonosor (605-562); batalla de Carquemis.
		Primera campaña contra Judá
		Segunda campaña contra Judá; destrucción del templo.

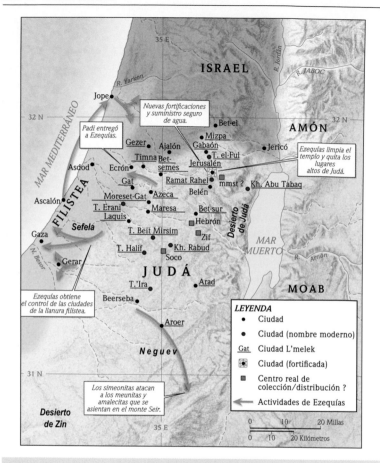

Nuevas fortificaciones y suministro seguro de agua.

Padi entregó a Ezequías.

Ezequías limpia el templo y quita los lugares altos de Judá.

Ezequías obtiene el control de las ciudades de la llanura filistea.

Los simeonitas atacan a los meunitas y amalecitas que se asientan en el monte Seir.

LEYENDA
- Ciudad
- Ciudad (nombre moderno)
- Gat Ciudad L'melek
- Ciudad (fortificada)
- Centro real de colección/distribución ?
- Actividades de Ezequías

Preparación de Ezequías para la insurrección

2 Reyes 18:1-4

«En el tercer año de Oseas hijo de Ela, rey de Israel, comenzó a reinar Ezequías hijo de Acaz rey de Judá. Cuando comenzó a reinar era de veinticinco años, y reinó en Jerusalén veintinueve años. El nombre de su madre fue Abi hija de Zacarías. Hizo lo recto ante los ojos de Jehová, conforme a todas las cosas que había hecho David su padre. Él quitó los lugares altos, y quebró las imágenes, y cortó los símbolos de Asera, e hizo pedazos la serpiente de bronce que había hecho Moisés, porque hasta entonces le quemaban incienso los hijos de Israel; y la llamó Nehustán.»

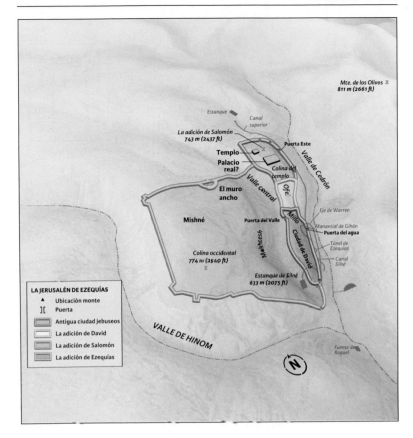

LA JERUSALÉN DE EZEQUÍAS

▲ Ubicación monte

)[Puerta

Antigua ciudad jebuseos

La adición de David

La adición de Salomón

La adición de Ezequías

2 Reyes 19:32-33
«Por tanto, así dice Jehová acerca del rey de Asiria: No entrará en esta ciudad, ni echará saeta en ella; ni vendrá delante de ella con escudo, ni levantará contra ella baluarte. Por el mismo camino que vino, volverá, y no entrará en esta ciudad, dice Jehová.»

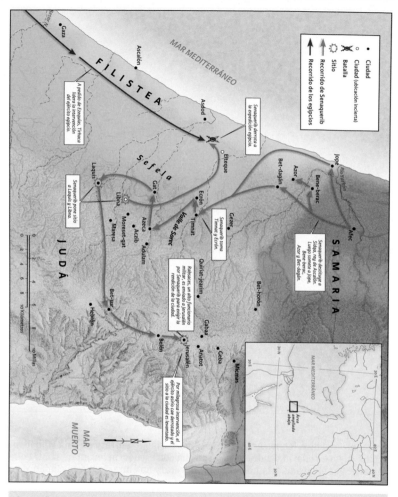

Campaña de Senaquerib contra Judá

Isaías 36:1
«Aconteció en el año catorce del rey Ezequías, que Senaquerib rey de Asiria subió contra todas las ciudades fortificadas de Judá, y las tomó.»

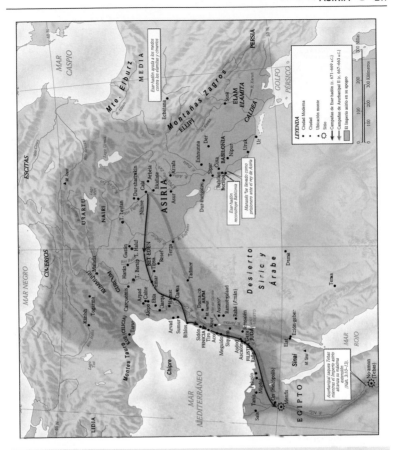

Supremacía asiria en el siglo VII

2 Crónicas 33:10-11

«Y habló Jehová a Manasés y a su pueblo, mas ellos no escucharon; por lo cual Jehová trajo contra ellos los generales del ejército del rey de los asirios, los cuales aprisionaron con grillos a Manasés, y atado con cadenas lo llevaron a Babilonia.»

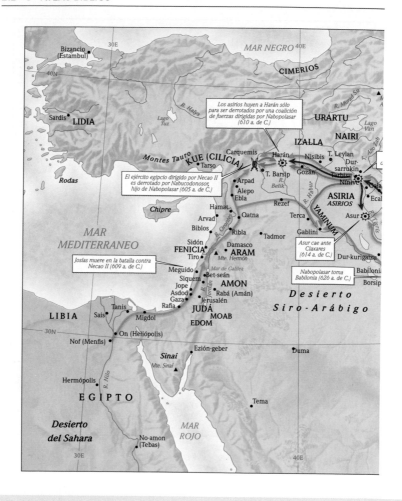

El surgimiento del Imperio neobabilonio

Jeremías 46:1-2
«Palabra de Jehová que vino al profeta Jeremías, contra las naciones.
    Con respecto a Egipto: contra el ejército del Faraón Necao rey de Egipto, que esta-
ba cerca del río Éufrates en Carquemis, a quien destruyó Nabucodonosor rey de
Babilonia, en el año cuarto de Joacim hijo de Josías, rey de Judá.»

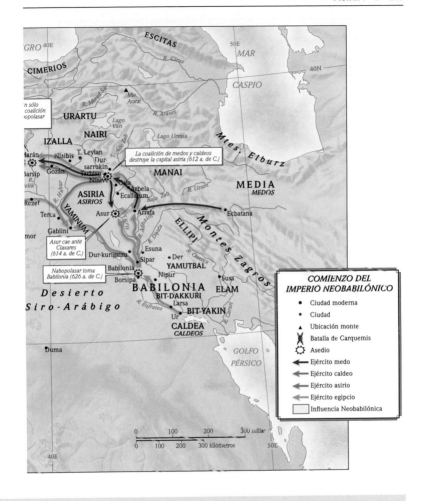

GRO 40E

ESCITAS

R. Cirus

SOE
MAR

CIMERIOS

40N

CASPIO

n sólo
coalición
opolasar

URARTU

R. Murad Su

Mte.
Ararat

R. Araxes

Lago
Van

Lago Urmia

Mtes Elburz

Harán

IZALLA

NAIRI

T. Ala Zab

Nisibis

T. Leylan
Dur-
sarrukin

La coalición de medos y caldeos
destruye la capital asiria (612 a. de C.)

MANAI

MEDIA
MEDOS

Barsip

Gozán

Tarbisu

Cala

R. Belik

R. Habur

Nínive

Arbela

R. Uzun

Rezef

ASIRIA
ASIRIOS

Ecallatum

Bajo Zab

Terca

YAMINIM

Asur

R. Tigris

Arrafa

R. Alba Zab

R. Dejla

ELLIPI

Ecbatana

Gablini

Asur cae ante
Ciaxares
(614 a. de C.)

Dur-kurigalzu

Esuna

Sipar

Der

R. Querqa

Montes Zagros

mor

Nabopolasar toma
Babilonia (626 a. de C.)

Babilonia

YAMUTBAL

Nipur

Susa

Borsipa

R. Karun

Desierto
Siro-Arábigo

R. Eufrates

BABILONIA
BIT-DAKKURI

Larsa

ELAM

BIT-YAKIN

Ur

CALDEA
CALDEOS

Duma

GOLFO
PÉRSICO

40E

COMIENZO DEL IMPERIO NEOBABILÓNICO	
●	Ciudad moderna
●	Ciudad
▲	Ubicación monte
✷	Batalla de Carquemis
✲	Asedio
←	Ejército medo
←	Ejército caldeo
←	Ejército asirio
←	Ejército egipcio
▢	Influencia Neobabilónica

0   100   200   300 millas

0   100   200   300 kilómetros   SOE

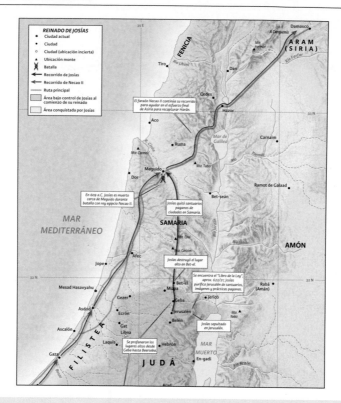

El reinado de Josías

2 Crónicas 35:20-24

«Después de todas estas cosas, luego de haber reparado Josías la casa de Jehová, Necao rey de Egipto subió para hacer guerra en Carquemis junto al Éufrates; y salió Josías contra él. Y Necao le envió mensajeros, diciendo: ¿Qué tengo yo contigo, rey de Judá? Yo no vengo contra ti hoy, sino contra la casa que me hace guerra; y Dios me ha dicho que me apresure. Deja de oponerte a Dios, quien está conmigo, no sea que él te destruya. Mas Josías no se retiró, sino que se disfrazó para darle batalla, y no atendió a las palabras de Necao, que eran de boca de Dios; y vino a darle batalla en el campo de Meguido. Y los flecheros tiraron contra el rey Josías. Entonces dijo el rey a sus siervos: Quitadme de aquí, porque estoy gravemente herido. Entonces sus siervos lo sacaron de aquel carro, y lo pusieron en un segundo carro que tenía, y lo llevaron a Jerusalén, donde murió; y lo sepultaron en los sepulcros de sus padres. Y todo Judá y Jerusalén hicieron duelo por Josías.»

LOS REYES DEL IMPERIO NEOBABILONIO		
NOMBRE	FECHAS (a. C.)	SUCESOS SIGNIFICATIVOS
Nabopolasar	626-605	Caudillo caldeo que tomó Babilonia en 626; estableció una alianza con Ciaxares el Medo; conquistó Nínive en 612.
Nabucodonosor	605-562	Venció a Egipto en la Batalla de Carquemis en 605; sitió dos veces Jerusalén (698/97; 587/86).
Evil-merodac (Awel-marduk)	562-560	Hijo de Nabucodonosor; liberó a Joaquín, rey de Judá (2 Rey. 25:27-30).
Neriglissar	560-556	Yerno de Nabucodonosor; probablemente el Nergal-sarezer que estuvo presente en el sitio final de Jerusalén (Jer. 39:3).
Labashi-Marduk	556 (reinado de tres meses)	Hijo de Neriglissar; removido por Nabónido.
Nabónido	556-539	Pasó un tiempo considerable fuera de Babilonia; Belsasar sirvió como regente en su ausencia; Babilonia se rindió a Ciro el Grande en 539 a. C.

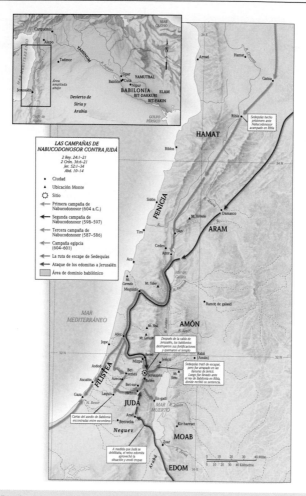

Campañas de Nabucodonosor contra Judá

Jeremías 52:4-5

«Aconteció, por tanto, a los nueve años de su reinado, en el mes décimo, a los diez días del mes, que vino Nabucodonosor rey de Babilonia, él y todo su ejército, contra Jerusalén, y acamparon contra ella, y de todas partes edificaron contra ella baluartes. Y estuvo sitiada la ciudad hasta el undécimo año del rey Sedequías.»

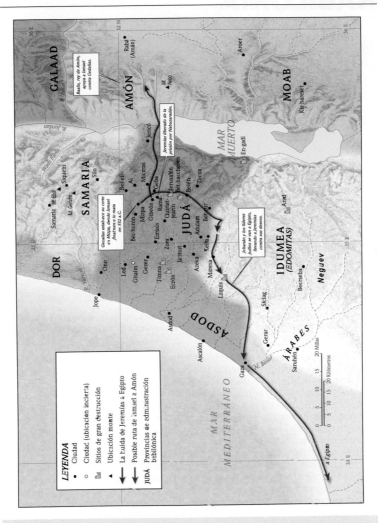

Judá durante el exilio

Jeremías 42:19
«Jehová habló sobre vosotros, oh remanente de Judá: No vayáis a Egipto; sabed ciertamente que os lo aviso hoy.»

BABILONIA

Laquis fue la última fortaleza en caer antes de que Jerusalén quedara en manos de los babilonios. El pequeño montículo a la derecha era la rampa que usaron para el sitio.

Babilonia se fundó en un momento desconocido de la antigüedad sobre el Río Éufrates, a unos ochenta kilómetros (cincuenta millas) al sur del Bagdad moderno. Los nombres «Babilonia» y «Babel» (Gén. 10:10; 11:9 [«Babilonia» se usa en algunas versiones, como la NTV]), se traducen de la misma palabra hebrea (*babel*). Es probable que Babilonia haya sido un centro cultural importante durante el período de las primeras ciudades estado sumerias (antes de 2000 a. C.), pero los niveles arqueológicos correspondientes a ese sitio se encuentran bajo capas freáticas actuales y permanecen inexplorados.

Babilonia surgió del anonimato poco después de 2000 a. C., un período aproximadamente contemporáneo al de los patriarcas hebreos. En esa época se estableció en la ciudad un reino independiente bajo una dinastía de occidentales semíticos o amorreos. Hammurabi (1792-1750 a. C.), el sexto rey de esta primera dinastía babilónica, levantó un imperio de extensión considerable mediante tratados, vasallaje y conquistas. A partir de ese momento, Babilonia fue considerada la sede política de la Mesopotamia del sur, la región denominada Babilonia. La dinastía amorrea de Babilonia alcanzó su clímax bajo el reinado de Hammurabi. No obstante, los gobernantes subsiguientes vieron que su alcance iba disminuyendo hasta que, en 1595 a. C., los hititas (heteos) saquearon Babilonia. Después de su retirada, miembros de la tribu kasita tomaron el trono. La dinastía kasita gobernó durante más de cuatro siglos, un período de relativa paz pero de estancamiento. Poco se sabe hasta alrededor de 1350 a. C., cuando los reyes babilónicos mantuvieron correspondencia con Egipto y lucharon frente al creciente poder de Asiria en el norte. Después de un breve resurgimiento, la dinastía kasita llegó a su fin con la invasión elamita en 1160 a. C.

Cuando los elamitas se retiraron hacia su tierra natal iraní, príncipes nativos de la ciudad babilónica de Isin fundaron la cuarta dinastía babilónica. Después de un breve período de gloria en el que Nabucodonosor I (aprox. 1124-1103 a. C.) invadió Elam, Babilonia entró en una era oscura durante la mayor parte de los dos siglos subsiguientes. Las inundaciones, el hambre, un amplio establecimiento de tribus nómadas arameas y la llegada de los caldeos desde el sur asolaron Babilonia durante este período de confusión.

Durante la época del Imperio Asirio, Babilonia estuvo dominada por este belicoso vecino del norte. Una disputa entre dinastías que tuvo lugar en Babilonia en 851 a. C. provocó la intervención del rey asirio Salmanasar III. Los reyes babilónicos continuaron siendo independientes pero nominalmente sujetos a la «protección» asiria.

Una serie de golpes de estado en Babilonia impulsaron al asirio Tiglat-pileser III a entrar en la ciudad en 728 a. C. y proclamarse rey bajo el título real de Pulu (Pul en 2 Rey. 15:19; 1 Crón. 5:26). Al año siguiente murió. Para 721 a. C., el caldeo Marduk-apaliddina, Merodac-baladán del AT, gobernaba Babilonia. Con el respaldo de los elamitas resistió las arremetidas del asirio Sargón II en 720 a. C. Babilonia consiguió una independencia momentánea, pero en 710 a. C. Sargón volvió a atacar. Merodac-baladán fue obligado

El sitio de la antigua ciudad de Babilonia en la actual Irak. El lugar de esta ciudad otrora próspera fue abandonado en 200 d. C.

a huir a Elam. Sargón, tal como lo había hecho Tiglat-pileser antes que él, tomó el trono de Babilonia. En 705 a. C., ni bien Sargón murió, Babilonia y otras naciones, incluyendo Judá bajo el reinado de Ezequías, se rebelaron contra el dominio asirio. Merodac-baladán había regresado de Elam a Babilonia. Es probable que en este contexto haya enviado emisarios ante Ezequías (2 Rey. 20:12-19; Isa. 39). En 703 a. C., el nuevo rey asirio Senaquerib atacó Babilonia. Derrotó a Merodac-baladán, quien volvió a huir. Finalmente murió en el exilio. Después de un período de considerable intriga en Babilonia se desencadenó otra revolución contra Asiria propiciada por los elamitas. Como venganza, Senaquerib destruyó la ciudad sagrada de Babilonia en 698 a. C. Los babilonios interpretaron que su muerte, llevada a cabo por sus propios hijos (2 Rey. 19:37) en 681 a. C., fue un juicio divino producto de este ataque impensable.

Esar-hadón, hijo de Senaquerib, inmediatamente comenzó a reedificar Babilonia a fin de ganarse la lealtad del pueblo. Luego de su muerte, el príncipe coronado Asurbanipal gobernó en Asiria, mientras que otro hijo ascendió al trono de Babilonia. Todo anduvo bien hasta 651 a. C., cuando el rey babilónico se rebeló contra su hermano. Asurbanipal finalmente prevaleció y fue coronado rey de una Babilonia resentida.

El domino asirio pereció con Asurbanipal en 627 a. C. Al año siguiente Babilonia cayó en manos del jefe caldeo Nabopolasar, primer rey del Imperio neobabilónico.

Bajorrelieve de losa (mampostería barnizada) de la Babilonia de principios del siglo vi. Los bajorrelieves de losa, incluido este, se repetían en intervalos regulares a lo largo de la Puerta de Ishtar y sus murallas, que se unían a la Vía Procesional, el acceso principal a la ciudad. La Puerta de Ishtar fue uno de los logros arquitectónicos más impresionantes de Nabucodonosor.

En 612, con la ayuda de los medos, los babilonios saquearon Nínive, la capital asiria. Los remanentes del ejército asirio se reunieron en Harán, en la región norte de Siria que fue abandonada ante el acercamiento de los babilonios en 610 a. C. No obstante, Egipto desafió a Babilonia en cuanto al derecho de heredar el imperio de los asirios. El faraón Necao II, con lo último de los asirios (2 Rey. 23:29-30), fracasó en su intento de retomar Harán en 609. En 605 a. C., las fuerzas babilónicas bajo las órdenes del príncipe coronado Nabucodonosor aplastaron a los egipcios en la decisiva Batalla de Carquemis (Jer. 46:2-12). Sin embargo, la arremetida babilónica se retrasó con la muerte de Nabopolasar, que obligó a su hijo Nabucodonosor a regresar a Babilonia para asumir el mando.

En los años 604 y 603 a. C., Nabucodonosor II (605-562 a. C.), rey de Babilonia, realizó una campaña a lo largo de la costa de Palestina. En ese momento, el rey de Judá Joacim se convirtió contra su voluntad en vasallo de Babilonia. Es probable que una derrota babilónica en la frontera de Egipto en 601 haya alentado a Joacim para rebelarse. Judá padeció durante dos años los ataques de los vasallos babilónicos (2 Rey. 24:1-2). Finalmente, en diciembre de 598 a. C., Nabucodonosor marchó contra Jerusalén. Joacim murió ese mismo mes y su hijo Joaquín le entregó la ciudad a los babilonios el 16 de marzo de 597 a. C. Muchos judíos, incluyendo la familia real, fueron deportados a Babilonia (2 Rey. 24:6-12). Joaquín finalmente fue liberado, tras lo cual fue tratado como rey en el exilio (2 Rey. 25:27-30; Jer. 52:31-34). Textos excavados en Babilonia muestran que se le asignaron raciones a él y a sus cinco hijos.

Nabucodonosor designó a Sedequías para que gobernara sobre Judá. Contrariando las protestas de Jeremías, pero con promesas de ayuda egipcia, Sedequías se rebeló contra Babilonia en 589 a. C. En la campaña babilónica que se produjo como resultado, Judá fue devastada y Jerusalén sitiada. Una campaña frustrada del faraón Ofra le dio un corto respiro a Jerusalén, pero el ataque se desencadenó nuevamente (Jer. 37:4-10). La ciudad cayó en agosto de 587 a. C. Sedequías fue capturado, Jerusalén incendiada y el templo destruido (Jer. 52:12-14). Muchos judíos más fueron llevados al exilio en Babilonia (2 Rey. 25:1-21; Jer. 52:1-30).

Nabucodonosor no solo se destaca por sus conquistas militares sino también por su programa de reedificación masiva en Babilonia. La ciudad se extendió más allá del Éufrates y estaba rodeada por una muralla exterior de dieciocho kilómetros (once millas) de largo que incluía los suburbios y el palacio de verano de Nabucodonosor. La muralla interior era lo suficientemente ancha como para que pasaran dos carros de lado a lado. Se podía entrar por ocho puertas, de las cuales la más famosa era la puerta del norte llamada Ishtar, utilizada todos los años para celebrar el Año Nuevo y decorada con figuras de dragones y toros en relieve sobre ladrillos esmaltados. El camino que llevaba hacia esta puerta estaba delimitado por altos muros decorados con leones, en ladrillo barnizado, detrás de los cuales se encontraban ciudadelas defensivas. Dentro de la puerta estaba el palacio principal que Nabucodonosor había edificado con una inmensa habitación para el trono. Un sótano con fustes ubicado en el palacio probablemente haya servido como subestructura de los famosos «Jardines Colgantes de Babilonia», que algunos escritores clásicos describen como una de las maravillas del mundo antiguo. Babilonia tenía muchos templos. El más importante era Esagila, el templo de Marduk, el dios patrono de la ciudad. Reedificado por Nabucodonosor, estaba espléndidamente decorado en oro. Justo al norte de Esagila

Las ruinas de los Jardines Colgantes de Babilonia (el Irak contemporáneo), una de las siete maravillas del mundo antiguo.

se encontraba la inmensa torre escalonada de Babilonia, un zigurat denominado Etemenanki y su recinto sagrado. Los siete pisos que tenía probablemente se elevaban unos 90 m (300 ft) por encima de la ciudad. Es indudable que Babilonia impresionó en gran manera a los judíos que fueron llevados cautivos y que proporcionó oportunidades económicas sustanciales.

Nabucodonosor fue el rey más grandioso del período neobabilónico y el último gobernante verdaderamente grande de Babilonia. Sus sucesores fueron insignificantes en comparación con él. Lo sucedió su hijo Amel-Marduk (561-560 a. C.), el Evil-merodac del Antiguo Testamento (2 Rey. 25:27-30), Neriglisar (560-558 a. C.) y Labashi-Marduk (557 a. C.), asesinado cuando era solo un niño. Nabonido (556-539 a. C.), el último rey de Babilonia, fue una figura enigmática que parece haberle dado más importancia al dios luna, llamado Sin, que al dios nacional Marduk. Trasladó durante diez años su residencia a Tema en el desierto Siro-arábigo, y dejó como regente de Babilonia a su hijo Belsasar (Dan. 5:1). Nabonido regresó a una capital dividida en medio de una amenaza de parte de los medos y los persas que se habían unido. En 539 a. C., Ciro II de Persia (el Grande) entró en la ciudad sin batalla de por medio. De este modo concluyó el papel dominante de Babilonia dentro de la política del Cercano Oriente.

Babilonia permaneció como importante centro económico y capital provincial durante el período del gobierno persa. El historiador griego Herodoto, quien visitó la ciudad en 460 a. C., pudo señalar que «sobrepasa en esplendor a cualquier ciudad del mundo conocido». Alejandro Magno, conquistador del Imperio Persa, se embarcó en un programa de reconstrucción de Babilonia que se interrumpió con su muerte en 323 a. C. Después de Alejandro, la ciudad declinó económicamente pero continuó siendo un centro religioso importante hasta la época del Nuevo Testamento. El lugar quedó desierto para el año 200 d. C.

Reconstrucción artística de Babilonia, según habría lucido en el siglo VI a. C.

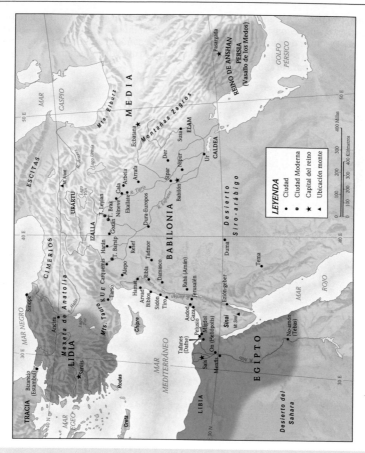

Potencias mundiales en el siglo VI

Daniel 5:25-28;30-31

«Y la escritura que trazó es: MENE, MENE, TEKEL, UPARSIN. Esta es la interpretación del asunto: MENE: Contó Dios tu reino, y le ha puesto fin. TEKEL: Pesado has sido en balanza, y fuiste hallado falto. PERES: Tu reino ha sido roto, y dado a los medos y a los persas. [...]

La misma noche fue muerto Belsasar rey de los caldeos. Y Darío de Media tomó el reino, siendo de sesenta y dos años.»

Exiliados judíos en Babilonia

Jeremías 52:28-30

«Este es el pueblo que Nabucodonosor llevó cautivo: En el año séptimo, a tres mil veintitrés hombres de Judá. En el año dieciocho de Nabucodonosor él llevó cautivas de Jerusalén a ochocientas treinta y dos personas. El año veintitrés de Nabucodonosor, Nabuzaradán capitán de la guardia llevó cautivas a setecientas cuarenta y cinco personas de los hombres de Judá; todas las personas en total fueron cuatro mil seiscientas.»

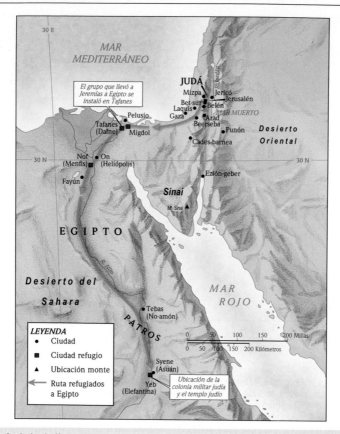

Refugiados judíos en Egipto

2 Reyes 25:25-26

«Mas en el mes séptimo vino Ismael hijo de Netanías, hijo de Elisama, de la estirpe real, y con él diez varones, e hirieron a Gedalías, y murió; y también a los de Judá y a los caldeos que estaban con él en Mizpa. Y levantándose todo el pueblo, desde el menor hasta el mayor, con los capitanes del ejército, se fueron a Egipto, por temor de los caldeos.»

La gran sala de audiencias empezada por Darío y completada por Jerjes (Asuero).

Como nación, Persia corresponde al estado moderno de Irán. Como imperio, era un vasto conjunto de estados y reinos que se extendía desde las playas de Asia Menor al oeste hasta el valle del Río Indo al este. Hacia el norte se extendía hasta el sur de Rusia, y hacia el sur incluía Egipto y las regiones que bordean el Golfo Pérsico y el de Omán. En la historia, vemos que el imperio derrotó a los babilonios y finalmente cayó ante Alejandro Magno.

La nación recibió su nombre de la zona más austral de la región llamada Pérsida. Era una tierra agreste de desiertos, montañas, mesetas y valles. El clima era árido y presentaba calores y fríos extremos. El oro, la plata, el trigo y la cebada eran originarios de la zona.

La región fue ocupada poco después de 3000 a. C. por pueblos del norte. Así se desarrolló una cultura elamita que, en su punto cumbre en 1200 a. C., dominó todo el valle del Río Tigris. Duró hasta 1050 a. C. Luego de su destrucción, entraron otros grupos del norte. Entre estos se encontraban tribus que formaron un pequeño reino en la región de Ansan alrededor de 700 a. C. Su gobernante era Aquemenes el Grande, bisabuelo de Ciro II el Grande. (Por eso, el período desde Aquemenes hasta Alejandro se llama Período Aqueménido.) Este pequeño reino fue la semilla del Imperio Persa.

Cuando Ciro II llegó al trono de su padre en 559 a. C., el reino formaba parte de un reino medo mayor. Los medos controlaban el territorio al noreste y al este de los babilonios. En 550 a. C., Ciro se rebeló contra Astiages, el rey medo. Su rebelión condujo a la captura del rey y le dio a Ciro el control de un reino que se extendía desde Media hasta el Río Halys en Asia Menor. Al poco tiempo, Ciro desafió al rey de Lidia.

La victoria allí le concedió la porción occidental de Asia Menor. En 539 a. C., Babilonia cayó ante Ciro debido a su capacidad y a las disensiones internas en el Imperio babilónico.

Ciro murió en 530 a. C.; sin embargo, el Imperio Persa continuó creciendo. Cambises II, hijo de Ciro, conquistó Egipto en 525 a. C. Su sucesor, Darío I, expandió el imperio hacia el este hasta el Indo e intentó conquistar o controlar a los griegos. Estos derrotaron a Darío en la batalla de Maratón en 490 a. C. Hasta aquí llegó la máxima extensión del imperio. Los emperadores posteriores hicieron poco y nada por expandirlo. Hasta tuvieron dificultades para mantener unido un imperio tan extenso.

El Imperio persa es importante para la historia y el desarrollo de la civilización. Tuvo efectos significativos en religión, ley, política y economía. El impacto llegó a través de los judíos, de la Biblia, del contacto con los griegos, y mediante la incorporación de las ideas y la arquitectura de los persas que llevó a cabo Alejandro Magno.

Un caballo y jinete persas del período persa tardío, la época de Nehemías.

La tumba de la derecha es la tumba de Artajerjes I. Murió en 424 a. C. de causas naturales. Se dice que su esposa murió el mismo día.

En el aspecto político, el Imperio persa fue el mejor organizado que el mundo jamás haya conocido. Para la época de Darío I, 522-486 a. C., estaba dividido en 20 satrapías (unidades políticas de tamaño y población variados) que se hallaban subdivididas en provincias. Al comienzo, Judá era una provincia en la satrapía de Babilonia. Más tarde, se la denominó en forma unificada «Del otro lado del río». Las satrapías estaban gobernadas por persas que eran directamente responsables ante el emperador. La buena administración requería buena comunicación, que a su vez exigía buenos caminos y rutas. Sin embargo, estos caminos hacían más que acelerar la administración. Alentaban el contacto entre los pueblos del imperio. Las ideas y los bienes podían trasladarse cientos de kilómetros con poca restricción. El imperio se volvió rico y también les dio a sus habitantes la sensación de ser parte de un mundo más grande. Se desarrolló una especie de «conciencia universal». El uso de monedas acuñadas y el desarrollo de una economía monetaria ayudaron a esta identificación con el mundo más amplio. Las monedas del emperador eran recordatorios prácticos del poder y los privilegios de formar parte del imperio. Además, los persas estaban comprometidos a gobernar mediante la ley. Sin embargo, en lugar de imponer una ley imperial desde arriba, el emperador y los sátrapas brindaban su autoridad y apoyaban la ley local. Para los judíos, esto significaba apoyo oficial para guardar la ley judía en su propia tierra.

El Imperio persa afectó en gran manera a los judíos y la historia bíblica. Babilonia había conquistado Jerusalén y había destruido el templo en 586 a. C. Cuando Ciro conquistó Babilonia, permitió que los judíos regresaran a Judá y los alentó a

El Cilindro de Ciro, donde se grabó el famoso Edicto de Ciro el Grande en 538 a. C. (2 Crón. 36:23; Esd. 1:2-3). El Cilindro de Ciro fue descubierto en 1879 en Nínive, Irak, por Hormuzd Rassam. Hoy en día, se encuentra en el Museo Británico.

reconstruir el templo (Esd. 1:1-4). La obra comenzó pero no se completó. Luego, bajo el reinado de Darío I, Zorobabel y el sumo sacerdote Josué guiaron a la comunidad restaurada con el apoyo y el incentivo de los persas. (Esd. 3–6 narra algunos sucesos mientras se pronunciaban las profecías de Hageo y Zacarías durante los días de la restauración). A pesar de cierta oposición local, Darío apoyó la reconstrucción del templo, que fue reedificado en el sexto año de su reinado (Esd. 6:15). Además, tanto Esdras como Nehemías fueron representantes oficiales del gobierno persa. Esdras tuvo que enseñar y designar a los jueces (Esdras 7). Nehemías tal vez haya sido el primer gobernador de la provincia de Yehud (Judá). Sin lugar a duda, tenía apoyo oficial para la reconstrucción de los muros de Jerusalén.

Los judíos también tuvieron problemas bajo el gobierno persa. Aunque Daniel fue llevado al exilio por los babilonios (Dan. 1), su ministerio continuó aun después de la caída de este imperio (Dan. 5) y llegó hasta la época de los persas (Dan. 6). Sus visiones se proyectaron aún más al futuro. Daniel 6 muestra un gobierno estable pero donde los judíos todavía podían enfrentar cierto riesgo. Sus visiones en una época de tranquilidad les recuerdan a los lectores que los reinos humanos vienen y van. Ester es la historia de cómo Dios rescató a Su pueblo durante el reinado del emperador persa Asuero (también conocido como Jerjes I). La historia muestra un imperio donde se hacía uso y abuso de la ley. Aparentemente, los judíos ya eran odiados. Es probable que Malaquías también haya pertenecido al período persa. Su libro muestra una conciencia del mundo en general y es categórico con respecto a los gentiles y al gobierno.

A lo largo de todo el período, los judíos siguieron esperando la clase de restauración prometida por profetas como Isaías (caps. 40–66) y Ezequiel (caps. 40–48). Hageo, Zacarías y Malaquías ayudaron a los judíos a tener esperanza, pero estos hombres de Dios también les recordaron a sus oyentes la importancia de la fidelidad presente y de la obediencia a Dios.

CIRO

Tercer rey de Ansán, Ciro (el Grande) asumió el poder aproximadamente en 559 a. C. Según los mejores historiales, Ciro fue criado por un pastor de ovejas después de que su abuelo Astiages, rey de Media, ordenara que lo mataran. Aparentemente, Astiages había soñado que Ciro un día lo iba a suceder como rey antes de la muerte del monarca reinante. El oficial al que se le había encargado la ejecución, en lugar de concretarla, llevó al niño a los montes y lo dejó con pastores.

Cuando Ciro se hizo adulto, organizó a los persas formando un ejército que se rebeló en contra de su abuelo y de su padre (Cambises I). Los derrotó y se apoderó del trono.

Una de sus primeras acciones como rey de Media y Persia fue lanzar un ataque contra Lidia, la capital de Sardis y el depósito de las riquezas de su rey, Creso. Ciro se dirigió hacia el este, y continuó su campaña hasta que se forjó un vasto imperio que se extendía desde el Mar Egeo hasta la India.

Posteriormente, el Imperio babilónico se interpuso en su camino, obstáculo que parecía insuperable. Sin embargo, al enfrentarse con el ejército babilónico en Opis, las tropas de Ciro lo derrotaron totalmente y siguieron hasta Babilonia. El pueblo recibió a Ciro con los brazos abiertos pues lo consideraron libertador más que conquistador. Lo único que restaba era Egipto, que se lo dejó a su hijo Cambises II. Ciro era verdaderamente gobernante del mundo.

Sus hazañas militares se han hecho legendarias. No obstante, se lo recuerda mejor por sus políticas de paz. Su famoso decreto de 539 a. C. (2 Crón. 36:22-23; Esd. 1:1-4) dejó en libertad a los cautivos que Babilonia había tomado. Entre estos prisioneros se encontraban los judíos llevados de Jerusalén en 586 a. C. A estos se les permitió regresar para reedificar el templo y la ciudad. Junto con esta liberación, Ciro devolvió los valiosos tesoros del templo que se habían llevado durante el exilio. Puesto que a los judíos les había ido financieramente bien en Babilonia, muchos no quisieron regresar a los yermos de Judá, y Ciro les exigió un impuesto a fin de ayudar a pagar el viaje de aquellos que deseaban reedificar Jerusalén.

Ciro fue un político astuto que convirtió en práctica pública la adoración a los dioses de cada reino conquistado. De esta manera se ganó el corazón de sus súbditos y mantuvo controladas las rebeliones. Se hace referencia a él como el pastor y el ungido de Jehová (Isa. 44:28—45:6) debido a su bondad para con los judíos y la adoración a Jehová.

Sus últimos años fueron oscuros. Fue asesinado mientras luchaba en un frente de guerra contra el pueblo nómada masageta. Su tumba está en Pasargada (la actual Murghab).

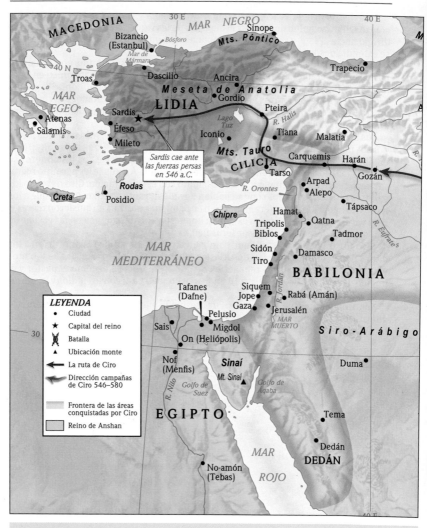

Las conquistas de Ciro el Grande

Isaías 44:24b, 28a

«... Yo Jehová, [...] dice de Ciro: Es mi pastor, y cumplirá todo lo que yo quiero...»

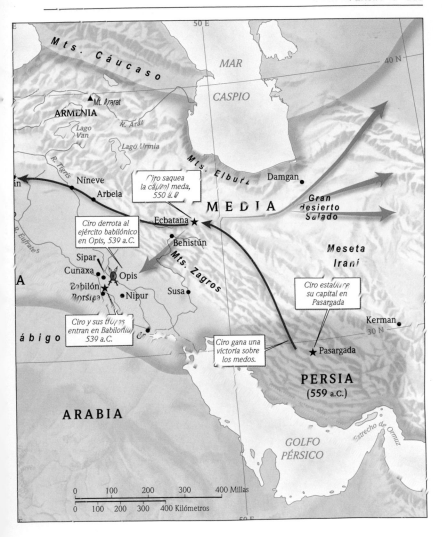

Mts. Cáucaso

MAR
CASPIO

40 N

Mt. Ararat

ARMENIA

Lago
Van

R. Aras

Lago Urmia

Mts. Elburz

Damgan

Níneve

Arbela

Ciro saquea
la capital meda,
550 a.C.

MEDIA

Gran
desierto
Salado

R. Tigris

Ecbatana

Meseta
Iraní

Ciro derrota al
ejército babilónico
en Opis, 539 a.C.

Behistún

R. Eufrates

Sipar

Cunaxa

Babilón
Borsipa

Opis

Mts. Zagros

Nipur

Susa

Ciro establece
su capital en
Pasargada

Kerman

Ciro y sus tropas
entran en Babilonia
539 a.C.

Ciro gana una
victoria sobre
los medos.

30 N

Pasargada

ábigo

PERSIA
(559 a.C.)

ARABIA

GOLFO
PÉRSICO

Estrecho de Ormuz

| 0 | 100 | 200 | 300 | 400 Millas |

| 0 | 100 | 200 | 300 | 400 Kilómetros |

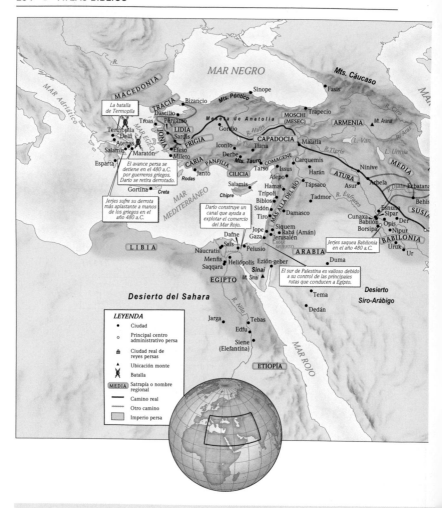

El Imperio persa

Ester 1:1-2

«Aconteció en los días de Asuero, el Asuero que reinó desde la India hasta Etiopía sobre ciento veintisiete provincias, que en aquellos días, cuando fue afirmado el rey Asuero sobre el trono de su reino, el cual estaba en Susa capital del reino.»

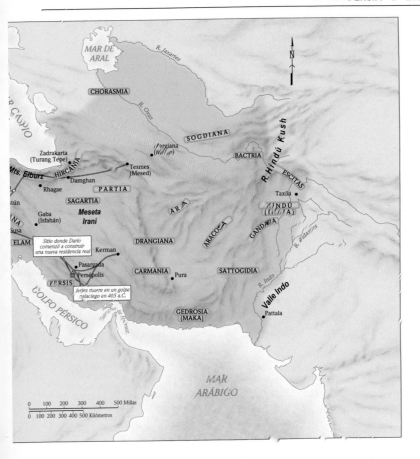

MAR DE
ARAL

R. Jaxartes

CHORASMIA

R. Oxus

SOGDIANA

R. Hindú Kush

orgiana
(N...p)

BACTRIA

ESCITAS

Zadrakarta
(Turang Tepe)

HIRCANIA

Tesmes
(Mesed)

Mts. Elburz

Damghan

Taxila

Rhagae

PARTIA

AR

INDÚ
(...A)

tún

SAGARTIA

Gaba
(Isfahán)

Meseta
Iraní

ARACO

GANDA A

R. Hidas

Susa

ELAM

DRANGIANA

Sitio donde Darío
comenzó a construir
una nueva residencia real

Kerman

CARMANIA

Pura

SATTOGIDIA

R. Indo

Valle Indo

PERSIS

Pasargada

Persépolis

Jerjes muere en un golpe
palaciego en 465 a.C.

GOLFO PÉRSICO

Estrecho de Hormuz

GEDROSIA
(MAKA)

Pattala

MAR
ARÁBIGO

0   100   200   300   400   500 Millas

0 100 200 300 400 500 Kilómetros

LOS REYES DE PERSIA

Rey persa	Fechas (a. C.)	Conexiones bíblicas	Sucesos y logros
Ciro II (el Grande)	559-530	Permitió el regreso de los judíos desde el exilio; facilitó la reconstrucción del templo en Jerusalén (Esd. 1:1-4; 6:3-5); el «ungido» de Isa. 45:1.	Rey de Ansán, 559 a. C., conquistó el reino de Media (550 a. C.) y el reino lidio (546 a. C.); conquistó Babilonia, 539 a. C.
Cambises II	530-522	No se lo menciona en la Biblia.	Hijo de Ciro el Grande; conquistó Egipto, 525 a. C.; su muerte (¿suicidio?) en 522 a. C. llevó a dos años de luchas entre rivales que reclamaban el trono.
Darío I Histaspes	522-486	Hageo y Zacarías predicaron durante el segundo año de Darío I (520 a. C.); reconstrucción y dedicación del templo, 515 a. C. (comp. Esdras 6:13-15).	Miembro de una línea real colateral; aseguró el trono terminando con los disturbios luego de la muerte de Cambises; reorganizó el Imperio persa en satrapías; estableció el sistema real de correos; comenzó a edificar Persépolis; invadió Grecia y fue vencido en Maratón, 490 a. C.; insurrección en Egipto.
Jerjes I	486-465	Posiblemente, Asuero en el libro de Ester.	Hijo de Darío I; siguió edificando Persépolis; se encontró con numerosas rebeliones al principio de su reinado (Egipto, Babilonia); invadió Grecia, saqueó Atenas (480 a. C.), pero fue vencido por los griegos en una batalla naval (Salamis, 480 a. C.) y sobre tierra (Platea y Mícala, 479 a. C.); asesinado en una insurrección en el palacio en 465 a. C.
Artajerjes I Longímano	465-425	Nehemías, copero de Artajerjes; llegó a Judá (444 a. C., comp. Neh. 2:1; 13:6); fecha tradicional de la misión de Esdras en el séptimo año de su reinado (458 a. C., comp. Esd. 7:7).	Enfrentó una rebelión en Egipto; completó grandes edificios en Persépolis; acordó la paz con los griegos (Paz de Calias, 449 a. C.); murió de causas naturales.
Jerjes II	423	No se lo menciona en la Biblia.	Reinó menos de dos meses.

Darío II Notos	423-404	No se lo menciona en la Biblia; los judíos en Egipto (Elefantina) apelaron a Samaria y Jerusalén pidiendo ayuda para reconstruir el templo aprox. en 407 a. C.	Guerra del Peloponeso, 431-404 a. C.; Persia recuperó varias ciudades griegas en Asia Menor.
Artajerjes II Mnemón	404-359/8	Algunos eruditos colocan la misión de Esdras en el séptimo año de Artajerjes II, aprox. 398 a. C.	Egipto recuperó la libertad de Persia por un tiempo; insurrección de las satrapías, 366-360 a. C.
Artajerjes III Oco	359/8 338/7	No se lo menciona en la Biblia.	Felipe II de Macedonia; llega al poder aprox. en 359 a. C.; nace Alejandro Magno, 356 a. C.; Persia recupera Egipto, 342 a. C.
Arses		No se lo menciona en la Biblia.	Desconocido.
Darío III Codomano	338/7-336 336-330	Alejandro doblega el Levante; Tiro y Gaza sitiados, 332 a. C.; Alejandro conquista Egipto, 332 a. C.	Felipe asesinado, 336 a. C.; Alejandro Magno invade el Imperio persa, 334 a. C.; Darío vencido por Alejandro en Issos, 333 a. C., y Gaugamela, 331 a. C.; muerte de Darío, 330 a. C.

EL REGRESO DEL EXILIO				
FASE	FECHA	REFERENCIA ESCRITURAL	LÍDER JUDÍO	GOBERNANTE PERSA
PRIMERA	538 a. C.	Esdras 1–6	Zorobabel Jesúa	Ciro
SEGUNDA	458 a. C.	Esdras 7–10	Esdras	Artajerjes Longimano
TERCERA	444 a. C.	Nehemías 1–13	Nehemías	Artajerjes Longimano

ALCANCE DEL REGRESO	EVENTOS DEL REGRESO
Cualquiera que quisiera podía regresar. Había que reedificar el templo en Jerusalén. El tesoro real proveyó los fondos para la reconstrucción del templo. Se devolvieron artículos de adoración de oro y plata tomados del templo por Nabucodonosor.	Se ofrecieron holocaustos. Se celebró la Fiesta de los tabernáculos. Se comenzó la reconstrucción del templo. El gobernador persa ordenó detener la reedificación. Darío, rey de Persia, ordenó que se retomara la edificación en 520 a. C. El templo se completó y dedicó en 516 a. C.
Cualquiera que quisiera podía regresar. El tesoro real proveyó los fondos. Se permitieron los magistrados civiles y jueces judíos.	Los hombres de Israel se casaron con mujeres extranjeras.
Se permitió la reconstrucción de Jerusalén.	Sanbalat horonita, Tobías el amonita y Gesem el árabe se opusieron a la reconstrucción de la muralla de Jerusalén. La reconstrucción de la muralla se completó en cincuenta y dos días. Se dedicaron las murallas. Esdras leyó el Libro de la Ley al pueblo. Nehemías inició reformas.

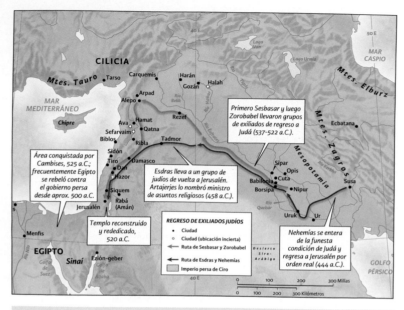

El regreso de los exiliados judíos a Judá

Esdras 1:2-4

«Así ha dicho Ciro rey de Persia: Jehová el Dios de los cielos me ha dado todos los reinos de la tierra, y me ha mandado que le edifique casa en Jerusalén, que está en Judá. Quien haya entre vosotros de su pueblo, sea Dios con él, y suba a Jerusalén que está en Judá, y edifique la casa a Jehová Dios de Israel (él es el Dios), la cual está en Jerusalén. Y a todo el que haya quedado, en cualquier lugar donde more, ayúdenle los hombres de su lugar con plata, oro, bienes y ganados, además de ofrendas voluntarias para la casa de Dios, la cual está en Jerusalén.»

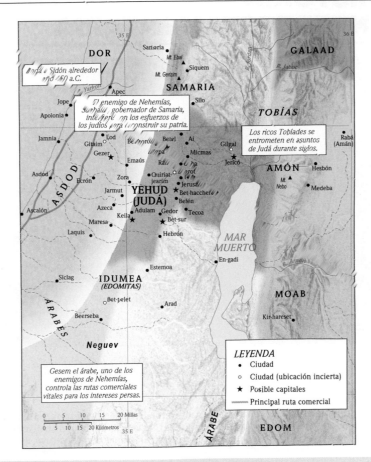

DOR

Samaria

Mt. Ebal

Siquem

Mt. Gerizim

SAMARIA

GALAAD

R. Jordán

R. Jaboc

Judá y Sidón alrededor año 150 a.C.

Apec

Yarkon

Jope

Apolonia

Jamnia

Gitaim

Gezer

Lod

Emaús

El enemigo de Nehemías, Sanbalat, gobernador de Samaria, interfiere con los esfuerzos de los judíos para reconstruir su patria.

Betel

Silo

Aí

Micmas

Gilgal

Jericó

TOBÍAS

Rabá (Amán)

Los ricos Tobíades se entrometen en asuntos de Judá durante siglos.

AMÓN

Hesbón

Mt. Nebo

Medeba

Asdod

Ecrón

Zora

Jarmut

Azeca

Keila

Maresa

Laquis

YEHUD (JUDÁ)

Quiriat-jearím

Adulam

Gedor

Bet-sur

Hebrón

Jerusa

Bet-haccherem

Belén

Tecoa

MAR MUERTO

En-gadi

R. Arnón

Siclag

IDUMEA (EDOMITAS)

Estemoa

MOAB

Bet-pelet

Arad

Kir-hareset

Beerseba

Neguev

Gesem el árabe, uno de los enemigos de Nehemías, controla las rutas comerciales vitales para los intereses persas.

LEYENDA

● Ciudad
○ Ciudad (ubicación incierta)
★ Posible capitales
— Principal ruta comercial

0   5   10   15   20 Millas
0   5   10   15   20 Kilómetros

EDOM

La provincia de Judá y los enemigos de Nehemías en el siglo v

Nehemías 4:6-8
«Edificamos, pues, el muro, y toda la muralla fue terminada hasta la mitad de su altura, porque el pueblo tuvo ánimo para trabajar.

Pero aconteció que oyendo Sanbalat y Tobías, y los árabes, los amonitas y los de Asdod, que los muros de Jerusalén eran reparados, porque ya los portillos comenzaban a ser cerrados, se encolerizaron mucho; y conspiraron todos a una para venir a atacar a Jerusalén y hacerle daño.»

HISTORIA INTERTESTAMENTARIA

La Acrópolis en Atenas tipifica la civilización griega. Un proceso de helenización fue parte de la estrategia de Alejandro Magno alrededor y más allá del mundo mediterráneo. La rebelión de los macabeos buscó revertir este proceso en Israel.

Poco después de 600 a. C., los babilonios capturaron Jerusalén, destruyeron el templo y se llevaron a muchos cautivos. Después de que Ciro venciera al Imperio babilónico, permitió que los judíos que quisieran regresaran. El templo se reconstruyó. Bajo el liderazgo de Nehemías y Esdras, la comunidad religiosa judía se estableció, y la adoración y la vida del pueblo siguió adelante. Aquí termina la historia del Antiguo Testamento, y empieza el período intertestamentario. La historia del período intertestamentario se puede dividir en tres secciones: El período griego, 323-167 a. C.; el período de la independencia, 167-63; y el período romano, 63 a. C. hasta la época del Nuevo Testamento.

El período griego (323-167 a. C.)

Filipo II de Macedonia trató de consolidar Grecia a fin de resistir el ataque del Imperio persa. Cuando fue asesinado en 336 a. C., su joven hijo Alejandro asumió la tarea. Tenía solo diecinueve años pero era talentoso y educado. A los dos años de su reinado, intentó destruir Persia. Por medio de una serie de batallas durante los dos años siguientes consiguió controlar el territorio que va de Asia Menor a Egipto, incluso Palestina (gr. *Palaistinē*), poblada por los judíos. El historiador judío Josefo (aprox. 37-100 d. C.) relata que Alejandro fue a Jerusalén a ofrecer sacrificio en el templo. Muchos elementos de esta historia sin duda son falsos, pero Alejandro trató bien a los judíos. Cuando fundó la nueva ciudad de Alejandría en Egipto, llevó a varios judíos de Palestina para que habitaran parte de esa ciudad. En 331 a. C., Alejandro consiguió el control total del Imperio persa.

Moneda con la imagen de Filipo II de Macedonia, padre de Alejandro Magno.

La conquista alejandrina tuvo tres resultados principales: Primero, procuró introducir las ideas y la cultura griegas en el territorio conquistado. Eso se denomina helenización. Alejandro creía que la manera de consolidar su imperio era que la gente tuviera una forma de vida en común. Sin embargo, no buscaba cambiar las prácticas religiosas de los judíos. Segundo, fundó ciudades y colonias griegas en todo el territorio conquistado. Tercero, difundió el idioma griego en toda la región de manera que se convirtió en idioma universal durante los siglos siguientes.

Cuando murió Alejandro en 323 a. C., el resultado fue un caos en su imperio. Cinco de sus generales más prominentes se hicieron cargo de distintas partes del imperio. Ptolomeo escogió la tierra de Egipto. Seleuco tomó el control de Babilonia. Antígono pasó a gobernar en Asia Menor y en el norte de Siria. Los

Cabeza de Alejandro Magno.

otros dos gobernaron en Europa y no tuvieron influencia sobre los eventos en Palestina.

Desde el principio, Ptolomeo y Antígono lucharon por el control de Palestina. La batalla de Ipso en 301 a. C. solucionó el problema durante un siglo. En esta batalla, los otros cuatro generales pelearon contra Antígono y lo mataron. Seleuco recibió el territorio de Antígono, incluyendo Palestina. Sin embargo, Ptolomeo no participó de la batalla, pero consiguió el control sobre Palestina. El resultado fue que Palestina siguió siendo un punto de disputa entre ptolomeos y seléucidas.

Tetradracma de Antíoco IV Epífanes.

Los judíos disfrutaron de una buena relación con los ptolomeos. Tuvieron un gobierno propio. Sus prácticas religiosas no encontraron obstáculos. Las costumbres griegas se fueron haciendo cada vez más comunes entre el pueblo. Durante el reinado de Ptolomeo Filadelfo (285-246 a. C.) comenzó la traducción del Antiguo Testamento al griego. Esta traducción se conoce con el nombre de Septuaginta (o Versión de los setenta) y se abrevia LXX. Los primeros cristianos usaron la LXX y los escritores del Nuevo Testamento la citaron con frecuencia.

Antíoco III (el Grande, 223-187 a. C.) trató sin éxito de tomar Palestina de manos de los ptolomeos en 217 a. C., pero venció a Ptolomeo IV en la batalla de Panium en 198 a. C. Él y sus sucesores gobernaron Palestina hasta 167 a. C. La situación de los judíos cambió después de que los romanos vencieron a Antíoco en la batalla de Magnesia (190 a. C.). Este había apoyado a Aníbal del norte de África, el odiado enemigo de Roma. En consecuencia, Antíoco debió entregar todo su territorio excepto la provincia de Cilicia. Tuvo que pagarles una gran suma de dinero a los romanos durante muchos años, además de rendir su armada y sus elefantes. Para asegurarse de que lo hiciera, mantuvieron a uno de sus hijos como rehén en Roma. Por lo tanto, la carga impositiva de los judíos aumentó así como la presión para helenizarse, es decir, adoptar prácticas griegas.

A Antíoco lo sucedió su hijo Seleuco IV (187-175 a. C.). Cuando fue asesinado, el gobierno pasó a manos de su hermano menor. Antíoco IV (175-163 a. C.) recibió el nombre de Epífanes («manifiesto» o «espléndido») aunque algunos lo llamaron Epímenes («loco»). Se trataba del hijo que había sido rehén en Roma. Durante los primeros años de su reinado, la situación de los judíos empeoró. Esto se debió en parte a que estaban divididos. Algunos de sus líderes, en especial los sacerdotes, estaban a favor de la helenización.

Hasta la época de Antíoco IV, el puesto de sumo sacerdote había sido hereditario y vitalicio. Sin embargo, Jasón, el hermano del sumo sacerdote, le ofreció al rey una gran suma de dinero para ser designado en esa función. Antíoco necesitaba el dinero y aceptó el trato. Jasón incluso ofreció una suma adicional para obtener permiso para construir un gimnasio cerca del templo. Esto muestra la presión hacia el helenismo. A los pocos años, Menelao, un sacerdote que no pertenecía al linaje aarónico, le ofreció al rey más dinero para ser nombrado sumo sacerdote en lugar de Jasón. Hurtó utensilios del templo para pagar lo que había prometido.

Antíoco intentó anexar Egipto a su territorio. Fue proclamado rey de Egipto pero, cuando regresó al año siguiente a fin de tomar control sobre la tierra, los romanos lo confrontaron y lo intimaron para que abandonara la región. Conociendo el poderío de Roma, regresó a su hogar. Al llegar a Jerusalén, descubrió que Jasón había echado a Menelao de la ciudad. Consideró que esto era una rebelión. Permitió que sus tropas mataran a muchos judíos y decidió poner fin a la religión judía. Sacrificó un cerdo en el altar del templo. A los padres se les prohibió circuncidar a sus hijos, no se podía guardar el día de reposo y debían quemarse todas las copias de la ley. Ser hallado con una copia de la ley se consideraba un delito capital. El celo de Antíoco por destruir el judaísmo fue un factor importante para no conseguir el logro de su objetivo.

La independencia judía (167-63 a. C.)

Al comienzo, la resistencia fue pasiva pero, cuando los seléucidas enviaron oficiales por toda la tierra para obligar a los ciudadanos principales a ofrecer sacrificio a Zeus, se desencadenó un conflicto abierto. Estalló primero en la aldea de Modein, a mitad de camino entre Jerusalén y Jope. Se escogió al anciano sacerdote Matatías para ofrecer sacrificio. Él se negó, pero un joven judío se ofreció a hacerlo. Esto irritó a Matatías, quien mató tanto al judío como al oficial. Luego huyó a las montañas con sus cinco hijos y algunos que apoyaban su accionar. Había comenzado la rebelión.

El liderazgo pasó a Judas, tercer hijo de Matatías, que recibió el sobrenombre de Macabeo, el martillador. Es probable que recibiera este título por su éxito en la batalla. Era el líder guerrillero ideal. Libró batallas exitosas contra fuerzas que lo superaban en número. La mayor parte de su ejército la conformaba un grupo llamado hasidim. Estos hombres se hallaban intensamente comprometidos con la libertad religiosa, con la obediencia a la ley y la adoración a Dios.

Antíoco IV se preocupaba más por los asuntos de la región oriental de su territorio que por las cuestiones en Palestina. De modo que, al principio, no dedicó muchas tropas a la revuelta. Judas pudo lograr el control de Jerusalén en el término de tres años. El templo fue purificado y rededicado exactamente tres años después de haber sido profanado por el rey (164 a. C.). (Las fechas en este período son inciertas y puede ser un año antes de lo indicado.) Esto aún se conmemora en la fiesta judía de Januká. Los hasidim habían obtenido lo que buscaban y dejaron el ejército, pero Judas tenía en mente objetivos mayores. Deseaba la libertad política. Él rescató a los judíos maltratados de Galilea y Galaad e hizo una alianza de amistad y apoyo mutuo con Roma. En 160 a. C., con una fuerza de 800 hombres, peleó en Elasa con un ejército sumamente superior y lo asesinaron.

Jonatán, otro hijo de Matatías, asumió el liderazgo en la búsqueda de la independencia. En el aspecto militar era débil. Fue expulsado de las ciudades y poco a poco se estableció en las afueras. Los que trataban de apoderarse del trono seléucida luchaban constantemente. Los rivales le ofrecieron presentes para obtener su apoyo. En 152 a. C., decidió apoyar a Alejandro Balas, que declaraba ser hijo de Antíoco IV. A su vez, Jonatán fue nombrado sumo sacerdote. Por primera vez, el gobierno religioso y civil judío estaba centrado en una persona. Jonatán fue tomado prisionero y asesinado en 143 a. C.

Simón, el último hijo sobreviviente de Matatías, gobernó hasta que fue asesinado por su yerno en 134 a. C. Hacia 141 a. C., consiguió liberar de los impuestos a los judíos. Por fin conseguían la libertad política. Simón fue aclamado por el pueblo como líder y sumo sacerdote para siempre. El sumo sacerdocio se hizo hereditario con él y sus descendientes. Así nació la dinastía asmonea que recibió ese nombre en honor a un antepasado de Matatías.

Mujer en terracota, con vestimenta y peinado griegos, que data del segundo al primer siglo a. C.

Cuando Simón fue asesinado, su hijo Juan Hircano se convirtió en sumo sacerdote y gobernante civil (134-104 a. C.). Durante un breve tiempo, los seléucidas tuvieron cierto poder sobre el pueblo judío, pero Hircano consiguió la libertad y comenzó a expandir el territorio de los judíos. Destruyó el templo de los samaritanos en el Monte Gerizim en el norte. Se dirigió al sudeste y conquistó la tierra de los idumeos, el antiguo reino de Edom. Los residentes fueron obligados a emigrar o a convertirse al judaísmo. Esto tuvo una importancia fundamental para los judíos porque de este pueblo provendría Herodes el Grande.

El hijo mayor de Hircano, Aristóbulo I (104-103 a.C.), fue el sucesor. Encarceló a su propia madre y a tres hermanos. A uno de los hermanos se le permitió permanecer en libertad pero más tarde fue asesinado. Permitió que su madre muriera de hambre en la cárcel. Extendió sus dominios hasta incluir parte del territorio de Iturea, al norte de Galilea. Fue el primero en adoptar el título de rey.

La esposa de Aristóbulo I fue Salomé Alejandra. Cuando él murió, ella liberó a los hermanos de su esposo y se casó con el mayor, Alejandro Janeo. Este se convirtió en sumo sacerdote y rey (103-76 a. C.). Se ganó muchos enemigos por casarse con la viuda de su hermano, ya que el Antiguo Testamento establecía que el sumo sacerdote debía casarse con una virgen (Lev. 21:14). Era un guerrero ambicioso y dirigió campañas con las que aumentó su reino hasta casi el tamaño del reino de David. Usó soldados extranjeros porque no confiaba en que hubiera judíos en su ejército. Como sumo sacerdote, no siempre siguió los ritos especificados. En cierta oportunidad, la gente reaccionó a su inadecuado accionar lanzándole frutas. Él permitió que sus soldados asesinaran a 6000 personas. En otra ocasión, cuando hizo crucificar a 800 enemigos, mandó que trajeran a las esposas e hijos de estos y los asesinó ante la vista de ellos.

Salomé Alejandra sucedió a su esposo como gobernante (76-67 a. C.). Como ella no podía ser sumo sacerdote, las funciones se separaron y su hijo mayor Hircano II ocupó ese puesto. Él no era ambicioso, pero el hijo menor de Salomé, Aristóbulo II, era todo lo contrario. Esperaba que muriera su madre para poder ser rey y sumo sacerdote.

Cuando Salomé Alejandra murió se declaró una guerra civil que duró hasta 63 a. C. Aristóbulo II venció con facilidad a Hircano II, que no tuvo problemas en retirarse. Este podría ser el final de la historia a no ser por el idumeo Antípater. Él persuadió a Hircano II para que buscara la ayuda del rey de Nabatea a fin de recuperar su cargo. Aristóbulo debió regresar a Jerusalén. En ese momento, aparece en escena Roma. Tanto Aristóbulo como Hircano apelaron ante Escauro, el general romano que tenía a su cargo la administración de Palestina. Este apoyó a Aristóbulo. Cuando más tarde apareció el comandante romano Pompeyo, ambos apelaron ante él. Aristóbulo terminó tratando de luchar contra los romanos. Fue derrotado y llevado prisionero a Roma. Los romanos entonces asumieron el control de Palestina.

El período romano (63 a. C. 324 d. C.)

Bajo el control de los romanos, los judíos debieron pagar impuestos altos pero no modificaron sus prácticas religiosas. El poder romano era ejercido por medio de Antípater, quien fue nombrado gobernador de Palestina. Hircano fue designado sumo sacerdote. La situación en Palestina era confusa debido a los esfuerzos de Aristóbulo y sus hijos por liderar revueltas contra Roma. Mientras Palestina estuvo bajo el dominio de diversos oficiales romanos, Antípater construyó la fuerza estabilizadora. Tenía un hijo, Fasael, que había sido nombrador gobernador de Judea, y otro, Herodes, que gobernaba Galilea. Herodes procuró instaurar el orden en la región a su cargo. Arrestó a Ezequías, un ladrón o rebelde judío, y lo ejecutó. El Sanedrín en Jerusalén convocó a Herodes para que diera explicaciones por su acción. Se presentó vestido de púrpura real y acompañado de un guardaespaldas. El Sanedrín no pudo hacer nada.

Antípater fue asesinado en 43 a. C. En 42 a. C., Antonio se convirtió en comandante romano en el Oriente. En el año 40 a. C., los partos invadieron Palestina e hicieron rey a Antígono, el último hijo de Aristóbulo, que aún vivía. A Hircano lo mutilaron cortándole o mordiéndole las orejas de modo que no pudiera volver a ser sumo sacerdote. Fasael fue capturado y se suicidó en prisión. Herodes apenas pudo escapar con su familia. Se dirigió a Roma para conseguir que su futuro cuñado Aristóbulo fuese nombrado rey, con la esperanza de regir por su intermedio de la misma manera que lo había hecho su padre por medio de Antípater. A instancias de Antonio y de Octavio (Augusto), el senado romano hizo rey a Herodes (40 a. C.). A este le llevó tres años expulsar a los partos del país y establecer su gobierno. Fue rey hasta su muerte en el año 4 a. C.

Los años del reinado de Herodes fueron una época de turbulencia para el pueblo judío. Herodes era idumeo. Aunque sus ancestros habían sido forzados a convertirse al judaísmo, el pueblo jamás lo aceptó. Representaba a un poder extranjero. Sin importar cuán bien sirviera a Roma, jamás podría satisfacer a los judíos. Ni siquiera su matrimonio con Mariamne, la nieta de Aristóbulo II, le dio legitimidad a su reinado a ojos de los judíos. El más espectacular de sus logros arquitectónicos, la reconstrucción del templo de Jerusalén, no le ganó la lealtad de los judíos.

Herodes tuvo muchos problemas surgidos de sus celos y temores. Hizo ejecutar a su cuñado Aristóbulo. Luego hizo lo mismo con su madre, con Mariamne y con sus dos hijos. Cinco días antes de su muerte, hizo matar a su hijo mayor Antípater. Sus relaciones con Roma a veces fueron problemáticas debido a las condiciones inestables en el imperio. Herodes le prestó su apoyo inequívoco a Antonio, aunque no toleraba a Cleopatra, de la que Antonio se había enamorado. Cuando Octavio venció a Antonio en 31 a. C., Herodes acudió a él para prometerle su apoyo total. Octavio aceptó la oferta. Herodes demostró ser un eficaz administrador en nombre de Roma que mantuvo la paz en un pueblo difícil de gobernar. Era un hombre cruel e inmisericorde pero al mismo tiempo generoso, ya que usó sus propios fondos para dar alimento al pueblo durante una hambruna. Nunca se recuperó de la ejecución de Mariamne, la esposa a la que amó por sobre todas las otras. Su dolor lo llevó a tener problemas mentales y emocionales.

Jesús nació durante el reinado de Herodes (Mat. 2:1-18; Luc. 1:5), el rey que ordenó la ejecución de los bebés varones en Belén (Mat. 2:16-18).

A su muerte, Herodes el Grande le dejó el reino a tres de sus hijos. Antipas debía ser el tetrarca («gobernante de un cuarto») de Galilea y de Perea (4 a. C.-39 d. C.). Felipe sería el tetrarca de las regiones gentiles al noreste del Mar de Galilea (4 a. C.-34 d. C.). Arquelao iba a ser rey de Judea y de Samaria. Roma aceptó los deseos de Herodes, pero Arquelao no recibió el título de rey sino que fue etnarca («gobernante del pueblo») de esos dos territorios. Demostró ser un mal gobernante y fue depuesto en 6 d. C. Sus territorios fueron colocados bajo el gobierno directo de procuradores romanos controlados por el gobernador de Siria.

Literatura

Los judíos produjeron muchas obras literarias durante la época intertestamentaria. Se las puede clasificar en tres grupos. Los libros apócrifos son escritos que, en su mayoría, se incluyeron en la LXX, la traducción griega del Antiguo Testamento. Fueron traducidos al latín y pasaron a formar parte de la Vulgata Latina, la Biblia latina autorizada. Algunos son libros históricos. El Primer Libro de Macabeos es nuestra principal fuente de información sobre la historia del período entre Antíoco Epífanes y Juan Hircano, mientras que otros libros son literatura sapiencial, románticos históricos o textos apocalípticos. Un segundo grupo de escritos son los libros pseudoepigráficos, una colección más grande que los apócrifos, pero no hay acuerdo acerca de qué obras se deben incluir. Hay cincuenta y dos escritos en dos volúmenes: *Los Escritos Pseudoepigráficos del Antiguo Testamento*, editados por James H. Charlesworth. Estos cubren un amplio espectro del pensamiento judío, desde lo apocalíptico a la sabiduría y las meditaciones. El título indica que son atribuidos a personas conocidas de la antigüedad, tales como Adán, Abraham, Enoc, Esdras

Fragmento de los Rollos del Mar Muerto.

y Baruc. En su mayoría fueron escritos en los últimos siglos antes del nacimiento de Jesús, aunque algunos son del siglo I de la era cristiana.

Los Rollos del Mar Muerto

El último grupo de escritos de este período son los rollos de Qumrán conocidos con el nombre de «Rollos del Mar Muerto». Los rollos fueron descubiertos entre 1947 y 1960, en cuevas sobre la orilla occidental del Mar Muerto, cerca de una ruina llamada Khirbet Qumrán. Se hallaron fragmentos de manuscritos en al menos once cuevas de la zona. Estos documentos fueron compuestos o copiados entre 200 a. C. y 70 d. C., mayormente alrededor de la vida de Jesús, por una pequeña comunidad que vivía en Qumrán.

Los Rollos del Mar Muerto y el texto del Antiguo Testamento

Antes del descubrimiento de estos rollos, los manuscritos más antiguos completos o casi completos del Antiguo Testamento hebreo eran el Códice de Leningrado (1009 d. C.) y el Códice de Aleppo (930 d. C.).

Cuevas en Qumrán, en las cuales se descubrieron los Rollos del Mar Muerto.

El descubrimiento de los Rollos del Mar Muerto ha extendido nuestro conocimiento del texto hebreo a 1000 años antes. La lección más importante es el cuidado con que los escribas judíos de aquella época preservaron la integridad del texto. Por otra parte, entre los manuscritos recuperados estaba la traducción textual primitiva que posteriormente se convirtió en el texto estándar, conocido como Texto Masorético (TM). Este descubrimiento demostró que los masoretas judíos no estaban creando un texto sino preservando fielmente una forma antigua del Antiguo Testamento hebreo.

Los Rollos del Mar Muerto y el cristianismo

Luego del descubrimiento del primero de los rollos, algunos eruditos presentaron la idea de que parte de la ideología del cristianismo inicial pudo haber tenido sus orígenes en la teología de Qumrán. Frases de identificación propia como «los llamados» (*ekklesia*), «el camino», «los pobres», «los elegidos» y «los santos» eran comunes a ambos grupos, como así también su identidad como comunidades mesiánicas.

Ambos se aferraban a una teología del «nuevo pacto» y consideraban a sus fundadores y líderes como el cumplimiento de la promesa profética del Antiguo Testamento. Ambos grupos sostenían que el liderazgo religioso de Jerusalén se había corrompido y necesitaba la intervención divina a fin de corregirlo. Las comidas comunitarias y el compartir los bienes en la iglesia primitiva fueron comparables a Qumrán, y ambos grupos practicaban una forma de bautismo ritual. Sin embargo, por semejantes que pudieran parecer los textos a partir de su lectura superficial, hay notables diferencias. La esencia que los distingue es la identidad personal, la enseñanza y la obra de Jesús de Nazaret. Los miembros de Qumrán posiblemente buscaban dos mesías, uno del linaje de Aarón (sacerdotal) y otro de la rama de David (de la realeza), mientras que para el cristianismo, el Mesías ya había venido y cumplido con la ley y los profetas, y regresaría a buscar a los santos en el futuro escatológico.

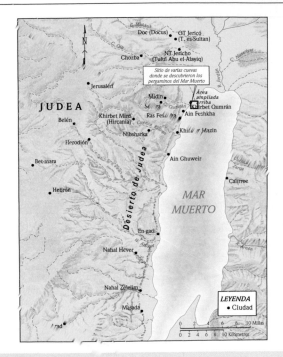

Qumrán y los Rollos del Mar Muerto

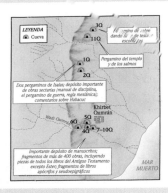

Cuevas de Qumrán

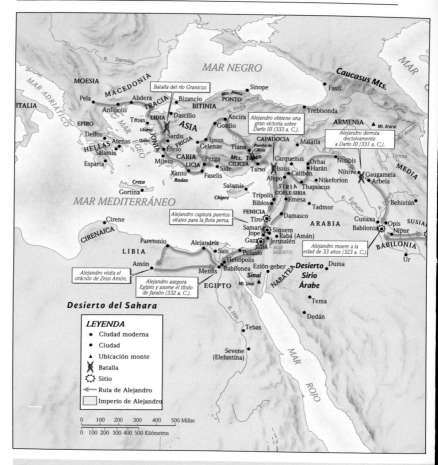

El imperio de Alejandro Magno

Daniel 11:2-4

«... He aquí que aún habrá tres reyes en Persia, y el cuarto se hará de grandes riquezas más que todos ellos; y al hacerse fuerte con sus riquezas, levantará a todos contra el reino de Grecia. Se levantará luego un rey valiente, el cual dominará con gran poder y hará su voluntad. Pero cuando se haya levantado, su reino será quebrantado y repartido hacia los cuatro vientos del cielo; no a sus descendientes, ni según el dominio con que él dominó; porque su reino será arrancado, y será para otros fuera de ellos.»

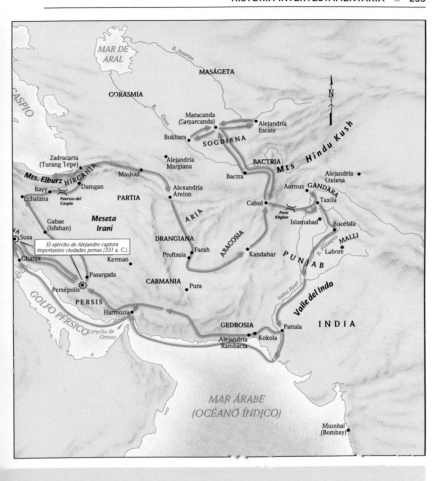

MAR DE ARAL

R. Jaxartes

MASÁGETA

CORASMIA

R. Oxus

CASPIO

Maracanda (Samarcanda)

Bokhara

SOGDIANA

Alejandría Escate

Mts. Hindu Kush

Zadracarta (Turang Tepe)

HIRCANIA

Mashad

Alejandría Margiana

BACTRIA

Bactra

Alejandría Oxiana

Mts. Elburz

Rayy

Damgan

Puertas del Caspio

PARTIA

Alexandria Areion

Aornus

GANDARA

Taxila

Echatana

ARIA

Cabul

Paso Khyber

Islamabad

Bucéfala

Gabae (Isfahan)

Meseta Iraní

SUSA

Susa

DRANGIANA

ARACOSIA

Lahore

MALLI

R. Hidaspes

El ejército de Alejandro captura importantes ciudades persas (331 a. C.).

Proftasia

Farah

Kandahar

PUNJAB

Charax

Kerman

Pasargada

CARMANIA

Pura

Indus River

Valle del Indo

Persépolis

PERSIS

Harmozia

GEDROSIA

Pattala

INDIA

GOLFO PÉRSICO

Estrecho de Ormuz

Alejandría Rambacia

Kokola

MAR ÁRABE (OCÉANO ÍNDICO)

Mumbai (Bombay)

LOS PTOLOMEOS Y LOS SELÉUCIDAS

Gobernantes ptolomeos	Sucesos clave	Gobernantes seléucidas	Sucesos clave
Ptolomeo I Sóter (323-285 a. C.)	Estableció el linaje ptolomeo; fundó la gran biblioteca de Alejandría; restableció a muchos judíos en Alejandría.	Seleuco I (312-280 a. C.)	Fundó el linaje seléucida; fundó Antioquía en 300 a. C.
Ptolomeo II Filadelfo (285-246 a. C.)	Primera y segunda guerras con los seléucidas; la Septuaginta (LXX) empezó en Alejandría.	Antíoco I (280-261 a. C.)	
Ptolomeo III Evergetes (246-221 a. C.)	Tercera guerra con los seléucidas.	Antíoco II (261-246 a. C.)	
Ptolomeo III Filopátor (221-203 a. C.)	Venció a Antíoco III en Rafia.	Seleuco II (246-223 a. C.)	Aseguró Palestina para el gobierno seléucida en Panías en el año 200; vencido por Roma en Asia Menor en Magnesia en 190.
Ptolomeo V Epífanes (203-181 a. C.)	Perdió Palestina a manos de los seléucidas en 200 a. C.	Antíoco III (223-187 a. C.)	
Ptolomeo VI Filométor (181-146 a. C.)		Seleuco IV (187-175 a. C.)	Heliodoro intenta saquear el templo en Jerusalén.
		Antíoco IV (175-163 a. C.)	Corrompió al sumo sacerdocio en Jerusalén; invadió Egipto pero los romanos lo obligaron a retirarse; políticas provocaron la rebelión macabea; profanó el templo en Jerusalén.

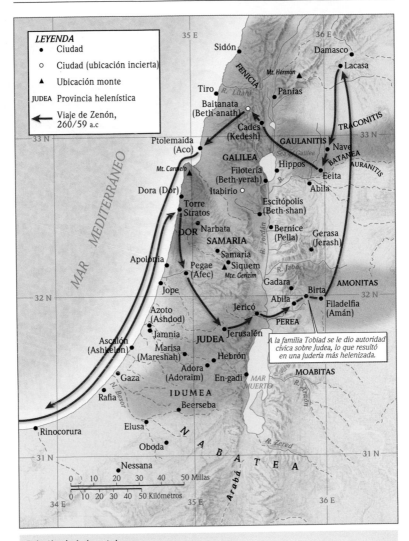

LEYENDA

- ● Ciudad
- ○ Ciudad (ubicación incierta)
- ▲ Ubicación monte
- JUDEA Provincia helenística
- ← Viaje de Zenón, 260/59 a.c

35 E

36 E

Sidón

Damasco

Lacasa

FENICIA

Mt. Hermón ▲

Panías

Tiro

R. Litani

Baitanata
(Beth-anath)

Cades
(Kedesh)

TRACONITIS

33 N

Ptolemaida
(Aco)

GAULANITIS

Nave

BATANEA

Mar de Galilee

Eeita

AURANITIS

GALILEA

Hippos

Mt. Carmelo ▲

Filoteria
(Beth-yerah)

Abila

Dora (Dor)

Itabirio ○

Escitópolis
(Beth-shan)

Torre
Stratos

R. Jordán

Bernice
(Pella)

Gerasa
(Jerash)

DOR

Narbata

SAMARIA

Apolonia

Pegae
(Afec)

Samaria

Siquem

Mte. Gerizim

R. Jabog

Gadara

Jope

AMONITAS

Abila

Birta

Azoto
(Ashdod)

Jericó

Filadelfia
(Amán)

Jamnia

Jerusalén

PEREA

Ascalón
(Ashkelon)

JUDEA

Marisa
(Mareshah)

Hebrón

*A la familia Tobiad se le dio autoridad
cívica sobre Judea, lo que resultó
en una judería más helenizada.*

Gaza

Adora
(Adoraim)

En-gadi

MAR
MUERTO

MOABITAS

R. Arnón

Rafia

IDUMEA

Beerseba

N

Rinocorura

Elusa

A

B

A

T

E

A

R. Zered

31 N

Oboda

Nessana

0   10   20   30   40   50 Millas

0   10   20   30   40   50 Kilómetros

Arabá

34 E

35 E

36 E

MAR MEDITERRÁNEO

32 N

31 N

32 N

33 N

Palestina bajo los ptolomeos

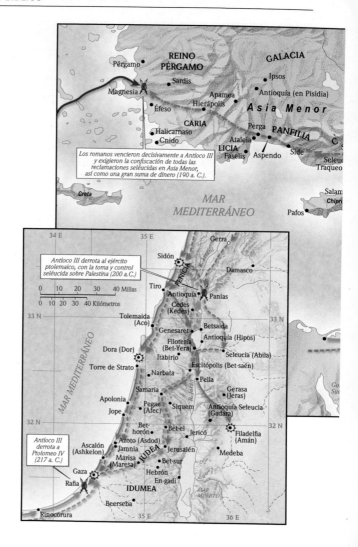

Los romanos vencieron decisivamente a Antíoco III y exigieron la confiscación de todas las reclamaciones seléucidas en Asia Menor, así como una gran suma de dinero (190 a. C.).

Antíoco III derrota al ejército ptolemaico, con la toma y control seléucida sobre Palestina (200 a.C.).

Antíoco III derrota a Ptolomeo IV (217 a. C.)

El Imperio seléucida y Antíoco III

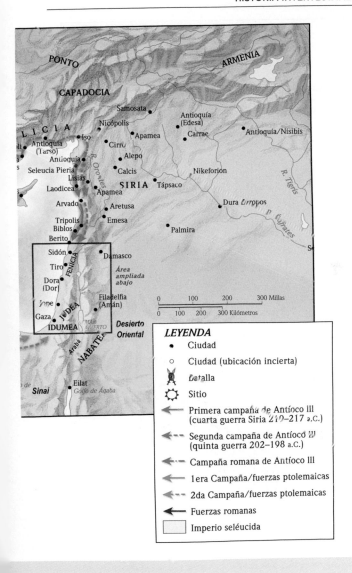

LEYENDA

- ● Ciudad
- ○ Ciudad (ubicación incierta)
- ⊗ Batalla
- ✦ Sitio
- ← Primera campaña de Antíoco III
  (cuarta guerra Siria 219–217 a.C.)
- ←-- Segunda campaña de Antíoco III
  (quinta guerra 202–198 a.C.)
- ←·- Campaña romana de Antíoco III
- ← 1era Campaña/fuerzas ptolemaicas
- ←-- 2da Campaña/fuerzas ptolemaicas
- ← Fuerzas romanas
- ☐ Imperio seléucida

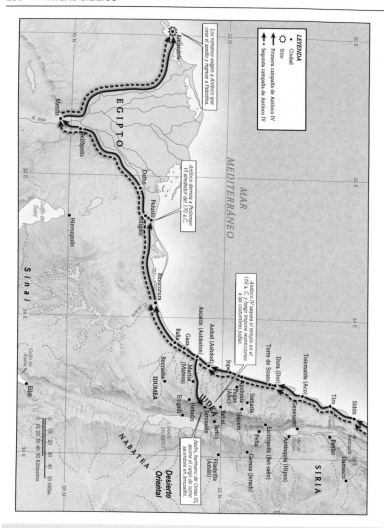

LEYENDA
- Ciudad
☼ Sitio
↑ Primera campaña de Antíoco IV
↑ Segunda campaña de Antíoco IV

Los romanos exigen a Antíoco que cese el asedio y regrese a Palestina.

Antíoco derrota a Ptolomeo VI alrededor del 170 a.C.

Antíoco IV saquea el templo en el 169 a.C. y luego impone restricciones a las costumbres judías.

Jasón, hermano de Onías III, asume el cargo de sumo sacerdote en Jerusalén.

Campaña de Antíoco contra Egipto

Reconstrucción de un faro en el puerto de Alejandría, Egipto.

Alejandría fue la capital de Egipto desde 330 a. C., fundada por Alejandro Magno como un excepcional centro cultural y académico griego. Estaba diseñada para funcionar como el puerto principal de Egipto, ubicado en el borde occidental del delta del Nilo. Edificada sobre una península, separaba el Mar Mediterráneo del Lago Mareotis. Una carretera elevada (Heptastadion, o «siete estadios») conectaba la península con la Isla de Faros y dividía el puerto. El faro del lugar se avistaba a kilómetros de distancia, a una altura de más de 120 m (400 ft) y actualmente se lo recuerda como una de las «Siete Maravillas del Mundo».

LA FAMILIA DE MATATÍAS Y LA REBELIÓN MACABEA

Nombre	Fechas de gobierno	Sucesos significativos
Matatías	167-166 a. C.	Profeta anciano que vivía en Modein; murió en 166 a. C.; desafió la orden de ofrecer un sacrificio en homenaje a Antíoco IV.
Judas «Macabeo»	166-160 a. C.	Tercer hijo de Matatías; condujo una insurrección desde 166 a 160 a. C.; ganó victorias sobre las tropas seléucidas en Bet-horón, Samaria, Emaús y Bet-sur; reclamó y limpió el templo en Jerusalén en 164 a. C.; obtuvo la libertad religiosa para los judíos en 162 a. C.; murió luchando en Elasa.
Jonatán	160-142 a. C.	Hijo menor de Matatías; lideró una guerra de guerrillas desde los desiertos de Judá; al tiempo, estableció una base en Micmas; fue designado sumo sacerdote en 152 a. C.; tomado prisionero y ejecutado por el seléucida Trifón en 143 a. C.
Simón	142-134 a. C.	Segundo hijo de Matatías; obtuvo concesiones políticas de los gobernantes seléucidas que condujeron a un estado judío independiente en 142 a. C.; murió en un golpe de estado en 135 a. C.

SELECCIÓN DE EVENTOS DE LA REBELIÓN MACABEA (168-142 a.C.)

- Ciudad
- ○ Ciudad (ubicación incierta)
- Batalla
- Desplazamientos de Matatías y sus hijos
- Desplazamientos de Judas
- Desplazamientos de Jonatán
- Desplazamientos de Serón
- Desplazamientos de Apolonio
- Desplazamientos de Nicanor
- Desplazamientos de Báquides
- Desplazamientos de Lisias

Matatías y sus cinco hijos huyen a las colinas de Gofna después de matar a un representante del rey.

Judas vence a Serón en el paso de Bet-horón (166 a.C.)

Matatías inicia la rebelión negándose a ofrecer un sacrificio para el representante del rey (167 a.C.)

Judas derrota a Nicanor cerca de Emaús (165 a.C.)

Simón sucede a Jonatán y devuelve la independencia a Judea (142 a.C.)

Judas muere en una batalla (160 a.C.)

Judas recobra el templo de Jerusalén (164 a.C.)

Lisias derrotado (164 a.C.)

Judas vence a Apolonio en la subida de Lebona (167 a.C.)

Jonatán va a Micmas luego de la tregua con Báquides.

Jonatán es nombrado sumo sacerdote y recibe control sobre gran parte de Judea y Samaria (152 a.C.)

Jonatán es el líder de la rebelión después de la muerte de Judas.

Eventos selectos en la rebelión macabea

LOS GOBERNANTES ASMONEOS		
Nombre	Fechas de gobierno	Sucesos significativos
Juan Hircano	135-104 a. C.	Hijo de Simón, último de los hermanos macabeos; conquistó Medeba, Idumea, Samaria y Jope; los fariseos y los saduceos aparecen por primera vez en su reinado.
Aristóbulo	104-103 a. C.	Hijo mayor de Juan Hircano; eliminó a todos menos a uno de sus hermanos para asegurar su gobierno; Alta Galilea conquistada durante su reinado; primer asmoneo en usar el título de «rey».
Alejandro Janeo	103-76 a. C.	Hermano de Aristóbulo que se casó con su viuda, Salomé Alejandra; añadió territorios a lo largo de la costa (Gaza, Dora, Antedón, Rafia, Torre de Estrato); extendió el gobierno judío en Transjordania; guerra civil entre Janeo y los fariseos y sus partidarios.
Salomé Alejandra	76-67 a. C.	Viuda de Alejandro Janeo; asumió la autoridad civil; designó a su hijo mayor Hircano II como sumo sacerdote; favorecía a los fariseos.
Hircano II y Aristóbulo II	67-63 a. C.	Hijos rivales de Salomé Alejandra; Aristóbulo, apoyado por los saduceos, tomó el poder de Hircano II; el gobernador idumeo Antípater usó a los nabateos en un intento de restaurar a Hircano al poder en 63 a. C. Pompeya intervino en la disputa.

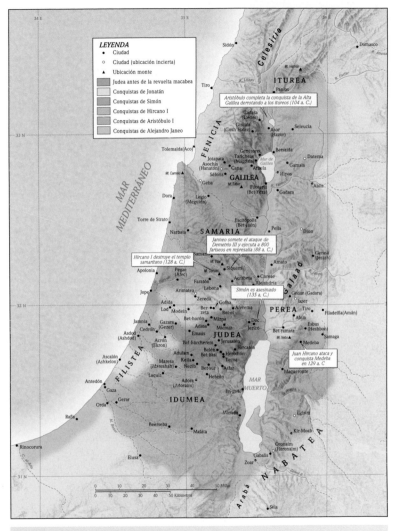

LEYENDA
- • Ciudad
- ○ Ciudad (ubicación incierta)
- ▲ Ubicación monte
- Judea antes de la revuelta macabea
- Conquistas de Jonatán
- Conquistas de Simón
- Conquistas de Hírcano I
- Conquistas de Aristóbulo I
- Conquistas de Alejandro Janeo

Aristóbulo completa la conquista de la Alta Galilea derrotando a los itureos (104 a. C.)

Janneo somete el ataque de Demetrio III y ejecuta a 800 fariseos en represalia (88 a. C.)

Hírcano I destruye el templo samaritano (128 a. C.)

Simón es asesinado (135 a. C.)

Juan Hírcano ataca y conquista Medeba en 129 a. C.

MAR MEDITERRÁNEO

MAR MUERTO

CELESIRIA

ITUREA

FENICIA

GALILEA

SAMARIA

GALAAD

PEREA

JUDEA

FILISTEA

IDUMEA

NABATEA

Araba

Expansión judía bajo la dinastía asmonea

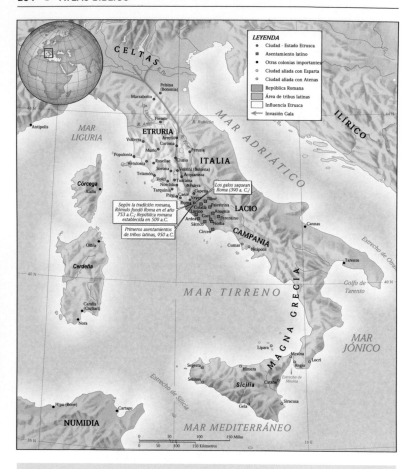

LEYENDA
- Ciudad - Estado Etrusca
- Asentamiento latino
- Otras colonias importantes
- Ciudad aliada con Esparta
- Ciudad aliada con Atenas
- República Romana
- Área de tribus latinas
- Influencia Etrusca
- Invasión Gala

CELTAS

Felsina (Bononia)

Marzabotto

Fiesole

ETRURIA

Volterra Arretio Cortona

Murlo Perusia

Populonia Rusellae Clusio ITALIA

Vetulonia Sovana Volsini (Bolsena)

Telamón Tuscania Acquarossa

Volci Falera

Córcega Norchia Caére Capena

Alalia Tarquinia Pirgi Veyes Tibur

Roma Colatia Palestrina

Layino Anagnia

Ardea Cora Ferentino LACIO

Sátrico Norba

Circeo CAMPANIA

Cumas Neápolis Cannas

MAR LIGURIA

Antipolis

MAR ADRIÁTICO

R. Rubicón

ILÍRICO

Según la tradición romana, Rómulo fundó Roma en el año 753 a.C.; República romana establecida en 509 a.C.

Primeros asentamientos de tribus latinas, 950 a.C.

Los galos saquean Roma (390 a. C.)

Cerdeña

Olbia

Caralis (Cagliari)

Nora

MAR TIRRENO

MAGNA GRECIA

Golfo de Tarento

Tarento

Estrecho de Otra

MAR JÓNICO

Lipara Mesina Locri

Segesta Regio

Himera

Selinos Estrecho de Mesina

Sicilia Catana

Gela Siracusa

Hipo (Bone) Cartago

NUMIDIA MAR MEDITERRÁNEO

Estrecho de Sicilia

0   50   100   150 Millas
0   50   100   150 Kilómetros

Antigua Roma

EL ASCENSO DE ROMA	
Fechas (a. C.)	**Sucesos**
1000-900?	Establecimiento temprano de tribus latinas en las cumbres cerca del paso del Río Tíber.
753	Fecha tradicional de la fundación de Roma; siete reyes de Roma; influencia y dominio crecientes de los etruscos sobre Roma.
509	Expulsión del rey etrusco Tarquinio II (534-509 a. C.) y establecimiento de la república romana.
390	Saqueo de Roma por parte de los galos.
312	Construcción de la Vía Apia, el primero de los grandes caminos romanos.
264-241	Colonización y conquista romana de la Península itálica (334-241 a. C.); Primera Guerra Púnica (Cartagena); adición de Sicilia (241 a. C.); Cerdeña (238 a. C.) y Córcega (238 a. C.).
218-202	Segunda Guerra Púnica; campaña de Aníbal en Italia; derrota de Cartagena; Roma ocupa España; Primera Guerra Macedónica (214-205 a. C.).
200-197/6	Segunda Guerra Macedónica; Felipe V vencido; Roma invade Asia y vence a Antíoco III en Magnesia en 190 a. C.
171-168/7	Tercera Guerra Macedónica; Macedonia es dividida en cuatro distritos.
150-148	Cuarta Guerra Macedónica; Macedonia anexada como provincia.
146	Roma destruye Corinto después de insurrección griega; Tercera Guerra Púnica (149-146 a. C.); Cartagena destruida; Roma anexa la provincia de África.
133	Atalo III le lega a Roma su reino centrado en Pérgamo.

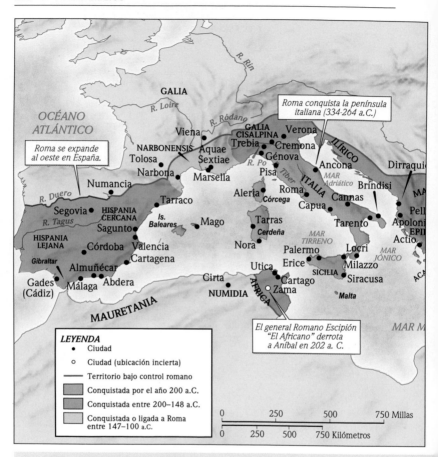

Expansión romana en los siglos III y II a. C.

Después de cuatro guerras, Macedonia se anexa como provincia (150-148 a. C.)

Atalo III entrega el Reino de Pérgamo a Roma (133 a.C.)

Roma derrota a Antíoco III (190 a. C.)

R. Dnieper

R. Dniester

R. Danubio

MAR NEGRO

MAR CASPIO

MACEDONIA

Bizancio (Estambul)

Filipos

TRACIA

Tesalónica

Calcedonia

PONTO

Sinope

Amisus

BITINIA

Nicomedia

Zela

ARMENIA

Pérgamo

ASIA

Ancira

GALACIA

R. Halis

Magnesia

Atenas

Éfeso

Sardes

FRIGIA

PISIDIA

CAPADOCIA

Corinto

Esparta

Mileto

Rodas

CILICIA

R. Éufrates

R. Tigris

Creta

Antioquía

SIRIA

Chipre

Palmira

Dura-Europos

PARTIA

MEDITERRÁNEO

Mesopotamia

Cirene

Tiro

Damasco

CIRENE

Alejandría

Jerusalén

EGIPTO

Pelusio

Desierto Siro-arábigo

ARABIA

Golfo de Suez

Menfis

Golfo de Áqaba

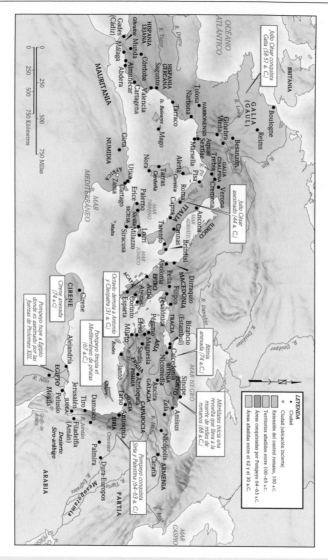

Guerras civiles y la expansión de Roma en el primer siglo a. C.

EVENTOS Y PERSONALIDADES DE ROMA	
Fechas (a. C.)	Sucesos
133-122	Reformas en la tierra propuestas por Gayo y tensiones en aumento de Tiberio Graco.
112-105	Primera guerra con Jugurta, rey de Numidia; Mario y su ejército profesional amenazan el poder del senado romano.
88-84	Guerras contra Mitrídates, rey de Ponto; Sila enviado a tratar con Mitrídates.
74	Anexo de las provincias de Bitinia y Cirene.
73-71	Rebelión de esclavos liderada por Espartaco.
66-63	Pompeya conquista Siria (64 a. C.) y Palestina (63 a. C.) como parte del «asentamiento oriental».
60	Primer triunvirato: 60-53 a. C. (Julio César, Pompeyo y Craso).
58-51	Julio César conquista Galia.
49-45	Guerra civil entre Pompeyo y César.
48	Muerte de Pompeyo.
46	Julio César declarado dictador de Roma.
44	Julio César asesinado por la parte conservadora del senado el 15 de marzo de 44 a. C.
42	Batalla de Filipos; Marco Antonio y Octavio, sobrino de Julio César, vencen a los asesinos de César.
42-31	Años de conflicto entre Octavio y Antonio por el poder absoluto; Octavio, al mando de Italia y el oeste, lucha con Antonio y su consorte Cleopatra, con su base de poder en el este, por el control de Roma.
31	Octavio vence a Antonio y Cleopatra en Accio, en la costa de Grecia.
27	A Octavio se le otorga el título honorífico «Augusto»; principio del período imperial romano.

LOS EMPERADORES DE ROMA			
Nombre	Dinastía	Fechas	Sucesos significativos en el NT
César Augusto (Octavio)	Julio-Claudia	27 a. C.–14 d. C.	Nacimiento de Jesús; muerte de Herodes el Grande y división de su reino; primer procurador romano establecido en 6 d. C.
Tiberio	Julio-Claudia	14-37 d. C.	Ministerio público de Jesús; día de Pentecostés; conversión de Pablo.
Cayo (Calígula)	Julio-Claudia	37-41 d. C.	Reino de Herodes Agripa I
Claudio	Julio-Claudia	41-54 d. C.	Agripa I, rey de Palestina, 41-44 d. C.; martirio de Jacobo; hambruna en Judea; primer viaje misionero de Pablo (46-48 d. C.); el concilio de Jerusalén (49 d. C.); Claudio emite un edicto expulsando a los judíos de Roma (ver Hech. 18:2); segundo viaje misionero de Pablo (50-52 d. C.); disturbios de los zelotes.
Nerón	Julio-Claudia	54-68 d. C.	Tercer viaje misionero de Pablo (aprox. 53-57 d. C.); mayor presión de los zelotes; Pablo encarcelado en Cesarea (57-59 d. C.); viaje de Pablo a Roma y encarcelamiento (60-62 d. C.), probable lugar donde escribió las cartas de la prisión (Efesios, Colosenses, Filemón, Filipenses); gran incendio en Roma, 64 d. C.; breve pero intensa persecución de los cristianos en Roma; estallido de la rebelión judía, 66 d. C.; ¿segundo encarcelamiento romano de Pablo? 66-67 d. C.; martirio de Pablo y Pedro, ¿65 o 67 d. C.?; Roma conquista Galilea; suicidio de Nerón en junio, 68 d. C.

Nombre	Dinastía	Fechas	Sucesos significativos en el NT
El año de los cuatro emperadores: Galba, Otón, Vitelio, Vespasiano	Flavia	68-69 d. C.	La incertidumbre sobre el sucesor de Nerón interrumpió temporalmente la supresión de Roma de la rebelión judía.
Vespasiano	Flavia	69-79 d. C.	Jerusalén sitiada y destruida por Tito, abril-agosto 70 d. C.; cae Masada, 73 o 74 d. C.
Tito	Flavia	79-81 d. C.	Roma arde otra vez, 80 d. C.; dedicación del Anfiteatro Flavio (el Coliseo); dedicación del Arco de Tito, 81 d. C.
Domiciano		81-96 d. C.	Guerras dacias, 86-87, 89, 92 d. C.; persecuciones contra filósofos principales y senadores romanos, 93-94 d. C.; persecución de cristianos, aprox. 95 d. C.; Domiciano asesinado, 96 d. C.; Apocalipsis de Juan.
Nerva	Flavia	96-98 d. C.	
Trajano		98-117 d. C.	Anexo del reino nabateo, 106 d. C.; persecución de los cristianos en Bitinia-Ponto, 113 d. C., y Siria, 114 d. C.; guerras párticas y conquistas en el este, 114-117 d. C.; segunda rebelión judía en Cirene, Egipto, y Mesopotamia, 115-117 d. C.
Adriano		117-138 d. C.	Rebelión de Bar Kojba en Palestina, 132-135 d. C.; Jerusalén reconstruida como colonia romana, Aelia Capitolina; continuación de persecución intermitente de cristianos en la provincia.

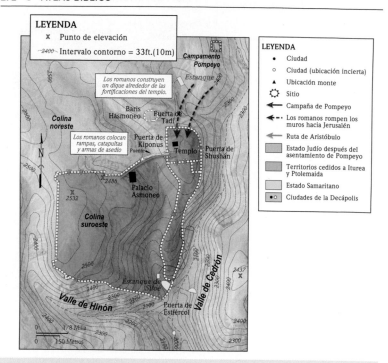

LEYENDA

ⅹ Punto de elevación

~2400~ Intervalo contorno = 33ft.(10m)

Los romanos construyen un dique alrededor de las fortificaciones del templo.

Los romanos colocan rampas, catapultas y armas de asedio

N

LEYENDA

● Ciudad

○ Ciudad (ubicación incierta)

▲ Ubicación monte

⬡ Sitio

← Campaña de Pompeyo

◄-- Los romanos rompen los muros hacia Jerusalén

← Ruta de Aristóbulo

▮ Estado Judío después del asentamiento de Pompeyo

▮ Territorios cedidos a Iturea y Ptolemaida

▮ Estado Samaritano

●○ Ciudades de la Decápolis

Sitio de Jerusalén por parte de Pompeyo

En el capítulo 7 de *La guerra de los judíos*, del historiador judío Josefo, dice que Pompeyo, el general romano, admiraba el valor de los judíos mientras atacaban su ciudad. Le impresionó que seguían adelante con sus servicios de adoración mientras los misiles los atacaban de todas partes. Era como si Jerusalén estuviera envuelta en paz en medio de esta violencia. Aun cuando los romanos entraron en la ciudad y tomaron el templo, las personas seguían adorando y murieron junto al altar.

Lucas 2:1-3

«Aconteció en aquellos días, que se promulgó un edicto de parte de Augusto César, que todo el mundo fuese empadronado. Este primer censo se hizo siendo Cirenio gobernador de Siria. E iban todos para ser empadronados, cada uno a su ciudad.»

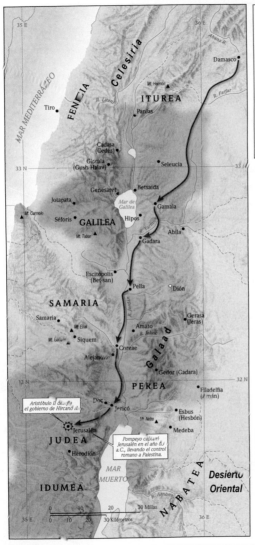

LEYENDA

- • Ciudad
- ○ Ciudad (ubicación incierta)
- ▲ Ubicación monte
- ✿ Sitio
- ← Campaña de Pompeyo
- ◄--- Los romanos rompen los muros hacia Jerusalén
- ← Ruta de Aristóbulo
- ▨ Estado Judío después del asentamiento de Pompeyo
- ▨ Territorios cedidos a Iturea y Ptolemaida
- ▢ Estado Samaritano
- ●○ Ciudades de la Decápolis

35 E
36 E
Abana R.
Damasco
MAR MEDITERRÁNEO
FENICIA
Celesiria
R. Litani
Mt. Hermón ▲
ITUREA
R. Farfar
Tiro
Panias
33 N
33 N
Cadasa (Cedes)
Giscala (Gush Halav)
Seleucia
Genesaret
Betsaida
Jotapata
Mar de Galilea
Gamala
Mt. Carmelo ▲
Séforis
GALILEA
Hipos
Abila
Mt. Tabor ▲
R. Yarmuk
Gadara
Escitópolis (Bet-san)
Pella
Dión
SAMARIA
Samaria
Mt. Ebal
Gerasa (Jeras)
Mt. Gerizim
Siquem
Amato
B. Jaboc
R. Jordán
Alejandrio
Coreae
Galaad
Gedor (Cadara)
12 N
PEREA
32 N
Filadelfia (Amán)
Aristóbulo II desafía el gobierno de Hircano II.
Doc
Jericó
Esbus (Hesbón)
✿ Jerusalén
Mt. Nebo ▲
Medeba
JUDEA
Pompeyo captura Jerusalén en el año 63 a.C., llevando el control romano a Palestina.
Herodión
MAR MUERTO
Desierto Oriental
IDUMEA
NABATEA
R. Arnón
0   10   20   30 Millas
35 E
0   10   20   30 Kilómetros
36 E

Campaña de Pompeyo contra Jerusalén

El Imperio romano en la era de Augusto

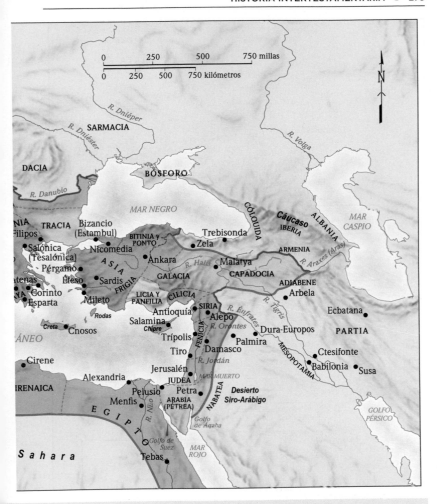

Mateo 2:1-2

«Cuando Jesús nació en Belén de Judea en días del rey Herodes, vinieron del oriente a Jerusalén unos magos, diciendo: ¿Dónde está el rey de los judíos, que ha nacido? Porque su estrella hemos visto en el oriente, y venimos a adorarle.»

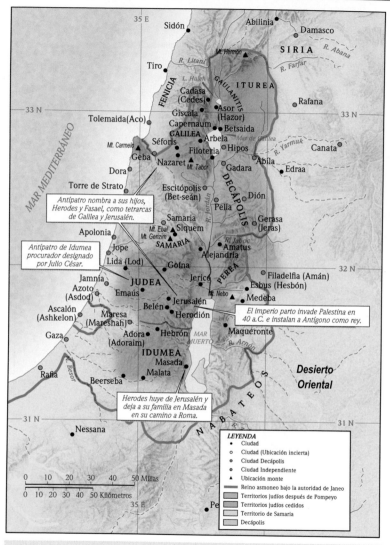

Sidón

Abilinia

Damasco

35 E

Tiro

R. Litani

Mt. Hermón

SIRIA

R. Abana

R. Farfar

FENICIA

L. Huleh

GAULANITIS

ITUREA

33 N

Cadasa
(Cedes)

Asor
(Hazor)

Rafana

33 N

Tolemaida(Aco)

Giscala

Capernaum

Betsaida

GALILEA

Mt. Carmelo

Séforis

Arbela

Mar de Galilea

Geba

Filoteria

Hipos

R. Yarmuk

Canata

Nazaret

Mt. Tabor

Gadara

Abila

Edraa

Dora

Escitópolis
(Bet-seán)

DECÁPOLIS

Torre de Strato

Dión

*Antípatro nombra a sus hijos,
Herodes y Fasael, como tetrarcas
de Galilea y Jerusalén.*

Samaria

R. Jordán

Pella

Gerasa
(Jeras)

Apolonia

Mt. Ebal
Mt. Gerizim

Siquem

SAMARIA

R. Jaboc

Amatus

*Antípatro de Idumea
procurador designado
por Julio César.*

Jope

Lida (Lod)

Alejandría

PEREA

Gofna

Jamnía

JUDEA

Jericó

Filadelfia (Amán)

Azoto
(Asdod)

Emaús

Esbus (Hesbón)

Ascalón
(Ashkelon)

Belén

Jerusalén

Mt. Nebo

Medeba

*El imperio parto invade Palestina en
40 a.C. e instalan a Antígono como rey.*

Maresa
(Mareshah)

Herodión

Gaza

Adora
(Adoraim)

Hebrón

MAR
MUERTO

Maquéronte

R. Arnón

IDUMEA

Rafia

R. Besor

Masada

Malata

**Desierto
Oriental**

Beerseba

N
A
B
A
T
E
O
S

*Herodes huye de Jerusalén y
deja a su familia en Masada
en su camino a Roma.*

31 N

31 N

Nessana

LEYENDA

0 10 20 30 40 50 Millas

• Ciudad

0 10 20 30 40 50 Kilómetros

○ Ciudad (Ubicación incierta)

● Ciudad Decápolis

● Ciudad Independiente

35 E

▲ Ubicación monte

Pe

Reino asmoneo bajo la autoridad de Janeo

Territorios judíos después de Pompeyo

Territorios judíos cedidos

Territorio de Samaria

Decápolis

Gobierno romano en Palestina

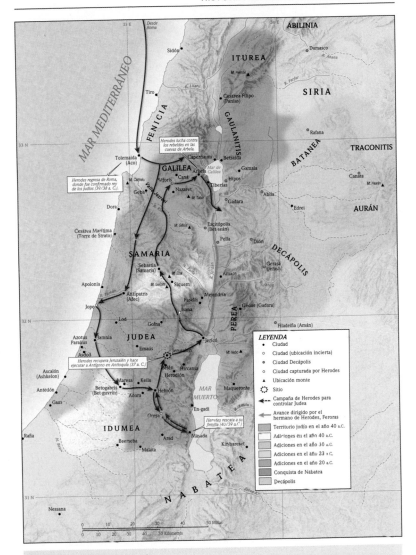

ABILINIA

Sidón

ITUREA

Damasco
R. Abana

Tiro

Cesárea-Filipo
(Panías)

SIRIA

MAR MEDITERRÁNEO

FENICIA

GAULANITIS

Rafana

BATANEA

TRACONITIS

Herodes lucha contra
los rebeldes en las
cuevas de Arbela.

Tolemaida
(Aco)

Capernaum

Betsaida

Gamala

Cañata

Herodes regresa de Roma,
donde fue confirmado rey
de los judíos (39/38 a. C.).

GALILEA

Séforis

Caná

Mar de
Galilea

Arbela

Hipos

Abila

AURÁN

Geba

Nazaret

Tiberías

Edrei

Dora

Gadara

Cesárea Marítima
(Torre de Strato)

Escitópolis
(Bet-seán)

Pella

Dión

DECÁPOLIS

SAMARIA

Sebastia
(Samaria)

Siquem

Gerasa
(Jerash)

Apolonia

Antípatris
(Afec)

Alejandría

Amato

Jope

Lod

Gofna

Fasélis

Isana

Gádor (Gadara)

PEREA

Filadelfia (Amán)

Azotus
Paralius

Jamnia

JUDEA

Emaús

Jericó

Mt. Nebo

Asdod

Herodes recupera Jerusalén y hace
ejecutar a Antígono en Antioquía (37 a. C.)

Belén

Jerusalén

Hircania

Herodión

MAR
MUERTO

Maqueronte

Ascalón
(Ashkelon)

Maresa

Keila

Hebrón

Antedón

Betogabris
(Bet-guvrin)

Adora

En-gadi

Gaza

IDUMEA

Oresa

Herodes rescata a su
familia (40/39 a. C.)

Rafia

Beerseba

Arad

Masada

Kir-hareset

Málata

NABATEA

Nessana

0   10   20   30   40   50 Millas
0 10 20 30 40 50 Kilómetros

LEYENDA

• Ciudad
○ Ciudad (ubicación incierta)
○ Ciudad Decápolis
○ Ciudad capturada por Herodes
▲ Ubicación monte
✧ Sitio
◄-- Campaña de Herodes para
      controlar Judea
◄— Avance dirigido por el
      hermano de Herodes, Feroras

Territorio judío en el año 40 a.C.
Adiciones en el año 40 a.C.
Adiciones en el año 30 a.C.
Adiciones en el año 23 a.C.
Adiciones en el año 20 a.C.
Conquista de Nabatea
Decápolis

El reino de Herodes el Grande

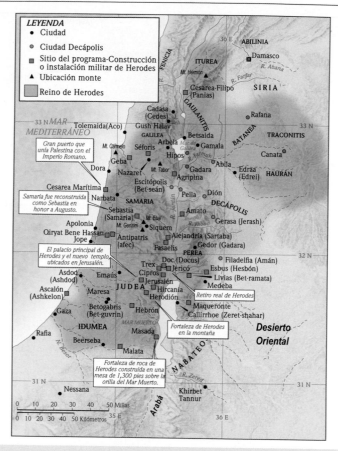

LEYENDA
- Ciudad
- Ciudad Decápolis
- Sitio del programa-Construcción o instalación militar de Herodes
- ▲ Ubicación monte
- Reino de Herodes

Gran puerto que unía Palestina con el Imperio Romano.

Samaria fue reconstruida como Sebastia en honor a Augusto.

El palacio principal de Herodes y el nuevo templo, ubicados en Jerusalén.

Retiro real de Herodes

Fortaleza de Herodes en la montaña

Fortaleza de roca de Herodes construida en una mesa de 1,300 pies sobre la orilla del Mar Muerto.

Programa de Herodes para la edificación

Herodes el Grande decidió complacer a sus súbditos judíos y hacer alarde de su realeza ante los romanos. Con este propósito mejoró y amplió el templo de Jerusalén como nunca antes. La contribución más notable fue la magnífica mampostería de la plataforma del templo que fue ampliada considerablemente. Las descripciones de Josefo y de la Mishná cobraron vida gracias a descubrimientos arqueológicos recientes.

Otro de sus impresionantes proyectos fue el Herodión, un palacio-fortaleza edificado a unos 6 km (4 mi) al sudeste de Belén. Herodes fue sepultado allí. La fortaleza, capturada en 72 d. C., fue uno de los últimos baluartes de la resistencia judía en la guerra con Roma. El Herodión sirvió como depósito de provisiones en la fallida rebelión de 132-135 d. C. Herodes también construyó la fortaleza en Masada.

Reconstrucción de la Jericó del Nuevo Testamento.

Jericó significa «luna». Al parecer, era la ciudad más antigua del mundo y la primera que Israel conquistó bajo el liderazgo de Josué.

La Jericó del Nuevo Testamento, fundada por Herodes el Grande, estaba aproximadamente a unos 2,5 km (1,5 mi) al sur del magnífico Wadi Qelt. El manantial Ain es-Sultan arroja unos 850 m³ (30 000 ft³) de agua por día que cae alrededor de 50 m (160 ft) en el primer 1,5 km (1 mi) de su curso descendente por varios canales hasta el Río Jordán, que está a 10 km (6 mi) e irriga unas 1000 ha (2500 acres).

La combinación de rico suelo aluvional, manantial perenne y fuerte sol convirtieron a Jericó en un lugar atractivo para establecerse. Se podría haber llamado «ciudad de las palmeras» (Deut. 34:3; Jue. 1:16; 3:13; 2 Crón. 28:15); incluso en la actualidad conserva muchas. Solo caen 160 mm (6,4 in) de lluvia al año (la mayor parte entre noviembre y febrero) y la temperatura promedio de enero es 15 °C (59 °F), y 31 °C (88 °F) en agosto. Jericó está aproximadamente a 240 m (740 ft) bajo el nivel del mar (lo que explica su clima cálido), pero por encima del Mar Muerto, 13 km (8 mi) al sur, que es el punto más bajo de la tierra con 425 m (1300 ft) bajo el nivel del mar.

En la época del Nuevo Testamento, Jericó era famosa por su bálsamo (resina aromática conocida por sus propiedades medicinales). Esto, sumado a que era la capital durante el invierno, la convirtió en una ciudad rica. Cuando Jesús fue recibido por Zaqueo (Luc. 19:1-10) es probable que lo haya hospedado en una de las mejores casas de Jericó. Los árboles sicómoros eran valiosos. Es lógico que una ciudad como esta tuviera su grupo de mendigos, según relatan los Evangelios (Mat. 20:29-34; Mar. 10:46-52; Luc. 18:35-43).

La Jericó herodiana.

LOS GOBERNANTES HERODIANOS				
Gobernante	Relación familiar	Ámbito de responsabilidad	Fechas	Referencia bíblica
Herodes I (el Grande)	Hijo de Antípater	Rey de Judea	37–4 a. C.	Mat. 2:1-22; Luc. 1:5
Herodes Arquelao	Hijo mayor de Herodes el Grande	Etnarca de Judea, Samaria e Idumea	4 a. C.–6 d. C.	Mat. 2:22
Herodes Felipe*	Hijo de Herodes el Grande y Cleopatra de Jerusalén	Tetrarca de Iturea y Traconite	4 a. C.–34 d. C.	Luc. 3:1
Herodes Antipas	Hijo menor de Herodes el Grande Segundo esposo de Herodías	Tetrarca de Galilea y Perea	4 a. C.–39 d. C.	Mat. 14:1-11; Mar. 6:14-29; Luc. 3:1,19; 13:31-33; 23:7-12
Herodes Agripa I	Nieto de Herodes el Grande	Rey de Judea	37–44 d. C.	Hech. 12
Herodes Agripa II	Bisnieto de Herodes el Grande	Tetrarca y rey de Calcis	44-100 d. C. (Asumió como rey en 48 d. C.)	Hech. 25:13–26:32

*No se lo debe confundir con el Herodes Felipe también mencionado en el Nuevo Testamento. Herodes Felipe fue el hijo de Herodes el Grande y Mariamne, y el primer esposo de Herodías. (Ver Mat. 14:3; Mar. 6:17; Luc. 3:19).

| \multicolumn{4}{l}{LOS GOBERNADORES ROMANOS DE LA PRIMERA PROCURADURÍA (6-41 d. C.)} |
Nombre	Fechas (d. C.)	Designado por	Referencias selectas al procurador en las obras de Josefo
Coponio	6-9	Augusto	*Ant.* 18.1.1 § 2; 18.2.2 § 29-31 *Guerra* 2.8.1 § 117-118
Marco Ambíbulo	9-12	Augusto	*Ant.* 18.2.2 § 31
Anio Rufo	12-15	Augusto	*Ant.* 18.2.2 § 32
Valerio Grato	15-26	Tiberio	*Ant.* 18.2.2 § 33-35
Poncio Pilato	26-36	Tiberio	*Ant.* 18.3.1 § 55-62; 18.4.1-2 § 85-89; *Guerra* 2.9.2-4 § 169-177
Marcelo	37	Vitelio, gobernador de Siria	*Ant.* 18.4.2 § 89
Marulo	37-41	Calígula	*Ant.* 18.6.10 § 237

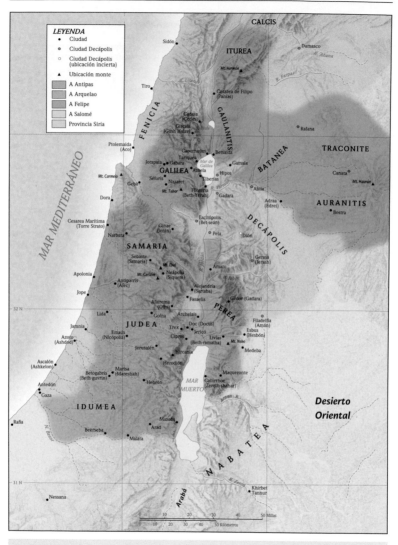

LEYENDA
- • Ciudad
- ⊙ Ciudad Decápolis
- ○ Ciudad Decápolis (ubicación incierta)
- ▲ Ubicación monte
- A Antipas
- A Arquelao
- A Felipe
- A Salomé
- Provincia Siria

CALCIS

Sidón

ITUREA

Damasco

R. Abana

Mt. Hermón

R. Litani

Tiro

Cesarea de Filipo (Panías)

R. Farpar

FENICIA

GAULANITIS

Cadasa (Cedes)

Giscala (Gush Halav)

R. Hula

Rafana

BATANEA

TRACONITE

Ptolemaida (Aco)

Capernaum

Betsaida

MAR MEDITERRÁNEO

Mt. Carmelo

Jotapata Gabara

Tariquea

Mar de Galilea

Gamala

Canata

Mt. Haurán

GALILEA

Séforis

Arbela

Hipos

Geba

Nazaret

Tiberias

Dora

Mt. Tabor

Filotería (Beth-Yerah)

Gadara

Abila

AURANITIS

Cesarea Marítima (Torre Strato)

Ginae (Jenín)

Escitópolis (Bet-seán)

Adraa (Edrei)

Bostra

Narbata

Pela

Dión

DECÁPOLIS

SAMARIA

Sebaste (Samaria)

Mt. Ebal

Gerasa (Jerash)

Apolonia

Mt. Grizim

Neápolis (Siquem)

Amato

Jope

Antipatris (Afec)

Alejandría (Sartaba)

Afairema (Ofra)

Fasaelis

Gédor (Gadara)

PEREA

32 N

Lida

Golna

Archelais

R. Jordán

R. Jaboc

Filadelfia (Amán)

Jamnia

JUDEA

Trex

Doc (Docus)

Jericó

Esbus (Hesbón)

Azoto (Ashdod)

Emaús (Nicópolis)

Cípros

Livias (Beth-ramatha)

Mt. Nebo

Jerusalén

Hircania

Medeba

Ascalón (Ashkelon)

Herodión

Maqueronte

Antedón

Betogabris (Beth-guvrin)

Marisa (Mareshah)

Hebrón

MAR MUERTO

Callirrhoe (Zereth-shahar)

Gaza

IDUMEA

Arnón R.

Desierto Oriental

Rafía

N. Besor

Beerseba

Masada

Arad

NABATEA

Málata

31 N

R. Zered

Khirbet Tannur

Nessana

Arabá

0 10 20 30 40 50 Millas

0 10 20 30 40 50 Kilómetros

La división del reino de Herodes

Atardecer sobre el Mar de Galilea en Tiberias.

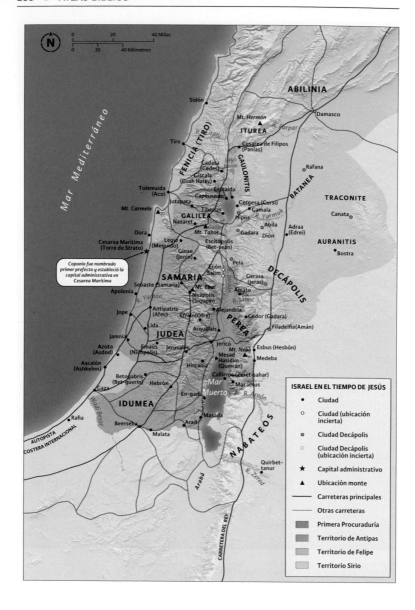

N

| 0 | 20 | 40 Millas |
| 0 | 20 | 40 Kilómetros |

Mar Mediterráneo

ABILINIA

Sidón

Mt. Hermón

R. Farpar

Damasco

ITUREA

Tiro

Cesarea de Filipos (Panias)

FENICIA (TIRO)

R. Litani

Lago Huleh

Rafana

Cadasa (Cedes)

GAULONITIS

Giscala (Gush Halav)

Betsaida

BATANEA

Tolemaida (Aco)

Capernaum

TRACONITE

Jotapata

Tiberias

Gergesa (Cursi)

Canata

Mt. Carmelo

GALILEA

Gamala

Nazaret

Mar de Galilea

Hipos

R. Yarmuk

Abila

Mt. Tabor

Gadara

Dión

Adraa (Edrei)

Dora

Escitópolis (Bet-seán)

AURANITIS

Cesarea Marítima (Torre de Strato)

Legió (Meguido)

Bostra

Ginae (Jenin)

Coponio fue nombrado primer prefecto y estableció la capital administrativa en Cesarea Marítima

Pela

SAMARIA

Enón Salim

Gerasa (Jeras)

Sebaste (Samaria)

Mt. Ebal

DECÁPOLIS

Apolonia

R. Yarkon

Neápolis (Siquem)

Amato

Antipatris (Afec)

Alejandría

Jope

Efraín (Ofra)

R. Jabob

Gédor (Gadara)

Lida

JUDEA

Arquelais

Filadelfia (Amán)

PEREA

Jamnia

Jericó

Esbus (Hesbón)

Azoto (Asdod)

Emaús (Nicópolis)

Jerusalén

Mt. Nebo

Mesad Hasidim (Qumrán)

Medeba

Ascalón (Ashkelon)

Hircania

Betogabris (Bet-Guvrin)

Hebrón

Callirroe (Zeret-sahar)

Gaza

Macaerus

En-gadí

Mar Muerto

R. Arnón

IDUMEA

Rafia

AUTOPISTA COSTERA INTERNACIONAL

Beerseba

Masada

Malata

Aradi

NABATEOS

Wadi Besor

Quirbet-tanur

Arabá

R. Zered

CARRETERA DEL REY

ISRAEL EN EL TIEMPO DE JESÚS

- •   Ciudad
- ○   Ciudad (ubicación incierta)
- ◉   Ciudad Decápolis
- ◎   Ciudad Decápolis (ubicación incierta)
- ★   Capital administrativo
- ▲   Ubicación monte
- ───   Carreteras principales
- ───   Otras carreteras
-   Primera Procuraduría
-   Territorio de Antipas
-   Territorio de Felipe
-   Territorio Sirio

LA VIDA Y EL MINISTERIO DE JESÚS DE NAZARET

Vista de Belén, el lugar del nacimiento de Jesús.

El relato más temprano (Evangelio de Marcos) sobre Jesús empieza de manera abrupta cuando Él se presenta en el Río Jordán al profeta del desierto, Juan el Bautista, como candidato para bautizarse. Lo único que se dice sobre Su origen es que vino al río «de Nazaret» (Mar. 1:9). «Jesús Nazareno» fue un nombre que lo siguió hasta el día de Su muerte (Juan 19:19).

Sus orígenes

El Evangelio de Mateo demuestra que aunque Nazaret era el hogar de Jesús cuando acudió ante Juan para que lo bautizara, no había nacido allí sino en Belén, la «ciudad de David» (como correspondía al Mesías judío), como descendiente de la familia real davídica (Mat. 1:1-17; 2:1-6). Este niño nacido en Belén, que vivió como adulto en Nazaret, fue descrito en forma sarcástica por sus enemigos como «nazareno» (2:23). El juego de palabras tenía la intención de mofarse, por un lado, del origen poco conocido de Jesús, y por el otro, de destacar el marcado contraste (a los ojos de muchos) entre Su supuesta santidad (como la de los nazareos del Antiguo Testamento) y Su costumbre de estar en compañía de pecadores, prostitutas y cobradores de impuestos (Mar. 2:17). El Evangelio de Lucas brinda información sobre el trasfondo de Juan el Bautista, que muestra cómo la familia de Juan y la de Jesús estaban unidas tanto por parentesco como por las circunstancias (Luc. 1:5-80). Lucas añade que Nazaret era el hogar de los padres de Jesús (Luc. 1:26-27). También confirma el testimonio de Mateo de que la familia pertenecía al linaje de David.

Lucas presentó el censo romano como motivo del regreso a la ciudad ancestral de Belén justo antes del nacimiento de Jesús (Luc. 2:1-7). Más biógrafo que Marcos y Mateo, Lucas brinda atisbos de Jesús cuando era un bebé de ocho días (2:21-39), un muchachito de doce años (2:40-52) y un hombre de treinta que iniciaba Su ministerio (3:21-23). Recién cuando completó esta breve biografía, Lucas agregó la genealogía (Luc. 3:23-38), que confirma como al pasar la ascendencia davídica de Jesús (Luc. 3:31; comp. 1:32,33), mientras enfatiza por sobre todo Su solidaridad con la raza humana al ser descendiente «de Adán, hijo de Dios» (Luc. 3:38). La reflexión sobre el bautismo de Jesús en el Evangelio de Juan se centra en el reconocimiento de Juan el Bautista de que Jesús «es antes de mí; porque era primero que yo» (Juan 1:30; comp. v. 15). Esta declaración permitió que el evangelista transformara el relato del origen de Jesús en una confesión teológica al ubicar la existencia de Jesús en la creación del mundo e incluso antes (Juan 1:1-5).

A pesar de Su ascendencia real y de Su preexistencia celestial como Verbo eterno e Hijo de Dios, en términos humanos, Jesús fue de origen humilde y así lo veía la gente de Su época. Cuando enseñaba en Nazaret, los pobladores preguntaban: «¿No es este el carpintero, hijo de María, hermano de Jacobo, de José, de Judas y de Simón? ¿No están también aquí con nosotros sus hermanas?» (Mar. 6:3; comp. Luc. 4:22). Cuando enseñaba en Capernaum,

El lugar tradicional en el Río Jordán donde se bautizó Jesús.

Vista panorámica de Nazaret desde el suroeste.

preguntaban: «¿No es este Jesús, el hijo de José, cuyo padre y madre nosotros conocemos? ¿Cómo, pues, dice este: Del cielo he descendido?» (Juan 6:42). Aunque los Evangelios de Mateo y Lucas mencionan la concepción milagrosa de María y el nacimiento virginal de Jesús, esto no era de conocimiento público cuando Él estaba en la tierra, «pero María guardaba todas estas cosas, meditándolas en su corazón» (Luc. 2:19; comp. v. 51).

Jesús y el Dios de Israel

Aun luego de los trascendentales sucesos en torno al bautismo de Jesús en el Río Jordán, que descendiera sobre Él el Espíritu de Dios en forma de paloma y la voz anunciara desde el cielo: «Tú eres mi Hijo amado; en ti tengo complacencia» (Mar. 1:10-11), Su identidad como Hijo de Dios permaneció oculta para quienes lo rodeaban. No contamos con evidencia de que alguien más aparte de Jesús y tal vez Juan el Bautista escuchara la voz o viera la paloma. Resulta irónico que el primer indicio luego del bautismo de que Él era más que tan solo «Jesús de Nazaret» no provino de Su familia ni de Sus amigos ni de los líderes religiosos de Israel ¡sino del diablo!

Dos veces el diablo lo desafió: «Si eres Hijo de Dios, di a esta piedra que se convierta en pan» (Luc. 4:3) y (en el pináculo del templo en Jerusalén): «Si eres Hijo de Dios, échate de aquí abajo» (Luc. 4:9). Jesús no intentó defender ni hacer uso de Su calidad de Hijo de Dios sino que apeló a una autoridad a la que cualquier judío devoto habría apelado: las Santas Escrituras, y por medio de ellas, al Dios de Israel. Al citar tres pasajes de Deuteronomio, Jesús centró la atención no sobre sí sino sobre el «Señor tu Dios» (Luc. 4:8; comp. Mar. 10:18; 12:29-30). Aparentemente Jesús usó este relato de Su propia experiencia para enseñar a Sus discípulos que ellos también debían vivir «de toda palabra que sale de la boca de Dios» (Mat. 4:4), que no debían tentar «al Señor tu Dios» (Luc. 4:12) y debían obedecer la consigna «Al Señor tu Dios adorarás, y a él solo servirás» (Luc. 4:8).

Dos aspectos de este relato de la tentación inciden de modo especial sobre la totalidad del ministerio de Jesús. Primero, el carácter teocrático de Su mensaje continuó en la proclamación que Él comenzó en Galilea al regresar a Su hogar luego de estar en el

Primer plano con telefotografía del terreno escarpado en el desierto sobre el lado oriental del Monte de la Tentación.

desierto: «El tiempo se ha cumplido, y el reino de Dios se ha acercado; arrepentíos, y creed en el evangelio» (Mar. 1:15; comp. Mat. 4:17). Marcos llamó a esta declaración «las buenas noticias de Dios» (Mar. 1:14, NVI). El Evangelio de Juan presenta a Jesús recordándoles vez tras vez a quienes lo escuchaban que Él no había venido para glorificarse ni autoproclamarse sino para dar a conocer «al Padre», «que me envió» (Juan 4:34; 5:19,30; 6:38; 7:16-18,28; 8:28,42,50; 14:10,28). Segundo, el tema de la propia identidad de Jesús siguió siendo mencionado ante todo por los poderes de maldad. Así como el diablo desafió a Jesús en el desierto como «Hijo de Dios», también durante el transcurso de Su ministerio los demonios (o los poseídos por demonios) lo confrontaron con palabras como: «¿Qué tienes con nosotros, Jesús nazareno? [...] Sé quién eres, el Santo de Dios» (Mar. 1:24) o «¿Qué tienes conmigo, Jesús, Hijo del Dios Altísimo?» (Mar. 5:7).

El misterio de la persona de Jesús surgió de declaraciones de este tipo, pero Jesús no parecía desear que el interrogante sobre Su identidad se revelara de manera prematura. Él acalló a los demonios (Mar. 1:25,34; 3:12); y cuando sanó a los enfermos, con frecuencia dijo a la gente que no lo comentara con nadie (Mar. 1:43-44; 7:36a). Sin embargo, cuanto más pedía silencio, más rápido se diseminaba la noticia de Su poder sanador (Mar. 1:45; 7:36b). Las multitudes parecían haber decidido que tenía que ser el Mesías, el ungido descendiente del rey David que esperaban para que los liberara del dominio romano. Si Jesús en verdad quería aparecer como Mesías, los Evangelios lo presentan como un Mesías extrañamente reacio. En cierto momento, cuando la multitud trató de «llevárselo a la fuerza y declararlo rey, se retiró de nuevo a la montaña él solo» (Juan 6:15, NVI). Rara vez, si lo hizo, se refirió a sí mismo con la designación de Mesías o Hijo de Dios. Sin embargo, tenía una manera de usar el «Yo» enfático cuando era gramaticalmente innecesario y un hábito de referirse a sí mismo de forma indirecta y misteriosa como el «Hijo del Hombre». En el idioma arameo que hablaba Jesús, «Hijo del hombre» significaba tan solo «un cierto hombre» o «alguien». Si bien no hizo afirmaciones mesiánicas explícitas y evitó los títulos honoríficos que prontamente aplicaban los judíos al Mesías, Jesús habló y actuó con la autoridad de Dios

El Mar de Galilea visto desde el noroeste.

mismo. Dio vista a los ciegos y capacidad de oír a los sordos; hizo caminar a los paralíticos. Cuando tocaba a los impuros, los dejaba limpios. Incluso resucitó muertos. Al enseñar a las multitudes que lo rodeaban, no dudó en decir con audacia: «Oísteis que fue dicho [...] Pero yo os digo» (Mat. 5:21-22,27-28,31-34,38-39,43-44). Fue tan innovador con las tradiciones aceptadas que creyó necesario aclarar desde un principio: «No penséis que he venido para abrogar la ley o los profetas; no he venido para abrogar, sino para cumplir» (Mat. 5:17).

Fue inevitable que semejante discurso y conducta generaran interrogantes sobre Su identidad. La multitud que lo escuchaba «se admiraba de su doctrina; porque les enseñaba como quien tiene autoridad, y no como los escribas» (Mat. 7:28-29). A pesar de Su reticencia (o tal vez debido a ella), tuvo muchos seguidores al inicio de Su ministerio. Debía levantarse antes de que amaneciera para encontrar tiempo y espacio para la oración personal (Mar. 1:35). Tanto lo oprimían las multitudes que en cierta oportunidad les enseñó desde un bote alejado de la orilla del Mar de Galilea (Mar. 4:1). Cuando un grupo de personas quiso que Él sanara a un paralítico, la apretada concurrencia en la casa donde estaba Jesús los obligó a descender al hombre a través de un hueco abierto en el techo (Mar. 2:4). Todos necesitaban lo que sabían que Jesús podía darles. No había forma de que Él pudiera satisfacer todas esas necesidades al mismo tiempo.

La misión de Jesús

La principal misión de Jesús era alcanzar a las ovejas descarriadas de Israel. Debido a su negligencia en cuanto a la ley, los líderes religiosos se habían convertido en enemigos de Dios; pero Dios amó a Sus enemigos. La convicción de Jesús era que tanto Él como Sus discípulos debían amarlos (Mat. 5:38-48). Cierta vez desafiaron a Jesús por compartir la mesa con marginados de la sociedad (conocidos por parte de los judíos religiosos como «pecadores») en casa de Leví, el recaudador de impuestos de Capernaum. Jesús respondió a las críticas diciendo: «Los sanos no tienen necesidad de médico, sino los enfermos. No he venido a llamar a justos, sino a pecadores» (Mar. 2:17). En otra oportunidad, cuando las autoridades religiosas murmuraban que «este a los pecadores recibe, y con ellos come» (Luc. 15:2), Jesús narró tres parábolas sobre el inagotable amor de Dios por los «perdidos» y sobre el sin igual gozo de Dios cuando esos perdidos son hallados (parábolas de la oveja perdida, la moneda perdida y el hijo pródigo; Luc. 15:3-32). Declaró que Dios se regocijaba al recuperar a uno de esos pecadores (recaudadores de impuestos, prostitutas, pastores, soldados y otros despreciados por los santurrones de Israel) más que con el gozo «por noventa y nueve justos que no necesitan de arrepentimiento» (Luc. 15:7; comp. vv. 25-32). Seguramente, a los líderes religiosos de Galilea y Jerusalén les pareció que esa exuberante celebración de la misericordia divina, expresada en las acciones de Jesús o en las historias que narró, era una marcada decadencia de las antiguas normas éticas y comprometía riesgosamente la santidad de Dios.

Se cuenta con escasa evidencia de que Jesús haya incluido a los no judíos entre los «pecadores» a quienes había sido enviado. Más allá de la referencia en Lucas 4:25-27 a Elías y Eliseo, y a Su ministerio entre los extranjeros, Jesús negó de manera explícita haber sido enviado a gentiles o a samaritanos (Mat. 15:24; 10:5-6). Sin embargo, el principio de «no [...] a justos, sino a pecadores» hizo extensiva las buenas nuevas del reino de Dios a los gentiles luego de la resurrección de Jesús. Incluso durante Su tiempo en este mundo, Jesús respondió a la iniciativa de los gentiles que buscaban Su ayuda (Mat. 8:5-13; 15:21-28; Mar. 7:24-30; Luc. 7:1-10), y en ocasiones de una manera que avergonzó a Israel (Mat. 8:10). Dos veces recorrió Samaria (Luc. 9:51-56; Juan 4:4): una vez permaneció en un pueblo samaritano por dos días, llamando a la fe a una mujer samaritana y a otros habitantes del pueblo (Juan 4:5-42), y otra vez convirtió a un samaritano en el héroe de una de Sus parábolas (Luc. 10:29-37).

Nada de esto estaba pensado para hacerle ganar amigos entre los sacerdotes de Jerusalén o entre los fariseos de Israel. Describió visiones de que «vendrán muchos del oriente y del occidente, y se sentarán con Abraham e Isaac y Jacob en el reino de los cielos; mas los hijos del reino serán echados a las tinieblas de afuera» (Mat. 8:11-12). Predijo también que doce galileos sin demasiada educación un día se sentarían «en doce tronos para juzgar a las doce tribus de Israel» (Mat. 19:28, NVI; comp. Luc. 22:28-29). Advirtió con severidad a los líderes religiosos que estaban en peligro de blasfemar contra el Espíritu al atribuir al poder del diablo el ministerio que el Espíritu hacía a través de Él (Mat. 12:31). La cuestión se complicó debido a la preocupación de Su familia sobre Su seguridad y Su cordura (Mar. 3:21), y Su consiguiente declaración de que los discípulos eran Su nueva familia, basada en la obediencia a la voluntad de Dios (Mar. 3:31-35).

La denominada «controversia de Beelzebú», desencadenada por Su actividad sanadora y salvadora, sentó un precedente nefasto para la relación de Jesús con las autoridades de Jerusalén, e hizo que el arresto, el juicio y la ejecución fueran prácticamente inevitables (Mar. 3:20-30). Desde entonces, Jesús comenzó a hablar en parábolas a fin de que la verdad sobre el reino de Dios resultara clara para Sus seguidores pero oculta para aquellos que estaban ciegos a la belleza de esa verdad y sordos a Su llamado (Mar. 4:10-12). Se dice que Jesús habló por parábolas por primera vez en Mar. 3:23, en respuesta inmediata a la acusación de que estaba poseído por demonios. Además comenzó a dar a entender, a veces por medio de analogías o parábolas (Mar. 10:38; Luc. 12:49-50; Juan 3:14; 12:24,32) y a veces con lenguaje explícito (Mar. 8:31; 9:31; 10:33-34), que sería arrestado y enviado a juicio por los líderes religiosos de Jerusalén, que moriría en una cruz y resucitaría de entre los muertos luego de tres días. Desde un comienzo, Él había definido Su misión, al menos en parte, como la del «siervo del Señor» (ver, por ej., la mención de Isa. 61:1-2 en Luc. 4:18-19). A medida que Su ministerio avanzaba hacia la culminación, Jesús (Mar. 10:45; 12:1-11) enfocó Su atención más y más en el sufrimiento vicario del Siervo (Isa. 52:13–53:12). También se vio a sí mismo como el Pastor afligido de Zacarías 13:7 (Mar. 14:27) y, al final, en el rol del Dios justo sufriente de los salmos (por ej. Mar. 15:34; Luc. 23:46; Juan 19:28). Antes de ser arrestado, representó Su muerte inminente a los discípulos al compartir con ellos el pan y la copa de la Pascua, explicando que el pan era Su cuerpo que sería partido y que la copa de vino era Su sangre que sería derramada para que fueran salvos. Solo Su muerte podría garantizar la venida del reino que había proclamado (Mat. 26:26-29; Mar. 14:22-25; Luc. 22:14-20; comp. 1 Cor. 11:23-26).

La muerte y la resurrección de Jesús

Los relatos de los Evangelios sobre los últimos días de Jesús en Jerusalén corresponden a grandes rasgos a las predicciones que le fueron atribuidas. Aparentemente, Jesús fue a Jerusalén por última vez sabiendo que moriría allí. Aunque la multitud le brindó una bienvenida propia de la realeza, y lo consideraban el tan esperado Mesías (Mat. 21:9-11; Mar. 11:9-10; Juan 12:13), ninguna evidencia señala que esto fuera el motivo por el cual lo arrestaron. En realidad, lo que provocó que las autoridades actuaran

Olivos en el sitio tradicional del Huerto de Getsemaní.

decididamente contra Él fue su reacción al echar a los cambistas del templo de Jerusalén (Mat. 21:12-16; Mar. 11:15-17; comp. Juan 2:13-22), así como algunas de Sus declaraciones acerca del templo.

Durante Su última semana en Jerusalén, Jesús predijo la destrucción del templo (Mat. 24:1-2; Mar. 13:1-2; Luc. 21:5-6) y declaró: «Yo derribaré este templo hecho a mano, y en tres días edificaré otro hecho sin mano» (Mar. 14:58; comp. Mat. 26:61). La intención de Jesús de establecer una nueva comunidad como «templo» o lugar donde habite Dios (ver Mat. 16:18; Juan 2:19; 1 Cor. 3:16-17) fue percibida como una verdadera amenaza hacia la antigua comunidad del judaísmo y hacia el templo que lo personificaba. Sobre esta base, fue arrestado y acusado de impostor.

En una audiencia ante el Sanedrín, el concilio judío, Jesús se refirió a sí mismo como el «Hijo del Hombre sentado a la diestra del poder de Dios, y viniendo en las nubes del cielo» (Mar. 14:62; comp. Mat. 26:64; Luc. 22:69). Aunque el sumo sacerdote lo llamó blasfemo y el Sanedrín coincidió en que semejante conducta merecía la muerte, los resultados de la audiencia parecieron haber quedado inconclusos. Si Jesús hubiera sido formalmente juzgado y condenado por el Sanedrín, lo habrían apedreado como a Esteban en Hechos 7, o como la casi lapidación de aquella mujer descubierta en adulterio en el relato registrado en algunos manuscritos de Juan 8:1-11. Cualquiera haya sido la razón, al parecer el sumo sacerdote y sus seguidores no hallaron acusaciones formales de peso. Si hubieran lapidado a Jesús sin condenarlo de modo apropiado, habría sido asesinato, un pecado prohibido por los Diez Mandamientos (Juan 18:31 se refiere a lo que estaba prohibido a los judíos por su propia ley y no a lo que prohibían los romanos). El Sanedrín entonces decidió enviar a Jesús a Poncio Pilato, el gobernador romano, con acusaciones que los romanos tomarían con seriedad: «A este hemos hallado que pervierte a la nación, y que prohíbe dar tributo a César, diciendo que él mismo es el Cristo, un rey» (Luc. 23:2). De manera que la ejecución de Jesús no se atribuye ni al pueblo judío como un todo ni al Sanedrín, sino a un pequeño grupo de sacerdotes que manipularon a los romanos para que hicieran algo que ellos no podían cumplir dentro del marco de su propia ley. Aunque Pilato declaró inocente a Jesús en tres oportunidades (Luc. 23:4,14,22; comp. Juan 18:38; 19:4,6), con una amenaza apenas velada se las ingeniaron para que sentenciara a Jesús: «Si a este sueltas, no eres amigo de César; todo el que se hace rey, a César se opone» (Juan 19:12). En consecuencia, crucificaron a Jesús entre dos ladrones, lo cual cumplió Su propia predicción de que «como Moisés levantó la serpiente en el desierto, así es necesario que el Hijo del Hombre sea levantado» (Juan 3:14). La mayoría de los discípulos huyeron cuando arrestaron a Jesús; solo un grupo de mujeres y un discípulo, el «discípulo amado», estuvieron presentes junto a la cruz cuando murió (Juan 19:25-27; comp. Mat. 27:55-56; Mar. 15:40; Luc. 23:49).

La historia no finaliza con la muerte de Jesús. Su cuerpo fue colocado en una tumba nueva que pertenecía a un discípulo secreto llamado José de Arimatea (Luc. 23:50-56; Juan 19:38-42). Los Evangelios concuerdan en que dos días después, la mañana siguiente al día de reposo, algunas mujeres que permanecían fieles a Jesús se acercaron a la tumba. Descubrieron que la piedra de la entrada estaba corrida y que el cuerpo de Jesús había desaparecido. Según Marcos, un joven que estaba allí (16:5; tradicionalmente, un ángel), dijo a las mujeres que dieran al resto de los discípulos el mensaje de que fueran a encontrarse con Jesús en Galilea, tal como Él se lo había prometido (Mar. 16:7; 14:28). Los manuscritos más fidedignos del Evangelio de Marcos culminan el relato allí, y dejan el resto librado a la imaginación del lector.

Emaús. Según el manuscrito de Sinaí, se cree que Emaús era el lugar de la casa de Cleofas.

Según Mateo, lo dicho por el joven fue confirmado a las mujeres por el mismo Jesús resucitado. Cuando le llevaron el mensaje a los once discípulos (los doce menos Judas, el traidor), estos fueron a una montaña en Galilea donde Jesús resucitado se apareció a ellos como grupo. Les encomendó que hicieran más discípulos, enseñando y bautizando entre los gentiles (Mat. 28:16-20). Según Lucas, el mismo día en que Jesús fue resucitado se apareció a los discípulos que todavía estaban reunidos en Jerusalén, y antes a dos discípulos que caminaban hacia la vecina ciudad de Emaús. Según Juan, en el día de la Pascua se apareció en Jerusalén a una de las mujeres, María Magdalena, luego en el mismo día a los discípulos reunidos, de nuevo una semana más tarde (siempre en Jerusalén) al mismo grupo más Tomás, y hubo una cuarta aparición, en un momento no determinado, junto al Mar de Galilea, donde Jesús recreó el llamado inicial a los discípulos dándoles de manera milagrosa una gran jornada de pesca. En Hechos, Lucas añade que las apariciones del Jesús resucitado sucedieron durante cuarenta días en los cuales Él continuó instruyendo a los discípulos acerca del reino de Dios. Cualquiera haya sido el orden exacto de los hechos, la experiencia de los discípulos al ver a Jesús vivo transformó a este grupo cobarde y disperso de visionarios desilusionados en el núcleo de un movimiento coherente que pudo desafiar y transformar para siempre al Imperio romano en unas cuantas décadas.

Si bien la resurrección física de Jesús no puede ser probada, las explicaciones alternativas y «naturalistas» de la experiencia de los discípulos y de la tumba vacía exigen sin excepción más credulidad que la confesión tradicional de la iglesia cristiana de que al tercer día Él se levantó de entre los muertos. El testimonio unánime de los Evangelios es que la historia continúa. Marcos lo hace con la promesa de que Jesús reunirá a Su disperso rebaño y los conducirá a Galilea (Mar. 16:7). Mateo lo hace más explícito con las palabras finales de Jesús: «Y les aseguro que estaré con ustedes siempre, hasta el fin del mundo» (Mat. 28:20, NVI). Lucas lo hace en todo el libro de los Hechos, que describe la difusión del mensaje del reino de Dios y de Jesús resucitado desde Jerusalén hasta Roma. Juan lo hace con su imagen vívida del Espíritu Santo dado a los discípulos directamente de la boca de Jesús (Juan 20:21-22). Cada Evangelio encara el tema de manera diferente, pero el mensaje es siempre el mismo. La historia de Jesús no ha terminado; Él continúa cumpliendo Su misión dondequiera que se confiesa Su nombre y donde se obedecen Sus enseñanzas, y la fe de los cristianos es que Él lo hará hasta que regrese.

PROFECÍAS MESIÁNICAS DEL ANTIGUO TESTAMENTO		
PROFECÍA	REFERENCIAS DEL AT	CUMPLIMIENTO EN EL NT
La simiente de la mujer	Gén. 3:15	Gál. 4:4; Heb. 2:14
Naciones bendecidas a través de Abraham	Gén. 12:3; 18:18; 22:18; 26:4; 28:14	Mat. 1:1; Hech. 3:25; Gál. 3:8
La simiente de Abraham	Gén. 12:7; 13:15; 15:18; 17:7-10; 23:7	Hech. 7:5; Rom. 4:13, 16; 9:8; Gál. 3:16,29
La simiente de Isaac	Gén. 17:19; 21:12; 26:3-4	Rom. 9:7; Heb. 11:18

PROFECÍAS MESIÁNICAS DEL ANTIGUO TESTAMENTO

PROFECÍA	REFERENCIAS DEL AT	CUMPLIMIENTO EN EL NT
De la tribu de Judá	Gén. 49:10	Heb. 7:14; Apoc. 5:5
Cordero muerto por nosotros	Ex. 12:1-11; Isa. 53:7	Juan 1:29-36; 1 Cor. 5:7-8; Apoc. 5:6-14, 7:14; 21:22-27; 22:1-4
Ningún hueso roto	Ex. 12:46; Núm. 9:12; Sal. 34:20	Juan 19:36
Primogénito santificado	Ex. 13:2; Núm. 3:13; 8:17	Luc. 2:23
Serpiente en el desierto	Núm. 21:8-9	Juan 3:14-15
Estrella que sale de Jacob	Núm. 24:17-19	Mat. 2:2
Profeta como Moisés	Deut. 18:15,18-19	Mat. 21:11; Luc. 7:16,39; 24:19; Juan 1:21,25; Juan 6:14; 7:40; Hech. 3:22-23
Maldito sobre el madero	Deut. 21:23	Gál. 3:13
El trono de David establecido para siempre	2 Sam. 7:12-13,16,25-26; 1 Rey. 11:36; 1 Crón. 17:11-14,23-27; 2 Crón. 21:7; Sal. 89:3-4,36-37; 132:10-12; Isa. 9:7	Mat. 19:28; 25:31; Luc. 1:32; Hech. 2:30; 13:23; Rom. 1:3; 2 Tim. 2:8; Heb. 1:8; 8:1; 12:2; Apoc. 22:1
Un Redentor prometido	Job 19:25-27	Gál. 4:4-5
Amotinamiento de oposición gentil	Sal. 2:1-2	Hech. 4:25-26
Declarado Hijo de Dios	Sal. 2:7; Prov. 30:4	Mat. 3:17; Mar. 1:11; Luc. 1:35; Hech. 13:33; Heb. 1:5; 5:5; 2 Ped. 1:17
Quebrantar a los gentiles con vara	Sal. 2:9	Apoc. 2:26-27; 12:5; 19:15-16
Su resurrección	Sal. 16:8-10; 49:15; 86:13	Hech. 2:27; 13:35
Sentimiento de abandono de Dios	Sal. 22:1	Mat. 27:46; Mar. 15:34
Escarnecido e insultado	Sal. 22:7-8,17	Mat. 27:39-43; Mar. 15:29-32; Luc. 23:35-39
Sediento	Sal. 22:15; 69:21	Juan 19:28

PROFECÍA	REFERENCIAS DEL AT	CUMPLIMIENTO EN EL NT
Manos y pies perforados	Sal. 22:16	Mat. 27:31, 35-36
Soldados echan suertes por ropa	Sal. 22:18	Mat. 27:35; Mar. 15:20,24; Luc. 23:34; Juan 19:23-24
Acusado por falsos testigos	Sal. 27:12; 35:11	Mat. 26:60-61; Mar. 14:55-61
Encomienda Su espíritu	Sal. 31:5	Luc. 23:46
Ningún hueso roto	Sal. 34:20	Juan 19:36
Detestado sin razón	Sal. 35:19; 69:4	Juan 15:24-25
Amigos se quedan lejos	Sal. 38:11; 88:18	Mat. 27:55; Mar. 15:40; Luc. 23:49
«Vengo para hacer tu voluntad»	Sal. 40:6-8	Heb. 10:5-9
Traicionado por un amigo	Sal. 41:9; 55:12-14	Mat. 26:14-16,23,47-50; Mar. 14:17-21; Luc. 22:19-23; Juan 13:18-19
Rey conocido por justicia	Sal. 45:1-7	Heb. 1:8-9
Bendecido por las naciones	Sal. 72:17	Luc. 1:48
Su ascensión	Sal. 68:18	Ef. 4:8
Herido por vituperios	Sal. 69:9	Rom. 15:3
Celo de la casa de Dios	Sal. 69:9	Juan 2:17
Recibe hiel y vinagre	Sal. 69:21	Mat. 27:34,48; Mar. 15:23,36; Luc. 23:36; Juan 19:29
Cuidado a los menesterosos	Sal. 72:13	Luc. 10:33
Habla en parábolas	Sal. 78:2	Mat. 13:34-35
Transformarlo en mi primogénito	Sal. 89:27	Rom. 8:29; Col. 1:15,18, Heb. 1:6
«Tú permaneces»	Sal. 102:24-27	Heb. 1:10-12
Ora por Sus enemigos	Sal. 109:4	Mat. 5:44; Luc. 23:34
Otro para suceder a Judas	Sal. 109:7-8	Hech. 1:16-20

PROFECÍAS MESIÁNICAS DEL ANTIGUO TESTAMENTO

PROFECÍA	REFERENCIAS DEL AT	CUMPLIMIENTO EN EL NT
El Señor de David a la diestra de Dios	Sal. 110:1	Mat. 22:41-45; 26:64; Mar. 12:35-37; 16:19; Hech. 7:56; Ef. 1:20; Col. 3:1; Heb. 1:3,13; 8:1; 10:12; 12:2
Un sacerdote como Melquisedec	Sal. 110:4	Heb. 5:6,10; 6:20; 7:1-22; 8:1; 10:11-13
La cabeza del ángulo	Sal. 118:22-23	Mat. 21:42; Mar. 12:10-11; Luc. 20:17; Hech. 4:11; Ef. 2:20; 1 Ped. 2:4-7
El rey que viene en el nombre del Señor	Sal. 118:26	Mat. 21:9; 23:39; Mar. 11:9; Luc. 13:35; 19:38; Juan 12:13
Arrepentimiento por las naciones	Isa. 2:2-4	Luc. 24:47
Corazones endurecidos	Isa. 6:9-10	Mat. 13:14-15; Juan 12:39-40; Hech. 28:25-27
Nacido de una virgen	Isa. 7:14	Mat. 1:22-23; Luc. 1:27-35
Piedra para tropezar	Isa. 8:14-15	Rom. 9:33; 1 Ped. 2:8
Luz en la oscuridad	Isa. 9:1-2	Mat. 4:14-16; Luc. 2:32
Emanuel, Dios con nosotros	Isa. 7:14; 8:8,10	Mat. 1:21,23; Juan 14:8-10,20; Col. 2:9
Hijo será dado	Isa. 9:6	Juan 3:16
Gobierno sobre Sus hombros	Isa. 9:6	Mat. 28:18; 1 Cor. 15:24-25
Espíritu del Señor sobre Él	Isa. 11:2; 42:1	Mat. 3:16; Mar. 1:10; Luc. 3:22; Juan 1:32; 3:34
Lleno de sabiduría y poder	Isa. 11:1-10	Rom. 15:12; 1 Cor. 1:30; Ef. 1:17; Col. 2:3
Reino en misericordia	Isa. 16:4-5	Luc. 1:31-33
Llave de David	Isa. 22:21-25	Apoc. 3:7
Muerte sorbida en victoria	Isa. 25:6-12	1 Cor. 15:54
Piedra en Sion	Isa. 28:16	Rom. 9:33; 1 Ped. 2:6

PROFECÍA	REFERENCIAS DEL AT	CUMPLIMIENTO EN EL NT
Los sordos oyen, los ciegos ven	Isa. 29:18-19	Mat. 11:5; Mar. 7:37; Juan 9:39
Sanidad para el menesteroso	Isa. 35:4-10	Mat. 9:30; 11:5; 12:22; 20:34; 21:14; Mar. 7:31-35; Juan 9:1-7
Preparar el camino del Señor	Isa. 40:3-5	Mat. 3:3; Mar. 1:3; Luc. 3:4-5; Juan 1:23
El Pastor cuida de Sus ovejas	Isa. 40:10-11	Juan 10:11; Heb. 13:20; 1 Ped. 2:25
El Siervo manso	Isa. 42:1-4	Mat. 12:17-21; Fil. 2:7
Una luz para los gentiles	Isa. 49:6	Luc. 2:32; Hech. 13:47; 26:23
Flagelado y escupido	Isa. 50:6	Mat. 26:67; 27:26,30; Mar. 14:65; 15:15,19; Luc. 22:63-65; Juan 19:1
Rechazado e insultado	Isa. 53:3	Mat. 27:1-2,12-14,39; Luc. 18:31-33; Juan 1:10-11
Sufrió en lugar de otro	Isa. 53:4-5	Mat. 8:17; Mar. 15:3 4,27-28; Luc. 23:1-25, 32-34
Herido por nuestras transgresiones	Isa. 53:5	Rom. 4:25; 5:6,8; 1 Cor. 15:3; 2 Cor. 5:21
Cordero sacrificado por nosotros	Isa. 53:7	Juan 1:29,36; Hech. 8:28-35; 1 Ped. 1:19; Apoc. 5:6; 13:8
En silencio ante acusaciones	Isa. 53:7	Mat. 26:63; 27:12,14; Mar. 14:61; 15:5; Luc. 23:9; Juan 19:9
Sepultado con los ricos	Isa. 53:9	Mat. 27:57-60
Llevar iniquidades y perdonar	Isa. 53:11	Hech. 10:43; 13:38-39; 1 Cor. 15:3; Ef. 1:7; 1 Ped. 2:21-25; 1 Juan 1:7,9
Crucificado con transgresores	Isa. 53:12	Mar. 15:27-28; Luc. 22:37
Llamado a los gentiles	Isa. 55:4-5	Rom. 9:25-26; Apoc. 1:5
Redentor desde Sion	Isa. 59:16-20	Rom. 11:26-27
Naciones caminan en la luz	Isa. 60:1-3	Luc. 2:32

PROFECÍAS MESIÁNICAS DEL ANTIGUO TESTAMENTO

PROFECÍA	REFERENCIAS DEL AT	CUMPLIMIENTO EN EL NT
Ungido para predicar libertad	Isa. 61:1-3	Luc. 4:17-19; Hech. 10:38
Llamado con un nombre nuevo	Isa. 62:1-2	Apoc. 2:17; 3:12
El Rey viene	Isa. 62:11	Mat. 21:5; Apoc. 22:12
Vestidos teñidos de sangre	Isa. 63:1-3	Apoc. 19:13
Afligido con los afligidos	Isa. 63:8-9	Mat. 25:34-40
Cielo nuevo y tierra nueva	Isa. 65:17-25	2 Ped. 3:13; Apoc. 21:1
Jehová, justicia nuestra	Jer 23:5-6; 33:16	Rom. 3:22; 1 Cor. 1:30; 2 Cor. 5:21; Fil. 3:9
Nace un Rey	Jer. 30:9	Luc. 1:69; Juan 18:37; Hech. 13:23; Apoc. 1:5
Masacre de infantes	Jer. 31:15	Mat. 2:17-18
Un nuevo pacto	Jer. 31:31-34	Mat. 26:27-29; Mar. 14:22-24; Luc. 22:15-20; 1 Cor. 11:25; Heb. 8:8-12; 10:15-17; 12:24; 13:20
Un árbol plantado por Dios	Ezeq. 17:22-24	Mat. 13:31-32
El humilde exaltado	Ezeq. 21:26-27	Luc. 1:52
El buen Pastor	Ezeq. 34:23-24	Juan 10:11
Su reino triunfante	Dan. 2:44-45	Luc. 1:33; 1 Cor. 15:24; 2 Ped. 1:11; Apoc. 11:15
Hijo del Hombre al poder	Dan. 7:13-14	Mat. 24:30; 25:31; 26:64; Mar. 13:26; 14:61-62; Luc. 21:27; Hech. 1:9-11; Apoc. 1:7
Reino para los santos	Dan. 7:27	Luc. 1:33; 1 Cor. 15:24; Apoc. 11:15; 20:4; 22:5
Israel restaurado	Os. 3:5	Rom. 11:25-27
Huida a Egipto	Os. 11:1	Mat. 2:15
La promesa del Espíritu	Joel 2:28-32	Hech. 2:17-21

PROFECÍA	REFERENCIAS DEL AT	CUMPLIMIENTO EN EL NT
El sol se oscurece	Amós 8:9	Mat. 24:29; Hech. 2:20; Apoc. 6:12
Restauración de la casa de David	Amós 9:11-12	Hech. 15:16-18
El reino establecido	Isa. 2:1-4; Miq. 4:1-8	Luc. 1:33
Nacido en Belén	Miq. 5:1-5	Mat. 2:1-6; Luc. 2:4; 10-11
Tierra llena del conocimiento de la gloria del Señor	Hab. 2:14	Apoc. 21:23-26
Dios vive entre Su pueblo	Zac. 2:10-13	Apoc. 21:3, 24
Un nuevo sacerdocio	Zac. 3:8	Ef. 2:20-21; 1 Ped. 2:5
Entronado sumo Sacerdote	Zac. 6:12-13	Heb. 5:5-10; 7:11-28; 8:1-2
Entrada triunfal	Zac. 9:9-10	Mat. 21:4-5; Mar. 11:1-10; Luc. 19:28-38; Juan 12:13-15
Vendido por treinta piezas de plata	Zac. 11:12-13	Mat. 26:14-15
Dinero compra el campo del alfarero	Zac. 11:12-13	Mat. 27:9-10
Su cuerpo traspasado	Zac. 12:10	Juan 19:34,37
Pastor castigado; ovejas dispersadas	Zac. 13:1, 6-7	Mat. 26:31; Juan 16:32
Precedido por precursor	Mal. 3:1	Mat. 11:10; Mar. 1:2; Luc. 7:27
El sol de justicia	Mal 4:2-3	Luc. 1:78, Ef. 5:14; 2 Ped. 1:19; Apoc. 2:28; 19:11-12; 22:16
La venida de Elías	Mal 4:5-6	Mat. 11:14; 17:10-12; Mar. 9:11-13; Luc. 1:17[1]

[1] Marsha A. Ellis Smith et al., *Holman Book of Biblical Charts, Maps, and Reconstructions* (Nashville, TN: Broadman & Holman Publishers, 1993), 58-59.

LAS PRINCIPALES SECTAS JUDÍAS EN EL NUEVO TESTAMENTO

FARISEOS

FECHAS DE EXISTENCIA	NOMBRE	ORIGEN	SEGMENTOS DE LA SOCIEDAD
Con Jonatán (160-143 a. C.). Decadencia de poder bajo Juan Hircano (134-104 a. C.). Comienzan a resurgir bajo Salomé Alejandra (76 a. C.).	Fariseos = («los separados»), y tres posibles significados: (1) ellos se separaban de la gente. (2) se separaban para estudiar la ley («dividir» o «separar» la verdad). (3) se separaban de prácticas paganas.	Probablemente descendientes de los hasidim (luchadores por libertad religiosa en tiempos de Judas Macabeo).	Grupo (o secta) más numeroso de los partidos judíos. Probablemente descendientes de los Hasidim, escribas y abogados. Miembros de la clase media, y mayormente hombres de negocios (mercaderes y comerciantes).

CREENCIAS	REFERENCIAS BÍBLICAS SELECCIONADAS	ACTIVIDADES
Monoteístas.

Creían que todo el AT (Torá, Profetas y Escritos) tenía autoridad.

Creían que el estudio de la ley era verdadera adoración.

Aceptaban tanto la ley escrita como la ley oral.

Más liberales que los saduceos para interpretar la ley.

Preocupados con el cumplimiento del sábat, el diezmo y los ritos de purificación.

Creían en la vida después de la muerte y en la resurrección del cuerpo (con retribución y recompensa divina).

Creían en la realidad de los demonios y los ángeles.

Veneraban la humanidad y la igualdad entre seres humanos.

Espíritu misionero para con la conversión de los gentiles
Creían que cada persona era responsable por cómo vivía. | Mat. 3:7-10; 5:20; 9:14; 16:1, 6-12; 22:15-22, 34-46; 23:2-31

Mar. 3:6; 7:3-5; 8:15, 12:13-17

Luc. 6:7; 7:36-39; 11:37-44; 18:9-14

Juan 3:1; 9:13-16; 11:46-47; 12:19

Hech. 23:6-10

Fil. 3:4b-6 | Iniciaron la tradición oral. Enseñaban que el camino a Dios era el cumplimento de la ley.

Cambiaron el judaísmo de una religión de sacrificios a una religión de leyes.

Pensadores progresistas para adaptar la ley a situaciones nuevas.

Se opusieron a Jesús porque Él no aceptaba como vinculantes las enseñanzas de la ley oral.
Establecieron y controlaron sinagogas.

Tenían control sobre la población promedio.

Eran la autoridad religiosa para la mayoría de los judíos.

Llevaron al hogar varias ceremonias del templo.
Enfatizaban la ética en contraposición con la teología práctica.

Legalistas y socialmente exclusivos, rechazaban por impuros a los no fariseos.

Tendencia a una actitud autosuficiente y arrogante. |

LAS PRINCIPALES SECTAS JUDÍAS EN EL NUEVO TESTAMENTO (CONT.)

SADUCEOS

FECHAS DE EXISTENCIA	NOMBRE	ORIGEN	SEGMENTOS DE LA SOCIEDAD
Probablemente comenzaron aprox. en 200 a. C. Desaparecieron en 70 d. C. (con la destrucción del templo).	Saduceos = tres posibles traducciones: (1) «los justos», con base en las consonantes hebreas de la palabra para justo. (2) «quienes simpatizan con Sadoc» o «seguidores de Sadoc», con base en el posible vínculo con el sumo sacerdote Sadoc. (3) «síndico», «jueces», «jefes fiscales», con base en la palabra griega *syndikoi*.	Origen desconocido. Afirmaban ser descendientes de Sadoc, el sumo sacerdote bajo David (ver 2 Sam. 8:17; 15:24) y Salomón (ver 1 Rey. 1:34-35; 1 Crón. 12:28). Tenían posible vínculo con Aarón. Probablemente se formaron en un grupo aprox. en 200 a. C. como el partido del sumo sacerdote.	Aristocracia, los ricos descendientes de la línea sumo sacerdotal (sin embargo, no todos los sacerdotes eran saduceos). Quizá descendientes del sacerdocio asmoneo. Tal vez no tan refinados como sugeriría su posición económica en la sociedad.

CREENCIAS	REFERENCIAS BÍBLICAS SELECCIONADAS	ACTIVIDADES
Aceptaban solo la Torá (Génesis a Deuteronomio, la ley mosaica) como autoridad.	2 Sam. 8:17; 15:24 1 Rey. 1:34	A cargo del templo y el servicio del templo. Activos en la política.
Interpretaban la ley literalmente.	1 Crón. 12:26-28 Ezeq. 40:45-46; 43:19; 44:15-16	Ejercían gran control político a través del Sanedrín, del que muchos eran miembros.
Conservadores estrictos de la ley.	Mat. 3:7-10; 16:1, 6-12; 22:23-34	Aceptaban el gobierno en el poder y el *statu quo*.
Enfatizaban estricta observancia de la ley.	Mar. 12:18-27	Inclinación hacia el helenismo (difusión de la influencia griega), y por lo tanto el pueblo los despreciaba.
Observaban creencias y tradiciones del pasado.	Luc. 20:27-40 Juan 11:47	
No aceptaban la ley oral como obligatoria y vinculante.	Hech. 4:1-2; 5:17-18; 23:6-10	Se oponían a los fariseos y a Jesús pues estos aceptaban un canon escritural más amplio (tanto los fariseos como Jesús creían que la Escritura era más que Génesis a Deuteronomio).
Creían en la absoluta libertad de la voluntad humana: que todos pueden hacer lo que deseen sin que Dios les preste atención.		Oposición a Jesús, en especial por temor a que su riqueza y posición peligraran si lo apoyaban.
Negaban la providencia divina.		
Negaban el concepto de vida después de la muerte y la resurrección del cuerpo.		
Negaban el concepto de recompensa y castigo después de la muerte.		
Negaban la existencia de ángeles y demonios.		
Materialistas.		

LAS PRINCIPALES SECTAS JUDÍAS EN EL NUEVO TESTAMENTO (CONT.)

ZELOTES

FECHAS DE EXISTENCIA	NOMBRE	ORIGEN	SEGMENTOS DE LA SOCIEDAD
Tres posibilidades de su comienzo: (1) durante el reinado de Herodes el Grande (aprox. 37 a. C.); (2) durante la revuelta contra Roma (6 d. C.); (3) remontándose a los hasidim o a los macabeos (aprox. 168 a. C.). Su desaparición total ocurrió aprox. en 70-73 d. C., cuando los romanos conquistaron Jerusalén.	Alusión a su celo religioso. Josefo usó el término para aludir a los que participaron en la revuelta judía contra Roma en 6 d. C. liderada por Judas el Galileo.	(De acuerdo a Josefo) Los zelotes comenzaron con Judas (el Galileo), hijo de Ezequías, que lideró una revuelta en 6 d. C. en razón de un censo para propósitos impositivos.	El ala extrema de los fariseos.

HERODIANOS

FECHAS DE EXISTENCIA	NOMBRE	ORIGEN	SEGMENTOS DE LA SOCIEDAD
Existieron durante la época de la dinastía de Herodes (que comenzó en 37 a. C. con Herodes el Grande) Desaparición incierta.	Se basa en su apoyo a los gobernantes herodianos (Herodes el Grande o su dinastía).	Origen exacto es incierto.	Judíos acaudalados y con influencia política que apoyaron a Herodes Antipas (o a cualquiera de los descendientes de Herodes el Grande) como gobernante de Palestina (Judea y Samaria en este tiempo tenían gobernantes romanos).

CREENCIAS	REFERENCIAS BÍBLICAS SELECCIONADAS	ACTIVIDADES
Similar a los fariseos con la siguiente excepción: creían firmemente que solo Dios tenía derecho a gobernar a los judíos. Patriotismo y religión se volvieron inseparables. Creían que la obediencia total (apoyada por drásticas medidas físicas) debía ser evidente para que Dios hiciera realidad la Era Mesiánica. Eran fanáticos de la fe judía y de la devoción a la ley, hasta el punto del martirio.	Mat. 10:4 Mar. 3:18 Luc. 6:15 Hech. 1:13	Extrema oposición a que romanos gobernaran Palestina. Oposición extrema a la paz con Roma. Se negaban a pagar impuestos. Oposición al uso del idioma griego en Palestina. Fueron parte activa del terrorismo contra Roma y contra otros con quienes disintieran políticamente. (Los sicarios [o asesinos] eran un grupo zelote extremista con acciones terroristas contra Roma).

CREENCIAS	REFERENCIAS BÍBLICAS SELECCIONADAS	ACTIVIDADES
No era un grupo religioso sino político Los miembros probablemente eran representantes de perspectivas religiosas variadas.	Mat. 22:5-22; Mar. 3:6; 8:15; 12:13-17	Apoyaban a Herodes y a la dinastía herodiana. Aceptaban la helenización. Aceptaban el gobierno por extranjeros.

LAS PRINCIPALES SECTAS JUDÍAS EN EL NUEVO TESTAMENTO (CONT.)

ESENIOS

FECHAS DE EXISTENCIA	NOMBRE	ORIGEN	SEGMENTOS DE LA SOCIEDAD
Probablemente comenzaron durante la época macabea (aprox. 168 a. C.), alrededor de la misma fecha que iniciaron los fariseos y los saduceos. La desaparición del grupo es incierta, aprox. en 68-70 d. C., con la caída de Jerusalén.	Origen desconocido.	Posiblemente comenzaron como reacción al sacerdocio corrupto de los saduceos Se los ha identificado con varios grupos: hasidim, zelotes, influencia griega o influencia iraní.	Se dispersaron por los pueblos de Judea (quizás incluyendo a la comunidad de Qumrán) (De acuerdo a Filón y a Josefo), alrededor de 4000 en la Siria palestina.

CREENCIAS	REFERENCIAS BÍBLICAS SELECCIONADAS	ACTIVIDADES
Ascetas muy estrictos.	Ninguna.	Dedicados a copiar y estudiar los manuscritos de la ley.
Monásticos: la mayoría hizo voto de celibato (adoptando a niños varones para perpetuar el grupo), pero algunos se casaron (con el propósito de procrear).		Vivían en comunidad con propiedades comunales.
		Requerían extensos períodos de prueba y bautismos rituales a quienes querían unirse a ellos.
Adherentes rigurosos de la ley (incluyendo rigurosa interpretación de la ética).		Eran altamente virtuosos y rectos.
Consideraban que además de la Escritura hebrea, otra literatura tenía autoridad.		Eran sumamente autodisciplinados. Eran diligentes trabajadores manuales. Le daban gran importancia a la adoración diaria.
Creían en el pacifismo y lo practicaban.		Mantenían rígidas leyes sabáticas.
Consideraban que la adoración en el templo y las ofrendas eran corruptas.		Sostenían un sacerdocio no levítico.
		Rechazaban como diabólicos los placeres del mundo.
Creían en la inmortalidad del alma pero sin resurrección corporal.		Rechazaban el matrimonio, pero no prohibían que otros se casaran.
Orientación apocalíptica.		

LA ARMONÍA DE LOS EVANGELIOS

PARTE I. DECLARACIONES INTRODUCTORIAS

	Mateo	Marcos	Lucas	Juan
1. Introducción histórica de Lucas.			1:1-4	
2. Introducción teológica de Juan.				1:1-18
3. Introducciones genealógicas de Mateo y Lucas.	1:1-17		3:23-38	

PARTE II. EL NACIMIENTO Y LA JUVENTUD DE JUAN EL BAUTISTA Y JESÚS

	Mateo	Marcos	Lucas	Juan
4. Anuncio a Zacarías. Lugar: Jerusalén.			1:5-25	
5. Anuncio a la virgen María. Lugar: Nazaret.			1:26-38	
6. Cantos de Elisabet y María. Lugar: Judea.			1:39-56	
7. Nacimiento y juventud de Juan el Bautista. Lugar: Judea.			1:57-80	
8. Anuncio a José. Lugar: Nazaret.	1:18-25			
9. Nacimiento de Jesús. Lugar: Belén.			2:1-7	
10. El ángel y los pastores. Lugar: Cerca de Belén.			2:8-20	
11. Circuncisión y nombramiento de Jesús. Lugar: Belén.			2:21	
12. Presentación en el templo. Lugar: Jerusalén.			2:22-38	
13. Visita de los sabios. Lugar: Jerusalén, Belén.	2:1-12			
14. Huida a Egipto. Lugar: Nazaret, Egipto.	2:13-23		2:39	

15. Su juventud en Nazaret y visita a Jerusalén. Lugar: Nazaret, Jerusalén.			2:40-52	
PARTE III. MINISTERIO DE JUAN EL BAUTISTA				
16. Llegada de la Palabra. Lugar: Desierto.		1:4	3:1-2	
17. Respuesta de Juan en el desierto. Lugar: Desierto.	3:1-6	1:2-6	3:3-6	
18. Audacia de su predicación. Lugar: Desierto.	3:7-10		3:7-14	
19. La idea de Juan sobre el Mesías.	3:11-12	1:7-8	3:15-18	
PARTE IV. MINISTERIO TEMPRANO DE JESÚS				
20. Bautismo en el Jordán. Lugar: Jordán.	3:13-17	1:9-11	3:21-23	
21. La tentación de Jesús por Satanás. Lugar: Desierto de Judea.	4:1-11	1:12-13	4:1-13	
22. Testimonio de Juan y los discípulos. Lugar: Betania.				1:19-51
23. El primer milagro. Lugar: Caná.				2:1-11
24. La primera estadía en Capernaum. Lugar: Capernaum.				2:12
25. Primera pascua y purificación del templo. Lugar: Jerusalén.				2:13-3:21
26. Cierre del ministerio y arresto de Juan. Lugar: Enón.			3:19-20	3:22-36; 4:1-3
27. Jesús en el pozo de Jacob y en Sicar. Lugar: Samaria.				4:4-42
28. Jesús regresa a Galilea. Lugar: Galilea.	4:12	1:14	4:14	4:43-45
PARTE V. EL MINISTERIO EN GALILEA				
29. El mensaje de Jesús: arrepentimiento. Lugar: Galilea.	4:17	1:15	4:15	

LA ARMONÍA DE LOS EVANGELIOS (CONT.)

30. Sanidad del hijo del centurión. Lugar: Capernaum.				4:46-54
31. Jesús rechazado por el pueblo. Lugar: Nazaret.	4:13-16		4:16-31	
32. Llamado de los pescadores. Lugar: Capernaum.	4:18-22	1:16-20	5:1-11	
33. Día de reposo ajetreado en Capernaum. Lugar: Capernaum.	8:14-17	1:21-34	4:32-41	
34. La primera gira por Galilea. Lugar: Galilea.	4:23-25	1:35-39	4:42-44	
35. La sanidad de un leproso. Lugar: Galilea.	8:2-4	1:40-45	5:12-16	
36. Sanidad del paralítico en la casa de Pedro. Lugar: Capernaum.	9:1-8	2:1-12	5:17-26	
37. Llamado de Mateo (Leví). Lugar: Mar de Galilea.	9:9-13	2:13-17	5:27-32	
38. Tres parábolas sobre el ayuno. Lugar: La costa.	9:14-17	2:18-22	5:33-39	
39. Primera controversia del día de reposo en Jerusalén. Lugar: Jerusalén.				5:1-47
40. Más controversias en Galilea. Lugar: Galilea.	12:1-14	2:23–3:6	6:1-11	
41. Elección de los Doce. Lugar: Cerca de Capernaum.	5:1–8:1	3:14-19	6:12-49	
42. Sanidad del siervo del centurión. Lugar: Capernaum.	8:5-13		7:1-10	
43. Resurrección del hijo de una viuda. Lugar: Naín.			7:11-17	
44. Duda de Juan y elogio de Jesús. Lugar: Naín.	11:2-19		7:18-35	

45. Ciudades de oportunidad. Lugar: Capernaum.	11:20-24			
46. La mujer pecaminosa en la casa de Simón. Lugar: Capernaum.			7:36-50	
47. Jesús y los discípulos van a Galilea.			8:1-3	
48. Jesús acusado de blasfemia. Lugar: Galilea.	12:15-45	3:19-30		
49. La madre de Jesús lo llama.	12:46-50	3:31-35	8:19-21	
50. El primer grupo extendido de parábolas. Lugar: Mar de Galilea.	13:1-53	4:1-34	8:4-18	
51. Jesús calma la tormenta y sana a endemoniado. Lugar: Mar de Galilea; Gadara.	8:23-34	4:35–5:20	8:22-39	
52. Sanidad de la hija de Jairo y mujer con flujo de sangre. Lugar: Capernaum.	9:18-26	5:21-43	8:40-56	
53. Sanidad de dos ciegos y un endemoniado. Lugar: Capernaum.	9:27-34			
54. Último rechazo en Nazaret. Lugar: Nazaret.	13:54-58	6:1-6		
55. Los discípulos reciben poder para sanar. Lugar: Capernaum.	10:1-42	6:6-13	9:1-6	
56. Herodes teme a Juan y a Jesús.	14:1-12	6:14-29	9:7-9	
PARTE VI. LA RETIRADA DE GALILEA				
57. Primera retirada a Betsaida-Julia.	14:13-21	6:30-44	9:10-17	6:1-13
58. El regreso a Genesaret. Lugar: Lago de Genesaret.	14:22-36	6:45-56		6:14-21
59. Rechazo de Cristo en la sinagoga. Lugar: Capernaum.				6:22-71
60. Crítica de los fariseos respecto a manos sin lavar. Lugar: Capernaum.	15:1-20	7:1-23		7:01

LA ARMONÍA DE LOS EVANGELIOS (CONT.)

61. Sanidad de la hija de un sirofenicio. Lugar: Fenicia.	15:21-28	7:24-30		
62. Jesús parte al Mar de Galilea.	15:29-38	7:31–8:9		
63. Fariseos y saduceos atacan a Jesús, pidiendo una señal otra vez. Lugar: Dalmanuta o Magdala.	15:39–16:4	8:10-12		
64. Jesús se retira otra vez a Betsaida-Julia. Lugar: Betsaida.	16:5-12	8:13-26		
65. La gran confesión de Pedro. Lugar: Cesarea de Filipo.	16:13-20	8:27-30	9:18-21	
66. Jesús predice Su muerte y resurrección. Lugar: Galilea.	16:21-28	8:31-38	9:22-27	
67. Transfiguración de Jesús. Lugar: Monte Tabor.	17:1-13	9:2-13	9:28-36	
68. Los discípulos no pueden expulsar un demonio.	17:14-21	9:14-29	9:37-42	
69. Otra referencia a Su muerte y resurrección. Lugar: Galilea.	17:22-23	9:30-32	9:43-45	
70. Jesús paga impuestos con un milagro. Lugar: Capernaum.	17:24-27			
71. Los discípulos discuten por quién es el mayor. Lugar: Capernaum.	18:1-5	9:33-37	9:46-48	
72. Jesús reprende la estrechez de Juan. Lugar: Capernaum.	18:6-14	9:38-50	9:49-50	
73. Sobre perdonar a un hermano. Lugar: Capernaum.	18:15-35			
74. Cristo requiere plena consagración. Lugar: Capernaum.	8:19-22		9:57-62	
75. Sus hermanos incrédulos son reprendidos. Lugar: Capernaum.				7:2-10

	Mateo	Marcos	Lucas	Juan
76. Jacobo y Juan reprendidos por enojarse. Lugar: Samaria.			9:51-56	

PARTE VII. EL MINISTERIO EN JUDEA

	Mateo	Marcos	Lucas	Juan
77. En la Fiesta de los tabernáculos. Lugar: Jerusalén.				7:11–8:11
78. Jesús, la luz del mundo. Lugar: Jerusalén.				8:12-59
79. Se abren los ojos de un hombre nacido ciego. Lugar: Jerusalén.				9:1-41
80. Parábola del buen pastor. Lugar: Jerusalén.				10:1-21
81. Los setenta son enviados.			10:1-24	
82. Parábola del buen samaritano. Lugar: Jerusalén.			10:25-37	
83. Jesús recibido por Marta y María. Lugar: Betania.			10:38-42	
84. A los discípulos se les enseña cómo orar.	6:9-13		11:1-13	
85. Acusado de sanar a través de Beelzebú.			11:14-36	
86. La crítica del fariseo y el intérprete de la ley.			11:37-54	
87. Advertencia a los discípulos sobre la levadura de los fariseos.			12:1-12	
88. La avaricia y la parábola del hombre rico.			12:13-21	
89. Los cuervos y los lirios.			12:22-34	
90. La segunda venida según Jesús.			12:35-48	
91. Ímpetu de Cristo sobre Su bautismo de muerte en la cruz.			12:49-59	

LA ARMONÍA DE LOS EVANGELIOS (CONT.)

92. Arrepentimiento y la parábola de la higuera.			13:1-9	
93. Sanidad de la mujer encorvada en día de reposo.			13:10-21	
94. Jesús en la Fiesta de la dedicación Lugar: Jerusalén.				10:22-39

PARTE VIII. EL MINISTERIO EN PEREA

95. Muchos creen en Jesús. Lugar: Betania.				10:40-42
96. Pregunta sobre la cantidad de los salvos. Lugar: Perea.			13:22-35	
97. Jesús enseña humildad y servicio. Lugar: Cerca de Jerusalén.			14:1-24	
98. Para ser discípulo de Cristo, hace falta dejar todo. Lugar: Jerusalén.			14:25-35	
99. Jesús se justifica por recibir a los pecadores.			15:1-32	
100. Parábolas sobre la mayordomía.			16:1–17:10	
101. Resurrección de Lázaro. Lugar: Betania.				11:1-54
102. Jesús va a Jerusalén por la Pascua. Lugar: Samaria, Galilea.			17:11-37	
103. Parábolas sobre la oración camino a Jerusalén.	19:1-2	10:01	18:1-4	
104. Los fariseos tientan a Jesús respecto al divorcio.	19:3-12	10:2-12		
105. Cristo recibe a los niños. Lugar: Perea.	19:13-15	10:13-16	18:15-17	
106. Parábola del joven rico.	19:16-29	10:17-30	18:18-30	
107. Parábola de los trabajadores de la viña.	20:1-16	10:31		

108. Jesús se refiere otra vez a Su muerte y resurrección.	20:17-19	10:32-34	18:31-34	
109. Egoísmo de Jacobo y Juan.	20:20-28	10:35-45		
110. El ciego Bartimeo recibe la vista.	20:29-34	10:46-52	18:35-43	
111. Zaqueo y la parábola de las minas. Lugar: Jericó.			19:1-28	

PARTE IX. EL ÚLTIMO MINISTERIO EN JERUSALÉN

112. El interés en Jesús y Lázaro. Lugar: Betania.				11:55–12:1, 9–11
113. El desafío al Sanedrín. Lugar: Jerusalén.	21:1-17	11:1-11	19:29-44	12:12-19
114. Maldición de la higuera, purificación. Lugar: Jerusalén.	21:18-19	11:12-18	19:45-48	
115. Los griegos buscan a Jesús mientras Él está en agonía de espíritu. Lugar: Jerusalén.				12:20-50
116. La higuera marchita y el poder de la fe. Lugar: Jerusalén.	21:19-22	11:19-26	21:37-38	
117. El Sanedrín cuestiona la autoridad de Jesús. Lugar: Jerusalén.	21:23-46, 22:1-14	11:27–12:12	20:1-19	
118. Intento de atrapar a Jesús respecto al tributo al César. Lugar: Jerusalén.	22:15-22	12:13-17	20:20-26	
119. Otro intento de confundir a Jesús. Lugar: Jerusalén.	22:23-33	12:18-27	20:27-40	
120. El problema legal de un intérprete de la ley. Lugar: Jerusalén.	22:34-40	12:28-34		
121. Jesús silencia a Sus enemigos apelando a David. Lugar: Jerusalén.	22:41-46	12:35-37	20:41-44	
122. Una denuncia a escribas y fariseos. Lugar: Jerusalén.	23:1-39	12:38-40	20:45-47	

LA ARMONÍA DE LOS EVANGELIOS (CONT.)

123. Las dos blancas de la viuda. Lugar: Jerusalén.		12:41-44	21:1-4	

PARTE X. JESÚS ACONSEJA A SUS DISCÍPULOS ANTES DE SU SACRIFICIO

	Mateo	Marcos	Lucas	Juan
124. El gran discurso escatológico. Lugar: Jerusalén.	24:1–25:30		13:1-35	21:5-26
125. Jesús predice el lugar de Su arresto: Jerusalén.	26:1-5	14:1-2	22:1-2	
126. Jesús ungido por María. Lugar: Betania.	26:6-13	14:3-9		12:2-8
127. La acción de Judas Iscariote. Lugar: Jerusalén.	26:14-16	14:10-11	22:3-6	
128. Preparación para la Pascua y celos de los discípulos. Lugar: Jerusalén.	26:17-20	14:12-17	22:7-30	
129. Jesús lava los pies de los apóstoles. Lugar: Jerusalén.				13:1-20
130. Judas nombrado como el traidor. Lugar: Jerusalén.	26:21-25	14:18-21	22:21-23	13:21-30
131. Se cuestiona la resolución de los discípulos. Lugar: Jerusalén.	26:31-35	14:27-31	22:31-38	13:34-38
132. Se instituye la Cena conmemorativa. Lugar: Jerusalén.	26:26-29	14:22-25	22:17-20	(1 Cor. 11:23-26)
133. Jesús abre Su corazón a los discípulos respecto a Su partida. Lugar: Aposento alto y camino a Getsemaní.				14:1–16:33
134. La oración intercesora. Lugar: Cerca de Getsemaní.				17:1-26
135. La agonía en Getsemaní.	26:36-40	14:32-42	22:39-46	18:1

PARTE XI. LA CONDENACIÓN Y LA CRUZ

136. Traición, arresto y la deserción de los discípulos. Lugar: Getsemaní.	26:47-56	14:43-52	22:47-53	18:2-12
137. La examinación de Anás. Lugar: Jerusalén.				18:13-23
138. Condenado por falso testimonio. Lugar: Jerusalén.	26:57-68	14:53-65	22:54, 63-65	18:24
139. Las tres negaciones de Pedro. Lugar: Jerusalén.	26:58, 69-75	14:54, 66-72	22:54-62	18:15-18, 25-27
140. Un intento de dar legalidad al juicio. Lugar: Jerusalén.	27:1	15:1	22:66-71	
141. Judas se da cuenta de su pecado. Lugar: Jerusalén.	27:3-10		(ver Hech. 1:18-19)	
142. Jesús ante Pilato. Lugar: Jerusalén.	27:2, 11-14	15:2-5	23:1-5	18:28-38
143. Jesús es enviado ante Herodes. Lugar: Jerusalén.			23:6-12	
144. Herodes envía a Jesús de regreso ante Pilato. Lugar: Jerusalén.	27:15-26	15:6-15	23:13-25	18:39–19:16
145. Jesús escarnecido por los soldados. Lugar: Jerusalén.	27:27-30	15:16-19		
146. Simón lleva la cruz. Lugar: camino al Calvario.	27:31-34	15:20-23	23:26-33	19:16-17
147. Jesús es crucificado. Lugar: Calvario.	27:35-50	15:24-37	23:33-46	19:18-30
148. El fenómeno sobrenatural. Lugar: Jerusalén.	27:51-56	15:38-41	23:45-49	
149. Sepultura en la tumba de José. Lugar: Getsemaní.	27:57-60	15:42-46	23:50-54	19:31-42
150. Las mujeres junto a la tumba.	27:61-66	15:47	23:55-56	

PARTE XII. LA RESURRECCIÓN Y LA ASCENSIÓN

151. En la tumba el día de reposo. Lugar: Getsemaní.	28:1			

LA ARMONÍA DE LOS EVANGELIOS (CONT.)

152. Unción con especias.		16:1		
153. La tumba se abre.	28:2-4			
154. Las mujeres encuentran la tumba vacía y ángeles.	28:5-8	16:2-8	24:1-8	20:1
155. Las mujeres informan a los apóstoles. Lugar: Jerusalén.			24:9-12	20:2-10
156. Jesús se le aparece a María Magdalena. Lugar: Jerusalén.		16:9-11		20:11-18
157. Las otras mujeres lo ven.	28:9-10			
158. Soborno a los guardias para que digan que el cuerpo había sido robado por los discípulos.	28:11-15			
159. Jesús aparece camino a Emaús.		16:12-13	24:13-32	(Ver también 1 Cor. 15:5)
160. Simón Pedro ve a Jesús.			24:33-35	
161. Todo el grupo, excepto Tomás, lo ve, y Él come delante de ellos. Lugar: Jerusalén.		16:14	24:36-43	20:19-25
162. Todo el grupo, con Tomás, lo ve y por fin cree.				20:26-31
163. Jesús aparece junto al Mar de Galilea.				21:1-25
164. A los apóstoles se les encomienda predicar. Lugar: Galilea.	28:16-20	16:15-18	(Ver también 1 Cor. 15:6)	
165. Jacobo, el hermano de Jesús, lo ve.			(1 Cor. 15:7)	
166. Jesús y los discípulos se reúnen por última vez y Jesús asciende. Lugar: Monte de los Olivos.		16:19-20	24:44-53	(Ver también Hech. 1:3-12)

Nacimiento y primera infancia de Jesús

Lucas 2:4-5
«Y José subió de Galilea, de la ciudad de Nazaret, a Judea, a la ciudad de David, que se llama Belén, por cuanto era de la casa y familia de David; para ser empadronado con María su mujer, desposada con él, la cual estaba encinta.»

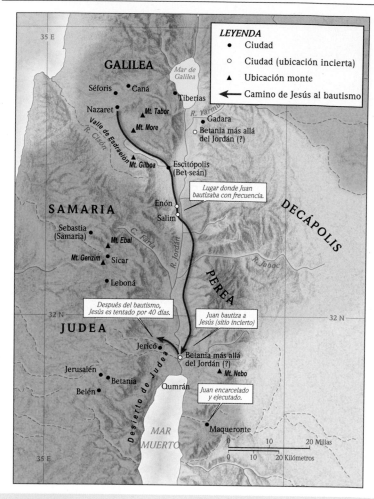

LEYENDA
- ● Ciudad
- ○ Ciudad (ubicación incierta)
- ▲ Ubicación monte
- ← Camino de Jesús al bautismo

GALILEA

Mar de Galilea

Séforis • Caná

• Tiberías

Nazaret ▲ *Mt. Tabor*

R. Yarmuk

• Gadara

▲ *Mt. More*

○ Betania más allá del Jordán (?)

Valle de Esdraelón

R. Cisón

▲ *Mt. Gilboa*

Escitópolis (Bet-seán)

SAMARIA

Lugar donde Juan bautizaba con frecuencia.

Enón
Salim ○

DECÁPOLIS

Sebastia (Samaria)

▲ *Mt. Ebal*

C. Farfa

Mt. Gerizim ▲ • Sícar

R. Jordán

R. Jaboc

• Leboná

PEREA

Después del bautismo, Jesús es tentado por 40 días.

Juan bautiza a Jesús (sitio incierto)

32 N

JUDEA

32 N

Jericó •

Jerusalén •

Betania más allá del Jordán (?) ○

• Betania

▲ *Mt. Nebo*

Belén •

Qumrán

Juan encarcelado y ejecutado.

Desierto de Judea

MAR MUERTO

• Maqueronte

0   10   20 Millas

0   10   20 Kilómetros

35 E

Juan el Bautista

Marcos 1:4-5
«Bautizaba Juan en el desierto, y predicaba el bautismo de arrepentimiento para perdón de pecados. Y salían a él toda la provincia de Judea, y todos los de Jerusalén; y eran bautizados por él en el río Jordán, confesando sus pecados.»

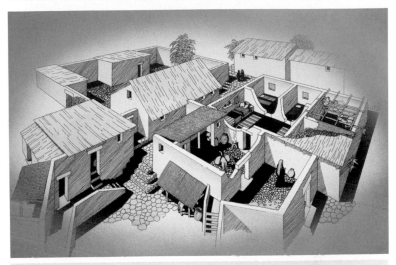

Reconstrucción de una casa israelita del primer siglo (corte desde arriba).

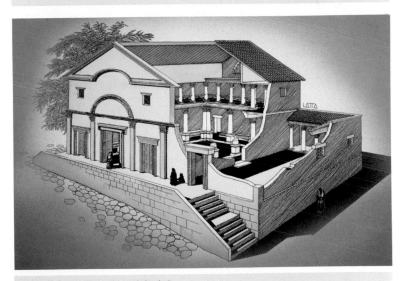

Típica sinagoga del primer siglo d. C.

EL MINISTERIO DE JESÚS COMO CUMPLIMIENTO DE LA ESCRITURA EN MATEO

ASPECTOS DE SU MINISTERIO	PASAJE DE CUMPLIMIENTO EN MATEO	PROFECÍA DEL AT
Su nacimiento virginal y Su rol como Dios con nosotros.	Mat. 1:18, 22-23	Isa. 7:14
Su nacimiento en Belén y el rol de los pastores.	Mat. 2:4-6	Miq. 5:2
Sus años de refugio en Egipto y el rol como Hijo de Dios.	Mat. 2:14-15	Os. 11:1
Su crianza en Nazaret y Su rol mesiánico (el término hebreo para «vástago» es *nétser*).	Mat. 2:23	Isa. 11:1
Su ministerio de predicación en Galilea y Su rol como Luz para los gentiles.	Mat. 4:12-16	Isa. 9:1-2
Su ministerio de sanidad y rol como Siervo de Dios.	Mat. 8:16-17	Isa. 53:4
Su renuencia a llamar la atención y Su rol como el escogido de Dios y Siervo amado.	Mat. 12:16-21	Isa. 42:1-4
Sus enseñanzas por parábolas y Su rol al proclamar el gobierno soberano de Dios.	Mat. 13:34-35	Sal. 78:2
Su entrada humilde a Jerusalén y función como Rey.	Mat. 21:1-5	Zac. 9:9
Su traición, arresto y muerte, y rol como Siervo sufriente.	Mat. 26:50,56	Los escritos proféticos como un todo.

HISTORIAS CONTROVERSIALES EN MARCOS	
CONTROVERSIA	**REFERENCIA EN MARCOS**
Por el derecho de Jesús de perdonar pecados.	2:1-12
Por la comunión de Jesús con cobradores de impuestos y «pecadores».	2:13-17
Por la libertad de los discípulos de ayunar.	2:18-22
Porque los discípulos recogían espigas el día de reposo.	2:23-27
Por el derecho de Jesús de hacer el bien el día de reposo.	3:1-6
Por la naturaleza de la familia de Jesús.	3:20-21,31-35
Por la fuente del poder de Jesús para exorcizar.	3:22-30
Porque los discípulos comían sin lavarse las manos.	7:1-5,14-23
Porque los fariseos y los maestros de la ley dejaban de lado los mandamientos de Dios para cumplir sus propias tradiciones.	7:6-13
Por la legalidad del divorcio y la intención de Dios para el matrimonio.	10:1-12
Por la autoridad de Jesús de limpiar el templo y la autoridad de Juan para bautizar.	11:27-33
Por pagar impuestos al César y dar a Dios lo que le correspondía.	12:13-17
Por el matrimonio en la resurrección, el poder de Dios y el testimonio de la Escritura.	12:18-27
Por el mandamiento más importante.	12:28-34
Por la naturaleza del Mesías: hijo de David o Señor de David.	12:35-37

TEMAS EN LUCAS		
TEMA	**EJEMPLOS DE LUCAS**	**REFERENCIA**
Teología	Palabra de Dios	5:1; 6:47; 8:11,13-15,21; 11:28
	Jesús como Salvador	1:69; 2:11; 19:9
	El reino presente de Dios	11:20; 19:9
	El Espíritu Santo	1:35,41,67; 2:25-27; 3:22; 4:1,14; 11:13; 24:49
Preocupación por las mujeres	Elisabet	1:5-25,39-45,57-66
	María	1:26-56; 2:1-20,41-52
	Ana	2:36-38
	La viuda de Naín	7:11-12
	La «pecadora» que unge los pies de Jesús	7:36-50
	Discípulas mujeres	8:1-3
	La mujer que buscaba su moneda perdida	15:8-10
	La viuda persistente que rogaba ante el juez injusto	18:1-8
	Las mujeres afligidas en el camino a la cruz	23:27
Preocupación por los pobres/advertencias a los ricos	Bendiciones para los pobres	6:20-23
	Desgracias para los ricos	6:24-26
	El rico necio	12:16-20
	El hombre rico y el mendigo Lázaro	16:19-31
Preocupación por los marginados de la sociedad	Los pastores	2:8-20
	Los samaritanos	10:25-37; 17:11-19
	Los publicanos y «pecadores»	15:1
	Gentiles/demás personas	2:32; 24:47

TEMA	EJEMPLOS DE LUCAS	REFERENCIA
La vida cristiana	Gratitud y gozo	1:46-55,68-79; 2:14; 15:7,10,24,32; 17:16,18; 24:53
	La oración	3:21; 6:12; 9:18; 11:1-13; 18:1-14
	Uso adecuado de posesiones materiales	6:32-36; 10:27-37; 12:32-34; 16:1-13
	Cambio en la conducta social al imitar a Dios	9:3-5,16; 10:2-16,38-42; 12:41-48; 22:24-27
	Arrepentimiento/fe	3:7-14; 5:32; 10:13; 11:32; 13:3-5; 15:7-10; 24:47

SIETE SEÑALES EN JUAN		
SEÑAL	**REFERENCIA**	**VERDAD CENTRAL**
1. Transformación del agua en vino	2:1-11	Señala a Jesús como la Fuente de todas las bendiciones futuras de Dios (ver Isa. 25:6-8; Jer. 31:11-12; Amós 9:13-14).
2. Sanidad del hijo del oficial	4:43-54	Señala a Jesús como el Dador de la vida.
3. Sanidad del paralítico en Betesda	5:1-15	Señala a Jesús como el colaborador del Padre.
4. Alimentación de los cinco mil	6:1-15,25-69	Señala a Jesús como el Pan de vida que viene del cielo.
5. Caminar sobre el agua	6:16-21	Señala a Jesús como el Yo soy divino.
6. Sanidad del hombre nacido ciego	9:1-41	Señala a Jesús como el Dador de la vista espiritual.
7. Resurrección de Lázaro	11:1-44	Señala a Jesús como la resurrección y la vida.

LAS DECLARACIONES DE «YO SOY» EN EL EVANGELIO DE JUAN	
DECLARACIÓN	**REFERENCIA EN JUAN**
Yo soy el pan de vida.	6:35
Yo soy la luz del mundo.	8:12
Yo soy la puerta de las ovejas.	10:7
Yo soy el buen pastor.	10:11,14
Yo soy la resurrección y la vida.	11:25
Yo soy el camino, y la verdad, y la vida.	14:6
Yo soy la vid verdadera.	15:1,5
Yo soy rey.	18:37

LOS DISCURSOS DE JESÚS				
DÓNDE SE ENUNCIARON	**NATURALEZA O ESTILO**	**A QUIÉN IBAN DIRIGIDOS**	**LECCIÓN PARA APRENDER**	**REFERENCIAS**
1. Jerusalén	Conversación	Nicodemo	Debemos nacer «de agua y del Espíritu» para entrar en el reino.	Juan 3:1-21
2. El pozo de Jacob	Conversación	La mujer samaritana	«Dios es Espíritu» y es necesario adorarlo en espíritu y en verdad.	Juan 4:1-30
3. El pozo de Jacob	Conversación	Los discípulos	Nuestro alimento es hacer Su voluntad.	Juan 4:31-38
4. Nazaret	Sermón	Adoradores	Ningún profeta es bien recibido en su tierra.	Luc. 4:16-30
5. Montaña en Galilea	Sermón	Los discípulos y el pueblo	Las Bienaventuranzas; permitir que nuestra luz alumbre delante de los hombres; los cristianos como la luz del mundo; cómo orar; la benevolencia y la humildad; contraste entre tesoros celestiales y terrenales; la regla de oro.	Mat. 5-7; Luc. 6:17-49
6. Betesda; un estanque	Conversación	Los judíos	Escucharlo y creer en Él es tener vida eterna.	Juan 5:1-47
7. Galilea	Conversación	Los fariseos	Las obras necesarias no están mal en el día de reposo.	Mat. 12:1-14; Luc. 6:1-11
8. Galilea	Elogio y denuncia	El pueblo	Grandeza del más pequeño en el cielo; juzgados según la luz que tenemos.	Mat. 11:2-29; Luc. 7:18-35
9. Galilea	Conversación	Los fariseos	El pecado imperdonable es contra el Espíritu Santo.	Mar. 3:19-30; Mat. 12:22-45

LOS DISCURSOS DE JESÚS (CONT.)

DÓNDE SE ENUNCIARON	NATURALEZA O ESTILO	A QUIÉN IBAN DIRIGIDOS	LECCIÓN PARA APRENDER	REFERENCIAS
10. Galilea	Conversación	Los discípulos	La providencia de Dios; cercanía de Cristo a aquellos que le sirven.	Mar. 6:6-13; Mat. 10:1-42
11. Galilea	Conversación	Un mensajero	Relación entre aquellos que hacen Su voluntad.	Mat. 12:46-50; Mar. 3:31-35
12. Capernaum	Sermón	La multitud	Cristo como el Pan de vida.	Juan 6:22-71
13. Genesaret	Crítica y amonestación	Escribas y fariseos	Lo que contamina al hombre no es algo externo, sino lo que procede del corazón.	Mat. 15:1-20; Mar. 7:1-23
14. Capernaum	Ejemplo	Los discípulos	La humildad es la marca de la grandeza; no ser piedra de tropiezo.	Mat. 18:1-14; Mar. 9:33-50
15. Templo-Jerusalén	Instrucción	Los judíos	No juzgar según apariencias externas.	Juan 7:11-40
16. Templo-Jerusalén	Instrucción	Los judíos	Seguir a Cristo es caminar en la luz.	Juan 8:12-59
17. Jerusalén	Instrucción	Los judíos	Cristo es la puerta; conoce a Sus ovejas; da Su vida por ellas.	Juan 10:1-21
18. Capernaum	Encargo	Los setenta	Necesidad de servicio cristiano; no despreciar a los ministros de Cristo.	Luc. 10:1-24
19. Desconocido	Instrucción	Los discípulos	La eficacia de la oración ferviente.	Luc. 11:1-13
20. Desconocido	Conversación	El pueblo	Oír y cumplir la voluntad de Dios; el estado del que retrocede.	Luc. 11:14-36

DÓNDE SE ENUNCIARON	NATURALEZA O ESTILO	A QUIÉN IBAN DIRIGIDOS	LECCIÓN PARA APRENDER	REFERENCIAS
21. Casa del fariseo	Reprensión	Los fariseos	El significado de la pureza interior.	Luc. 11:37-54
22. Desconocido	Exhortación	La multitud	Cuidado con la hipocresía, la avaricia, la blasfemia; estar alertas.	Luc. 12:1-21
23. Desconocido	Lección objetiva	Los discípulos	Vigilancia; el reino de Dios es de suma importancia.	Luc. 12:22-34
24. Jerusalén	Exhortación	El pueblo	Muerte por vida; camino de la vida eterna.	Juan 12:20-50
25. Jerusalén	Denuncia	Los fariseos	Evitar la hipocresía y el fingimiento.	Mat. 23:1-39
26. Monte de los Olivos	Profecía	Los discípulos	Señales de la venida del Hijo del hombre; cuidado con los falsos profetas.	Mat. 24:1-51, Mar. 13:1-37
27. Jerusalén	Exhortación	Los discípulos	La lección de humildad y servicio.	Juan 13:1-20
28. Jerusalén	Exhortación	Los discípulos	La prueba del discipulado; que Él volverá.	Juan 14-16

LAS PARÁBOLAS DE JESÚS

PARÁBOLA	OCASIÓN	LECCIÓN ENSEÑADA	REFERENCIAS
1. La paja y la viga	Sermón del Monte (Mateo); Sermón en el lugar llano (Lucas).	No juzgar a los demás.	Mat. 7:1-6; Luc. 6:37-42
2. Las dos casas	Sermón del Monte, al final.	Necesidad de edificar la vida sobre las palabras de Jesús.	Mat. 7:24-27; Luc. 6:47-49
3. Los niños en el mercado	Rechazo de Juan el Bautista y ministerio de Jesús.	Lo malo de una actitud crítica.	Mat. 11:16-19; Luc. 7:32-34
4. Los dos deudores	Las reflexiones presuntuosas de un fariseo.	El amor a Cristo en proporción con la gracia recibida.	Luc. 7:41-43
5. El espíritu inmundo	Los escribas exigen un milagro en los cielos.	El poder endurecedor de la incredulidad.	Mat. 12:43-45; Luc. 11:24-26
6. El rico necio	Disputa entre dos hermanos.	La insensatez de confiar en las riquezas.	Luc. 12:16-21
7. La higuera estéril	Anuncio de la ejecución de ciertos galileos.	Todavía hay tiempo para arrepentirse.	Luc. 13:6-9
8. El sembrador	Sermón a orillas del mar.	Efectos de predicar la verdad religiosa.	Mat. 13:3-8; Mar. 4:3-8; Luc. 8:5-8
9. El trigo y la cizaña	Ídem	La separación del bien y el mal.	Mat. 13:24-30
10. La semilla	Ídem	El poder de la verdad.	Mar. 4:26-29
11. La semilla de mostaza	Ídem	Pequeños comienzos y crecimiento del reino de Cristo.	Mat. 13:31-32; Mar. 4:31-32; Luc. 13:19
12. La levadura	Ídem	Difusión del conocimiento de Cristo.	Mat. 13:33; Luc. 13:21

PARÁBOLA	OCASIÓN	LECCIÓN ENSEÑADA	REFERENCIAS
13. La lámpara	Sermón del monte (Mat.), enseñanza a una gran multitud (Mar., Luc.).	Efecto de un buen ejemplo.	Mat. 5:15; Mar. 4:21; Luc. 8:16; 11:33
14. La red	Sermón orillas del mar.	Característica mixta de la iglesia.	Mat. 13:47-48
15. El tesoro escondido	Ídem	Valor del reino de Dios.	Mat. 13:44
16. La perla de gran precio	Ídem	Ídem	Mat. 13:45–46
17. El dueño de una casa	Ídem	Diversos métodos de enseñar la verdad.	Mat. 13:52
18. El matrimonio	Para los críticos que censuraban a los discípulos.	Gozo en la compañía de Cristo.	Mat. 9:15; Mar. 2:19-20; Luc. 5:34-35
19. El vestido remendado	Ídem	Frescura de la obra de Dios en Cristo, que no puede ser impedida por lo viejo.	Mat. 9:16; Mar. 2:21; Luc. 5:36
20. Los odres de vino	Ídem	Ídem	Mat. 9:17; Mar. 2:22; Luc. 5:37-38
21. La cosecha	Carencias espirituales del pueblo judío.	Necesidad de testificar y orar.	Mat. 9:37, Luc. 10:2
22. El adversario	Lentitud de la gente para creer.	Necesidad de una reconciliación inmediata.	Mat. 5:25-26; Luc. 12:58-59
23. Dos deudores insolventes	La pregunta de Pedro.	El deber de perdonar.	Mat. 18:23-35
24. El buen samaritano	La pregunta del intérprete de la ley.	La regla de oro para todos.	Luc. 10:30-37
25. El amigo persistente	Los discípulos piden que se les enseñe a orar.	Efecto de la insistencia en la oración.	Luc. 11:5-8
26. El buen pastor	Los fariseos rechazan testimonio de un milagro.	Cristo es el único camino a Dios.	Juan 10:1-16

LAS PARÁBOLAS DE JESÚS (CONT.)			
PARÁBOLA	OCASIÓN	LECCIÓN ENSEÑADA	REFERENCIAS
27. La puerta angosta, o cerrada	La pregunta: ¿Hay unos pocos que pueden salvarse?	Dificultad de entrar en el reino de Dios.	Luc. 13:24
28. Los dos caminos	El Sermón del monte.	Dificultad del discipulado.	Mat. 7:13-14
29. Los invitados	El afán por ocupar los lugares importantes.	Los mejores lugares no se pueden usurpar.	Luc. 14:7-11
30. La fiesta de bodas	Declaración farisaica de un invitado.	Rechazo de los incrédulos.	Mat. 22:2-9; Luc. 14:16-24
31. La vestimenta de boda	Sigue el mismo discurso.	Necesidad de pureza.	Mat. 22:10-14
32. La torre	Multitudes rodean a Cristo.	Necesidad de considerar el costo del discipulado.	Luc. 14:28-30
33. El rey va a la guerra	Ídem	Ídem	Luc. 14:31-32
34. La oveja perdida	La pregunta de los discípulos: ¿quién es el mayor? (Mat.), los fariseos se oponen a que reciba a cobradores de impuesto y «pecadores».	El amor de Cristo por los pecadores basado en el amor de Dios por ellos.	Mat. 18:12-13; Luc. 15:4-7
35. La moneda perdida	Ídem	Ídem	Luc. 15:8-9
36. El hijo pródigo	Ídem	Ídem	Luc. 15:11-32
37. El mayordomo infiel	A los discípulos.	Prudencia con el uso de la propiedad.	Luc. 16:1-9
38. El hombre rico y Lázaro	Escarnio de los fariseos.	La salvación no está conectada con las riquezas, suficiencia de la Escritura.	Luc. 16:19-31

PARÁBOLA	OCASIÓN	LECCIÓN ENSEÑADA	REFERENCIAS
39. La viuda insistente	Enseñanza a los discípulos.	Perseverancia en la oración.	Luc. 18:2-5
40. El fariseo y el cobrador de impuestos	Enseñanza a los que se jactan de superioridad moral.	Humildad en oración.	Luc. 18:10-14
41. El deber del siervo	Enseñanza a los discípulos.	Obediencia humilde.	Luc. 17:7-10
42. Los obreros de la viña	Ídem	El regalo de gracia divina para los indignos.	Mat. 20:1-16
43. Los talentos	En Jerusalén (Mat.) y en la casa de Zaqueo (Luc.).	Condena de los seguidores infieles.	Mat. 25:14-30; Luc. 19:11-27
44. Los dos hijos	Los principales sacerdotes exigen Su autoridad.	La obediencia mejor que las palabras.	Mat. 21:28-30
45. Los labradores malvados	Ídem	Rechazo del pueblo judío.	Mat. 21:33-43; Mar. 12:1-9; Luc. 20:9-15
46. La higuera	Se profetiza la destrucción de Jerusalén.	Deber de esperar la aparición de Cristo.	Mat. 24:32; Mar. 13:28; Luc. 21:29-30
47. El padre de familia vigilante	Ídem	Ídem	Mat. 24:43; Luc. 12:39
48. El portero vigilante	Ídem	Ídem	Mar. 13:34-36
49. Carácter de dos esclavos	Ídem	Peligro de la infidelidad.	Mat. 24:45-51; Luc. 12:42-46
50. Las diez vírgenes	Ídem	Necesidad de vigilancia.	Mat. 25:1-12
51. Los siervos vigilantes	Ídem	Ídem	Luc. 12:36-38
52. La vid y las ramas	En la última cena.	La necesidad de permanecer en Cristo.	Juan 15:1-6

LOS MILAGROS DE JESÚS			
MILAGRO	**PASAJES BÍBLICOS**		
Agua transformada en vino				Juan 2:1
Muchas sanidades	Mat. 4:23	Mar. 1:32		
Sanidad de un leproso	Mat. 8:1	Mar. 1:40	Luc. 5:12	
Sanidad del siervo de un centurión romano	Mat. 8:5		Luc. 7:1	
Sanidad de la suegra de Pedro	Mat. 8:14	Mar. 1:29	Luc. 4:38	
Calma de la tormenta en el mar	Mat. 8:23	Mar. 4:35	Luc. 8:22	
Sanidad de endemoniados gadarenos	Mat. 8:28	Marcos 5:1	Luc. 8:26	
Sanidad del paralítico	Mat. 9:1	Mar. 2:1-12	Luc. 5:18	
Sanidad de la mujer con hemorragia	Mat. 9:20	Mar. 5:25	Luc. 8:43	
Resurrección de la hija de Jairo	Mat. 9:23	Mar. 5:22	Luc. 8:41	
Sanidad de dos ciegos	Mat. 9:27			
Sanidad de un endemoniado	Mat. 9:32			
Sanidad de hombre con la mano seca	Mat. 12:10	Marcos 3:1	Luc. 6:6	
Alimentación de los cinco mil	Mat. 14:15	Mar. 6:35	Luc. 9:12	Juan 6:1
Caminata sobre el agua	Mat. 14:22	Mar. 6:47		Juan 6:16
Sanidad de la hija de la sirofenicia	Mat. 15:21	Mar. 7:24		
Alimentación de los cuatro mil	Mat. 15:32	Marcos 8:1		
Sanidad de un muchacho epiléptico	Mat. 17:14	Mar. 9:14	Luc. 9:37	

Sanidad de dos ciegos en Jericó	Mat. 20:30			
Sanidad de un hombre con espíritu inmundo		Mar. 1:23	Luc. 4:33	
Sanidad de un sordomudo		Mar. 7:31		
Sanidad de un ciego en Betesda		Mar. 8:22		
Sanidad del ciego Bartimeo		Mar. 10:46	Luc. 18:35	
La pesca milagrosa			Luc. 5:4	Juan 21:1
Resurrección del hijo de una viuda			Luc. 7:11	
Sanidad de una mujer encorvada			Luc. 13:11	
Sanidad de un hidrópico			Luc. 14:1	
Sanidad de diez leprosos			Luc. 17:11	
Sanidad de la oreja de Malco			Luc. 22:50	
Sanidad del hijo de un oficial				Juan 4:46
Sanidad de un paralítico en Betesda				Juan 5:1
Sanidad de un ciego				Juan 9:1
Resurrección de Lázaro				Juan 11:38

LOS APÓSTOLES Y SU HISTORIA					
NOMBRE	**SOBRENOMBRE**	**PADRES**	**HOGAR**	**OCUPACIÓN**	
Simón	Pedro o Cefas = Roca	Jonás	Vida temprana: Betsaida; Más adelante: Capernaum.	Pescador	
Andrés = hombría o valor		Jonás	Vida temprana: Betsaida; Más adelante: Capernaum.	Pescador	
Jacobo el mayor	Boanerges o Hijos del trueno	Zebedeo y Salomé	Betsaida, Capernaum y Jerusalén.	Pescador	
Juan, el discípulo amado	Boanerges o Hijos del trueno	Zebedeo y Salomé	Betsaida, Capernaum y Jerusalén.	Pescador	
Jacobo, el menor		Alfeo y María	Galilea		
Judas	Igual que Tadeo y Lebeo	Jacobo	Galilea		
Felipe			Betsaida		
Bartolomé	Natanael		Caná de Galilea		
Mateo	Leví		Galilea	Cobrador de impuestos	
Tomás	Dídimo		Galilea		
Simón	el zelote, lit. cananeo		Galilea, quizás Caná.		
Judas	Iscariote	Simón	Judá de Queriot		

ESCRITOS	DATOS BÍBLICOS
1–2 Peter	Confesó a Jesús como Mesías (Mat. 16:16); parte del círculo íntimo de Jesús (Mar. 5:37); caminó sobre el agua (Mat. 14:29); presenció la transfiguración de Jesús (Luc. 9:28); negó a Jesús (Luc. 22:54-62); restaurado por Jesús (Juan 21:15-19); predicó en Pentecostés (Hech. 2:14-40).
	Era discípulo de Juan el Bautista (Juan 1:40); presentado por su hermano, Simón, a Jesús (Juan 1:40); le informó a Jesús sobre el muchacho con los panes y los peces (Juan 6:8); con Felipe, le informó a Jesús sobre los griegos que lo buscaban (Juan 12:20); uno de los cuatro que escuchó las enseñanzas de Jesús sobre lo que pronto sucedería (Mar. 13:3).
	Quiso que cayera fuego sobre los samaritanos (Luc. 9:54); sumamente ambicioso (Mar. 10:35-45); fue a pescar después de la resurrección de Jesús (Juan 21:2); primer discípulo en ser martirizado (Hech. 12:2).
Evangelio, tres epístolas y Apocalipsis	Sumamente ambicioso (Mar. 10:35-45); presenció la transfiguración de Jesús (Luc. 9:28); con Pedro, preparó la comida de Pascua (Luc. 22:8); se reclinó junto a Jesús en la última cena (Juan 13:23); se le confió el cuidado de María, la madre de Jesús (Juan 19:26-27); testigo audaz (Hech. 4:14); exiliado en Patmos (Apoc. 1:9).
	Lo llamaban Jacobo el menor; hijo de Alfeo y María (Mar. 3:18; 15:40).
	Le preguntó a Jesús cómo se revelaría a los discípulos y no al mundo (Juan 14:22).
	Invitó a Natanael a venir a ver a Jesús (Juan 1:43-48); probado por Jesús sobre cómo alimentar a 5000 (Juan 6:4-7); abordado por los griegos que querían ver a Jesús (Juan 12:20-21); le pidió a Jesús que les mostrara el Padre a los discípulos (Juan 14:8).
	En oración con otros discípulos luego de la ascensión de Jesús (Hech. 1:13).
Evangelio	Organizó una cena donde sus amigos pudieran conocer a Jesús (Mar. 2:15).
	Animó a sus compañeros discípulos a regresar a Judea con Jesús y morir allí con Él (Juan 11:16); le preguntó a Jesús adónde iba (Juan 14:5); requirió una evidencia clara de que Jesús había sido levantado de los muertos (Juan 20:25); Jesús le dio a Tomás una evidencia convincente de Su resurrección (Juan 20:27).
	Protestó por el regalo extravagante de María de Betania para Jesús (Juan 12:5); robaba de la bolsa de dinero de los discípulos (Juan 12:6); Satanás. entró en él (Lucas 22:3).

Reconstrucción de un lagar del primer siglo.

La elaboración del vino siempre fue una industria importante en Siria-Palestina. El antiguo relato egipcio de Sinuhé, que data de la Era de Bronce media (aprox. 2200-1550 a. C.), describe que en esta tierra había «más vino que agua».

En la época del Antiguo Testamento, los lagares se solían cavar o tallar en las rocas (Isa. 5:2) y estaban conectados mediante canales con tanques de roca ubicados más abajo, donde el jugo se recolectaba y fermentaba. El jugo se exprimía de las uvas al pisarlas con los pies (Job 24:11; Amós 9:13). Excavaciones recientes en Tel Afec han descubierto dos lagares inusualmente grandes de yeso que datan de la Era de Bronce tardía (1550-1200 a. C.). Los lagares estaban conectados a grandes fosas de recolección que todavía tenían las vasijas de Caná para almacenar el vino.

Una vez que el jugo fermentaba, se recogía en vasijas u odres (Mat. 9:17, y paralelos). En el antiguo Gabaón, los arqueólogos descubrieron una gran instalación de producción de vino que data de aprox. 700 a. C. Además de los lagares y los tanques de fermentación, se descubrieron sesenta y tres bodegas talladas en la roca con una capacidad de almacenamiento para 95 000 l (25 000 gal) de vino. En estas bodegas, se podía almacenar el vino a una temperatura fresca y constante de 18 °C (65 °F). Tanto los lagares como las bodegas reales se mencionan en 1 Crónicas 27:27 y Zacarías 14:10. Además de la fabricación de vino, se podían realizar otras actividades en el sitio de los lagares (Jue. 6:11; 7:25). Para la época del Nuevo Testamento, se usaban tanto las prensas de viga como las prensas con piso de mosaico.

El momento de cosechar y pisar las uvas era de sumo gozo y celebración (Isa. 16:10; Jer. 48:33; Deut. 16:13-15), y la imagen de la abundancia del vino se usa para hablar de la salvación y la bendición de Dios (Prov. 3:10; Joel 3:18; Amós 9:13). Pero el juicio de Dios también se representa en forma vívida como algo que se pisa en el lagar (Isa. 63:2-3;

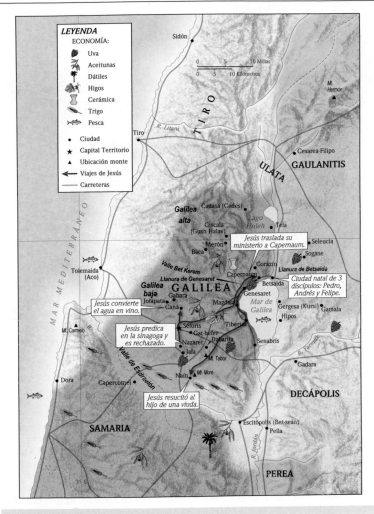

LEYENDA

ECONOMÍA:

Uva
Aceitunas
Dátiles
Higos
Cerámica
Trigo
Pesca

● Ciudad
★ Capital Territorio
▲ Ubicación monte
← Viajes de Jesús
— Carreteras

Sidón

0   5   10 Millas
0   5   10 Kilómetros

Mt. Hermón

T I R O

Tiro

R. Litani

Cesarea-Filipo

ULATA

GAULANITIS

Galilea alta

Cadasa (Cedes)

Lago Huleh

Tela

Jesús traslada su ministerio a Capernaum.

Gíscala (Gush Halav)

Merón

Baca

Seleucia

Sogane

Corazín

Capernaum

Valle Bet Kerem

Llanura de Genesaret

Llanura de Betsaida

M A R   M E D I T E R R Á N E O

Tolemaida (Aco)

GALILEA

Galilea baja

Gabara

Jotapata

Caná

Jesús convierte el agua en vino.

Séforis

Gat-héfer

Nazaret

Jafa

Jesús predica en la sinagoga y es rechazado.

Mt. Carmelo

Valle de Esdraelón

Dora

Capercotnei

Naín

Mt. Tabor

Mt. More

Magdala

Betsaida

Genesaret

Mar de Galilea

Ciudad natal de 3 discípulos: Pedro, Andrés y Felipe.

Gergesa (Kursi)

Gamala

Hipos

Tiberias

Dabarita

Senabris

R. Yarmuk

Gadara

DECÁPOLIS

Jesús resucitó al hijo de una viuda.

SAMARIA

Escitópolis (Bet-seán)

Pella

R. Jordán

35 E

PEREA

Galilea en la época de Jesús

Apoc. 14:19-20).

Juan 2:1-2

«Al tercer día se hicieron unas bodas en Caná de Galilea; y estaba allí la madre de Jesús.

Puerto en Tiro, que muestra un antiguo puerto fenicio (mirando al noroeste).

Y fueron también invitados a las bodas Jesús y sus discípulos.»
Marcos 7:24-30
«Levantándose de allí, se fue a la región de Tiro y de Sidón; y entrando en una casa, no quiso que nadie lo supiese; pero no pudo esconderse. Porque una mujer, cuya hija tenía un espíritu inmundo, luego que oyó de él, vino y se postró a sus pies. La mujer era griega, y sirofenicia de nación; y le rogaba que echase fuera de su hija al demonio. Pero Jesús le dijo: Deja primero que se sacien los hijos, porque no está bien tomar el pan de los hijos y echarlo a los perrillos. Respondió ella y le dijo: Sí, Señor; pero aun los perrillos, debajo de la mesa, comen de las migajas de los hijos. Entonces le dijo: Por esta palabra, ve; el demonio ha salido de tu hija. Y cuando llegó ella a su casa, halló que el demonio había salido, y a la hija acostada en la cama.»

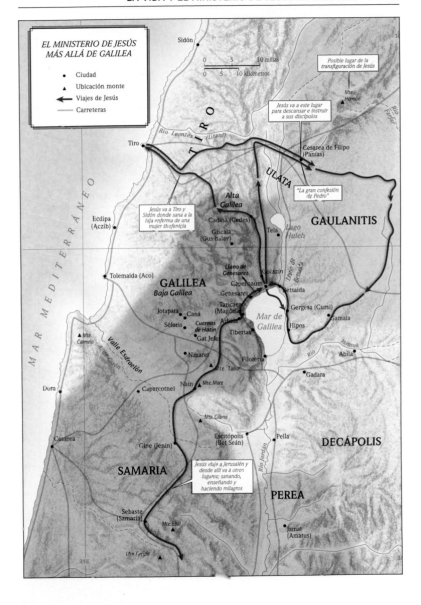

EL MINISTERIO DE JESÚS
MÁS ALLÁ DE GALILEA

● Ciudad
▲ Ubicación monte
← Viajes de Jesús
— Carreteras

Sidón

Possible lugar de la transfiguración de Jesús

Mte. Hermón

RÍO Farfar

Río Leontes (Litani)

Jesús va a este lugar para descansar e instruir a sus discípulos

Tiro

Cesárea de Filipo (Panías)

ULATA

"La gran confesión de Pedro"

Alta Galilea

Ecdipa (Aczib)

Jesús va a Tiro y Sidón donde sana a la hija enferma de una mujer sirofenicia

Cadasa (Cedes)

Giscala (Gus-halav)

Tela

Lago Huleh

GAULANITIS

Tolemaida (Aco)

GALILEA
Baja Galilea

Llano de Genesaret

Genesaret

Corazín

Llano de Betsaida

Capernaum

Betsaida

Jotapata   Caná

Séforis   Cuernos de Hatin

Taricaea (Magdala)

Arbela

Gergesa (Cursi)

Gamala

Gat Jefer

Tiberias

Mar de Galilea

Hipos

Nazaret

Filoteria

Río Yarmuk

Abila

Mte. Carmelo

Valle Esdraelón

Mte. Tabor

Río Jordán

Gadara

Dora

Capercotnei

Naín   Mte. More

Mte. Gilboa

Cesárea

Cine (Jenin)

Escitópolis (Bet Seán)

Pella

DECÁPOLIS

SAMARIA

Jesús viaja a Jerusalén y desde allí va a otros lugares; sanando, enseñando y haciendo milagros

PEREA

Sebaste (Samaria)

Mte. Ebal

Jamat (Amatus)

Mte. Gerizín

MAR MEDITERRÁNEO

0   5   10 millas
0   5   10 kilómetros

El viaje de Jesús desde Galilea a Judea

Juan 4:3-5

«Salió de Judea, y se fue otra vez a Galilea. Y le era necesario pasar por Samaria. Vino, pues, a una ciudad de Samaria llamada Sicar, junto a la heredad que Jacob dio a su hijo José.»

Mapa de Judea y regiones circundantes, con las siguientes anotaciones:

- *Jesús se retiró a Efraín para evitar complots sobre su vida.*
- *Jesús devolvió la vista al mendigo Bartimeo y llamó al recaudador de impuestos Zaqueo al arrepentimiento.*
- *Jesús resucitó a Lázaro de entre los muertos y se quedó en casa de Simón el leproso.*
- *Antiguo camino romano de Jericó a Jerusalén.*
- *En Jerusalén, Jesús sanó a un paralítico, sanó a un ciego y frecuentaba el templo.*

Ciudades y lugares: Sebastia (Samaria), Mt. Ebal, Amato, R. Jaboc, SAMARIA, Sicar, Siquem, Mt. Gerizim, Acrabeta, Alejandría, Lebona, Faselis, PEREA, Efraín (Ophrah), Emaús, Mt. de Olivos, Cipros, Jericó, Abila, Jerusalén, Betania, Ein-Karim, Betfage, Belén, Hircania, Qumrán, Herodión, Maqueronte, Hebrón, MAR MUERTO, Calirrhoe, En-gadi, R. Arnón, JUDEA, Desierto de Judea, IDUMEA, Masada, Malata

LEYENDA
- ● Ciudad
- ○ Ciudad (ubicación incierta)
- ▲ Ubicación monte
- ▦ Fortaleza Herodiana
- —— Carreteras

Mapa secundario: MAR MEDITERRÁNEO, Área ampliada arriba, 30 E, 40 E, 30 N

Escala: 0 5 10 15 20 Millas / 0 5 10 15 20 Kilómetros

Jesús en Judea y Jerusalén

Lucas 19:1-3
«Habiendo entrado Jesús en Jericó, iba pasando por la ciudad. Y sucedió que un varón llamado Zaqueo, que era jefe de los publicanos, y rico, procuraba ver quién era Jesús...»

Reconstrucción de la muralla de Jerusalén

REFERENCIA

1. El templo (de Herodes)
2. Atrio de las mujeres
3. El Soreg
4. El atrio de los gentiles
5. El pórtico real
6. Puerta Oriental (actualmente Puerta Dorada)
7. Fortaleza Antonia
8. Puerta Doble (Puerta Hulda occidental)
9. Puerta Triple (Puerta Hulda oriental)
10. La monumental escalera herodiana (actualmente se conservan secciones)
11. La Ciudad de David (establecida por David, la parte más vieja de la ciudad)

12. Muro defensivo más antiguo (destruido y reconstruido muchas veces)
13. Muro defensivo exterior herodiano alrededor de la ciudad agrandada
14. Muro herodiano que separaba la Ciudad Alta (distrito más próspero) de la Ciudad Baja (distrito menos próspero)
15. El segundo muro norte (posible ubicación)
16. Huerto de Getsemaní (ladera occidental del Monte de los Olivos)
17. Monte de los Olivos
18. Valle de Cedrón
19. Fuente de Gihón
20. Estanque de Siloé
21. Valle de Tiropeón (Ciudad Baja)
22. Acueducto de Herodes (posible ubicación)

23. Tiendas y mercado en la época de Jesús
24. Tiendas y mercado adicionales (probablemente agregados tiempo después)
25. Escalera (Arco de Robinson) que conducía desde la Ciudad Baja
26. Ciudad Alta
27. Paso elevado (Arco de Wilson) que conducía de la Ciudad Alta al templo
28. Casas residenciales
29. Teatro romano (estructura mencionada por Josefo pero cuya ubicación continúa sin verificarse)
30. Hipódromo (estructura mencionada por Josefo pero cuya ubicación continúa sin verificarse)

31. Palacio de Herodes
32. Torre Fasael
33. Torre Mariamne
34. Torre Hípico
35. Estanque de las Ovejas
36. Gólgota (Calvario) tradicional
37. Tumba de Jesús (sitio tradicional)
38. Estanque de Betesda
39. Valle de Hinom
40. Puerta de Gennath
41. Estanque de la Serpiente
42. Camino al Mar Muerto
43. Camino a Sebaste (Samaria)

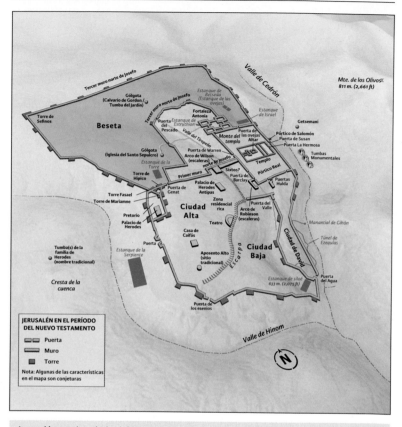

Jerusalén en el período del Nuevo Testamento

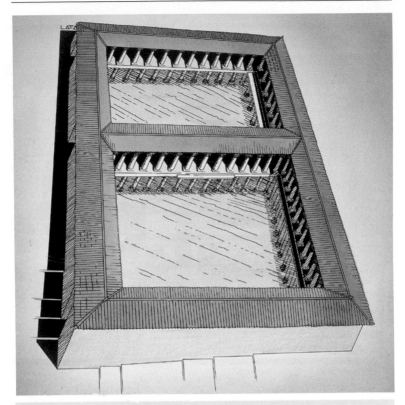

El estanque de Betesda en Jerusalén.

Juan 5:1-9

«Después de estas cosas había una fiesta de los judíos, y subió Jesús a Jerusalén. Y hay en Jerusalén, cerca de la puerta de las ovejas, un estanque, llamado en hebreo Betesda, el cual tiene cinco pórticos. En estos yacía una multitud de enfermos, ciegos, cojos y paralíticos, que esperaban el movimiento del agua. Porque un ángel descendía de tiempo en tiempo al estanque, y agitaba el agua; y el que primero descendía al estanque después del movimiento del agua, quedaba sano de cualquier enfermedad que tuviese. Y había allí un hombre que hacía treinta y ocho años que estaba enfermo. Cuando Jesús lo vio acostado, y supo que llevaba ya mucho tiempo así, le dijo: ¿Quieres ser sano? Señor, le respondió el enfermo, no tengo quien me meta en el estanque cuando se agita el agua; y entre tanto que yo voy, otro desciende antes que yo. Jesús le dijo: Levántate, toma tu lecho, y anda. Y al instante aquel hombre fue sanado, y tomó su lecho, y anduvo...»

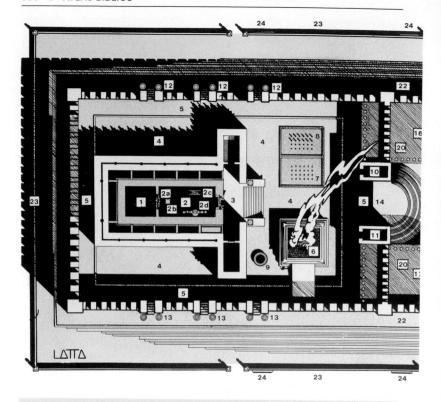

Plano del templo de Herodes

El templo de Herodes (20 a. C.–70 d. C.) se comenzó en el décimo octavo año del gobierno del rey Herodes el Grande (37-4 a. C.). Según Josefo, el historiador judío del primer siglo, el templo de Herodes se construyó después de quitar los viejos cimientos. El antiguo edificio, el templo de Zorobabel, era una restauración modesta del templo de Salomón destruido por la conquista babilonia. El edificio central se completó en tan solo dos años, sin ninguna interrupción de los servicios del templo. Los edificios circundantes y los atrios espaciosos, que fueron considerablemente ampliados, no se terminaron hasta 64 d. C. El templo fue destruido por los romanos bajo el mando de Tito durante la segunda rebelión judía en 70 d. C.

REFERENCIA

1. Lugar santísimo (donde se guardaban de manera sagrada el arca del pacto y los querubines gigantes)

2. Lugar santo

2a. Cortina (en realidad, dos tapices gigantes colgados delante de la entrada del lugar santísimo para permitir que el sumo sacerdote pasara en medio de ellos sin

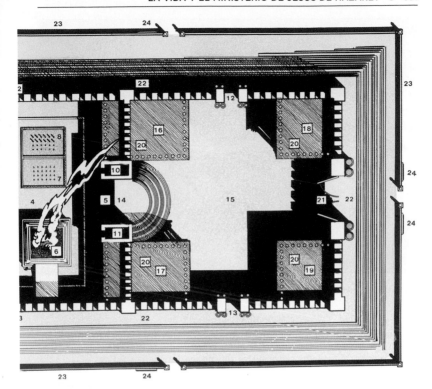

dejar expuesto el altar sagrado. Este fue el velo que se «rasgó en dos» tras la muerte de Jesús)

2b. Altar del incienso
2c. Mesa del pan de la proposición
2d. El candelero de siete brazos (gran menorá)
3. Pórtico del templo
4. Atrio de los sacerdotes
5. Atrio de Israel (varones)
6. Altar del holocausto
7. Lugar en que se amarraban los animales
8. Lugar para matar y desollar
9. Lavacro (fuente)
10. Cámara de Finees (almacenaje de vestiduras)
11. Cámara donde se hacía el pan
12. Puertas norte de los atrios interiores
13. Puertas sur de los atrios interiores

14. Puerta este (Nicanor)
15. Atrio de las mujeres
16. Atrio de los nazareos
17. Atrio del leñero
18. Cámara para los leprosos
19. Shemanyah (posiblemente, «aceite de Yah»)
20. Balcón para las mujeres (para observar actividades del templo)
21. Puerta la Hermosa (?)
22. Terraza
23. Soreg (partición de 3 codos de alto)
24. Inscripciones de advertencia a los gentiles

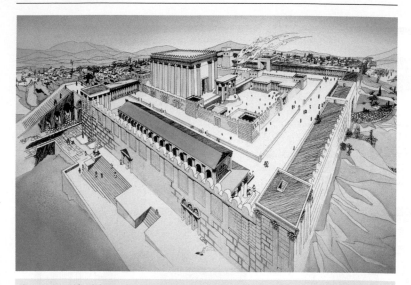

Reconstrucción del templo de Herodes.

Mateo 24:1-2
«Cuando Jesús salió del templo y se iba, se acercaron sus discípulos para mostrarle los edificios del templo. Respondiendo él, les dijo: ¿Veis todo esto? De cierto os digo, que no quedará aquí piedra sobre piedra, que no sea derribada.»

Tres templos se sucedieron a lo largo de la historia: el de Salomón, el de Zorobabel y el de Herodes, en los períodos preexílico, posexílico y del Nuevo Testamento. El templo de Herodes era en realidad una reconstrucción masiva del templo de Zorobabel, por lo que el judaísmo considera a ambos «segundo templo». Los tres templos estuvieron ubicados en un monte al norte de la ciudad capital de David, quien la conquistó tras luchar contra los jebuseos (2 Sam. 5:6-7). Por consejo del profeta Gad, David le había comprado dicho monte al jebuseo Arauna. El objetivo era construir un altar y ofrecer sacrificios en la era para detener una plaga que azotaba al pueblo (2 Sam. 24:18-25). El libro de Crónicas identifica esta elevación con el Monte Moriah, donde Abraham estuvo dispuesto a sacrificar a Isaac (2 Crón. 3:1; Gén. 22:1-14). Por este motivo, el monte donde actualmente se encuentra el templo en Jerusalén se llama Monte Moriah, y la era de Arauna es sin dudas la gran roca consagrada dentro de la Mezquita de la Roca, centro del recinto musulmán llamado Haram es-Sharif (en orden de importancia, el tercer lugar sagrado para el Islam después de La Meca y Medina). Este recinto es básicamente lo que queda de la plataforma ampliada del templo de Herodes cuya mampostería puede apreciarse mejor en el Muro Occidental, el lugar más sagrado del judaísmo desde que los romanos destruyeron el templo de Herodes en 70 d. C.

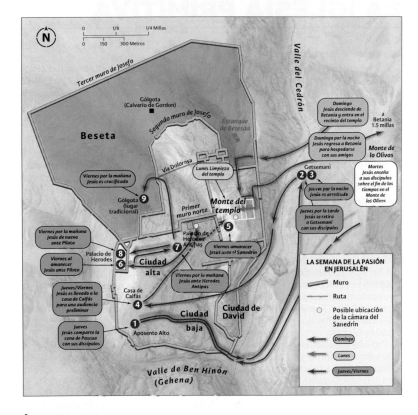

Lucas 19:41-44

«Y cuando llegó cerca de la ciudad, al verla, lloró sobre ella, diciendo: ¡Oh, si también tú conocieses, a lo menos en este tu día, lo que es para tu paz! Mas ahora está encubierto de tus ojos. Porque vendrán días sobre ti, cuando tus enemigos te rodearán con vallado, y te sitiarán, y por todas partes te estrecharán, y te derribarán a tierra, y a tus hijos dentro de ti, y no dejarán en ti piedra sobre piedra, por cuanto no conociste el tiempo de tu visitación.»

LA IGLESIA PRIMITIVA

Los emperadores romanos

Jesús fue crucificado bajo el gobierno de Poncio Pilato, un procurador o gobernador al mando del emperador Tiberio, que reinó entre 14 y 37 d. C. (ver pág. 270). En 19 d. C., Tiberio ordenó que todos los judíos en edad militar sirvieran en el ejército romano; todos los demás judíos fueron expulsados de Roma. Probablemente, no diferenciara a los cristianos, sino que los considerara una secta de la religión judía. Una ciudad sobre el Mar de Galilea fue llamada Tiberias en honor a él (Juan 6:23), según la cual al mar mismo a veces se lo llamaba Mar de Tiberias (Juan 6:1; 21:1).

A Tiberio lo sucedió su sobrino nieto, Cayo Calígula. Según algunas fuentes, el reinado de Calígula fue generoso, o al menos, benigno, al principio. Sin embargo, más adelante, Calígula mostró señales de desequilibrio mental: exiliaba a cualquiera que no le cayera bien y agotó el tesoro por su liberalidad y por gastar en espectáculos extravagantes y en proyectos imponentes de edificación. Calígula trabajó con Herodes Agripa para intentar mantener el orden en la Tierra Santa, pero su gobierno opresivo enardeció a los judíos. Es más, ordenó que se erigiera una estatua de él en el templo. Agripa y otros intercedieron, y al final no se llevó a cabo. Calígula fue asesinado en 41 d. C. y sucedido por Claudio.

Claudio prohibió muchas prácticas religiosas que se habían introducido, y defendió formas más tradicionales de la religión romana. Expulsó a los judíos de Roma debido a su proselitismo agresivo. Un texto en latín afirma que algunos judíos estaban causando disturbios por instigación de «Chrestus», una posible referencia a los seguidores de Cristo. Entre aquellos desterrados se encontraban Aquila y Priscila (Hech. 18:2). Los primeros dos viajes misioneros de Pablo se llevaron a cabo durante el reinado de Claudio.

Cuando Claudio fue envenenado —tal vez por su cuarta esposa, en 54 d. C.—, su hijo adoptivo, Nerón, se transformó en el emperador. En la noche del 18 de julio de 64, el Gran Incendio de Roma se desató y ardió durante más de una semana, destruyendo tres distritos. Durante la reconstrucción, Nerón aprovechó la oportunidad para construir un palacio opulento. Según el historiador Tácito, para desviar las sospechas de él mismo, Nerón acusó a los cristianos de haber iniciado el incendio. Muchos cristianos fueron arrestados y ejecutados de diversas maneras brutales. La tradición sostiene que Pedro fue martirizado pocos meses después del incendio; crucificado boca abajo, porque dijo que no era digno de ser crucificado como su Salvador. Pablo también fue martirizado por Nerón, aunque la fecha es incierta, y tal vez no haya tenido que ver con el incendio. En medio de las amenazas cada vez mayores del senado, Nerón se suicidó el 9 de junio de 68 d. C.

Lo que siguió se conoce como el año de los cuatro emperadores. Galba, gobernador de Hispania, se transformó en emperador con el apoyo de la guardia pretoriana. Cuando no les pagó a los pretorianos, estos lo asesinaron y pusieron a Otón en el trono. Otón, examigo de Galba y gobernador de Lusitania (el Portugal moderno), duró tan solo tres meses —cuatro menos que Galba— y fue sucedido por Vitelio, gobernador de Germania Inferior, que incluía lo que ahora se conoce como Colonia. Vitelio reinó ocho meses, pero los ejércitos de las provincias orientales favorecían a Vespasiano.

Vitelio estaba dispuesto a abdicar, pero sus seguidores no lo dejaban, y fue muerto en la batalla por Roma. Vespasiano ya había sido instrumental en la lucha con la rebelión judía de 66 d. C. (ver mapa, pág. 382). El rey Herodes Agripa II luchó junto a él en esa guerra. Mientras Vespasiano y su hijo Tito estaban sitiados en Jerusalén, Nerón se suicidó. Tras el turbulento reinado de los otros tres emperadores, Vespasiano y las legiones de Siria, Judea y Egipto vencieron a las legiones aliadas con Vitelio, y el Senado de Roma lo declaró emperador el 21 de diciembre del año 69. Mientras tanto, Tito conquistó Jerusalén y destruyó el templo en 70 d. C. (ver mapas, págs. 383-384). Los últimos rebeldes judíos se retiraron a las fortalezas de Herodes —el Herodión, Maqueronte y Masada—, donde por fin fueron destruidos por la legión romana en 73-74 d. C.

Los herodianos y los procuradores romanos

Herodes I, llamado Herodes el Grande (ver pág. 282), fue un rey cliente de los romanos en Judea desde 37 a 4 a. C. Gobernaba cuando Jesús nació, y fue el que ordenó la matanza de los infantes. Reedificó el templo de Jerusalén, construyó un puerto en Cesarea Marítima y erigió fortalezas para protegerse él y su familia en caso de que la opinión popular se volviera en su contra (Cipros, Dok, Herodión, Hircania, Maqueronte, Malata y Masada). Su herencia idumea, sus agobiantes impuestos y la falta de respeto que mostró en algunos sentidos por el templo y el sacerdocio volvieron la opinión judía en su contra.

Herodes murió de una enfermedad dolorosísima en 4 a. C. César Augusto dividió su reino entre tres de los hijos de Herodes (ver págs. 282). Herodes Arquelao se transformó en el etnarca de Judea, Samaria e Idumea; Herodes Antipas fue tetrarca de Galilea y Perea (Transjordania); Herodes Felipe fue tetrarca de los territorios al norte y al este del Mar de Galilea; y Salomé, la hermana de Herodes, fue toparca de las ciudades de Jabnia, Asdod y Faselis.

Cuando la provincia de Judea quedó bajo gobierno romano directo en 6 d. C., Arquelao fue reemplazado por procuradores (ver pág. 283). El quinto procurador fue Poncio Pilato (gobernó 26-36 d. C.), el cual presidió en el juicio romano de Jesús. La iglesia en Judea nació a la sombra de él y sus sucesores.

El nieto de Herodes el Grande, Herodes Agripa, que había gobernado Batanea (Basán) y Galilea, fue coronado rey de toda Judea por Claudio. Lidió con el problema de los cristianos ejecutando a Jacobo, hijo de Zebedeo. Con la intención de agradar a los judíos, también hizo encarcelar a Pedro (Hech. 12:1-3). En 44 d. C., cuando Agripa aceptó la alabanza de su pueblo en lugar de darle la gloria a Dios, fue afligido por una enfermedad y murió en cuestión de días (Hech. 12:20-23). Su hijo, Herodes Agripa II, recibió Calcis (en el noroeste de Siria) y otras porciones, pero Judea fue una vez más gobernada por procuradores romanos. Pablo fue juzgado por los procuradores Félix (52-60 d. C.) y Festo (60-62); este último hospedó a Agripa II y su hermana Berenice (Hech. 23–26).

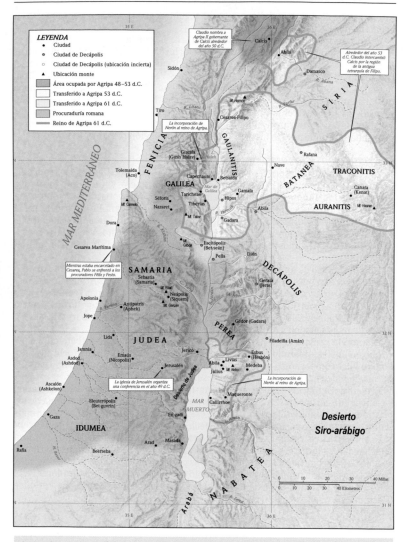

LEYENDA

- Ciudad
- ⊙ Ciudad de Decápolis
- ○ Ciudad de Decápolis (ubicación incierta)
- ▲ Ubicación monte
- Área ocupada por Agripa 48–53 d.C.
- Transferido a Agripa 53 d.C.
- Transferido a Agripa 61 d.C.
- Procuraduría romana
- Reino de Agripa 61 d.C.

Claudio nombra a Agripa II gobernante de Calcis alrededor del año 50 d.C.

Alrededor del año 53 d.C. Claudio intercambió Calcis por la región de la antigua tetrarquía de Filipo.

La incorporación de Nerón al reino de Agripa.

Mientras estaba encarcelado en Cesarea, Pablo se enfrentó a los procuradores Félix y Festo.

La iglesia de Jerusalén organiza una conferencia en el año 49 d.C.

La incorporación de Nerón al reino de Agripa.

Calcis
Abila
Sidón
Damasco
R. Abana
R. Faffar
Tiro
Cesarea-Filipo
FENICIA
Mt. Hermón
SIRIA
GAULANITIS
BATANEA
TRACONITIS
Giscala (Gush Halav)
Huleh
Rafana
Nave
Tolemaida (Aco)
Capernaum
Betsaida
Canata (Kenat)
GALILEA
Mar de Galilea
Gamala
AURANITIS
Mt. Hauran
Séforis
Taricheae
Hipos
Mt. Carmelo
Nazaret
Tiberias
Abila
Mt. Tabor
Gadara
Dora
Escitópolis (Bet-seán)
Mt. Gilboa
Pella
Dión
Cesarea Marítima
Gerasa (Jeras)
SAMARIA
DECÁPOLIS
Sebastia (Samaria)
Mt. Ebal
Neápolis (Siquem)
Apolonia
Mt. Gerizim
Antipatris (Aphek)
R. Jordán
Jope
Gédor (Gadara)
PEREA
Lida
Filadelfia (Amán)
JUDEA
Jericó
Jamnia
Esbus (Hesbón)
Emaús (Nicópolis)
Livias
Medeba
Asdod (Ashdod)
Abila
Jerusalén
Mt. Nebo
Julius
Ascalón (Ashkelon)
Desierto de Judea
Eleuterópolis (Bet-guvrin)
Maqueronte
Gaza
MAR MUERTO
Callirrhoe
En-gadi
Desierto Siro-arábigo
IDUMEA
Arad
Masada
Rafia
Beerseba

MAR MEDITERRÁNEO

NABATEA
Arabá

0 10 20 30 40 Millas
0 10 20 30 40 Kilómetros

Segunda procuraduría y el reino de Agripa II

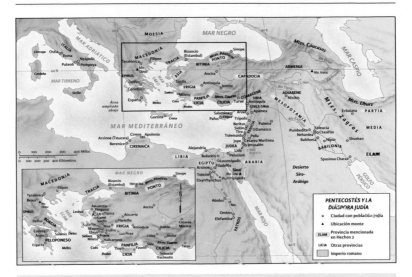

Pentecostés y la diáspora judía

Hechos 2:1-13
«Cuando llegó el día de Pentecostés, estaban todos unánimes juntos. Y de repente vino del cielo un estruendo como de un viento recio que soplaba, el cual llenó toda la casa donde estaban sentados; y se les aparecieron lenguas repartidas, como de fuego, asentándose sobre cada uno de ellos. Y fueron todos llenos del Espíritu Santo, y comenzaron a hablar en otras lenguas, según el Espíritu les daba que hablasen.

»Moraban entonces en Jerusalén judíos, varones piadosos, de todas las naciones bajo el cielo. Y hecho este estruendo, se juntó la multitud; y estaban confusos, porque cada uno les oía hablar en su propia lengua. Y estaban atónitos y maravillados, diciendo: Mirad, ¿no son galileos todos estos que hablan? ¿Cómo, pues, les oímos nosotros hablar cada uno en nuestra lengua en la que hemos nacido? Partos, medos, elamitas, y los que habitamos en Mesopotamia, en Judea, en Capadocia, en el Ponto y en Asia, en Frigia y Panfilia, en Egipto y en las regiones de África más allá de Cirene, y romanos aquí residentes, tanto judíos como prosélitos, cretenses y árabes, les oímos hablar en nuestras lenguas las maravillas de Dios. Y estaban todos atónitos y perplejos, diciéndose unos a otros: ¿Qué quiere decir esto? Mas otros, burlándose, decían: Están llenos de mosto.»

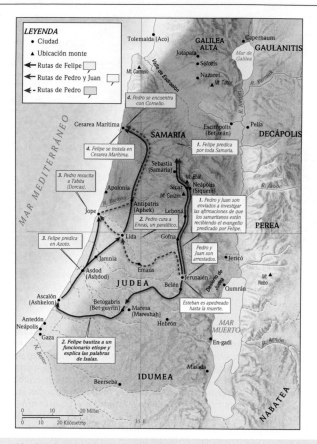

LEYENDA
- ● Ciudad
- ▲ Ubicación monte
- ← Rutas de Felipe
- ← Rutas de Pedro y Juan
- ◄- Rutas de Pedro

4. Pedro se encuentra con Cornelio.

4. Felipe se instala en Cesarea Marítima.

3. Pedro resucita a Tabita (Dorcas).

1. Felipe predica por toda Samaria.

1. Pedro y Juan son enviados a investigar las afirmaciones de que los samaritanos están recibiendo el evangelio predicado por Felipe.

2. Pedro cura a Eneas, un paralítico.

3. Felipe predica en Azoto.

Pedro y Juan son arrestados.

Esteban es apedreado hasta la muerte.

2. Felipe bautiza a un funcionario etíope y explica las palabras de Isaías.

Tolemaida (Aco), GALILEA ALTA, Capernaum, GAULANITIS, Jotapata, Mar de Galilea, Séforis, Mt. Carmelo, Nazaret, Valle de Esdraelón, Mt. Tabor, R. Yarmuk, Cesarea Marítima, SAMARIA, Escitópolis (Bet-seán), Pella, DECÁPOLIS, Sebastia (Samaria), Mt. Ebal, Sicar, Neápolis (Siquem), R. Jaboc, Mt. Gerizim, Apolonia, Antipatris (Aphek), Lebóna, PEREA, R. Yarkon, Jope, Lida, Gofna, Jamnia, Emaús, Jericó, Mt. Nebo, Asdod (Ashdod), JUDEA, Belén, Jerusalén, Desierto de Judea, Qumrán, Ascalón (Ashkelon), Betogabris (Bet-guvrin), Maresa (Mareshah), Hebrón, MAR MUERTO, Antedón Neápolis, Gaza, En-gadi, R. Arnón, IDUMEA, Masada, Beerseba, NABATEA

MAR MEDITERRÁNEO

0 10 20 Millas
0 10 20 Kilómetros
35 E

La expansión de la iglesia primitiva en Palestina

Hechos 8:1-5

«Y Saulo consentía en su muerte. En aquel día hubo una gran persecución contra la iglesia que estaba en Jerusalén; y todos fueron esparcidos por las tierras de Judea y de Samaria, salvo los apóstoles. Y hombres piadosos llevaron a enterrar a Esteban, e hicieron gran llanto sobre él. Y Saulo asolaba la iglesia, y entrando casa por casa, arrastraba a hombres y a mujeres, y los entregaba en la cárcel.

»Pero los que fueron esparcidos iban por todas partes anunciando el evangelio. Entonces Felipe, descendiendo a la ciudad de Samaria, les predicaba a Cristo.»

Los primeros misioneros

El período de gobernantes herodianos y procuradores romanos fue inestable en Jerusalén y Judea. Los judíos a menudo se exasperaban bajo el gobierno romano. Su enojo a veces iba dirigido a los cristianos, a quienes consideraban blasfemos, infieles y herejes (Hech. 4:1-21; 5:17-40). Especialmente después del martirio de Esteban y la ejecución de Jacobo, los cristianos se fueron de Jerusalén, cumpliendo así con la comisión de evangelizar al mundo.

Después del martirio de Esteban, Felipe predicó en Samaria y Filistea, incluido el testimonio a un etíope que iba camino a Gaza (Hech. 8). Pedro y Juan investigaron y confirmaron el avance del evangelio a Samaria. Pedro quedó convencido por un sueño de que debía llevar el evangelio a un centurión romano en Cesarea Marítima (Hech. 10). Cuando muchos gentiles llegaron a la fe en Antioquía, la iglesia de Jerusalén envió a Bernabé a investigar, y luego de que confirmó la devoción de ellos, invitó a Pablo a ir a enseñar allí junto con él. Después, el Señor llamó a Pablo y a Bernabé a las misiones en el extranjero. Pablo emprendió tres viajes misioneros, predicando el evangelio en Asia Menor (la Turquía moderna), Grecia y Macedonia.

Según la tradición y los escritos de algunos historiadores de la iglesia primitiva, casi todos los apóstoles fueron martirizados mientras predicaban el evangelio. El apóstol Andrés predicó cerca del Mar Negro y hasta Grecia, donde fue martirizado. Bartolomé (Natanael) y Tomás evangelizaron en lo que ahora se conoce como Irán, Afganistán e India, y los mataron allí. Al igual que Pablo, Pedro también realizó una obra misionera en Asia Menor y su ministerio llegó al menos hasta Italia, donde fue martirizado. Algunas tradiciones afirman que Mateo (Leví) fue misionero en Partia (Irán); otros dicen que fue a Etiopía. Felipe fue martirizado en Frigia (Turquía oriental). Simón fue ejecutado en Siria.

EL APÓSTOL PABLO

La puerta de Cleopatra en Tarso, que conmemora el encuentro de Marco Antonio con Cleopatra en esta antigua ciudad, también el hogar del apóstol Pablo.

Sería difícil exagerar la importancia de Pablo (Saulo de Tarso) en el desarrollo del cristianismo en el primer siglo. Escribió trece epístolas que comprenden casi un cuarto del Nuevo Testamento. Aproximadamente dieciséis capítulos del libro de Hechos (13–28) se concentran en su labor misionera. Por ende, Pablo es el autor o el tema de casi un tercio del Nuevo Testamento, y la fuente más importante para entender las enseñanzas de Cristo y la trascendencia de Su vida, muerte y resurrección.

VIDA TEMPRANA Y FORMACIÓN, 1-35 d. C.

Nacimiento y trasfondo familiar

Pablo nació en una familia judía en Tarso de Cilicia (Hech. 22:3), probablemente durante la primera década del siglo I. Según Jerónimo, la familia de Pablo que era de la tribu de Benjamín (Fil. 3:5) se mudó de Tarso a Giscala en Galilea. Él recibió su nombre en honor al miembro más prominente de la tribu, el rey Saúl. Es probable que Pablo proviniera de una familia de confeccionistas de tiendas o trabajadores del cuero y, de acuerdo a la costumbre judía, su padre le enseñó este oficio. Aparentemente, el negocio prosperó y la familia de Pablo se volvió moderadamente rica. Pablo era ciudadano de Tarso, «una ciudad no insignificante» (Hech. 21:39). Según un antiguo escritor, para ser ciudadano de Tarso había que poseer 500 dracmas, el salario de un año y medio.

Ciudadanía romana

Más importante aún es que Pablo fue ciudadano romano desde su nacimiento. Muchos especulan con que el padre o el abuelo recibieron el honor de la ciudadanía por algún servicio especial brindado a un procónsul militar. Sin embargo, la tradición cristiana primitiva conservada por Jerónimo y Focio afirma que los padres de Pablo habían sido llevados como prisioneros de guerra desde Giscala a Tarso, tomados como esclavos por un ciudadano romano y luego liberados, tras lo cual se les concedió la ciudadanía. Más allá de cómo la hayan recibido los padres de Pablo, el libro de Hechos afirma tres veces que él la poseía y que su ciudadanía conllevaba importantes derechos que lo beneficiaban en sus tareas misioneras. El ciudadano romano tenía derecho a apelación luego de un juicio, la exención del servicio al imperio, el derecho a escoger entre un juicio local o romano y la protección ante formas degradantes de castigo como los azotes. Es probable que Pablo haya llevado consigo una placa de cera que funcionaba como certificado de nacimiento o de ciudadanía a fin de poder probar su condición. Sin embargo, a la mayoría de quienes afirmaban ser ciudadanos romanos se les creía, ya que la pena por ese fraude era la muerte.

Entrenamiento rabínico

Hechos 22:3 muestra que Pablo creció en Jerusalén. Él usó este hecho para probar que no pertenecía a los judíos de la diáspora que tenían más influencia de la cultura gentil que de costumbres judías. Fue educado en Jerusalén en el judaísmo conforme a las tradiciones de sus antepasados (Hech. 22:3). La Mishná enseñaba: «A los cinco años [uno es apto] para la Escritura, a los diez para la Mishná, a los trece [para el cumplimiento de] los mandamientos, a los quince para el Talmud, a los dieciocho para la cámara nupcial, a los veinte para seguir un llamado, a los treinta para la autoridad». Esto probablemente sea una descripción bastante precisa del régimen de entrenamiento que tuvo Pablo. Hechos 22 dice que fue instruido por el rabino Gamaliel I, el miembro del Sanedrín que se menciona en Hechos 5:33-39. Gamaliel era uno de los principales maestros judíos de la época. La Mishná lo menciona frecuentemente y expresa muchas de sus opiniones. Estuvo entre los trece rabinos más destacados cuyas muertes marcaron la decadencia del judaísmo: «Cuando el rabino Gamaliel, el anciano, murió, cesó la gloria de la Ley, y la pureza y la abstinencia murieron». El pasaje implica que Gamaliel era reconocido por sus altas normas morales y por su interpretación de las Escrituras. Pablo rápidamente sobresalió como estudiante rabínico judío. Como registra Gálatas 1:14: «En el judaísmo aventajaba a muchos de mis contemporáneos en mi nación, siendo mucho más celoso de las tradiciones de mis padres». En Filipenses 3, Pablo se describe como «circuncidado al octavo día, del linaje de Israel, de la tribu de Benjamín, hebreo de hebreos; en cuanto a la ley, fariseo, en cuanto a celo, perseguidor de la iglesia; en cuanto a la justicia que es en la ley, irreprensible». En Hechos 26:5, Pablo se identifica nuevamente con la secta de los fariseos, a la cual también había pertenecido su padre (Hech. 23:6).

Persecución de los cristianos

Como fariseo ideal, es probable que Pablo haya sido un misionero judío activo que ganaba prosélitos entre los gentiles. Tal vez haya sido como los fariseos que Jesús describió que recorrían mar y tierra para ganar un prosélito (Mat. 23:15). Las palabras de Pablo «si aún predico la circuncisión» pueden hacer alusión a su pasado como misionero judío (Gál. 5:11). Él reconocía más que su maestro Gamaliel (Hech. 5:34-39) la seria amenaza que representaban los seguidores de Jesús para la religión tradicional judía. La Mishná enseñaba que un varón judío estaba listo para una posición de autoridad a los treinta años. Por lo tanto, es probable que Pablo rondara los treinta cuando, con la autorización de los principales sacerdotes, comenzó a apresar cristianos, primero en las sinagogas de Jerusalén y luego en Damasco. Tal vez la descripción paulina más clara de la persecución se encuentre en Hechos 26:9-11: «Yo ciertamente había creído mi deber hacer muchas cosas contra el nombre de Jesús de Nazaret; lo cual también hice en Jerusalén. Yo encerré en cárceles a muchos de los santos, habiendo recibido poderes de los principales sacerdotes; y cuando los mataron, yo di mi voto. Y muchas veces, castigándolos en todas las sinagogas, los forcé a blasfemar; y enfurecido sobremanera contra ellos, los perseguí hasta en las ciudades extranjeras». Algunos creen que esta referencia a dar un voto (lit. «arrojar una piedrita», que era negra en caso del no y blanca en caso del sí) implica que Pablo era miembro del Sanedrín. Sin embargo, es difícil imaginar que Pablo no haya hecho esta afirmación de manera explícita en aquellas ocasiones en que resalta su devoto linaje judío. Por lo tanto, la mayoría de los comentaristas toman esta declaración como una metáfora que implica que Pablo daba su consentimiento en la ejecución de los creyentes o sugieren que era miembro de un comité designado por el Sanedrín y revestido de esa autoridad. El rechazo inicial y categórico de Pablo hacia Jesús como Mesías bien puede haber estado motivado por la muerte innoble de Jesús. La muerte por crucifixión era indicativo de maldición divina (Deut. 21:23). Ciertamente, el Mesías no podía haber muerto bajo la maldición de Dios. Pero cuando Pablo escribió su primera epístola,

Muralla del período del Nuevo Testamento en Damasco, desde donde Pablo escapó para empezar su ministerio.

Ruinas de Antioquía de Siria sobre monte encima de la ciudad moderna de Antioquía, Turquía. Desde Antioquía, se lanzó la misión de Pablo a los gentiles.

esta maldición de muerte se reconoce como base para la expiación sustitutoria (Gál. 3:10-14). En 1 Corintios 1, Pablo explica que la idea de un Mesías crucificado era una piedra de tropiezo para los judíos. Probablemente hablaba de su propia experiencia pasada.

Conversión de Pablo

Mientras Saulo iba camino a Damasco para arrestar y apresar a los creyentes del lugar, el Cristo resucitado y glorificado se le apareció con un resplandor cegador. Las palabras de Cristo «Dura cosa te es dar coces contra el aguijón» indican que Dios ya había comenzado Su obra desde antes. Como un buey que patea contra el aguijón que se encuentra en la mano del que lo conduce, Pablo se había resistido a la guía y liderazgo divino, que dio como resultado su propio daño y dolor. Ante la aparición de Cristo, Saulo se rindió de inmediato a Su autoridad y fue a la ciudad a esperar más órdenes. Allí fue sanado de su ceguera, recibió el Espíritu Santo y aceptó el bautismo del creyente. Sin duda, Ananías le había entregado el mensaje que el Señor le había dado en una visión: «instrumento escogido me es este, para llevar mi nombre en presencia de los gentiles, y de reyes y de los hijos de Israel; porque yo le mostraré cuánto le es necesario padecer por mi nombre». Pablo pasó unos pocos días con los discípulos en Damasco.

LOS VIAJES MISIONEROS DE PABLO (35-61 d. C.)

Viajes iniciales

Inmediatamente después de su conversión, Pablo viajó a Arabia, donde comenzó la evangelización de los árabes nabateos (Gál. 1:17; 2 Cor. 11:32-33) y donde probablemente experimentó su primera oposición al evangelio por parte de las autoridades políticas. Luego regresó a Damasco y comenzó a ir a las sinagogas a predicar el mensaje que le había sido revelado en el camino: Jesús es el Hijo de Dios y el Mesías prometido. Los judíos damascenos vigilaron las puertas de la ciudad para matar a Pablo, y tuvo que escapar a través de una ventana en la pared por donde lo bajaron en una cesta (Hech. 9:22-25).

El tell de Listra cerca del pueblo turco de Hatunsaray.

Pablo entonces viajó a Jerusalén. Al comienzo, los líderes de la iglesia sospecharon de él, pero Bernabé intervino a su favor (Hech. 9:26-30; Gál. 1:18). Luego de quince días en Jerusalén, cuando visitó a Pedro y a Jacobo, el hermano del Señor, Pablo regresó a Tarso y evangelizó Siria y Cilicia durante varios años. No cabe duda de que los escuchó describir la vida y las enseñanzas de Jesús, aunque el evangelio de Pablo ya estaba claramente definido aun antes de su visita. Mientras estaba en Siria, Bernabé lo buscó y lo invitó a participar en la iglesia de Antioquía, donde un gran número de gentiles respondía al evangelio. Dicha iglesia juntó dinero para enviarles a los creyentes que sufrían en Judea durante un período de hambruna. La iglesia escogió a Bernabé y a Pablo para llevar la ofrenda a Jerusalén (Hech. 11:27-30). Probablemente esta fue la ocasión de la conferencia descrita por Pablo en Gálatas 2:1-10. Muchos la equiparan con el concilio de Jerusalén (Hech. 15), pero si Gálatas fue escrita después de un gobierno apostólico oficial, Pablo solo habría tenido que exhibir la carta de los apóstoles a fin de desacreditar a los judaizantes. Además, la conferencia en Gálatas 2:1-10 parece haber sido una reunión privada más que un asunto público. Los pilares de la iglesia de Jerusalén, Pedro, Juan y Jacobo, el hermano de Jesús, aprobaron el evangelio sin ley que predicaba Pablo y su énfasis en la evangelización de los gentiles.

Primer viaje misionero (pág. 371)

Pablo y Bernabé pronto comenzaron su primer viaje misionero marchando a través de Chipre y Anatolia, probablemente durante los años 47-48 d. C. El equipo misionero llevó el evangelio a las ciudades de Antioquía de Pisidia, Iconio, Listra y Derbe. Estas se encontraban en la provincia romana de Galacia, y es probable que la Epístola a los Gálatas haya estado dirigida a estas iglesias al sur de Galacia. Gálatas fue escrita probablemente durante este viaje.

El concilio de Jerusalén

Cuando Pablo regresó a Antioquía después de su primer viaje misionero, se vio envuelto en una controversia acerca de qué se requería para la salvación de los gentiles. Pedro e incluso Bernabé vacilaban en el tema de la relación entre judíos y gentiles. Peor aún, algunos falsos maestros de la iglesia de Jerusalén se habían infiltrado en las congregaciones de Antioquía y enseñaban que a menos que se circuncidaran de acuerdo a la costumbre enseñada por Moisés, no podían ser salvos. La iglesia designó a Pablo y a Bernabé para ir a Jerusalén y aclarar la cuestión. Se convocó un concilio en el 49 d. C. que incluyó al equipo misionero, a los que insistían en la circuncisión como requisito para la salvación, y a los apóstoles. El apóstol Pedro y Jacobo, el hermano de Jesús, hablaron en defensa del evangelio libre de la ley que predicaba Pablo, y se envió una carta a las iglesias gentiles confirmando el punto de vista oficial. Pablo regresó a Antioquía y permaneció allí desde 49 a 51 d. C.

Segundo viaje misionero (págs. 372)

El segundo viaje llevó a Pablo a Macedonia y Acaya en el 50-52 d. C. Pablo y Bernabé se separaron al comienzo de este viaje debido a un desacuerdo por la participación del sobrino de Bernabé, Juan Marcos. Este había abandonado al equipo durante el primer viaje (Hech. 15:38). Pablo tomó a Silas y estableció iglesias en Filipos, Tesalónica y Berea. Bernabé se fue con Juan Marcos. Pablo también pasó dieciocho meses en Corinto fortaleciendo a la joven iglesia del lugar. Cuatro de las cartas de Pablo están dirigidas a iglesias conocidas de este segundo viaje. La mayoría de los eruditos creen que 1 y 2 Tesalonicenses fueron escritas durante este viaje.

Tercer viaje misionero (pág. 375)

El tercer viaje misionero de Pablo (53-57 d. C.) se concentró en la ciudad de Éfeso, donde Pablo pasó casi tres años. Hacia el final de este viaje, Pablo se esforzó por recoger otra ofrenda de ayuda para los creyentes de Jerusalén. Durante este viaje escribió 1 y 2 Corintios, y Romanos.

Últimos años

Pablo llevó la ofrenda a Jerusalén. Mientras estaba en el templo realizando un ritual para demostrar su fidelidad al judaísmo a algunos creyentes de Jerusalén, opositores judíos incitaron una revuelta y Pablo fue arrestado (57 d. C.). Fue enviado a Cesarea para presentarse a un juicio ante el procurador Félix. Luego de dos años de falta de actuación por parte de quienes lo habían detenido, Pablo finalmente apeló al emperador romano. Al llegar a Roma, pasó dos años bajo arresto domiciliario a la espera del juicio. Durante este primer encarcelamiento en Roma escribió Filemón, Colosenses, Efesios y Filipenses.

El relato de Hechos termina en este punto, de modo que la información sobre el resultado del juicio es muy vaga. La tradición de la iglesia primitiva sugiere que Pablo fue absuelto (aprox. en 63 d. C.) o exiliado, y que cumplió el sueño que expresa en

Vista de Berea en Macedonia. Esta es la ciudad a la cual Pablo escapó cuando los judíos de Tesalónica querían hacerle daño.

Romanos 15:23-29 de llevar el evangelio a España (63-67 d. C.). Probablemente escribió 1 y 2 Timoteo y Tito durante el período entre su absolución y un segundo encarcelamiento romano. De acuerdo a la tradición de la iglesia, Pablo fue arrestado nuevamente y sometido a un encarcelamiento más severo. El emperador Nerón lo condenó y lo degolló con una espada en el tercer mojón de la Vía Ostia, en un lugar llamado Aquae Salviae, y yace sepultado en el sitio cubierto por la basílica de San Pablo Extramuros. Su ejecución probablemente tuvo lugar en 67 d. C.

Aspecto físico de Pablo

No existen registros bíblicos sobre la apariencia o el aspecto físico de Pablo. Sabemos que probablemente haya sido un individuo vigoroso como para soportar los abusos y las pruebas que sufrió siendo apóstol (2 Cor. 11:23-29). Era víctima de alguna grave enfermedad de la vista (Gál. 4:12-16). Esto puede responder a su firma característicamente grande adosada a las cartas que escribía un secretario (Gál. 6:11). La descripción más temprana del aspecto de Pablo aparece en un libro apócrifo del Nuevo Testamento que dice que «Pablo era un hombre de baja estatura, con la cabeza calva y las piernas chuecas, en buen estado físico, con espesas cejas que se unían y una nariz un tanto aguileña; lleno de simpatía, por momentos parecía un hombre y por momentos un ángel». El escritor atribuye la descripción de Pablo a Tito, y puede tener cierta base histórica. Aunque en la actualidad no suene halagüeño, varios de los rasgos físicos mencionados eran considerados parte del ideal romano.

El teatro en Éfeso fue edificado en el tercer siglo a. C.

Panorama desde la parte superior de la antigua Corinto. Las murallas romanas están unidas con murallas del período de las Cruzadas.

El evangelio de Pablo

El evangelio de Pablo condena a toda la humanidad por el delito de rechazar a Dios y Su legítima autoridad. Por la influencia del pecado de Adán, la humanidad se lanzó a las profundidades de la depravación de tal manera que fue completamente incapaz de cumplir las justas demandas de Dios (Rom. 1:18-32; 3:9-20; 9:12-19), y solo merece la ira divina (Rom. 1:18; 2:5-16). El pecador estaba separado de Dios y enemistado con Él (Col. 1:21). Por lo tanto, su única esperanza era el evangelio, que representaba el poder de Dios para salvar a aquellos que tuvieran fe en Cristo (Rom. 1:16). El centro del evangelio de Pablo es Jesucristo (Rom. 1:3-4).

Afirmaba la humanidad y la deidad de Jesús. Cristo fue un descendiente físico del linaje de David (Rom. 1:2), que había

Cabeza de Nerón, emperador romano desde 54 a 68 d. C. Tanto Pablo como Pedro murieron como consecuencia de la severa persecución que lanzó Nerón.

venido en semejanza de hombre pecador (Rom. 8:3), y que había adoptado la forma de siervo humilde y obediente (Fil. 2:7-8). Sin embargo, Él era la forma visible del Dios invisible (Col. 1:15), y toda la plenitud de la deidad habitaba en Él en forma corporal (Col. 2:9), la naturaleza misma de Dios (Fil. 1:6), y poseía el título de «Señor» (título griego para el Dios del Antiguo Testamento), el nombre sobre todo nombre (Fil. 2:9-11). Pablo creía que en virtud de Su impecabilidad, Jesús era apto para ser el sacrificio que pondría a los pecadores en una correcta relación con Dios (2 Cor. 5:21). En Su muerte en la cruz, Jesús se convirtió en la maldición del pecado (Gál. 3:10-14), y el justo murió por los injustos (Rom. 5:6-8). La salvación es un don gratuito concedido a los creyentes y basado exclusivamente en la gracia de Dios. La salvación no depende de méritos, actividades ni esfuerzos humanos, sino solo del amor inmerecido de parte de Dios (Ef. 2:8-10; Rom. 6:23). Los que confían en Jesús para salvación, lo

Basílica de San Pablo Extramuros, lugar donde el apóstol Pablo fue enterrado.

confiesan como Señor y creen que Dios lo resucitó de los muertos (Rom. 10:9), serán salvos de la ira divina y se volverán justos a los ojos de Dios (Rom. 5:9), son adoptados como hijos de Dios (Rom. 8:15-17), y transformados por el poder del Espíritu (Gál. 5:22-24). Cuando Cristo vuelva, los creyentes resucitarán (1 Cor. 15:12-57), serán totalmente partícipes del carácter justo del Hijo (Fil. 3:20-21) y vivirán por siempre con su Señor (1 Tes. 4:17). Mediante su unión con Cristo a través de la fe, el creyente participa espiritualmente de la muerte, la resurrección y la ascensión de Cristo (Rom. 6:1–7:6; Ef. 2:4-5). Por lo tanto, el cristiano ha sido liberado del poder del pecado, de la muerte y de la ley. Aunque imperfecta, es una nueva creación, que va siendo transformada más y más a semejanza de Cristo (Col. 3:9-10; 2 Cor. 5:17). Aunque el creyente ya no se encuentra bajo la autoridad de la ley escrita, el Espíritu Santo funciona como una nueva ley interna que lo guía a cumplir de manera natural y espontánea las justas exigencias de la ley (Rom. 8:1-4). Como resultado, el evangelio libre de la ley no alienta el comportamiento inicuo en los creyentes. Tal conducta es contraria a la nueva identidad en Cristo.

La unión de los creyentes con Cristo los lleva a la unión con otros creyentes en el cuerpo de Cristo, la iglesia. Los creyentes ejercen sus dones espirituales para ayudarse mutuamente a madurar, a servir a Cristo y a glorificarlo, lo cual es el propósito supremo de la Iglesia (Ef. 3:21; 4:11-13). Ahora Cristo gobierna la iglesia como su cabeza, su máxima autoridad (Ef. 1:22). Cuando Cristo regrese, se consumará Su reinado en el mundo y todo lo que existe será puesto bajo Su absoluta autoridad (Fil. 2:10-11; 4:20; Ef. 1:10). Él resucitará a los muertos: a los incrédulos para juicio y castigo; a los creyentes para glorificación y recompensa (2 Tes. 1:5-10).

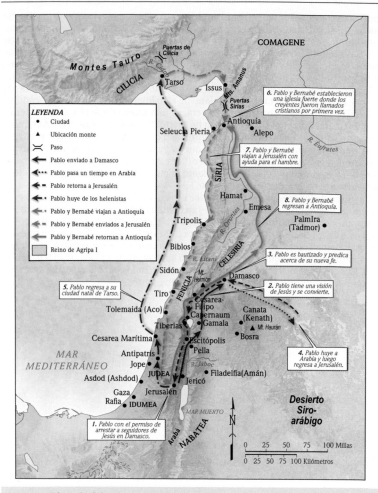

La conversión y el ministerio temprano de Pablo

Gálatas 1:18-21

«Después, pasados tres años, subí a Jerusalén para ver a Pedro, y permanecí con él quince días; pero no vi a ningún otro de los apóstoles, sino a Jacobo el hermano del Señor. En esto que os escribo, he aquí delante de Dios que no miento. Después fui a las regiones de Siria y de Cilicia.»

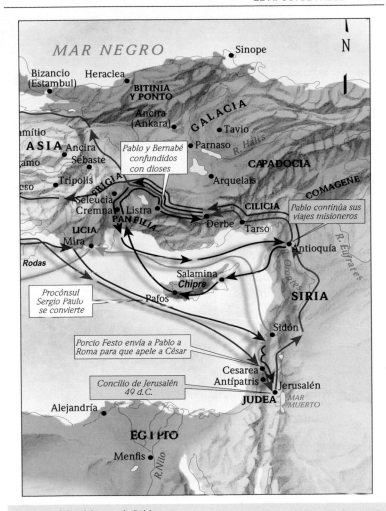

El primer viaje misionero de Pablo

Hechos 13:4-5
«Ellos, entonces, enviados por el Espíritu Santo, descendieron a Seleucia, y de allí navegaron a Chipre. Y llegados a Salamina, anunciaban la palabra de Dios en las sinagogas de los judíos. Tenían también a Juan de ayudante.»

Pablo pasa dos años predicando el evangelio mientras espera su apelación a Nerón

Lucas se une a Pablo

Pablo devuelve la vida al joven Eutico

Pablo habla en el Areópago

Barco naufraga durante tormenta

VIAJES MISIONEROS DE PABLO

• Ciudad

← Primer viaje misionero de Pablo

← Segundo viaje misionero de Pablo

← Tercer viaje misionero de Pablo

← Viaje de Pablo a Roma

| 0 | 100 | 200 | 300 Millas |
| 0 | 100 | 200 | 300 Kilómetros |

El segundo viaje misionero de Pablo

Hechos 16:6-9

«Y atravesando Frigia y la provincia de Galacia, les fue prohibido por el Espíritu Santo hablar la palabra en Asia; y cuando llegaron a Misia, intentaron ir a Bitinia, pero el Espíritu no se lo permitió. Y pasando junto a Misia, descendieron a Troas. Y se le mostró a Pablo una visión de noche: un varón macedonio estaba en pie, rogándole y diciendo: Pasa a Macedonia y ayúdanos.»

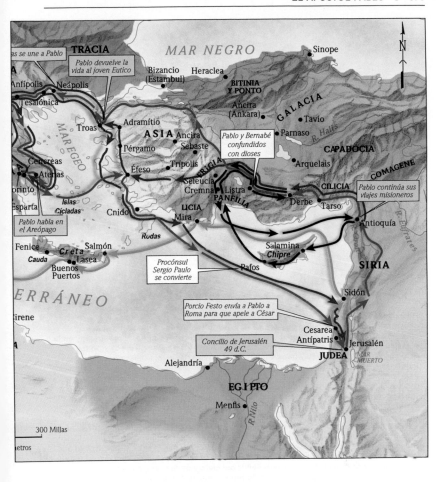

MAR NEGRO

Sinope

as se une a Pablo

TRACIA

Pablo devuelve la
vida al joven Eutico

Bizancio
(Estambul)

Heraclea

BITINIA
Y PONTO

Anfípolis

Neápolis

Tesalónica

Ancira
(Ankara)

GALACIA

Tavio

Adramítio

Parnaso

R. Halis

MAR EGEO

Troas

ASIA

Ancira

CAPADOCIA

Pérgamo

Sebaste

Pablo y Bernabé
confundidos
con dioses

Arquelais

COMAGENE

Éfeso

Tripolis

Cencreas

FRIGIA

Atenas

Seleucia

Listra

Cremna

CILICIA

Pablo continúa sus
viajes misioneros

orinto

LICIA

PANFILIA

Esparta

Cnido

Mira

Derbe

Tarso

Islas
Cícladas

R. Éufrates

Pablo habla en
el Areópago

Rodas

Antioquía

Fenice

Creta

Salmón

Salamina

SIRIA

Cauda

Lasea

Chipre

Buenos
Puertos

Procónsul
Sergio Paulo
se convierte

Pafos

ERRÁNEO

Sidón

irene

Porcio Festo envía a Pablo a
Roma para que apele a César

Cesarea
Antípatris

Jerusalén

Concilio de Jerusalén
49 d.C.

JUDEA

MAR
MUERTO

Alejandría

EGIPTO

Menfis

R. Nilo

300 Millas

etros

Hechos 17:16-28

«Mientras Pablo los esperaba en Atenas, su espíritu se enardecía viendo la ciudad entregada a la idolatría. Así que discutía en la sinagoga con los judíos y piadosos, y en la plaza cada día con los que concurrían. Y algunos filósofos de los epicúreos y de los estoicos disputaban con él; y unos decían: ¿Qué querrá decir este palabrero? Y otros: Parece que es predicador de nuevos dioses; porque les predicaba el evangelio de Jesús, y de la resurrección. Y tomándole, le trajeron al Areópago, diciendo: ¿Podremos saber qué es esta nueva enseñanza de que hablas? Pues traes a nuestros oídos cosas extrañas. Queremos, pues, saber qué quiere decir esto. (Porque todos los atenienses y los extranjeros residentes allí, en ninguna otra cosa se interesaban sino en decir o en oír algo nuevo.)

»Entonces Pablo, puesto en pie en medio del Areópago, dijo: Varones atenienses, en todo observo que sois muy religiosos; porque pasando y mirando vuestros santuarios, hallé también un altar en el cual estaba esta inscripción: AL DIOS NO CONOCIDO. Al que vosotros adoráis, pues, sin conocerle, es a quien yo os anuncio. El Dios que hizo el mundo y todas las cosas que en él hay, siendo Señor del cielo y de la tierra, no habita en templos hechos por manos humanas, ni es honrado por manos de hombres, como si necesitase de algo; pues él es quien da a todos vida y aliento y todas las cosas. Y de una sangre ha hecho todo el linaje de los hombres, para que habiten sobre toda la faz de la tierra; y les ha prefijado el orden de los tiempos, y los límites de su habitación; para que busquen a Dios, si en alguna manera, palpando, puedan hallarle, aunque ciertamente no está lejos de cada uno de nosotros. Porque en él vivimos, y nos movemos, y somos; como algunos de vuestros propios poetas también han dicho: Porque linaje suyo somos.»

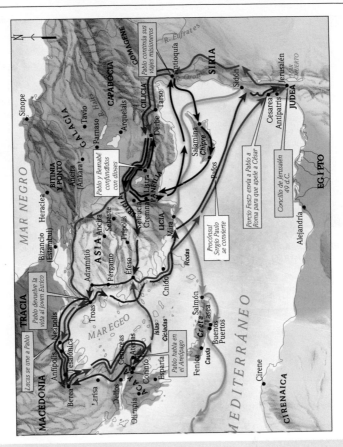

El tercer viaje misionero de Pablo

Hechos 20:13-17

«Nosotros, adelantándonos a embarcarnos, navegamos a Asón para recoger allí a Pablo, ya que así lo había determinado, queriendo él ir por tierra. Cuando se reunió con nosotros en Asón, tomándole a bordo, vinimos a Mitilene. Navegando de allí, al día siguiente llegamos delante de Quío, y al otro día tomamos puerto en Samos; y habiendo hecho escala en Trogilio, al día siguiente llegamos a Mileto. Porque Pablo se había propuesto pasar de largo a Éfeso, para no detenerse en Asia, pues se apresuraba por estar el día de Pentecostés, si le fuese posible, en Jerusalén.

»Enviando, pues, desde Mileto a Éfeso, hizo llamar a los ancianos de la iglesia.»

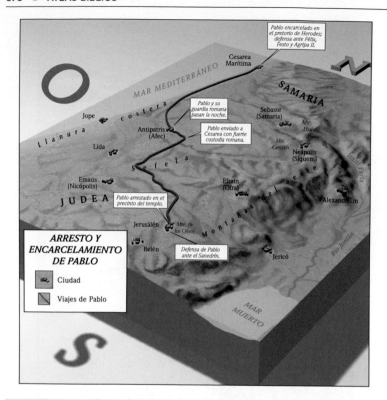

Arresto y encarcelamiento de Pablo

Hechos 23:31-33
«Y los soldados, tomando a Pablo como se les ordenó, le llevaron de noche a Antípatris. Y al día siguiente, dejando a los jinetes que fuesen con él, volvieron a la fortaleza. Cuando aquellos llegaron a Cesarea, y dieron la carta al gobernador, presentaron también a Pablo delante de él.»

Reconstrucción de Cesarea Marítima, donde a Pablo lo encarcelaron dos años antes de su viaje a Roma (Hech. 23:31–26:32).

Las aguas turbulentas del Mar Mediterráneo vistas desde Cesarea Marítima.

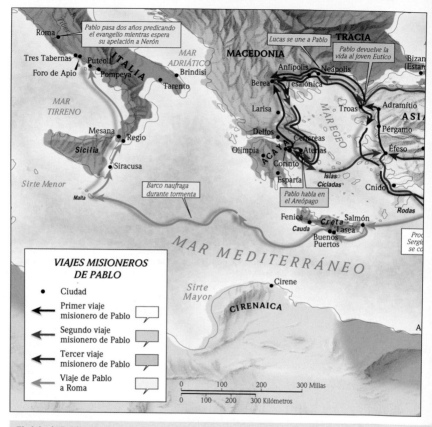

Pablo pasa dos años predicando
el evangelio mientras espera
su apelación a Nerón

Lucas se une a Pablo

TRACIA

Pablo devuelve la
vida al joven Eutico

Roma

Tres Tabernas

Foro de Apio

Puteoli

Pompeya

ITALIA

MAR
ADRIÁTICO

Brindisi

Tarento

MACEDONIA

Anfípolis   Neapolis

Berea   Tesalónica

Larisa

Troas

Bizan
(Estan

Adramítio

ASIA

Pérgamo

MAR
TIRRENO

Mesana   Regio

Sicilia

Siracusa

Sirte Menor

Malta

Barco naufraga
durante tormenta

Delfos

Olimpia

ACAYA

Corinto

Esparta

Cencreas

Atenas

Islas
Cicladas

MAR EGEO

Éfeso

Cnido

Pablo habla en
el Areópago

Fenice

Cauda

Creta

Buenos
Puertos

Lasea

Salmón

Rodas

Proc
Sergi
se co

MAR MEDITERRÁNEO

**VIAJES MISIONEROS
DE PABLO**

● Ciudad

← Primer viaje
misionero de Pablo

← Segundo viaje
misionero de Pablo

← Tercer viaje
misionero de Pablo

← Viaje de Pablo
a Roma

Cirene

Sirte
Mayor

CIRENAICA

A

| 0 | 100 | 200 | 300 Millas |
| 0 | 100 | 200 | 300 Kilómetros |

El viaje de Pablo a Roma

Hechos 27:13-26

«Y soplando una brisa del sur, pareciéndoles que ya tenían lo que deseaban, levaron anclas e iban costeando Creta. Pero no mucho después dio contra la nave un viento huracanado llamado Euroclidón. Y siendo arrebatada la nave, y no pudiendo poner proa al viento, nos abandonamos a él y nos dejamos llevar. Y habiendo corrido a sotavento de una pequeña isla llamada Clauda, con dificultad pudimos recoger el esquife. Y una vez subido a bordo, usaron de refuerzos para ceñir la nave; y teniendo temor de dar en la Sirte, arriaron las velas y quedaron a la deriva. Pero siendo combatidos por una furiosa tempestad, al siguiente día empezaron a alijar, y al tercer día con nuestras propias manos arrojamos los aparejos de la nave. Y no apareciendo ni sol ni estrellas por muchos días, y acosados por una tempestad no pequeña, ya habíamos perdido toda esperanza de salvarnos.

»Entonces Pablo, como hacía ya mucho que no comíamos, puesto en pie en medio de ellos, dijo: Habría sido por cierto conveniente, oh varones, haberme oído, y no zarpar de Creta tan solo para recibir este perjuicio y pérdida. Pero ahora os exhorto a tener buen ánimo, pues no habrá ninguna pérdida de vida entre vosotros, sino solamente de la nave. Porque esta noche ha estado conmigo el ángel del Dios de quien soy y a quien sirvo, diciendo: Pablo, no temas; es necesario que comparezcas ante César; y he aquí, Dios te ha concedido todos los que navegan contigo. Por tanto, oh varones, tened buen ánimo; porque yo confío en Dios que será así como se me ha dicho. Con todo, es necesario que demos en alguna isla.»

Reconstrucción de Roma

REFERENCIA

1. Foro de Augusto
2. Foro de Julio
3. Templo de Vespasiano
4. Teatro de Marcelo
5. Foro de Paz

6. Basílica Julia
7. Coliseo de Nerón
8. Anfiteatro de Flavio
9. Templo de Síbil
10. Templo de Apolo

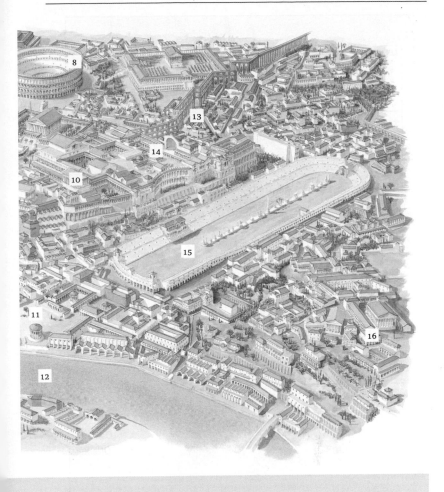

11. Templo de Hércules
12. Río Tíber
13. Acueducto de Claudio
14. Hipódromo de Domiciano
15. Circo Máximo
16. Templo de Diana

LEYENDA
- • Ciudad
- ○ Ciudad (ubicación incierta)
- ▲ Ubicación monte
- ✗ Batalla
- ✪ Sitio
- ← Campaña de Cestio Galo 66 d.C.
- ← Campaña de Vespasiano 67 d.C.
- ← Campaña de Vespasiano 68 d.C.
- ▨ Reino de Agripa II
- ▫ Procuraduría romana

Vespasiano pone fin a la revuelta en Galilea (finales del 67 d.C.).

Sitio de sangrientos combates donde mueren miles de judíos.

Vespasiano reúne legiones romanas de sesenta mil hombres (67 d.C.).

Estallan disturbios entre judíos y gentiles (66 d.C.).

Josefo se rinde.

Cestio Galo intenta sofocar la revuelta judía.

Los romanos aseguran la llanura costera tomando puertos claves.

Galo sufre una derrota mientras se retira (66 d.C.).

Campamento base de la X Legión.

Comienza la rebelión contra Roma (junio 66 d.C.).

Vespasiano captura a Perea (68 d.C.).

Campamento base de la V Legión.

Vespasiano captura varias ciudades en Idumea (68 d.C.).

SIRIA
FENICIA
GAULANITIS
GALILEA
DECAPOLIS
SAMARIA
PEREA
JUDEA
IDUMEA
MAR MEDITERRÁNEO
MAR MUERTO

Desierto Oriental

Tiro
Cesarea-Filipo
Cadasa (Kedesh)
Giscala (Gush Halav)
Merot
Tolemaida (Aco)
Sogane
Gabara
Taricheae
Gamala
Jotapata
Arbela
Mar de Galilea
Hipos
Mt. Carmel
Séforis
Garis
Filoteria (Beth-Yerah)
Jafia
Tiberias
R. Karmuk
Dora
Mt. Tabor
Gadara
Valle de Esdraelón
Mt. Gilboa
Cesarea Marítima
Escitópolis (Bet-seán)
Narbata
Pella
Sebastia (Samaria)
Mt. Ebal
Gerasa (Jerash)
Neápolis (Siquem)
Apolonia
Mt. Gerizim
Antípatris (Afec)
Gerasa
Coreae
Gádara
R. Yarcon
Tamna
Jope
Lida
Adida
Gofna
Bet-el
Filadelfia (Amán)
Jamnia
Bethennabris
Esbus (Heshbon)
Asdod (Ashdod)
Bet-horón
Jericó
Abila
Emaús
Chipre
Bezenot
Mt. Nebo
Jerusalén
Julius
Belén
Qumrán
Netofah
Ascalón (Ashkelon)
Gafartobás
Herodión
Maqueronte
Antedón
Betogabrís
Alulus (Halhul)
Hebrón
En-gadi
Gaza
Desierto de Judá
Masada
R. Jordán
R. Yaboc

0 10 20 30 40 Millas
0 10 20 30 40 Kilómetros

La primera rebelión judía

CAMPAÑAS DE TITO

Tito reúne dos legiones para atacar Jerusalén.

DECÁPOLIS

Cesarea Marítima

Escitópolis (Bet-seán)
Pella

SAMARIA

Sebaste (Samaria)

Gerasa (Jerás)

Mte. Ebal
Neápolis (Siquem)
Mte. Gerizim

Antípatris (Afec)

Acrabeta
Corea

Jope

Alexandrium

Río Yarkón

PEREA

Thamna
Bet-el

Gádara

Lida
Gofna

Legiones de Jericó y Emaús se unen a Tito.

Esbus (Hesbón)

JUDEA
Jericó

Azoto (Asdod)
Jamnia
Emaús
Gabaa
Chipre

Mte. Nebo

Las tropas romanas incendian el templo el 28 de agosto de 70, y obtienen control total a fines de septiembre.

Jerusalén
Qumrán

Herodium
Hircania

MAR MUERTO

Ascalón
Cafarabis
Cafartobas
Macaerus

Antedón
Betogabris
Hebrón

Gaza
Caparorsa

En-gadí

IDUMEA

NABATEA

Desierto de Judea

Caída de Masada, 73-74 d.C.

Masada

MAR MEDITERRÁNEO

32 N

35 B

35 E

• Ciudad
○ Ciudad (ubicación incierta)
▲ Ubicación monte
✧ Sitio
← Campaña de Tito
← Presión romana
▢ Zona de la rebelión judía

0   10   20   30   40 Millas
0 10 20 30 40 Kilómetros

Las campañas de Tito

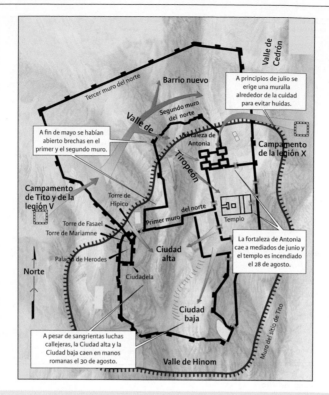

El sitio de Jerusalén

Lucas 19:41-44
«Y cuando llegó cerca de la ciudad, al verla, lloró sobre ella, diciendo: ¡Oh, si también tú conocieses, a lo menos en este tu día, lo que es para tu paz! Mas ahora está encubierto de tus ojos. Porque vendrán días sobre ti, cuando tus enemigos te rodearán con vallado, y te sitiarán, y por todas partes te estrecharán, y te derribarán a tierra, y a tus hijos dentro de ti, y no dejarán en ti piedra sobre piedra, por cuanto no conociste el tiempo de tu visitación.»

«¿Quién de nosotros, al dar vueltas a estos hechos en la cabeza, va a soportar ver el sol, aunque pudiera vivir sin peligro? ¿Quién es tan enemigo de su patria o quién será tan cobarde o tan apegado a la vida, que no se arrepienta de haber vivido hasta ahora? ¡Ojalá que todos hubiéramos perecido antes de ver aquella sagrada ciudad demolida por las manos enemigas, antes de ver nuestro Templo santo destruido hasta sus cimientos de un modo tan sacrílego!» —Flavio Josefo, *La guerra de los judíos* VII.8.7

Torre romana para sitiar ciudades.

Mateo 24:1-2
«Cuando Jesús salió del templo y se iba, se acercaron sus discípulos para mostrarle los edificios del templo. Respondiendo él, les dijo: ¿Veis todo esto? De cierto os digo, que no quedará aquí piedra sobre piedra, que no sea derribada.»

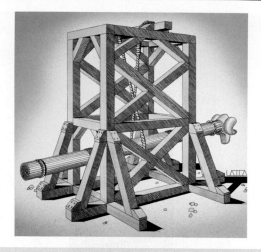

Ariete romano.

Aparato usado por arqueros romanos.

Vista de parte de la costa de Patmos.

Apocalipsis se escribió durante un tiempo de intensa persecución a los cristianos. La fecha probable de escritura es la última década del primer siglo, durante el reinado de Domiciano o de Trajano. El Coliseo, la palestra romana de la muerte, era un lugar donde se enfrentaba a los cristianos contra leones. La construcción del Coliseo llevó diez años y se completó en 80 d. C. Tenía lugar para unos 55 000 espectadores. La palabra Coliseo deriva de una estatua colosal que estaba cerca del lugar, cuyo nombre oficial era el Anfiteatro de Flavio. Debajo del Coliseo, había muchas celdas donde se guardaban animales salvajes, gladiadores, criminales condenados, y cristianos.

Apocalipsis 7:13-17
«Entonces uno de los ancianos habló, diciéndome: Estos que están vestidos de ropas blancas, ¿quiénes son, y de dónde han venido? Yo le dije: Señor, tú lo sabes. Y él me dijo: Estos son los que han salido de la gran tribulación, y han lavado sus ropas, y las han emblanquecido en la sangre del Cordero. Por esto están delante del trono de Dios, y le sirven día y noche en su templo; y el que está sentado sobre el trono extenderá su tabernáculo sobre ellos. Ya no tendrán hambre ni sed, y el sol no caerá más sobre ellos, ni calor alguno; porque el Cordero que está en medio del trono los pastoreará, y los guiará a fuentes de aguas de vida; y Dios enjugará toda lágrima de los ojos de ellos.»

El famoso Coliseo en Roma se edificó en los últimos años del primer siglo d. C.

Iglesias de Apocalipsis

Apocalipsis 1:19-20

«Escribe las cosas que has visto, y las que son, y las que han de ser después de estas. El misterio de las siete estrellas que has visto en mi diestra, y de los siete candeleros de oro: las siete estrellas son los ángeles de las siete iglesias, y los siete candeleros que has visto, son las siete iglesias.»

Vista de parte de la costa de Patmos.

La puerta sur de Éfeso. El Odeón de Éfeso en el fondo.

Probablemente, fue durante este intenso período de persecución de los cristianos que el apóstol Juan fue exiliado a la isla de Patmos, desde donde escribió el libro de Apocalipsis. Patmos se encuentra en el noroeste de un archipiélago griego en el Mar Egeo llamado Dodecaneso, en el cual la isla más grande es Rodas. Patmos mide unos dieciséis kilómetros (diez millas) de largo por diez kilómetros (seis millas) de ancho. La cueva donde, según la tradición, Juan recibió la revelación y la escribió, fue transformada en un santuario. El monasterio griego ortodoxo San Juan el Teólogo es un lugar de aprendizaje para monjes y peregrinos, y tiene más de ochenta manuscritos del Nuevo Testamento.

Las ciudades de la región jonia de Asia Menor, sede de Éfeso, fueron en distintos momentos independientes, aliadas unas con otras o estuvieron bajo el gobierno de Persia, Grecia, Egipto o Roma. El emperador Augusto (27 a. C.–14 d. C.) transformó a Éfeso en la capital de la zona occidental de Asia Menor, lo cual trajo gran prosperidad. Se estima que la población oscilaba entre 30 000 a 200 000 personas, transformándola en la cuarta ciudad más grande del mundo conocido. Era un puerto importante, un centro monetario y un destino para turistas y adoradores de Artemisa. El templo de Artemisa era cuatro veces más grande que el Partenón en Atenas, y había un anfiteatro para 24 000 espectadores. La iglesia aparentemente fue plantada por Priscila y Aquila (IIech. 18:19). El apóstol Pablo pasó dos años en Éfeso, y los plateros del lugar se amotinaron porque el cristianismo amenazaba su comercio de ídolos y altares (Hech. 19).

Esmirna era otro de los puertos que llevaba bienes entre Grecia y Asia Menor. Cuando los puertos de Éfeso y Mileto se obstruyeron, Esmirna obtuvo prominencia. La ciudad fue destruida en el siglo VI a. C. pero reconstruida a principios del tercer siglo a. C. por los sucesores griegos de Alejandro. En 133 d. C., cuando el rey Atalo III murió sin heredero, Pérgamo y Esmirna pasaron a formar parte de la provincia romana de Asia, y esto todavía era así cuando Juan escribió su Apocalipsis. Más adelante, Policarpo, un discípulo de Juan, se transformó en obispo de Esmirna, y allí nació Ireneo.

Pérgamo (la Bergama moderna) es la más septentrional de las siete ciudades. Se construyó sobre y alrededor de una meseta con orientación norte-sur, de un kilómetro (media milla) de ancho por cinco km y medio (tres millas y media) de largo. Fue gobernada por los persas desde mediados del siglo V a. C. hasta la

El foro columnado en Esmirna. Data de los primeros siglos a. C. y d. C.

Vista de la antigua Pérgamo; el anfiteatro tenía capacidad para 50 000 espectadores. Las columnas en el fondo eran parte del templo de Trajano.

Ruinas de la antigua Tiatira en la Akhisar moderna, en Turquía.

Ruinas parciales del templo de Artemisa en Sardis; la estructura original, que data de aproximadamente 300 a. C., medía unos 100 por 50 m (300 por 160 ft).

época de Alejandro. Después del conflicto entre aquellos que querían suceder a Alejandro, Filetero se impuso sobre Lisímaco y Seleuco para reinar sobre Pérgamo y estableció la dinastía atálida. Cuando el rey Atalo III le cedió la región a Roma, se ganó el favor de Roma al edificar un templo donde se adoraba a los emperadores Augusto, Trajano y Adriano. Como resultado, la ciudad fue remodelada y ampliada. Con el tiempo, la ciudad llegó a tener una biblioteca superada solo por la de Alejandría, un estadio, un foro, un teatro con capacidad para 10 000 personas y un anfiteatro para 50 000 espectadores sentados.

Tiatira tomó el lugar de la antigua ciudad griega llamada Pelopia o Semíramis. Se encontraba en el límite con Lidia y Misia. Durante la era romana, fue famosa por su industria de tintes y vestimentas púrpuras. La mayoría de los obreros pertenecían a uno de más de diez sindicatos comerciales, cada uno de los cuales estaba dedicado a un dios benefactor. Los cristianos seguramente sentían una gran presión de participar de ellos. En el segundo viaje misionero de Pablo, él y Silas se hospedaron con una mujer llamada Lidia, que era vendedora de púrpura (Hech. 16:14).

En la Aksehir moderna, en Turquía, excavaciones de la Iglesia de San Juan en la antigua Filadelfia; la iglesia data de 600 d. C.

Sardis (la Sart actual) era la capital del reino antiguo de Lidia. Desde el siglo VI a. C. hasta la época de Alejandro, Sardis estuvo bajo el control de Persia. Estaba en el extremo occidental del Camino Real —edificado por Darío el Grande en el siglo V a. C.—, que se extendía casi 2700 km (1700 mi) al este hasta Persépolis, Persia. En medio del siglo V a. C., los metalurgistas en Sardis aprendieron a purificar el polvo de oro local y empezaron a acuñar monedas de oro puro, esencialmente inventando la moneda circulante y transformando el nombre del rey Creso en sinónimo de riqueza. La ciudad fue destruida por un terremoto en 17 d. C., pero reedificada antes de la época de Juan con la ayuda del emperador romano Tiberio. Sus ciudadanos adoraban a Artemisa, la diosa de la fertilidad.

Filadelfia («ciudad del amor fraternal») fue establecida en 189 a. C. por Éumenes II, y nombrada así por su amor a su hermano Atalo. Al igual que Sardis, Filadelfia fue destruida en el terremoto de 17 d. C., y fue ayudada en su recuperación mediante una desgravación fiscal por parte de Tiberio y el favor de Calígula. A cambio, la ciudad estableció un culto de adoración al emperador. En el período bizantino, alrededor de 600 d. C., se construyó la Basílica de San Juan. La ciudad se perdió a manos de los turcos selyúcidas durante un tiempo pero se recuperó en la Primera Cruzada de 1098. El comercio en la ciudad (la Alaşehir moderna) incluye pasas y uvas, y una popular fuente de agua mineral provee agua con una carga muy poderosa.

Ruinas romanas en Laodicea, que se encuentra a unos 160 km (100 mi) al este de Éfeso.

En medio del siglo III a. C., Antíoco II Teos fundó una ciudad, probablemente en el lugar de otra anterior llamada Dióspolis («ciudad de Zeus»), y la llamó Laodicea en honor a su esposa, Laodice. Prosperó debido a su posición en una ruta comercial fundamental, por sus servicios financieros y su comercio de lana negra. A fines del tercer siglo d. C., Antíoco III deportó a 2000 judíos de Siria a las regiones de Lidia y Frigia, muchos de los cuales se establecieron en Laodicea y formaron el rico suelo espiritual donde se plantó la iglesia. Pablo menciona iglesias y cristianos individuales de Laodicea (Col. 4:12-16). Cuando la ciudad fue destruida por un terremoto en 60 d. C., rechazó la ayuda romana y se reconstruyó por sus propios medios. Sus estructuras —incluidos un estadio, baños y dos teatros— y su estilo muestran que sus ciudadanos favorecían a los griegos. Adoraban a Zeus, Apolo y los emperadores romanos. Las ruinas se encuentran en la parte norte de la ciudad moderna de Denizli, Turquía.

PERSPECTIVAS MILENIALES SOBRE APOCALIPSIS

PUNTO DE INTERPRETACIÓN	AMILENIALISTA	PREMILENIALISTA HISTÓRICO
Descripción de la perspectiva	Perspectiva de que el presente reino celestial de Cristo o la época presente del gobierno de Cristo en la tierra es el milenio; sostiene una resurrección y un juicio que marcan el final de la historia como la conocemos y el principio de la vida eterna.	Perspectiva de que Cristo reinará en la tierra por 1000 años luego de Su segunda venida; los santos serán resucitados al comienzo del milenio y los incrédulos en el fin; luego sigue el juicio.
Libro de Apocalipsis	Historia actual escrita en códigos para confundir a enemigos y animar a los cristianos de Asia; el mensaje se aplica a todos los cristianos.	Aplicación inmediata para cristianos de Asia y para todos los cristianos a través de los siglos; las visiones también se aplican a un gran evento futuro.
Siete candeleros (1:13)	Iglesias.	
Iglesias consideradas (caps. 2–3)	Situaciones históricas específicas, verdad aplicable a todas las iglesias a través del tiempo; no representan períodos de la historia de la iglesia.	
Veinticuatro ancianos (4:4,10; 5:8,14)	Doce patriarcas y doce apóstoles; todos juntos simbolizan a todos los redimidos.	Cofradía de ángeles que ayudan en ejecución del reinado divino (o ancianos que representan veinticuatro órdenes sacerdotales o leviticas).
Libro sellado (5:1-9)	Rollo de historia; muestra a Dios quien lleva a cabo Su propósito redentor en la historia.	Contiene profecías de eventos del fin de capítulos 7–22.
144 000 (7:4-8)	Redimidos en la tierra que serán protegidos de la ira de Dios.	Iglesia en el umbral de la gran tribulación.
Gran tribulación (primera referencia en 7:14)	Cristianos de Asia en tiempos de Juan enfrentan persecución; simbólico de la tribulación a través de la historia.	Antes del regreso de Cristo habrá período de conflictos y disturbios sin explicación; la iglesia pasará por esto; comienza con séptimo sello (8:1), que incluye 1–6 trompetas (8:2–14:20).
42 meses (11:2); 1260 días (11:3)	Duración indefinida de desolación pagana.	Representación de número simbólico: período de maldad con referencia a últimos días de nuestra era.
Mujer (12:1-6)	El verdadero pueblo de Dios bajo el antiguo pacto y el nuevo (verdadero Israel).	

PREMILENIALISTA DISPENSACIONAL	POSMILENIALISTA
Perspectiva de que, después de la batalla de Armagedón, Cristo reinará mediante los judíos por mil años literales, acompañados de dos resurrecciones y al menos tres juicios.	Perspectiva de que Cristo regresará después de un largo período de expansión y prosperidad espiritual para la iglesia, traído por la predicación del evangelio; la bendición del Espíritu; y la obra de la iglesia en favor de la rectitud, la justicia y la paz. El período no dura mil años literales, sino que es un tiempo extendido de prosperidad espiritual.
«Revelación» del tema de Cristo entre las iglesias de la dispensación presente, también como Juez y Rey en las dispensaciones futuras.	Escrito para animar a todos los cristianos a través de los siglos; pero las visiones también se aplican a un gran evento futuro.
Iglesias, más una aplicación en el fin de los tiempos.	Iglesias.
Situaciones históricas específicas, verdad aplicable a todas las Iglesias a través del tiempo; muestra el progreso del estado espiritual de las iglesias hasta el fin de la era de la iglesia.	Situaciones históricas específicas, verdad aplicable a todas las iglesias a través del tiempo; no necesariamente representan períodos de la historia de la iglesia.
La iglesia ya recompensada; también representa doce patriarcas y doce apóstoles.	Simboliza a todos los redimidos.
Título de propiedad del mundo.	Representa el cumplimiento divino del propósito redentor de Dios en la historia.
Convertidos judíos de la tribulación que testifican de Jesús (igual que 14:1).	Pueblo redimido de Dios.
Período de conflictos y disturbios inexplicables, 7:14, descrito en caps. 11-18; dura tres años y medio, la segunda mitad del período de siete años entre el arrebatamiento y el milenio.	Símbolo de la tribulación que ocurre a lo largo de la historia.
Mitad del período de siete años de tribulación.	Un número simbólico que representa un tiempo indefinido de influencia del mal.
Señala a Israel, no a la iglesia; la llave se compara con Gén. 37:9.	El verdadero pueblo de Dios bajo el antiguo pacto y el nuevo.

PERSPECTIVAS MILENIALES SOBRE APOCALIPSIS (CONT.)

PUNTO DE INTERPRETACIÓN	AMILENIALISTA	PREMILENIALISTA HISTÓRICO
Gran dragón escarlata (12:3)	Siempre se identifica con Satanás.	
Hijo varón (12:4-5)	Cristo en Su nacimiento, toda Su vida y Su crucifixión, y a quien Satanás trató de matar.	Cristo, cuya obra Satanás procura destruir.
1260 días (12:6)	Tiempo indefinido.	Número simbólico que representa período de maldad, con especial alusión a días finales de esta era.
Bestia del mar (13:1)	Emperador Domiciano, personificación del Imperio romano (igual que en cap. 17).	Anticristo; aquí se lo muestra como personificación de las cuatro bestias de Dan. 7.
Siete cabezas (13:1)	Emperadores romanos.	Gran potencia, muestra similitud con el dragón.
Diez cuernos (13:1)	Simbolizan poder.	Reyes representan coronas limitadas (diez) contra las muchas de Cristo.
666 (13:18)	Imperfección, maldad; personificadas como Domiciano.	Símbolo de maldad, casi 777; si fue símbolo de personaje, se desconoce, pero se sabrá en el momento adecuado.
144 000 en el Monte Sión (14:1)	El total de los redimidos en el cielo.	
Río de sangre (14:20)	Símbolo de castigo infinito para los impíos.	Significa que el castigo radical de Dios aplasta totalmente al mal.
Babilonia (mujer; 17:5)	La Roma histórica.	Ciudad capital del futuro anticristo.
Siete montes (17:9)	La Roma pagana, edificada sobre siete colinas.	Indicación de poder, que aquí significa sucesión de imperios, el último de los cuales es la Babilonia del fin de los tiempos.
Siete cabezas (17:7) y siete reyes (17:10)	Emperadores romanos desde Augusto a Tito, con la exclusión de tres breves reinados.	Cinco reinos impíos pasados; el sexto fue Roma; el séptimo surgirá en el fin de los tiempos.
Diez cuernos (17:7) y diez reyes (17:12)	Reinos vasallos que gobernaron con el permiso de Roma.	Símbolo de potencias terrenales que estarán al servicio del anticristo.

PREMILENIALISTA DISPENSACIONAL	POSMILENIALISTA
Cristo pero también la iglesia (cabeza y cuerpo); arrebatado para el trono indica el rapto de la iglesia.	Cristo en Su nacimiento, toda Su vida y Su crucifixión, y a quien Satanás trató de destruir.
Primera mitad de la gran tribulación después del rapto de la iglesia.	Tiempo indefinido.
Una nueva Roma, federación satánica de naciones que salen del antiguo Imperio romano.	Imperio romano.
Siete etapas del Imperio romano; la sexta fue la Roma imperial (época de Juan); la última será la federación de las naciones.	Emperadores romanos.
Diez poderes que se combinarán para formar la federación de naciones de la nueva Roma.	Símbolo de poder.
Se desconoce, pero se conocerá cuando llegue el tiempo.	Símbolo del mal.
Los judíos redimidos se reúnen en la Jerusalén terrenal durante el reino milenial.	Pueblo redimido de Dios.
Escena de ira y masacre que ocurrirá en Palestina.	Símbolo de juicio a los malvados.
Iglesia apóstata del futuro.	Símbolo del mal.
Roma, revivo al final de los tiempos.	Roma pagana.
Cinco formas distintas de gobierno romano antes de Juan; la sexta fue la Roma imperial, la séptima será el Imperio romano revivido.	Emperadores romanos.
Diez reinos que surgen del nuevo Imperio romano en el futuro.	Símbolo de los poderes terrenales.

PERSPECTIVAS MILENIALES SOBRE APOCALIPSIS (CONT.)

PUNTO DE INTERPRETACIÓN	AMILENIALISTA	PREMILENIALISTA HISTÓRICO
Novia, esposa (19:7)	El total de los redimidos.	
Cena de bodas (19:9)	Culminación de los tiempos; simboliza completa unión de Cristo con Su pueblo.	Unión de Cristo con Su pueblo en Su venida.
Uno en caballo blanco (19:11-16)	Visión de la victoria de Cristo sobre la pagana Roma; regreso de Cristo sucede en conexión con eventos de 20:7-10.	Segunda venida de Cristo.
Batalla de Armagedón (19:19-21; ver 16:16)	En tiempos del fin no es literal, pero simboliza el poder de la palabra de Dios al vencer al mal; principio que se aplica a todas las épocas.	Cierta clase de evento en el fin de los tiempos, pero no es batalla literal con armas militares; ocurre en el regreso de Cristo al comienzo del milenio.
Gran cena (19:17)	En contraste con la cena de bodas.	
Satanás atado (20:2)	Símbolo de la resurrección victoriosa de Cristo sobre Satanás.	Eliminación del poder de Satanás durante el milenio.
Milenio (20:2-6)	Referencia simbólica del período desde la primera venida de Cristo hasta Su segunda venida.	Un evento histórico, aunque el período de mil años puede ser simbólico, después de Armagedón, durante el cual Cristo reina con su pueblo.
Los que estaban en tronos (20:4)	Mártires en el cielo; su presencia con Dios es un juicio sobre quienes los mataron.	Santos y mártires que reinan con Cristo en el milenio.
Primera resurrección (20:5-6)	Presencia espiritual con Cristo de los redimidos; ocurre después de la muerte física.	Resurrección de los santos al comienzo del milenio cuando Cristo regrese.
Muerte segunda (20:6)	Muerte espiritual, separación eterna de Dios.	
Nuevos cielos y nueva tierra (21:1)	Un nuevo orden; tierra y cielos redimidos.	
Nueva Jerusalén (21:2-5)	Dios mora con los santos (la iglesia) en la nueva era después de todos los otros eventos del fin de los tiempos.	

PREMILENIALISTA DISPENSACIONAL	POSMILENIALISTA
La iglesia; no incluye a los santos del Antiguo Testamento ni a los santos de la tribulación.	El total de los redimidos.
Unión de Cristo con Su iglesia acompañada por los santos del Antiguo Testamento y de la tribulación.	Unión de Cristo con Su pueblo.
	Visión de la victoria de Cristo.
Batalla sangrienta literal en Armagedón (Valle de Meguido) al final de la gran tribulación entre los reyes de Oriente y la federación de naciones de la nueva Roma; todos son vencidos por una ráfaga de la boca de Cristo y luego empieza el milenio.	Simboliza el poder de la palabra de Dios que vence las fuerzas del mal.
Concluye una serie de juicios y abre el camino para que se establezca el reino.	En contraste con la cena de bodas.
	Símbolo de la victoria de Cristo sobre Satanás.
Un período literal de mil años después de la era de la iglesia, en el cual Cristo reina con Su pueblo, pero especialmente a través de los judíos.	Un período largo de expansión y prosperidad espiritual impulsado por la predicación del evangelio.
Los redimidos reinan con Cristo, apareciendo y desapareciendo de la tierra a voluntad para supervisar la vida allí.	Santos y mártires que reinan con Cristo.
Incluye tres grupos: (1) los que fueron raptados con la iglesia (4:1); (2) los santos de la tribulación judía durante la tribulación (11:11); (3) otros creyentes judíos al principio del milenio (20:5-6).	La presencia espiritual de los redimidos con Cristo.

PROFECÍAS SOBRE LA SEGUNDA VENIDA DE JESÚS

TEMA	REFERENCIA BÍBLICA	DESCRIPCIÓN
Seguridad de la venida	Heb. 9:28	Él traerá salvación.
	Mat. 16:27	Él recompensará según lo que cada uno haya hecho.
	Juan 14:3	Estaremos con Él en el lugar que nos preparó.
	1 Tes. 4:16	Él descenderá del cielo con voz de mando y trompetas
	2 Tes. 1:7-8	Él se vengará de aquellos que no lo conocen ni le obedecen.
	Hech. 1:11	Él regresará tal como ascendió.
	Apoc. 3:11	Vuelve rápido; aférrate a la fe; no permitas que nadie te la quite.
	Apoc. 22:12	Él volverá con recompensa para cada uno según lo que haya hecho.
El momento es incierto	Mat. 24:44	Está listo; el Hijo del Hombre vuelve cuando no lo esperes.
	Mat. 25:13	Permanece alerta; no se sabe el día ni la hora.
	Mar. 13:32	Ninguna persona ni ángel, ni siquiera Jesús, solo el Padre conoce la hora de Su regreso.
Resurrección de todos los muertos	Mat. 25:32	Todas las naciones comparecerán ante Él.
	Juan 5:28-29	Todos los que están en la tumba se levantan; los buenos para resurrección de vida; los malos para resurrección de juicio.
Juicio	Mat. 25:31-33	El Hijo del Hombre se sentará en el trono y pondrá las ovejas a Su diestra y los cabritos a Su izquierda.
	Apoc. 14:14	El Hijo del Hombre vendrá en una nube con una hoz afilada para cosechar la tierra.

TEMA	REFERENCIA BÍBLICA	DESCRIPCIÓN
	2 Tes. 1:7-10	Él vuelve para ser glorificado por Sus santos y admirado por los que creyeron, pero con destrucción para los desobedientes.
	1 Cor. 4:5	No juzgues nada ahora; el Señor vendrá y revelará las intenciones de los corazones.
	Jud. 14-16	Él vuelve con los santos para convencer a los impíos de sus malas obras.
	Apoc. 22:12	Él vuelve pronto con una recompensa para cada persona.
Glorificación de aquellos que creen	Mar. 13:26-27	Él vuelve en poder y gloria para reunir a Sus elegidos hasta el fin de la tierra.
	Fil. 3:20-21	Él cambiará nuestros cuerpos para que sean como Su cuerpo glorioso mediante Su poder de sujetar todas las cosas a sí mismo
	Col. 3:4	Seremos manifestados con el Mesías en gloria.
	2 Tes. 1:10	Él volverá para ser glorificado por Sus santos y admirado por los que creyeron.
	1 Jn. 3:2	Somos hijos de Dios y seremos semejantes a Él cuando aparezca.
	1 Ped. 5:2	Los que apacientan las ovejas de Dios reciben una corona incorruptible de gloria cuando el Pastor principal aparece.
	2 Tim. 4:7	He mantenido la fe, así que una corona de justicia está reservada para mí y para todos los que han amado Su aparición.
	1 Tes. 4:16-18	Estaremos siempre con el Señor.
Destrucción del mundo	2 Ped. 3:10-13	El día del Señor viene como un ladrón; los cielos y la tierra serán destruidos, pero nosotros esperamos cielos y tierra nuevos.
Entrega el reino al Padre	1 Cor. 15:23-28	Él pondrá todos Sus enemigos bajo Sus pies, incluso la muerte, y se someterá a Dios, todo en todo.

PROFECÍAS SOBRE LA SEGUNDA VENIDA DE JESÚS (CONT.)		
TEMA	**REFERENCIA BÍBLICA**	**DESCRIPCIÓN**
Esperanza de la segunda venida es un llamado a la obediencia y la fidelidad	2 Ped. 3:14,17-18	Esfuérzate por ser hallado sin mancha e irreprensible ante Él; crece en gracia y en el conocimiento de Jesús.
	Apoc. 3:3,11	Recuerda lo que has recibido y oído y arrepiéntete; Jesús vendrá cuando menos te des cuenta; que nadie te quite tu corona.
	1 Tes. 3:12	El Señor hace que tu amor crezca para santificar tu corazón para la venida de Jesús con Sus santos.
Señales de la venida Seguridad de la segunda venida	Luc. 21:29-36	Observa las señales y entiende que el reino está cerca.
	Juan 14:27-31	Jesús nos da Su paz para que no tengamos miedo; Él vendrá otra vez a buscarnos.
	Fil. 1:6	Dios completará la buena obra que empezó en ti hasta el día de Cristo.
	Sant. 5:7	Sé paciente como el agricultor que espera las lluvias; porque la venida del Señor se acerca.
	Heb. 10:36	Persevera para recibir la promesa.
	Hech. 1:10-11	No hace falta quedarse mirando al cielo; Jesús vendrá otra vez.
	Apoc. 22:20	Vuelvo pronto.
Venida revelada en la Cena del Señor	1 Cor. 11:26	Cuando comas y bebas la Cena, proclamas la muerte del Señor hasta que Él vuelva.

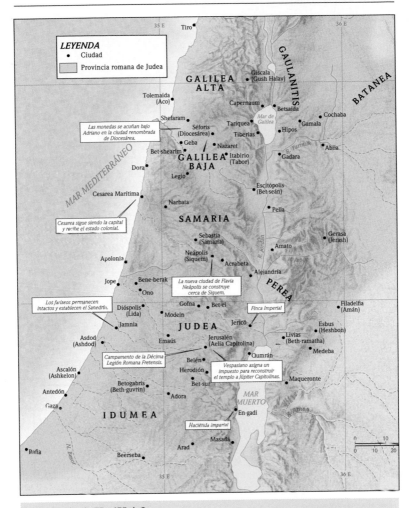

LEYENDA
- Ciudad
- Provincia romana de Judea

Tiro

35 E   36 E

GAULANITIS

BATANEA

GALILEA ALTA

Giscala (Gush Halav)

Tolemaida (Aco)

Capernaum · Betsaida

Cochaba

Shefaram

Las monedas se acuñan bajo Adriano en la ciudad renombrada de Diocesárea.

Séforis (Diocesárea) · Tariquea · Tiberias

Mar de Galilea

Gamala

Hipos

R. Yarmuk

Abila

Geba · Nazaret

Bet-shearim

GALILEA BAJA

Itabirio (Tabor)

Gadara

Dora

Legio

Escitópolis (Bet-seán)

Cesarea Marítima

Narbata

Pella

Cesarea sigue siendo la capital y recibe el estado colonial.

SAMARIA

Sebastia (Samaria)

Gerasa (Jerash)

Neápolis (Siquem)

Amato

R. Jordán

Apolonia

Acrabeta

Alejandría

PEREA

Bene-berak

La nueva ciudad de Flavia Neápolis se construye cerca de Siquem.

Jope

Ono

Gofna · Bet-el

Finca Imperial

Filadelfia (Amán)

Los fariseos permanecen intactos y establecen el Sanedrín.

Dióspolis (Lida)

Modein

Jericó

Esbus (Heshbon)

Jamnia

JUDEA

Livias (Beth-ramatha)

Asdod (Ashdod)

Emaús

Jerusalén (Aelia Capitolina)

Medeba

Campamento de la Décima Legión Romana Fretensis.

Belén

Qumrán

Vespasiano asigna un impuesto para reconstruir el templo a Júpiter Capitolinas.

Ascalón (Ashkelon)

Herodión

Bet-sur

Maqueronte

Antedón

Betogabris (Beth-guvrin)

Adora

Gaza

IDUMEA

MAR MUERTO

En-gadi

R. Arnón

Hacienda imperial

Masada

0   10   0   10   20

Rafia

N. Besor

Arad

Beerseba

MAR MEDITERRÁNEO

Palestina desde 73 a 135 d. C.

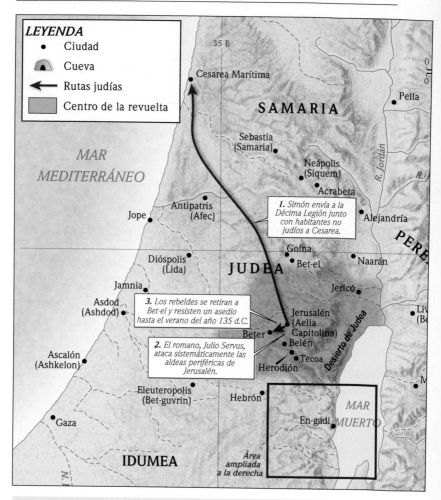

LEYENDA
- • Ciudad
- 🕳 Cueva
- ← Rutas judías
- ▨ Centro de la revuelta

MAR MEDITERRÁNEO

SAMARIA

Cesarea Marítima

Pella

Sebastia (Samaria)

Neápolis (Siquem)

Acrabeta

Antipatris (Afec)

Alejandría

PERE

Jope

Dióspolis (Lida)

JUDEA

Gofna

Bet-el

Naarán

Jamnia

Jericó

Asdod (Ashdod)

1. Simón envía a la Décima Legión junto con habitantes no judíos a Cesarea.

3. Los rebeldes se retiran a Bet-el y resisten un asedio hasta el verano del año 135 d.C.

Jerusalén (Aelia Capitolina)

Liv (Be

Beter

2. El romano, Julio Servus, ataca sistemáticamente las aldeas periféricas de Jerusalén.

Belén

Tecoa

Desierto de Judea

Ascalón (Ashkelon)

Herodión

Eleuteropolis (Bet-guvrin)

Hebrón

MAR MUERTO

En-gadi

Gaza

IDUMEA

Área ampliada a la derecha

R. Jordán

Rebelión de Bar Kojba

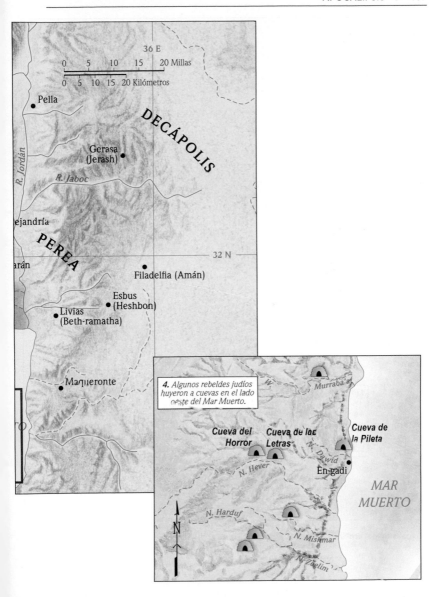

36 E
0   5   10   15   20 Millas
0   5   10   15   20 Kilómetros

Pella

DECÁPOLIS

Gerasa
(Jerash)

R. Jordán

R. Jaboc

ejandría

PEREA

arán

32 N

Filadelfia (Amán)

Esbus
(Heshbon)

Livias
(Beth-ramatha)

Maqueronte

4. *Algunos rebeldes judíos huyeron a cuevas en el lado oeste del Mar Muerto.*

Murraba'at

Cueva del Horror

Cueva de las Letras

Cueva de la Pileta

N. Hever

N. David

En-gadi

MAR
MUERTO

N. Harduf

N. Mishmar

N. Tzelim

N

SARMATIA

R. Dniester

R. Dnieper

BÓSFORO

DACIA

R. Danube

MOESIA

MAR NEGRO

MAR CASPIO

MACEDONIA

TRACIA

Anquialo
Develtos
Bizancio
(Estambul)

Amastris

Ionopolis

Sinope

Amisus

R. Volga

IBERIA

ALBANIA

R. Cyro

Tesalónica

Filipo

Apolonia

Nicomedia

BITINIA Y
PONTO

Neocesarea

ARMENIA

Edesa

Berea

EPIRUS

Troas

ASIA

Ancira

Antioquía
en Pisidia

Cesarea
(Mazaca)

CAPADOCIA

ADIABENE

L. Van

Araxes

cópolis

Larisa

MAR
EGEO

Pérgamo

1. 2.
3.

Magnesia

LIDIA

FRIGIA

LICAONIA

Malatia

Samosata

Belt Zabde

L. Urmia

Same

Corinto

Atenas

IONIA

4. 5.

Iconio

GALACIA

Edessa

Nisibis

ACAYA

Céncreas

CARIA 6.

Listra

Derbe

CILICIA

Tarso

Apamea

MESOPOTAMIA

R. Tigris

PARTIA

Lacedemón

Esparta

Mileto

Hierápolis

LICIA

PANFILIA

Perga

Antioquía

Laodicea

R. Éufrates

R. Orontes

Islas
Cícladas

Rodas

Mira

Salamis

Dura-Europos

Ctesifonte

Creta

Cnosos

Rodas

1. Tiatira

Pafos

Chipre

Tripolis

Palmira

Babilonia

Gortina

MEDITERRÁNEO

2. Sardis
3. Filadelfia
4. Éfeso
5. Laodicea
6. Colosas

Beirut

FENICIA

Damasco

GOLFO
PÉRSICO

Cirene

Tiro

Bostra

CIRENAICA

Tolemaida (Aco)

Alejandría

Naucratis

Jerusalén

Gaza

Petra

JUDEA

Filadelfia (Amán)

Heliópolis

ARABIA (PETRAEA)

ara

Babilonia

Sinaí

Desierto
Siro-arábigo

EGIPTO

Hermópolis

Antínoe

500

750 Millas

Kilómetros

R. Nilo

PATROS

MAR ROJO

Asuán

N

EL CANON HEBREO DEL ANTIGUO TESTAMENTO		
CLASIFICACIÓN DE LOS LIBROS	**NOMBRES HEBREOS DE LOS LIBROS**	**NOMBRES DE LOS LIBROS EN ESPAÑOL**
LA LEY (Torá)	En el principio	Génesis
	Estos son los nombres	Éxodo
	Y llamó	Levítico
	En el desierto	Números
	Estas son las palabras	Deuteronomio
PROFETAS ANTERIORES	Josué	Josué
	Jueces	Jueces
	1 Samuel	1 Samuel
	2 Samuel	2 Samuel
	1 Reyes	1 Reyes
	2 Reyes	2 Reyes
PROFETAS POSTERIORES	Isaías	Isaías
	Jeremías	Jeremías
	Ezequiel	Ezequiel
	El libro de los Doce (que incluye)	
	Oseas	Oseas
	Joel	Joel
	Amós	Amós
	Abdías	Abdías
	Jonás	Jonás
	Miqueas	Miqueas
	Nahum	Nahum
	Habacuc	Habacuc
	Sofonías	Sofonías
	Hageo	Hageo
	Zacarías	Zacarías
	Malaquías	Malaquías

EL CANON HEBREO DEL ANTIGUO TESTAMENTO		
CLASIFICACIÓN DE LOS LIBROS	NOMBRES HEBREOS DE LOS LIBROS	NOMBRES DE LOS LIBROS EN ESPAÑOL
LAS ESCRITURAS (HAGIOGRAFÍA)	Alabanzas	Salmos
	Job	Job
	Proverbios	Proverbios
	Rut	Rut
	Cantar de los Cantares	Cantar de Salomón
	El Predicador	Eclesiastés
	¡Cúmol	Lamentaciones
	Ester	Ester
	Daniel	Daniel
	Esdras	Esdras
	Nehemías	Nehemías
	1 Las palabras de los días	1 Crónicas
	2 Las palabras de los días	2 Crónicas

LISTAS DE COMPARACIÓN DE LIBROS DEL ANTIGUO TESTAMENTO		
CANON RABÍNICO 24 LIBROS	SEPTUAGINTA 53 LIBROS	ANTIGUO TESTAMENTO CATÓLICO ROMANO 46 LIBROS
La Ley	*La Ley*	*La Ley*
Génesis	Génesis	Génesis
Éxodo	Éxodo	Éxodo
Levítico	Levítico	Levítico
Números	Números	Números
Deuteronomio	Deuteronomio	Deuteronomio
Los Profetas *Profetas Anteriores*	*Historia*	*Historia*
Josué	Josué	Josué
Jueces	Jueces	Jueces
1–2 Samuel	Rut	Rut

LISTAS DE COMPARACIÓN DE LIBROS DEL ANTIGUO TESTAMENTO (CONT.)

CANON RABÍNICO 24 LIBROS	SEPTUAGINTA 53 LIBROS	ANTIGUO TESTAMENTO CATÓLICO ROMANO 46 LIBROS
1–2 Reyes	1 Reinos (1 Samuel)	1 Samuel (1 Reinos)
Profetas Posteriores	2 Reinos (2 Samuel)	2 Samuel (2 Reinos)
Isaías	3 Reinos (1 Reyes)	1 Reyes (3 Reinos)
Jeremías	4 Reinos (2 Reyes)	2 Reyes (4 Reinos)
Ezequiel	1 Paraleipómena (1 Crónicas)	1 Crónicas (1 Paraleipómena)
Los Doce	2 Paraleipómena (2 Crónicas)	2 Crónicas (2 Paraleipómena)
Oseas	1 Esdras (Esdras apócrifo)	Esdras (1 Esdras)
Joel	2 Esdras (Esdras-Nehemías)	Nehemías (2 Esdras)
Amós	Ester (con añadidos apócrifos)	Tobit
Abdías	Judit	Judit
Jonás	Tobías	Ester
Miqueas	1 Macabeos	1 Macabeos
Nahum	2 Macabeos	2 Macabeos
Habacuc	3 Macabeos	
Sofonías	4 Macabeos	**Poesía**
Hageo		Job
Zacarías	**Poesía**	Salmos
Malaquías	Salmos	Proverbios
	Odas (incluye la oración de Manasés)	Eclesiastés
Las Escrituras	Proverbios	Cantar de los Cantares
Poesía	Eclesiastés	Libro de la Sabiduría de Salomón
Salmos	Cantar de los Cantares	Eclesiástico (La sabiduría de Jesús hijo de Sirac)
Proverbios	Job	
Job	Sabiduría (de Salomón)	

CANON RABÍNICO 24 LIBROS	SEPTUAGINTA 53 LIBROS	ANTIGUO TESTAMENTO CATÓLICO ROMANO 46 LIBROS
Rollos de las Festividades	Sirac (Eclesiástico o La sabiduría de Jesús hijo de Sirac)	**Profecía**
Cantar de los Cantares		Isaías
Rut	Salmos de Salomón	Jeremías
Lamentaciones		Lamentaciones
Eclesiastés	**Profecía**	Baruc (incluye la Carta de Jeremías)
Ester	Los Doce Profetas	
Otros (Historia)	Oseas	Ezequiel
Daniel	Amós	Daniel
Esdras-Nehemías	Miqueas	Oseas
1-2 Crónicas	Joel	Joel
	Abdías	Amós
	Jonás	Abdías
	Nahum	Jonás
	Habacuc	Miqueas
	Sofonías	Nahum
	Hageo	Habacuc
	Zacarías	Sofonías
	Malaquías	Hageo
	Isaías	Zacarías
	Jeremías	Malaquías
	Baruc	
	Lamentaciones	**Apéndice**
	Carta de Jeremías	La Oración de Manasés
	Ezequiel	Los dos libros apócrifos de Esdras
	Daniel (con añadidos apócrifos, incluidos la Oración de Azarías y el Cántico de los tres jóvenes, Susana, y Bel y el Dragón)	

LOS LIBROS APÓCRIFOS		
TÍTULOS (ENUMERADOS ALFABÉTICAMENTE)	FECHAS APROXIMADAS	CLASE LITERARIA
1 Esdras	150 a. C.	Historia (621-458 a. C.)
1 Macabeos	90 a. C.	Historia (180-134 a. C.)
2 Esdras	100 d. C.	Apocalipsis con prefacio y epílogo cristianos
2 Macabeos	90 a. C.	Historia (180-161 a. C.)
3 Macabeos	75 a. C.	Leyenda de festival
4 Macabeos	10 a. C.; 20-54 d. C.	Tratado filosófico basado en 2 Mac. 6–7
Adición a Ester (103 versículos)	114 a. C.	Amplificación religiosa
Baruc	150-60 a. C.	Sabiduría y relato (mezcla)
Bel y el Dragón	100 a. C.	Relato detectivesco al final de Daniel
Carta de Jeremías	317 a. C.	Homilía añadida a Baruc basada en Jer. 29
Eclesiástico (Sabiduría de Jesús Sirac)	180 a. C. en hebreo; 132 a. C. traducción griega	Sabiduría, patriotismo; adoración en el templo; retribución; libre albedrío
Judit	200-100 a. C.	Novela histórica
La Oración de Manasés	200-1 a. C.	Oración de penitencia basada en 2 Rey. 21:10-17; 2 Crón. 33:11-19
Oración de Azarías y Cántico de los tres jóvenes	100 a. C.	Liturgia; himno y adiciones a Dan. 3:23
Sabiduría de Salomón	10 a. C. en Egipto	Sabiduría personificada; apologética judía
Salmo 151	¿?	Himno de victoria
Susana	100 a. C.	Relato detectivesco al final de Daniel
Tobías	200-100 a. C.	Cuento popular

TEMAS	¿EN SEPTUAGINTA?	¿EN CANON CATÓLICO ROMANO?
Adoración correcta; poder de la verdad.	Sí	No
Dios obra en sucesos humanos normales; reyes asmoneos legítimos.	Sí	Sí
Mesías preexistente y que murió: castigo por el pecado; salvación futura; inspiración; justicia divina; mal.	No	No
Resurrección; creación desde la nada; milagros; castigo por el pecado; martirio; templo; ángeles.	Sí	Sí
Liberación de los fieles; ángeles.	Algunos mss.	No
Poder de la razón sobre las emociones; fidelidad a la ley; martirio; inmortalidad.	Algunos mss.	
Oración; adoración; revelación; actividad divina; providencia.	Sí	Sí
Alabanza de la sabiduría, la ley, promesa de esperanza, oposición a la idolatría.	Sí	Sí
Oposición a la idolatría.	Sí	Sí
Condenación de la idolatría.	Sí	Sí
Obediencia a la ley, alabanza a los patriarcas, valor de la sabiduría.	Sí	Sí
Obediencia a la ley; oración; ayuno; verdadera adoración; patriotismo.	Sí	Sí
Oración de arrepentimiento.	Sí	No
Alabanza de la respuesta de Dios a la oración	Sí	Sí
Valor de la sabiduría y la fidelidad, inmortalidad.	Sí	Sí
Alabanza a Dios que usa a los jóvenes e inexpertos.	Sí	No
Sabiduría de Daniel; vindicación de los fieles por parte de Dios.	Sí	Sí
Asistencia al templo; diezmo; caridad; oración; obediencia a la ley judía; ángel guardián; justicia y retribución divinas; devoción personal.	Sí	Sí

ETAPAS DEL DESARROLLO DEL CANON DEL NUEVO TESTAMENTO

LIBROS DEL CANON	Mateo	Marcos	Lucas	Juan	Hechos	Romanos	1 Corintios
Citado por Ireneo (aprox. 130-200 d. C.), obispo de Lyon, en su obra *Contra las herejías*.	✓	✓	✓	✓	✓	✓	✓
Enumerado en el Canon Muratorio (aprox. 170-210 d. C.), un manuscrito en latín.	✓	✓	✓	✓	✓	✓	✓
Enumerado por Eusebio (aprox. 260-340 d. C.), en su obra *Historia eclesiástica*, 3.25.	✓	✓	✓	✓	✓	✓	✓
Enumerado por Atanasio. Obispo de Alejandría, Egipto en su trigésimo novena carta pascual (367 d. C.).	✓	✓	✓	✓	✓	✓	✓

LIBROS DEL CANON	2 Tesalonicenses	1 Timoteo	2 Timoteo	Tito	Filemón
Citado por Ireneo (aprox. 130-200 d. C.), obispo de Lyon, en su obra *Contra las herejías*.	✓	✓	✓	✓	✓
Enumerado en el Canon Muratorio (aprox. 170-210 d. C.), un manuscrito en latín.	✓	✓	✓	✓	✓
Enumerado por Eusebio (aprox. 260-340 d. C.), en su obra *Historia eclesiástica*, 3.25.	✓	✓	✓	✓	✓
Enumerado por Atanasio. Obispo de Alejandría, Egipto en su trigésimo novena carta pascual (367 d. C.).	✓	✓	✓	✓	✓

2 Corintios	Gálatas	Efesios	Filipenses	Colosenses	1 Tesalonicenses
✓	✓	✓	✓	✓	✓
✓	✓	✓	✓	✓	✓
✓	✓	✓	✓	✓	✓
✓	✓	✓	✓	✓	✓

Hebreos	Santiago	1 Pedro	2 Pedro	1 Juan	2 Juan	3 Juan	Judas	Apocalipsis
	✓	✓		✓	✓		✓	✓
				✓	✓		✓	✓
✓	✓*	✓	✓*	✓	✓*	✓*	✓*	
✓	✓	✓	✓	✓	✓	✓	✓	✓

VERSIONES ANTIGUAS DE LA BIBLIA	
250-130 a. C.	Griega (la Septuaginta: Antiguo Testamento en griego).
100 a 500 d. C.	Aramea (Targum: paráfrasis del Antiguo Testamento, originalmente oral y más adelante, en forma escrita).
130-350 d. C.	Griega (Diversas traducciones por Aquila, Teodocio, Símaco, Orígenes, Luciano y Hesiquio).
170 d. C.	El Diatessaron de Taciano (una armonía de los cuatro Evangelios en griego y siríaco).
170-620 d. C.	Siríaco (Antigua Siríaca, Peshitta y otras).
180-405 d. C.	Latín (traducciones del latín antiguo y la Vulgata de Jerónimo).
180-380 d. C.	Copta (Sahídico, Bohárico y otras).
360 d. C.	Gótica (por el obispo Ulfilas).
410-435 d. C.	Armenia.
470 d. C.	Georgiana.
490-560 d. C.	Etíope.

TABLA DE PESOS Y MEDIDAS

UNIDAD BÍBLICA	IDIOMA	MEDIDA BÍBLICA	EQUIVALENTE INGLÉS	EQUIVALENTE MÉTRICO DECIMAL	DIVERSAS TRADUCCIONES
PESOS					
Becá	hebreo	1/2 siclo o 10 geras	1/5 de onza	5,7 gramos	beka; medio siclo; cuarto de onza; cincuenta centavos
Pim	hebreo	2/3 de siclo	1/3 de onza	7,6 gramos	2/3 de siclo; cuarto
Siclo	hebreo	2 becás	2/5 de onza	11,5 gramos	siclo; pieza; dólar; cincuenta dólares
Litra (libra)	greco-romano	30 siclos	12 onzas	0,4 kilogramos	libra; libras
Mina	hebreo/griego	50 siclos	1,25 libras	0,6 kilogramos	mina; libra
Talento	hebreo/griego	3000 siclos ó 60 minas	75 libras/ 88 libras	34 kilogramos/40 kilogramos	talento/talentos; 100 libras
LONGITUD					
Palma	hebreo	1/6 de codo o 1/3 de palmo	3 pulgadas	8 centímetros	palma; ancho de mano; tres pulgadas; cuatro ins; palmo menor
Palmo	hebreo	1/2 codo o 3 palmas	9 pulgadas	23 centímetros	palmo
Codo/Pechys	hebreo/griego	2 palmos	18 pulgadas	0,5 metros	codo/codos, yarda; media yarda; pie
Pékhus	greco-romano	4 codos	2 yardas	2 metros	pékhus; 6 pies
Caña	greco-romano	6 codos	3 yardas	3 metros	caña; vara

TABLA DE PESOS Y MEDIDAS (CONT.)					
Estadio	greco-romano	1/8 de milla ó 400 codos	1/8 de milla	185 metros	milla romana; estadio
Milla	greco-romano	8 estadios	1620 yardas	1,5 kilómetros	milla: milla romana
MEDIDAS DE ÁRIDOS					
Jarro	greco-romano	1/2 cab	11/6 de pinta	0,5 litros	vasija; jarra; vasijas de cobre; jarras de cobre; utensilios de bronce
Cab	hebreo	1/18 de efa	1 cuarto de galón	1 litro	cab; kab
Quínice	greco-romano	1/18 de efa	1 cuarto de galón	1 litro	medida; cuarto
Gomer	hebreo	1/10 de efa	2 cuartos de galón	2 litros	gomer; décima parte de una efa; seis pintas
Seah/Satón	hebreo/griego	1/3 de efa	7 cuartos de galón	7,3 litros	medidas; cantidades
Almud	greco-romano	4 gomer	1/4 de bushel	9 litros	bushel; medida de cereales
Efa [Bato]	hebreo	10 gomer	3/5 de bushel	22 litros	bushel; parte; medida; seis pintas; siete pintas
Létek	hebreo	5 efas	3 bushel	110 litros	medio gomer; medio saco
Kor [Homer]/Coro	hebreo/griego	10 efas	6 bushel ó 200 cuartos de galón	220 litros/525 litros	coro; homer; saco; medidas; bushel/saco

CRÉDITOS DE FOTOS Y ARTE

(Todos los derechos reservados)

B&H Publishing Group agradece a las siguientes personas e instituciones por el uso de los gráficos en el Atlas bíblico. Si involuntariamente no dimos el crédito adecuado por el uso de algún gráfico en la guía, por favor, ponte en contacto con nosotros (bhcustomerservice@lifeway.com) y haremos la corrección requerida en la próxima impresión.

Arnold, Nancy. Fotógrafa independiente. Nashville, Tennessee: 19, 32 (arriba), 249, 377 (abajo).

Artist, Linden. Ilustrador bíblico. Londres, Inglaterra: 246, 259, 380, 381

Ilustrador bíblico: 227, 229.

Brisco, Thomas V. Dean, Logsdon School of Theology, Hardin-Simmons University. Abilene, Texas: 10, 39, 47, 49, 52, 57, 110.

Corel: 288 (arriba).

Couch, Ernie. Fotógrafo. Ilustrador bíblico. Nashville, Tennessee: 23 (arriba).

Holman Bible Publishers: 4 (arriba), 7, 9, 11, 12, 13, 15, 16, 18, 20, 21, 22 (arriba), 27, 29, 30, 33, 36, 37, 40, 41, 42, 43, 48, 51, 53, 55, 58, 60, 64, 66, 69, 71, 75, 78, 86, 92, 96, 97, 100, 101, 103, 104, 105, 112, 113, 126, 129, 130, 131, 132, 137, 138, 139, 140, 144, 145, 146, 147, 148, 149, 150, 154, 155, 156, 157, 159, 163, 164, 169, 179, 180, 181, 182, 184, 185, 186, 192, 193, 196, 197, 198, 199, 200, 203, 208, 209, 210, 211, 212, 213, 214, 216, 217, 224, 225, 226, 232, 233, 234, 235, 240, 241, 251, 252, 253, 255, 256, 257, 258, 261, 263, 264, 266, 267, 268, 272, 273, 274, 275, 276, 277, 278, 284, 286, 321, 322, 341, 343, 344, 345, 348, 353, 356, 357, 358, 370, 371, 372, 373, 375, 376, 378, 379, 382, 383, 384, 389, 405, 406, 407, 408, 409.

Langston, Scott. Decano asociado y profesor de Estudios Bíblicos, Southwest Baptist University. Bolivar, Missouri: 25 (abajo), 28, 34 (abajo), 50, 63 (2x), 109.

Latta, Bill. Latta Art Services. Mt. Juliet, Tennessee: 117, 118, 162, 165, 167, 189 (abajo), 106, 171, 293, 363.

McLemore, James. Fotógrafo. Nashville, Tennessee: 106, 171, 293, 363

Rogers, David. Fotógrafo. Ilustrador bíblico. Nashville, Tennessee: 5, 25 (abajo), 46, 67, 94, 173 (arriba), 187, 188 (2x), 228, 360.

Schatz, Bob. Fotógrafo. Ilustrador bíblico. Nashville, Tennessee: 23 (abajo), 37, 59, 90, 93, 108, 160, 161, 170, 172 (2x), 173 (abajo), 188 (abajo), 190, 191, 218, 220, 242, 243 (2x), 285, 287, 288 (abajo), 294, 342, 364, 365, 366, 367 (2x), 368, 387.

Colección Scofield, Biblioteca científica Dargan. Nashville, Tennessee: 4 (abajo), 22 (abajo), 26 (abajo), 44, 73, 79, 248, 362.

Smith, Stephen. Fotógrafo independiente. Nashville, Tennessee: 388.

Stephens, William H. Coordinador sénior de currículo jubilado, Lifeway Christian Resources. Nashville, Tennessee: 56, 108 (abajo), 127, 230, 246.

Tolar, William B. Profesor distinguido de Trasfondos Bíblicos, Southwestern Baptist Theological Seminary. Fort Worth, Texas: 26 (arriba), 45, 61, 107 (2x), 111, 219, 222, 290.

Touchton, Ken. Fotógrafo. Ilustrador bíblico. Nashville, Tennessee: 24, 32, 34 (arriba), 35 (abajo), 76, 80, 128, 152, 289, 388